Mária Huber

Moskau, 11. März 1985
Die Auflösung des sowjetischen Imperiums

Deutscher Taschenbuch Verlag

Ein Überblick über die gesamte Reihe findet sich auf S. 318/319

Originalausgabe
Oktober 2002
© Deutscher Taschenbuch Verlag GmbH & Co. KG,
München
www.dtv.de
Das Werk ist urheberrechtlich geschützt. Sämtliche, auch auszugsweise
Verwertungen bleiben vorbehalten.
Umschlaggestaltung: christof berndt & simone fischer
Umschlagfoto: © ullstein bild, Berlin
Satz: Oreos GmbH, Waakirchen
Druck und Bindung: Druckerei C. H. Beck, Nördlingen
Gedruckt auf säurefreiem, chlorfrei gebleichtem Papier
Printed in Germany · ISBN 3-423-30616-5

Inhalt

Moskau, 11. März 1985 7
    Am Vorabend 7
    Die Wahl 21

Kapitel 1
Paralyse einer Weltmacht 29
    Die Herrschaft der Gerontokraten 29
    Der Alltag Mitte März 1985 36
    Afghanistan und die sowjetische Außenpolitik 46

Kapitel 2
Die Sowjetwirtschaft: der kurze Weg von der Krise zum
Kollaps 57
    Butter, Kanonen und Wachstum 57
    Gorbatschows naive Vision und Reagans »große
    Strategie« 66
    Fehlstart in die Perestrojka 80
    Shareholder Value auf sowjetisch 91

Kapitel 3
Michail Gorbatschow zwischen Glasnost und Gewalt ... 98
    Die Öffentlichkeit: eine späte Geburt ohne Gnade ... 98
    Imperiale Reformen und nationale Ambitionen 110
    Das große Beben: internationale Hilfe und
    nationalistischer Stellungskrieg 120
    Im Namen der Völker: Massaker in Tiflis, im Fergana-
    Tal und in Baku 131

Kapitel 4
Die Totengräber des Imperiums 150
   Der Kalte Krieg in Vilnius 150
   Der Machtkampf zwischen Boris Jelzin und Michail
   Gorbatschow 173
   Die Ukraine auf Konfrontationskurs 204

Kapitel 5
Michail Gorbatschow zwischen Versagen und Verrat 220
   Der erste Putschversuch: Premier Pawlow mobilisiert
   das Parlament 220
   Der zweite Anlauf unter KGB-Chef Krjutschkow ... 225
   Drei Tage im August 231
   Das Zentrum begeht Selbstmord 246
   Ein halber Putsch und eine halbe Revolution 252

Kapitel 6
Teile und herrsche 259
   Das Ende der Sowjetunion 259
   Der Westen – dein Freund und Helfer 272

Anmerkungen 291

Literaturauswahl 308

Dank 311

Personenregister 312

Die Autorin 317

Die Reihe ›20 Tage im 20. Jahrhundert‹ 318

Moskau, 11. März 1985

Am Vorabend

Das Wetter in Moskau ließ noch nichts vom Frühling ahnen. Temperaturen unter Null. Wolkenverhangener Himmel. Knöcheltiefer Schneematsch auf den Straßen. Verstecktes Glatteis auf den Bürgersteigen. Tristesse tagelang. Die Stimmung konnte da nur ein Feiertag aufheitern: der 8. März. Am internationalen Frauentag erhielten die Sowjetfrauen ein paar Nelken und kalorienreiche Nougatpäckchen. Dafür hatten Ehemänner, Söhne und Kollegen vor den Geschäften stundenlang Schlange gestanden. Auch die Sowjetführung opferte routinegemäß ihre Zeit. Von der Bühne des Bolschoj-Theaters priesen die höchsten Würdenträger wie jedes Jahr das schwache Geschlecht, das auf Baustellen, in Bergwerken und in Betrieben harte Männerarbeit leistete. Auf der Festveranstaltung waren sechs Mitglieder des Politbüros anwesend, aber der mächtigste Mann der UdSSR, Konstantin Tschernenko, fehlte. Der Generalsekretär der KPdSU lag im Kremlkrankenhaus. Er hatte bereits sein Bewußtsein verloren, was aber noch ein Staatsgeheimnis war.

Als nach dem langen Wochenende wieder der Alltag begann, hörten die Sowjetbürger am Montagmorgen, dem 11. März, Chopins Trauermarsch im Radio. Den Grund dafür erfuhren sie nicht. Sie konnten ihn nur ahnen. Tschernenko, erst seit dem 13. Februar 1984 im Amt, war seit gut zwei Monaten kaum noch in der Öffentlichkeit aufgetreten. Die entscheidenden Gremien der KPdSU, vor allem das Politbüro, hatte zumeist dessen jüngstes Mitglied Michail Gorbatschow geleitet. Der 54jährige Sekretär des Zentralkomitees (ZK), der zugleich den Vorsitz des Auswärtigen Ausschusses im sowjetischen Parlament innehatte, war durch seine Auftritte im In- und Ausland bereits einer der bekanntesten Politiker der UdSSR geworden. Die Moskauer und die Kulturelite sahen in Gorbatschow einen Hoffnungsträger, dem sie zutrauten, das Land aus der inneren Erstarrung zu lösen und aus der äußeren Isolation zu führen. Für eine breitere Schicht war er einfach ein tatkräftiger junger Funktionär, der die Führung der Supermacht übernehmen und die Ära der todkranken Kremlherrscher beenden sollte. Innerhalb von nur 28 Monaten wurden die Partei- und Staatsführer Leonid Breschnew, Jurij Andropow und Konstantin Tschernenko an der Kremlmauer zu Grabe getragen. Das kurze Sterben zum langen Abschied der alten Generation von der Macht wurde für viele zum Symbol für die »abgestorbenen Lebensformen« der östlichen Weltmacht.[1]

Vor Tschernenkos Tod war der zentrale Apparat der KPdSU nur noch mit der Nachfolgefrage beschäftigt gewesen. In der Führungsspitze hatten sich verschiedene Gruppierungen gebildet.[2] Die Öffentlichkeit erfuhr nichts darüber. Die politische Berichterstattung konzentrierte sich auf zwei Besuche hochrangiger sowjetischer Funktionäre in den USA und der Bundesrepublik Deutschland.

Auf Einladung des amerikanischen Kongresses hielt sich eine Delegation des Obersten Sowjet in den USA auf. Es war die sechste Begegnung der Parlamentarier in elf Jahren. Diesmal standen die Genfer Abrüstungsgespräche im Mittelpunkt des Dialogs. Der Leiter der Delegation, Politbüro-Mitglied Wladimir Schtscherbitzkij, hatte den Auftrag, beim Treffen mit dem US-Präsidenten Ronald Reagan am 8. März 1985 die Verhandlungsbereitschaft der sowjetischen Führung zu signalisieren. Über den Meinungsaustausch zwischen den sowjetischen Abgeordneten und den Vertretern des Kongresses berichtete die Moskauer Nachrichtenagentur TASS, daß einige der Gastgeber versucht hätten, durch »grobe Verzerrung der Politik der UdSSR« von Problemen der Entspannung abzulenken. Der Vorwurf »angeblicher Menschenrechtsverletzungen« und andere »propagandistische Stereotypen« seien von der sowjetischen Delegation abgewehrt und als Akte der psychologischen Kriegsführung gegen die UdSSR eingestuft worden.[3]

Zwei Tage später hatte Schtscherbitzkij Gelegenheit, seinen Zuhörern im Smithonian Institute in Washington die Politik der UdSSR zu erklären. Er begann seinen Vortrag mit einem historischen Vergleich: »Die Errungenschaften der USA auf vielen Gebieten sind unbestreitbar. Doch auf Amerika ist niemals eine Bombe gefallen. Sie wissen nicht, was Okkupation ist.« Dann listete er die Leistungen der Sowjetunion auf: Es gebe keine Obdachlosen, keine Arbeitslosen, niemand leide Hunger. Ein Fünftel der Industrieproduktion auf dem Globus entfalle inzwischen auf die Sowjetunion.»Riesige Regionen der Sowjetunion, die in grauen Vorzeiten zurückgeblieben waren, und in denen die Bevölkerung nicht lesen und schreiben konnte, haben heute mehr Studenten, Ärzte und Wissenschaftler als einige der entwickelten kapitalistischen Staaten. Viele Völker unseres Landes besaßen vor der Revolution keine Schriftsprache, jetzt erscheinen auch bei ihnen ausländische, darunter amerikanische Übersetzungen.«[4] Außerdem plädierte Schtscherbitzkij in den USA für die Ausweitung des sowjetisch-amerikanischen Handels. Die TASS-Berichte hoben als positiv hervor, daß texanische Topmanager beim Treffen mit der sowjetischen Delegation ihr großes Interesse am Ausbau der Geschäftsverbindungen bekundet hätten.

Schtscherbitzkijs Reise machte deutlich, wie stark Moskau auf einen Ausgleich mit den USA bedacht war. Die Weichen waren Anfang des Jahres auf beiden Seiten neu gestellt worden. In Genf trafen sich die Außenminister George Shultz und Andrej Gromyko und leiteten die Neuaufnahme der Rüstungskontrollgespräche zwischen den USA und der UdSSR ein. In Moskau erörterten Vertreter beider Länder die Möglichkeiten, die wirtschaftliche Zusammenarbeit nach den Rückschlägen der vorangegangenen fünf Jahre wieder zu verbessern. Als unmittelbare Reaktion auf den Einmarsch sowjetischer Truppen in Afghanistan Ende 1979 hatte US-Präsident Jimmy Carter unter anderem die Exporte hochtechnisierter Produkte unterbunden. Zwei Jahre später, nach der Erklärung des Kriegsrechts in Polen am 13. Dezember 1981, erließ die US-Administration eine Reihe von Sanktionen nicht nur gegenüber Warschau, sondern auch gegenüber der UdSSR, die »eine gewaltige und unmittelbare Verantwortung für die Unterdrückung in Polen« trage. Die umfassenden Strafmaßnahmen zielten vor allem auf einen Lieferstop von Computern, Ölbohrtechnologie und von Großgeräten für den Pipelinebau. Die Sowjetunion als großer Exporteur von Erdöl und Erdgas brauchte die vom amerikanischen Embargo betroffenen Güter immer dringender und machte dies beim Treffen der Wirtschaftsdelegationen in Moskau am 8./9. Januar 1985 deutlich. Parallel dazu zeichnete sich in der Haltung der US-Administration eine Wende zum Pragmatismus ab – nach heftigen Protesten aus der Industrie und wegen der ablehnenden Haltung der Verbündeten gegen die Beeinträchtigung ihrer wirtschaftlichen Interessen. Die Bundesregierung in Bonn hatte sich beispielsweise geweigert, amerikanischen Forderungen nach Einstellung der Hermes-Exportkreditversicherung bei Geschäften mit der UdSSR zu entsprechen. Sie war auch nicht bereit, das Jamal-Projekt, einen Gasliefervertrag mit einer Laufzeit von 25 Jahren, zu stoppen und damit die Energieversorgung und Arbeitsplätze zu gefährden.[5]

Im Verhältnis zur Bundesrepublik Deutschland setzte die sowjetische Führung auf »gutnachbarschaftliche Beziehungen«. Diese zu festigen gehörte zu den Reisezielen der anderen Delegation des Obersten Sowjet, die am 10. März 1985 in Hamburg eintraf. Auch diese Gruppe wurde von einem Spitzenfunktionär geleitet, der wie Schtscherbitzkij zum orthodoxen Flügel zählte. Michail Simjanin war ZK-Sekretär für Propaganda und stellvertretender Vorsitzender des Auswärtigen Ausschusses in der Nationalitätenkammer.[6]

Der Wetterbericht der ›Prawda‹ stellte an diesem Montag »leichten Westwind« für den europäischen Teil der Sowjetunion in Aussicht, was natürlich nicht auf die politische Großwetterlage bezogen war. Ebensowenig interpretierten die Leser, die es gewohnt waren, in der streng zensierten Presse zwischen den Zeilen zu lesen, das Theaterprogramm mehrdeutig. Für das beliebte Malyj-Theater waren zwei Stücke angekündigt worden: im Großen Saal ›Wybor‹ (Die Wahl) und im Kleinen Saal ›Nakanune‹ (Am Vorabend).

Was sich am Vorabend, am 10. März 1985, auf der politischen Bühne des Sowjetimperiums abgespielt hatte, wurde dem breiten Publikum allerdings vorenthalten. Nur zwei Dutzend Akteure hatten noch vor Mitternacht erfahren, daß der offizielle Hauptdarsteller von seinem langen Leiden erlöst worden war. Um 19.20 Uhr hatte Konstantin Tschernenko im Kremlkrankenhaus die Augen für immer geschlossen. Der Posten des Generalsekretärs der KPdSU war wieder einmal vakant, die zweitgrößte Atommacht der Welt ohne Führung.

Michail Gorbatschow war gerade von einer langen Sonntagsschicht aus dem ZK-Gebäude am Alten Platz auf seine Datscha in Moskaus grünem Gürtel zurückgekehrt, als Jewgenij Tschasow anrief. Der Leibarzt Tschernenkos hatte ihn seit Anfang des Jahres regelmäßig über den Zustand des Generalsekretärs informiert. Im Februar sagte Gorbatschow sogar eine Frankreichreise ab, um für alle Fälle vor Ort zu sein. Am Abend des 10. März 1985 erhielt er die Nachricht von Tschernenkos Tod vor allen anderen.[7] So konnte er als erster handeln. Die Nachfolge sollte ohne Verzögerung und peinliches Gerangel geregelt werden. Die Aufgabe war nicht einfach, obwohl Gorbatschow mit den entscheidenden Verfahrenstricks bestens vertraut war.

Im Sowjetsystem gab es keine festgefügten Mechanismen, die eine reibungslose Amtsübergabe an der Spitze des Landes garantiert hätten. Zunächst mußte die Beerdigung des Verstorbenen als Staatsakt organisiert werden. Mit der Nominierung des Vorsitzenden der Beisetzungskommission fiel de facto eine Vorentscheidung über den neuen Generalsekretär. Einen zwingenden Zusammenhang gab es zwar nicht, wohl aber Präzedenzfälle, die jeder kannte. Seit Stalins Tod war der Vorsitzende der Beisetzungskommission stets Sieger im Rennen um den Posten des Generalsekretärs geworden.

Stalins Nachfolger Nikita Chruschtschow hatte zwar Anfang der sechziger Jahre ein Verfahren zur geheimen Wahl des Generalsekretärs vorgesehen. Aber schon im Oktober 1964 ignorierte Leonid Breschnew die neuen Regeln wieder, als er Chruschtschow stürzte und das Amt selbst übernahm.[8] Das war der einzige Fall in der Geschichte der Sowjetunion, in dem der Machtkampf um die Führung nicht erst nach dem Tode des Kremlherrschers entschieden wurde.

Seit Breschnews Tod im November 1982 orientierte sich das Prozedere an den Formalitäten, die auch bei der Verabschiedung politischer Richtlinien vorgeschrieben waren. Das Zentralkomitee, das in der Regel zweimal jährlich einberufen wurde, leitete zwischen den Parteitagen, die seit 1971 alle fünf Jahre stattfanden, die gesamte Tätigkeit der Partei. Während über die Zusammensetzung des Politbüros auf regulären Plenarsitzungen ein Einvernehmen erzielt werden mußte, fand die »Wahl des Generalsekretärs« auf außerordentlichen Versammlungen statt. Im größten Land der Erde waren allerdings mindestens zwölf Stunden erforderlich, bis die Mehrzahl der rund 300 Mitglieder des ZK im Sitzungssaal eintreffen und den Vorschlag des Politbüros erfahren konnte. Die überstürzt abgereisten, vom Jetlag strapazierten und durch Gerüchte oft konfusen Partei- und Wirtschaftsfunktionäre waren trotz Meinungsverschiedenheiten im Prinzip bereit, dem von einem Senior der Sowjetmacht verkündeten Ratschluß der Obrigkeit zuzustimmen. Sie konnten sich jedoch über die Empfehlung des Politbüros auch hinwegsetzen. Der vielzitierte klassische Fall lag allerdings weit zurück: Am 18. Juni 1957 hatte das Politbüro mehrheitlich die Absetzung Chruschtschows beschlossen, aber das Plenum des Zentralkomitees setzte sich wenige Tage später über diese Entscheidung hinweg und bestätigte den Ersten Sekretär der KPdSU im Amt.

In den Jahrzehnten danach herrschte zwar der Eindruck vor, daß die Machthierarchie zuverlässig funktionierte, aber die Parteibürokratie hatte das Fiasko vom Juni 1957 nicht vergessen. Das Zentralkomitee war letztlich doch keine hundertprozentig berechenbare Größe. So wurde die kurzfristige Einberufung zu einem bewährten Mittel, um zu verhindern, daß sich eine Front gegen den Kandidaten des Politbüros formieren konnte. Andererseits sollte es nicht noch einmal passieren, daß die ZK-Mitglieder in Moskau einen Tag oder länger warten mußten, ehe die Sitzung beginnen konnte, weil das Politbüro sich noch nicht auf einen Kandidaten hatte einigen können. In diesem engeren Führungsgremium der KPdSU war die nach außen demonstrierte Einigkeit oft nur Fassade. Ein kompliziertes Geflecht aus Interessen, Loyalitäten und Feindschaften hielt die zehn bis zwölf Mitglieder zusammen. Private Kontakte wurden tunlichst vermieden. Eine persönliche Verbundenheit bestand höchstens aufgrund der gemeinsamen beruflichen Vergangenheit irgendwo in der Provinz. Jeder Wechsel an der Parteispitze, der erst nach dem Ableben des Generalsekretärs auf der Tagesordnung stand, konnte daher potentiell zu einer Machtkrise führen, so wie es nach Stalins Tod am 5. März 1953 geschehen war.

Michail Gorbatschow hielt in seinen ›Erinnerungen‹ fest, daß nach Stalins Tod jeden die bange Frage beschäftigte: Was wird aus uns? Eine Generation später wollte er die Antwort selbst bestimmen. Seine Aussichten schätzte er als außerordentlich günstig ein. Es war sein zweiter Anlauf. Dreizehn Monate zuvor, nach dem Tod von Generalsekretär Jurij Andropow, hatten Außenminister Gromyko und Verteidigungsminister Ustinow vereinbart, dem Wunsch des Verstorbenen entsprechend, Michail Gorbatschow im Politbüro als Nachfolger vorzuschlagen. Doch zu Beginn der Sitzung war ihnen der 79jährige Ministerpräsident Tichonow, der Älteste in der

Runde, zuvorgekommen. Er unterbreitete sofort den Vorschlag, Konstantin Ustinowitsch Tschernenko zu wählen, obwohl der Kandidat der konservativen Fraktion und alte Weggefährte Breschnews gesundheitlich bereits schwer angeschlagen war. Von dieser ersten offiziellen Empfehlung ging ein so starker politischer und psychologischer Druck aus, daß sie sich als unumstößlich erwies. Aber auf dem ZK-Plenum am 13. Februar 1984, vier Tage nach Andropows Tod, sprach nicht der gerade gewählte Nachfolger das Schlußwort, sondern Gorbatschow. Diese ungewöhnliche Regie wurde allgemein als Kompromiß ausgelegt: Noch galt das Senioritätsprinzip, aber der Generationswechsel war nun programmiert.

Gorbatschow hat Jahre später in seinen ›Erinnerungen‹ viel Wert auf die Feststellung gelegt, daß niemand in der Führungsspitze ihm nach Tschernenkos Tod einen anderen Kandidaten vorgezogen hätte. Gerüchte, um den Posten des Generalsekretärs habe »ein regelrechter Streit« getobt, seien aus der Luft gegriffen. Mit diesen Angaben muß er sich auf die Absprache bezogen haben, die 1984 nach Andropows Tod im inneren Zirkel der Macht getroffen worden war. Der Konstellation im Politbüro unmittelbar nach Tschernenkos Ableben jedenfalls entsprach das nicht. Der Einmütigkeit, die Gorbatschow präsentiert, widerspricht er im übrigen selbst, indem er sich mit seinen »Gegnern« auseinandersetzt. Zu denen, die ihn »nur ungern als Generalsekretär gesehen hätten«, zählt Gorbatschow vor allem den einflußreichen Nikolaj Tichonow.[9] Der Regierungschef der UdSSR hatte zwar als Technokrat beachtliches Ansehen, schied allerdings aus Altersgründen als Nachfolger aus. Anders verhielt es sich mit dem 70jährigen Moskauer Parteichef Wiktor Grischin und dessen früherem Leningrader Kollegen, dem 62jährigen Grigorij Romanow. Grischin galt als der Favorit Tschernenkos. Für den Parteichef der Stadt Moskau sprachen zwei Eigenschaften. In Fragen der Parteipolitik nahm er eine orthodoxe Haltung ein, aber in der Auseinandersetzung mit anderen Spitzenpolitikern verhielt er sich eher gemäßigt. Grischin gehörte dem Politbüro als Vollmitglied an und war damit einer der potentiellen Kandidaten für die Führung der KPdSU. Allerdings war er nie ZK-Sekretär gewesen und verfügte daher nicht über eine Hausmacht im mächtigen Parteiapparat.[10] Seit einiger Zeit hatte er daher selbst versucht, sich als Alternative zu Gorbatschow zu präsentieren. Er setzte auf die Befürchtungen vieler Genossen, Gorbatschow würde – ebenso wie sein politischer Ziehvater Andropow – verschärfte Disziplin verlangen und mit der weitverbreiteten Korruption aufräumen. Grischins Freundschaft zu Tschernenko und seine Fototermine mit dem todkranken Staats- und Parteichef rechtfertigten jedoch allenfalls die Hoffnung, als Übergangsfigur zu reüssieren. Einige Politbüromitglieder neigten zu dieser Lösung, um damit für den acht Jahre jüngeren Romanow den Weg freizuhalten.

In der Hierarchie hatte der frühere Leningrader Parteichef den gleichen Rang wie Gorbatschow. Die beiden Bauernsöhne waren sowohl Vollmitglieder des Politbüros als auch Sekretäre des Zentralkomitees. In der Diskussion um die Nachfolge spielten aber nicht nur formale Kriterien eine Rolle. Es gab auf der einen Seite Skandale und Korruptionsaffären, die dem Ruf des Duos Romanow-Grischin nicht nützlich sein konnten. Auf der anderen Seite meinten nicht wenige Spitzenfunktionäre, Gorbatschow sei für den Posten des Generalsekretärs nicht erfahren genug. Sie konnten darauf verweisen, daß Romanow zwischen 1941 und 1945 in der Roten Armee gedient und zu den Verteidigern Leningrads gegen die mörderische deutsche Belagerung gehört hatte. Außerdem konnte der gelernte Schiffbauingenieur überzeugende Wirtschaftserfolge vorweisen. »Mit dem Beispiel Leningrads offerierte Romanow all jenen, die Modernisierung ohne Reformen wünschten, ein zentralistisches Modell scheinbarer Effizienz mit der Schwerindustrie als Motor der ökonomischen Entwicklung.«[11]

Michail Gorbatschow war erst zehn Jahre alt, als Hitler die Sowjetunion überfiel. 1931 im Dorf Priwolnoje im südrussischen Kreis Stawropol geboren, hatte er mit 18 Jahren eine Auszeichnung für seine Verdienste beim Ernteeinsatz erhalten und war zum Studium nach Moskau geschickt worden. Als Student mußte er nicht zum Militärdienst. Sein Fach Jura rangierte allerdings in der Sowjetunion ganz unten auf der Prestigeskala. Einen juristischen Beruf hat Gorbatschow denn auch nie ausgeübt, sondern er machte als Komsomol-Aktivist in Stawropol eine steile Karriere. Am dortigen Institut für Agrarkultur erhielt er 1967, bereits zum Stadtparteichef avanciert, nach einem fünfjährigen Fernstudienkurs ein Diplom für landwirtschaftliche Ökonomie. Im Jahre 1978 holte ihn Breschnew nach Moskau. Die Ernten, für die er als ZK-Sekretär für Landwirtschaft die

Verantwortung zu tragen hatte, waren allerdings alles andere als überdurchschnittlich.

Doch Gorbatschow, der ganz auf seine Sonderstellung als Andropows Wunschkandidat baute, verstand es sehr viel geschickter als Romanow, die von Gewährsleuten des KGB beherrschten Medien für sich zu nutzen. Außerdem hatte er sich im Sommer 1984 entscheidende Positionsgewinne sichern können, als er zusammen mit Verteidigungsminister Ustinow anstelle des kranken Generalsekretärs mehrere Wochen lang die Geschäfte im Kreml führte.[12] Westliche Politiker begannen, sich auf ihn, aber auch auf andere Nachfolger Tschernenkos einzustellen, allen voran Großbritanniens Regierungschefin Margaret Thatcher. Sie hatte geplant, drei potentielle Nachfolger nach London einzuladen. Der erste Besuch wurde zu einem Volltreffer. An der Spitze einer Delegation des Obersten Sowjet stieg ein entspannt wirkender Michail Gorbatschow am 15. Dezember 1984 aus der Iljuschin 62 M am Flughafen Heathrow. Sein Auftritt in London galt ihm selbst als Generalprobe. »Herrn Gorbatschows Freundlichkeit und Humor, zusammen mit dem Charme seiner Frau, haben den höchsten Eindruck auf die britischen Gastgeber gemacht«, schrieb die Londoner ›Times‹ am 17. Dezember 1984. Die Chefs der Firmen, die der Gast aus Moskau besuchte, lobten sein Entgegenkommen.[13] Hinsichtlich der Menschenrechte und Afghanistan vertrat Gorbatschow die bekannten Positionen Moskaus, stellte jedoch entscheidende Änderungen in Aussicht: Beim Kalten Krieg handle es sich um einen Zustand der Beziehungen, der nicht normal sei und Kriegsgefahren berge.[14] Margaret Thatcher resümierte in einem Fernsehinterview: »Ich mag ihn. Wir können ins Geschäft kommen.«

Gorbatschow sorgte dafür, daß sein Besuch in Großbritannien in den sowjetischen Medien ausführlich und positiv gewürdigt wurde. Zum ersten Mal zeigte das Fernsehen längere Aufnahmen vom Auftritt eines hohen Funktionärs im Ausland. Die britische Presse lieferte die Stichworte: »Ein roter Stern geht auf im Osten«, ein »Goldjunge«, ein »Wunderkind«. Bei soviel Anerkennung in der ältesten Demokratie der Welt konnte auch das einheimische Publikum nicht völlig unberührt bleiben.[15] Gorbatschows Englandbesuch wurde unerwartet um einen Tag verkürzt. Am 20. Dezember starb Dmitrij Ustinow im Alter von 76 Jahren. Gorbatschow: »Ich unterbrach den Besuch und kehrte nach Moskau zurück. Für mich war das ein schwerer Verlust, insbesondere in jener bewegten Zeit Ende 1984.«[16]

Im Kampf um den Posten des Generalsekretärs brauchte Gorbatschow Ustinows Prestige als Schutzschild gegen den Vorwurf, auf dem wichtigsten Feld der Politik, nämlich Krieg und Frieden, unerfahren zu sein. Ustinow war das letzte Mitglied der Kremlführung, das bereits unter Stalin einen Ministerposten erhalten hatte; schon aus diesem Grund besaß sein Wort Gewicht. 1976 hatte der damalige Parteichef Breschnew den Zivilisten Ustinow gegen den Willen des Militärs zum Verteidigungsminister ernannt.[17] Seine Position war gleichzeitig durch die Vollmitgliedschaft im Politbüro gestärkt worden. Das hatte bald schwerwiegende Folgen. Im langwierigen und zögerlichen Entscheidungsprozeß des Politbüros über die Führungskrise in Afghanistan und die Hilferufe aus Kabul hatte sich Ustinow als Befürworter einer militärischen Intervention profiliert.[18]

Nach Ustinows Tod wurde Marschall Sergej Sokolow zum Verteidigungsminister ernannt. Wegen seiner militärischen Lehrjahre im Wehrbezirk Leningrad galt er als Anhänger Romanows. Um Ustinows Maklerrolle bei den Machtkämpfen übernehmen zu können[19], fehlte dem neuen Verteidigungsminister aber die Autorität, die sein Vorgänger über vier Jahrzehnte beim Ausbau der Weltmachtrolle Moskaus erworben hatte. Auf die Entscheidung im März 1985 konnte Sokolow auch deswegen keinen Einfluß nehmen, weil er weder Mitglied noch Kandidat des Politbüros war. Diesen Status hätte ihm nur das Zentralkomitee verleihen können. Seit Ustinows Tod hatte jedoch noch keine Plenartagung stattgefunden. Das war ein Umstand, der Gorbatschow begünstigte, denn das Kräfteverhältnis im Politbüro sah gar nicht so gut für ihn aus.[20] Daß ihm die Mehrheit nicht sicher war, gesteht Gorbatschow in seinem fragmentarischen Rückblick auf die historischen Stunden indirekt ein: »Ustinow, mit dessen Unterstützung ich hätte rechnen können, lebte nicht mehr. Bei Gromyko kamen mir gegenüber, besonders seit meiner Reise nach Großbritannien, neue, eifersüchtige Töne auf.«[21]

Gorbatschow mußte trotzdem auf Gromyko als Schlüsselfigur setzen. Er brauchte einen Einpeitscher in einem Entscheidungsverfahren, in dem eine unbekannte Zahl von Akteuren improvisierte. Diese Rolle konnte nach Ustinows Tod nur der 76jährige Außenminister Gromyko übernehmen. Seit 1957 im Amt, hatte er neun Außenminister der USA erlebt und kannte fast alle führenden Politiker der Welt. Auch als dienstältestes Vollmitglied des Politbüros war er eine unumstrittene Autorität. Um seine Karriere zu krönen, war ihm nur noch eine Chance verblieben: Vorsitzender des Präsidiums des Obersten Sowjet zu werden, wenn kurz nach dem Amtsantritt des neuen Generalsekretärs auch der Posten des Staatsoberhaupts umbesetzt würde. Das Vorschlagsrecht dafür hatte der neue Generalsekretär. Somit konnte Gromyko einen Preis für seine Bereitschaft verlangen, kraft seiner Autorität zu verhindern, daß die Skeptiker im Politbüro einen Alternativkandidaten zu Gorbatschow präsentierten. Gromykos Sohn Anatolij, Direktor des Afrika-Instituts der Akademie der Wissenschaften, diente als persönlicher Sonderbotschafter. Er suchte Alexander Jakowlew, den Direktor des Instituts für Weltwirtschaft und Internationale Beziehungen auf, der ein gutes Verhältnis zu Gorbatschow pflegte, und sprach von der Wertschätzung, die Gorbatschow bei seinem Vater genoß. Jakowlew verstand die Botschaft und informierte unverzüglich Gorbatschow. In der zweiten Runde der Sondierungsgespräche ließ Gromyko Gorbatschow wissen, daß er keinen besseren Kandidaten für die Nachfolge sehe und daß er als Außenminister amtsmüde sei. Danach trafen sich die Verhandlungspartner unter vier Augen.[22]

Nach Tschernenkos Tod setzte sich Gorbatschow sofort mit Gromyko in Verbindung und wies die Allgemeine Abteilung des Zentralkomitees an, alle Mitglieder und Kandidaten des Politbüros sowie die Sekretäre des Zentralkomitees unverzüglich in den Kreml kommen zu lassen. Um 23 Uhr sollte die Sitzung beginnen. Die Stunde schien günstig. Zwei der zehn stimmberechtigten Politbüro-Mitglieder waren nicht in Moskau. Beide zählten zu Gorbatschows offenen Widersachern: Dinmuchamed Kunajew, seit 1964 Parteichef der drittgrößten Unionsrepublik, Kasachstan, hielt sich in Alma-Ata auf, fünf Flugstunden von Moskau und mindestens sechs Stunden vom Kreml entfernt. Kunajews Anreise wurde durch das KGB angeblich noch um ein bis zwei Stunden verzögert. Jedenfalls traf Kunajew erst am frühen Morgen des 11. März 1985 in Moskau ein – zu spät für die entscheidende Politbürositzung in der Nacht zuvor. Wladimir Schtscherbitzkij, seit 1972 Parteichef der zweitgrößten Unionsrepublik, der Ukraine, befand sich noch auf seiner USA-Reise. In Kalifornien erreichte ihn die Nachricht vom Tode Tschernenkos und die

Aufforderung, den Besuch abzubrechen und zurückzukehren. Ein sofortiger Start war jedoch ebensowenig möglich wie ein Direktflug nach Moskau. Beim Zwischenstop auf Kuba soll zudem Fidel Castro auf Wunsch Gromykos ein Treffen mit Schtscherbitzkij arrangiert und damit den Weiterflug verzögert haben.

Sowohl Schtscherbitzkij als auch Kunajew hatten während Andropows Feldzug gegen die Korruption ein Drittel ihrer Parteisekretäre entlassen müssen. Es galt deshalb als sicher, daß sie sich im Falle einer Kampfabstimmung gegen seinen Kronprinzen entscheiden würden. Daher ist es nicht verwunderlich, daß die Wahl des Nachfolgers ungewöhnlich beschleunigt wurde. Der Zeithistoriker Dmitrij Wolkogonow notiert zu dieser Situation: »Die Leiche des unglücklichen Toten ist noch gar nicht kalt, da beeilen sich seine Kollegen schon, dessen Nachfolger zu bestimmen.«[23] Auch er meinte, außer Gorbatschow hätten noch zwei Kandidaten, Grischin und Romanow, durchaus eine reelle Chance gehabt. Romanow allerdings war auf die Anwesenheit aller Mitglieder des Politbüros angewiesen. Folglich bemühte er sich fieberhaft, die angekündigte Sitzung wegen mangelnder Beschlußfähigkeit zu verhindern. Abwegig war das nicht. Nach Andropows Tod waren fast zwei Tage vergangen, ehe das Politbüro offiziell zusammentreten konnte.[24] Eine feste Regel über die Beschlußfähigkeit des Politbüros gab es allerdings nicht.

Von den beiden potentiellen Rivalen galt Grischin als der umgänglichere und zugleich der unsicherere. Als er zur Nachtsitzung am 10. März 1985 im Kreml eintraf, wurde er von Gorbatschow gleich zur Seite genommen, der wissen wollte, woran er sei. Ganz direkt konnte er die Frage jedoch nicht stellen. Also informierte Gorbatschow Grischin über den Tod Tschernenkos und fragte ihn, ob dieser der Beisetzungskommission vorsitzen wolle. Grischin fühlte sich offenbar überrumpelt und reagierte defensiv: Die Beisetzung müsse von jenem Sekretär des Zentralkomitees organisiert werden, der dem Verstorbenen am nächsten gestanden habe: »Das sind Sie.«[25]

Diese Episode wurde erst im Juli 1991 enthüllt. Nach Ansicht des Politikwissenschaftlers Archie Brown, eines der Initiatoren von Gorbatschows Besuch in Großbritannien im Dezember 1984, soll Grischin erkannt haben, daß er sein politisches Überleben in der Führung nur noch durch die Unterstützung für Gorbatschow sichern konnte. Insider des Nachfolgekrieges, wie Gorbatschows Berater und späterer Kanzleichef Walerij Boldin, sprachen dagegen von der Kapitulation Grischins. Seit Wochen hatte nämlich ZK-Sekretär Jegor Ligatschow unter den Parteichefs der Regionen, die insgesamt ein Viertel der ZK-Mitglieder stellten, eine gut organisierte Kampagne für Gorbatschow geführt und Gehör bei den Genossen gefunden, die im Gegenzug Unterstützung für ihre eigenen persönlichen Ziele erwarteten. Viele unter ihnen waren ohnehin überzeugt, daß endlich ein junger Generalsekretär – »energisch und gebildet« – gewählt werden müsse. Grischin wollten sie auf keinen Fall, da er nur die Hauptstadt repräsentierte.[26]

Gorbatschows Strategie zielte darauf ab, mit Gromykos Unterstützung im Politbüro zu verhindern, daß es überhaupt zu einer Kampfabstimmung kam.[27] In der Nachtsitzung des erweiterten Politbüros setzte er sich auf den Platz des Diskussionsleiters. Er informierte die Mitglieder und Kandidaten des Politbüros sowie die ZK-Sekretäre über das Ableben des Generalsekretärs, würdigte den Toten und bat alle, sich für eine Schweigeminute zu erheben. Danach trug Jewgenij Tschasow das ärztliche Bulletin mit den Todesursachen vor: Leberversagen und Lungenemphysem. Für Pietät blieb nicht viel Zeit. Die Nominierung des Vorsitzenden der Beisetzungskommission duldete keinen Aufschub. Daß der Kommission alle Mitglieder des Politbüros angehören sollten, stand außer Frage. Danach kam die Diskussion ins Stocken. Die gespannte Atmosphäre löste sich erst, als Grischin plötzlich sagte: »Warum zögern wir mit der Bestimmung des Vorsitzenden der Beisetzungskommission? Laßt uns Michail Sergejewitsch damit beauftragen.« »Ich empfahl«, schreibt Gorbatschow, »nichts zu überstürzen und die Plenartagung [des Zentralkomitees] für 17.00 Uhr am nächsten Tag, außerdem eine Sitzung des Politbüros für 14.00 Uhr anzuberaumen. So würden wir Zeit gewinnen, [...] um uns alles durch den Kopf gehen zu lassen.«[28]

Ganz so einfach war es aber wohl nicht. Die bekannten Quellen schweigen sich zwar aus, aber in Moskau kursierten zwei Versionen über heftige Kontroversen. Nach der einen hatte Romanow Grischin vorgeschlagen, um sich selbst eine Chance als künftiger zweiter Mann zu sichern. Nach der anderen hatte er sich gegen Gromykos Vorschlag zugunsten Gorbatschows ausgesprochen. KGB-Chef

Wiktor Tschebrikow, nicht stimmberechtigt, aber mächtig, trat gegen die Nominierung von Grischin auf und verwies auf die Korruptionsskandale in Moskau. Nach Angaben des in jener Zeit gut informierten Moskauer Dramatikers Michail Schatrow herrschte zwischen Grischin und Gorbatschow Stimmengleichheit.[29]

Gorbatschow lag nach eigenem Bekunden viel daran, nicht mit einem knappen Ergebnis gewählt zu werden. »Am 10. März sagte mir meine Intuition«, schreibt er in seinem Rückblick, »daß die Nacht und der halbe Tag Bedenkzeit in der erforderlichen Richtung wirken würden.«[30] Seine Zuversicht läßt sich mit der Tatsache erklären, daß er die erste Stufe zum Erfolg schon in der Nachtsitzung erreicht hatte. Er wurde zum Vorsitzenden der Beisetzungskommission bestimmt. Damit konnte er auf die Signalwirkung der Vorentscheidung setzen. Denn ebensowenig wie es feste Regeln für die Nominierung eines Kandidaten für die Führung der KPdSU und des Landes gab, so waren auch die personellen Folgen eines Wechsels nicht vorauszusehen. Im Gegensatz zur Praxis der USA, wo ein Wechsel im Weißen Haus von der Republikanischen zur Demokratischen Partei oder umgekehrt automatisch die Umbesetzung hunderter Schlüsselpositionen nach sich zieht, mußte jeder neue Kremlherr seine Machtbasis mit der Beförderung von einzelnen Gefolgsleuten beziehungsweise mit der Absetzung von Widersachern festigen. Führungsmitglieder, die in der Nachfolgedebatte mitredeten, sich aber keine Chance auf das Amt des Generalsekretärs ausrechnen konnten, taktierten infolgedessen opportunistisch. Sie versuchten, sich im richtigen Moment auf die Seite des Siegers zu stellen – unabhängig von ihren durch Biographie und Beziehungen geprägten Präferenzen. Es ging zwar nicht mehr um Kopf und Kragen wie nach Stalins Tod, aber um Posten und Privilegien.

Bei der Planung der Machtübernahme war Gorbatschow seinen Gegnern von Anfang an um einen Zug voraus. Nun ging es nur noch darum, keine Unsicherheiten aufkommen zu lassen und unangenehme Überraschungen auszuschließen. Seine Fraktion mußte die potentiellen Anhänger mobilisieren und zugleich widerspenstigen Genossen klarmachen, daß es keine Alternative zu Gorbatschow gäbe, da sich sonst das ZK-Plenum querstellen würde. Da für beide Zielsetzungen ein gewisser Zeitaufwand notwendig war, sorgten Gromyko und Tschebrikow dafür, daß in den nächtlichen Sitzungen nur über den Vorsitzenden der Beisetzungskommission, nicht aber über die Nominierung des Generalsekretärs entschieden wurde. Eine entscheidende Rolle spielte dabei die Allgemeine Abteilung des Zentralkomitees. Nur sie konnte verschlüsselte Telegramme an die ZK-Mitglieder und Parteiorganisationen verschicken. Jegor Ligatschow sorgte dafür, daß etwa die Hälfte der ZK-Mitglieder unverzüglich mit Militärflugzeugen nach Moskau gebracht wurde. Sie sollten gegebenenfalls Druck ausüben, um gegen Romanows Widerstand am Sitzungstermin des Politbüros festzuhalten, auch wenn dessen Mitglieder nicht vollzählig anwesend wären.[31] Gorbatschow leitete währenddessen die Vorbereitungen für Tschernenkos Beisetzung ein und erteilte vier Mitarbeitern des ZK-Sekretariats den Auftrag, die Antrittsrede für den künftigen Generalsekretär innerhalb weniger Stunden auszuarbeiten.

Es war kurz vor 4 Uhr morgens, als Gorbatschow auf seine Datscha zurückkehrte. In seinen ›Erinnerungen‹ berichtet er, daß seine Frau Raissa Maximowna auf ihn gewartet hätte. Wie immer, wenn sie über Politik sprechen wollten, seien sie in den Garten gegangen. »Seit wir in Moskau lebten, führten wir in der Wohnung und auch im Landhaus keine politischen Gespräche mehr – man weiß ja nie ...« So redeten sie in der klirrenden Kälte über das, was in den vergangenen Stunden geschehen war. Gorbatschow erinnert sich, am Schluß gesagt zu haben: »Weißt du, ich bin hierher in der Hoffnung und mit dem Glauben gekommen, etwas tun zu können, doch bis jetzt ist mir nur wenig gelungen. Daher muß ich, wenn ich wirklich etwas ändern will, das Angebot annehmen, falls man mich für den Posten des Generalsekretärs vorschlägt. So kann man nicht weiterleben.«[32]

So begann der 11. März 1985, der in Moskau einen Kurswechsel auslöste, zu dessen Folgen das Ende der bipolaren Welt gehörte.

Die Wahl

Am frühen Vormittag erreichte Ligatschow, der noch auf seiner Datscha war, ein Anruf von Jegor Ligatschow. Dieser berichtete ihm, daß er von den Ersten Sekretären der Gebietsorganisationen bestürmt und nach dem Stimmungsbild in der Parteiführung befragt worden sei. Gorbatschow dankte Ligatschow für diese Information und ließ sich in das Zentralkomitee fahren, um die Vorbereitungen zur Wahl fortzusetzen. Für die Weltöffentlichkeit hielt er in seinen Memoiren fest, daß Gebietsparteisekretäre ihn in Grüppchen in seinem Büro aufgesucht hätten, um ihn zu ermuntern, die Pflichten des Generalsekretärs zu übernehmen.[33]

Außenminister Gromyko traf sich währenddessen mit seinem französischen Amtskollegen Roland Dumas. Er nahm sogar am anschließenden Mittagessen teil, das er jedoch vor dem Dessert verließ.[34] Der Moskauer Rundfunk strahlte den ganzen Vormittag über getragene Musik aus und meldete erst um 13.57 Uhr den Tod Tschernenkos – fast 19 Stunden nach dem Ableben des Generalsekretärs und drei Minuten, bevor über seinen Nachfolger entschieden wurde. In seinen ›Erinnerungen‹ scheut sich Gorbatschow nicht, zu unterstreichen, mit welchem massiven Druck er sofort in die Offensive gegangen war, als um 14 Uhr das Politbüro zusammentrat. Von seinem gewohnten Platz am Kopfende des Tisches rief er den einzigen Tagesordnungspunkt auf: »Genossen, wir haben der Plenartagung des Zentralkomitees einen Vorschlag des Politbüros zur Wahl des Generalsekretärs zu unterbreiten.« Man habe genug Zeit gehabt, sich darüber Gedanken zu machen. Gorbatschow erteilte dann sofort Andrej Gromyko das Wort, um einem potentiellen Überraschungsangriff seitens der alten Garde – wie nach Andropows Tod – zuvorzukommen. In seinem Plädoyer für Gorbatschow hielt sich Gromyko nicht lange mit dessen Verdiensten auf. Wenn es um vergangene Leistungen ginge, könne auch er selbst kandidieren. Aber jetzt zähle nur, wer die Sowjetunion über die Jahrtausendschwelle führen werde. »Ich sage es offen: Wenn man sich über den Kandidaten für den Posten des Generalsekretärs Gedanken macht, so fällt einem selbstverständlich Michail Sergejewitsch ein. Er wäre, davon bin ich fest überzeugt, die absolut richtige Wahl. Er hat Energie und Erfahrung. Wenn wir einen Blick in die Zukunft werfen, und ich möchte nicht verhehlen, daß es vielen von uns bereits schwer fällt, dorthin zu blicken, so sollten wir doch eine klare Perspektive haben. […] Wir haben kein Recht, die Welt einen auch noch so kleinen Riß in unseren Beziehungen merken zu lassen.«[35]

Im Klartext hieß das, daß jeder Widerspruch und weitere Vorschläge nicht im Sinne der Partei waren. Der nächste Redner, Ministerpräsident Tichonow, unterwarf sich sogleich der Autorität Gromykos: »Was kann ich über Michail Sergejewitsch sagen? Er ist ein kontaktfreudiger Mann, mit dem Probleme erörtert werden können, ja auf höchstem Niveau erörtert werden können. Er ist von den Sekretären des Zentralkomitees wohl derjenige, der sich am besten in der Ökonomie auskennt, und Sie wissen, wie wichtig das ist. Deshalb sage ich vorbehaltlos: Der Mann, der geeignet ist, Generalsekretär der KPdSU zu sein, heißt Michail Sergejewitsch Gorbatschow.«

Grischin brauchte nicht mehr lange zu überlegen: »Als wir uns gestern abend darauf einigten, Michail Sergejewitsch als Vorsitzenden der Beerdigungskommission zu bestätigen, bestimmten wir diese Frage im voraus. Meiner Ansicht nach entspricht er voll und ganz jenen Anforderungen, die an den Generalsekretär des ZK zu stellen sind.« Michail Solomenzew, Vorsitzender des Komitees für Parteikontrolle und Vollmitglied des Politbüros, sagte: »Michail Sergejewitsch bereitet sich gut auf die Sitzungen des Sekretariats und des Politbüros vor, unterbreitet bei der Erörterung von Fragen neue Vorschläge und äußert interessante Gedanken. Dieser Neuerergeist ist überaus wertvoll, und einen anderen Kandidaten haben wir einfach nicht.« Daraufhin erklärte der unsichere Kantonist Dinmuchamed Kunajew, im Auftrag von Kasachstans Kommunisten werde er völlig unabhängig vom Verlauf der Diskussion für Michail Gorbatschow stimmen. Alma-Ata sei die Herrschaft der Greise leid. Romanow, der sich in der Nacht zuvor für den Moskauer Parteichef Grischin stark gemacht hatte, fiel die Umstellung am schwersten. Er rang sich schließlich die Formulierung ab, daß Gorbatschow »die Kontinuität der Führung in unserer Partei voll gewährleistet und mit den Pflichten, die ihm auferlegt sein werden, durchaus zurechtkommen wird«.

Wiktor Tschebrikow verwies auf den starken Rückhalt, den Gorbatschow im KGB hatte: »Ich habe mich natürlich mit meinen Arbeitskollegen beraten. Unser Amt ist ja so beschaffen, daß wir uns nicht nur in außenpolitischen Fragen, sondern auch in innenpolitischen und gesellschaftlichen Fragen gut auskennen müssen. Deshalb haben mich die Tschekisten beauftragt, die Kandidatur des Genossen Michail Sergejewitsch Gorbatschow für den Posten des Generalsekretärs des ZK der KPdSU vorzuschlagen. Die Stimme der

Tschekisten, die Stimme unseres Aktivs, ist ja auch die Stimme unseres Volkes.« Auch Jegor Ligatschow, der ZK-Sekretär für Propaganda, Ideologie und Parteiorganisation, war – damals noch – von Gorbatschow überzeugt: »Seine Nominierung wird in unserem Volk Stolz hervorrufen und dem Politbüro des ZK der KPdSU zu größerem Ansehen verhelfen.«[36] Gorbatschow, der die Lobpreisungen mit leicht gesenktem Kopf angehört hatte, blieben am Ende nur wenige Minuten für eine Danksagung. »Sichtlich bewegt«, aber mit den üblichen Standardphrasen gelobte er, die »bewährte, richtige, leninistische Politik der Partei fortzusetzen«. Sie zu ändern sei nicht nötig, nur die Korrektur von Mängeln – und mehr Tempo.[37]

Mittlerweile waren etwa 200 von rund 300 Repräsentanten der sowjetischen Parteielite zur Eröffnung der Plenarsitzung eingetroffen. Etliche Parteisekretäre aus abgelegenen Provinzen hatten es aufgrund der Witterungs- oder Verkehrsbedingungen nicht mehr geschafft, auch einige Spitzendiplomaten konnten von ihren fernen Dienstorten nicht mehr rechtzeitig anreisen. Pünktlich um 17 Uhr betrat Michail Gorbatschow den Swerdlow-Saal. Ihm folgten, nach der abgestimmten Rangordnung, die Mitglieder des Politbüros. Sie nahmen auf dem Podium Platz, Gorbatschow in der Mitte. Im Namen des Politbüros eröffnete er das außerordentliche Plenum des Zentralkomitees. Sein späterer Kanzleichef Walerij Boldin schildert die Szene folgendermaßen: »›Eine traurige Nachricht erreichte uns alle‹, so las Gorbatschow in dumpfem Ton vor. ›Gestern um 19.20 Uhr hörte das Herz des Generalsekretärs unserer Partei, des Vorsitzenden des Obersten Sowjet der UdSSR, unseres Freundes und Genossen Konstantin Ustinowitsch Tschernenko auf zu schlagen.‹ Er würdigte den Lebensweg Tschernenkos und dessen Verdienste beim Aufbau des Sozialismus: Der Verlust verpflichtet uns, die Reihen noch enger zu schließen und die großen Ziele der Kommunistischen Partei noch energischer zu verfolgen.«[38] Danach folgte eine Schweigeminute.

Anschließend verkündete Gorbatschow den einzigen Punkt der Tagesordnung, die Wahl des neuen Generalsekretärs, und gab das Wort sofort an Andrej Gromyko weiter, der sagte: »Mir ist übertragen worden, den Vorschlag über die Kandidatur des Generalsekretärs des ZK der KPdSU dem Plenum zur Betrachtung einzubringen.« Das Politbüro habe einmütig beschlossen, Michail Sergejewitsch

Gorbatschow vorzuschlagen, erklärte der Außenminister. Noch ehe er den Satz beenden konnte, brach Beifall aus, der sich steigerte und minutenlang anhielt. Nachdem sich der Applaus gelegt hatte, setzte Gromyko seine Rede fort. Er sprach emotionsgeladen und aus dem Stegreif. Vor allem lobte er die persönlichen Eigenschaften des Kandidaten über alle Maßen: ein Mann von Grundsätzen und festen Überzeugungen, gesegnet mit einem »scharfen und großen Verstand« und der außergewöhnlichen Fähigkeit, Probleme analytisch anzugehen, gleichzeitig aber offen und entscheidungsfreudig. In seinem kämpferischen Plädoyer wies Gromyko darauf hin, daß Gorbatschow in Tschernenkos Abwesenheit die Sitzungen des Politbüros geleitet und sich dabei »ohne jede Übertreibung glänzend bewährt« habe. Dann brachte der Außenminister seine internationalen Erfahrungen ins Spiel: »Möglicherweise ist es mir aufgrund meiner dienstlichen Verpflichtungen etwas klarer als einigen anderen Genossen: Er kann sehr gut und sehr rasch das Wesen der Entwicklungen erfassen, die außerhalb unseres Landes, in der internationalen Arena vonstatten gehen.« Es gebe Probleme, extern wie intern, die mit Schwarzweißdenken nicht in den Griff zu bekommen seien. Daher komme es auf Zwischentöne und differenzierte Entscheidungen an. Gorbatschow verstehe es, »richtige Schlußfolgerungen im Sinne der Partei« zu ziehen. Wer sich von Gorbatschows Offenheit und von den hohen Anforderungen, die er stelle, beunruhigt fühle, sei kein echter Kommunist. Die Verteidigung des Landes und die Wachsamkeit gegenüber dem Feind seien Gorbatschow heilig, und »unter den derzeitigen Umständen können wir uns nicht genug vorsehen«. Die Erhaltung der Verteidigungsfähigkeit des Landes gehöre für Michail Sergejewitsch ebenso wie für alle anderen »zum Allerheiligsten«. Zum Schluß beschwor Gromyko die Parteiversammlung, Gorbatschow einstimmig zu wählen, »dem Feind, der so gerne eine Spaltung im Kreml sehen wolle, dürften wir diese Befriedigung nicht gönnen«.[39]

Die kurze Sitzung des Zentralkomitees endete mit langem Beifall für Gorbatschow, der versprochen hatte, mit aller Kraft der Partei, dem Volk und dem großen Vermächtnis Lenins zu dienen. Bereits um 18.09 Uhr wurde die Wahl Michail Gorbatschows offiziell bekannt gegeben. Sie war »einmütig« erfolgt, hieß es auch in der ›Prawda‹ am folgenden Tag.

Der neue Mann, der sich seinen Wählern als Leninist präsentierte und die Sowjetunion als einen großen blühenden Staat in das 21. Jahrhundert führen wollte, kam spät am Abend nach Hause. Die ganze Familie hatte auf ihn gewartet. Selbst die fünfjährige Enkeltochter Xenia hatte noch wach bleiben dürfen. Alle waren aufgeregt, feierlich gestimmt und zugleich besorgt, was die Zukunft bringen würde. Gorbatschow zerstreute diese Sorgen. Er habe von Anfang an eine Atmosphäre der vollen Unterstützung gespürt, die sich nach Gromykos Rede sogar noch verstärkt habe. Aus der Sicht Gorbatschows hatte die wohlüberlegte, ausgewogene Rede Gromykos die Stimmung im Saal widergespiegelt. Die ZK-Mitglieder hätten seine Kandidatur »so sehr unterstützt, daß sich eine Diskussion nahezu erübrigte«.[40]

Kritische Beobachter sahen es anders. Gromykos beschwörender Appell, die Einheit der Partei zu wahren, ließ Rückschlüsse darauf zu, daß zum ersten Mal in der Geschichte der KPdSU die Gefahr bestanden hatte, der vom Politbüro nominierte Kandidat könnte bei der Abstimmung im Zentralkomitee eine Niederlage erleiden. Der erst 14 Tage später publizierte Text erweckte tatsächlich den Eindruck, der 76jährige Doyen der sowjetischen Außenpolitik habe »einige Überredungskünste anwenden müssen, um bestimmten Gruppen der Sowjetelite das formale Einverständnis mit der Wahl des neuen Generalsekretärs abzunötigen«.[41] Nach Ansicht des Historikers Semzow zählten allenfalls 30 Prozent der ZK-Mitglieder zu den Gorbatschow-Anhängern und im Politbüro höchstens 50 Prozent.

Während der Gorbatschow-Ära fand sich nur ein authentischer Zeuge bereit, »die ganze Wahrheit auszusprechen«. ZK-Sekretär Jegor Ligatschow enthüllte auf der 19. Parteikonferenz am 1. Juli 1988, unter welcher Hochspannung die Wahl über die Bühne gegangen war. »Es waren sehr sorgenvolle Tage, und ich befand mich mitten im Zentrum der Ereignisse. Ich habe also durchaus die Legitimation, mir ein Urteil zu bilden. Es hätten auch völlig andere Beschlüsse gefaßt werden können. Eine solche Gefahr war durchaus gegeben. Ich möchte euch sagen, daß dank der festen Positionen der Genossen Tschebrikow, Solomenzew, Gromyko und einer großen Gruppe Erster Sekretäre von Gebietskomitees auf dem Märzplenum des ZK die einzig richtige Lösung bestätigt wurde.«[42]

Gorbatschow wäre wahrscheinlich gar nicht zum Generalsekretär gewählt worden, glaubt einer seiner Biographen, der 1973 nach England emigrierte sowjetische Dissident Zhores Medwedjew, wenn Tschernenko auch nur einen Monat länger gelebt hätte. Anfang 1985 herrschte nämlich in Moskau die Ansicht vor, Tschernenko habe noch einige Monate zu leben, obwohl er in der Öffentlichkeit nicht mehr auftreten konnte und mehrere geplante Begegnungen mit ausländischen Spitzenpolitikern hatten abgesagt werden müssen. Einige Termine duldeten allerdings keinen Aufschub mehr. Dringend erschien vor allen Dingen die Verlängerung des östlichen Militärbündnisses. Um den Warschauer Vertrag von 1955 zu erneuern, mußten sowohl der Generalsekretär der KPdSU als auch der Ministerpräsident der UdSSR das Dokument in einer öffentlichen Zeremonie unterzeichnen. Bei diesem Anlaß wäre es nicht möglich gewesen, die Präsenz des sowjetischen Parteichefs nur vorzutäuschen. Es mußten also Vorkehrungen getroffen werden. In Moskau gab es Gerüchte, wonach der Rücktritt des Generalsekretärs auf dem regulären ZK-Plenum in der zweiten Märzhälfte 1985 erfolgen sollte. Tschernenko hätte dabei seinen Nachfolger vorstellen und sein Amt als Vorsitzender des Präsidiums des Obersten Sowjet behalten können. Es steht außer Zweifel, daß er sich für Wiktor Grischin entschieden hätte.[43]

Doch Tschernenko zögerte. Noch wenige Tage vor seinem Tod suchte er den Rat Gromykos. Aus dem Krankenhaus rief er den Außenminister an, den er seit 20 Jahren kannte: »Andrej Andrejewitsch, ich fühle mich nicht recht wohl. Ich möchte deinen Rat. Soll ich lieber zurücktreten?«[44] Gromyko beruhigte den todkranken Mann, der kaum noch atmen konnte: Seinem Wissen nach seien die Ärzte »so pessimistisch nicht«. Ob Menschlichkeit oder doch vielmehr Machtkalkül ihn zu dieser Antwort motiviert hatten, darüber schweigt sich Gromyko in seinen Memoiren aus. Auf jeden Fall erhielt er vier Monate später den Lohn für sein Zusammenspiel mit Gorbatschow.

Am 2. Juli 1985 unterbreitete der neue Generalsekretär der KPdSU auf der Sommertagung des sowjetischen Parlaments im Namen des Zentralkomitees und des Präsidiums des Obersten Sowjet den Vorschlag, Gromyko zum Vorsitzenden des Obersten Sowjet zu wählen und ihn von den Pflichten des Außenministers und des Ersten Stellvertretenden Ministerpräsidenten zu entbinden. Gorbatschow begründete die Abkehr von der seit 1977 bestehenden Personalunion von Parteichef und Staatsoberhaupt damit, daß er sich voll auf die Arbeit der zentralen Parteiorganisationen konzentrieren wolle. Die 1500 Delegierten bekundeten ihre Zustimmung zur Wahl Gromykos per Akklamation.[45]

Konstantin Tschernenko wurde am 13. März 1985 an der Kremlmauer beigesetzt. Von der Empore des Lenin-Mausoleums aus hielt Gorbatschow die Traueransprache. Als engster Vertrauter Tschernenkos sprach Grischin die Worte des Abschieds. Am Rande der Trauerfeier fanden auch wieder Treffen mit »Hauptakteuren« der Weltpolitik statt. Gorbatschow und Gromyko führten Gespräche mit dem US-Vizepräsidenten Bush, mit Bundeskanzler Kohl, mit Premierministerin Thatcher und dem japanischen Ministerpräsidenten Nakasone. Gorbatschow empfand, daß ihm die Besucher »so etwas wie Wohlwollen« entgegenbrachten.[46] Die Armeeführung tat dies offenbar nicht. Sie blieb der Zeremonie fern – was nur als ein informelles Negativvotum bei der Wahl des Generalsekretärs interpretiert werden kann. Bei der Beisetzung Breschnews und Andropows hatten der Verteidigungsminister und der Generalstabschef ihren Platz auf der Ehrentribüne des Lenin-Mausoleums eingenommen.

Kapitel 1

Paralyse einer Weltmacht

Die Herrschaft der Gerontokraten

Seit Mitte der siebziger Jahre war die Sowjetunion von alten und kranken Männern geführt worden. Anders ausgedrückt: Zehn Jahre lang war die Weltmacht praktisch führerlos gewesen. »Die Nation schien nur noch im bürokratischen Selbstlauf zu funktionieren.«[1] Politisch bewegte sich kaum noch etwas. Entscheidungen waren allein der Kremlführung vorbehalten. Den inneren Zirkel der Macht bildete das Politbüro; Mitglieder, die über 70 Jahre alt waren, hatten die Stimmenmehrheit. Im Zentralkomitee lag im März 1985 das Durchschnittsalter bei 64 Jahren. Die für Sachentscheidungen mit langfristigen Folgen zuständigen Wirtschaftsbehörden wurden ebenfalls von Gerontokraten geleitet. An der Spitze der Planungszentrale Gosplan und von acht der neun Branchenministerien für den Rüstungsbereich standen Männer, die Mitte der sechziger Jahre und in einigen Fällen noch viel früher ernannt worden waren. Sie folgten der Tradition der stalinistischen Machtpolitik und trafen ihre Entscheidungen nach »bewährten« Faustregeln. So konservierten sie eine frühindustrielle Entwicklungsphase, während die betagten Spitzenpolitiker ihre Grundsatzentscheidungen im Glauben an die starke Wirtschaftskraft der Sowjetunion trafen.[2]

Im Kontrast zu der Amts- und Lebensdauer der Herrschenden verringerte sich die Lebenserwartung der Beherrschten. 1970/71 betrug die durchschnittliche Lebenserwartung der Männer 64,5 und die der Frauen 73,5 Jahre. Infolge wachsender Gesundheits- und Umweltschäden war sie ein Jahrzehnt später auf 62,3 beziehungsweise 72,5 Jahre gesunken. In der größten Unionsrepublik, der Russischen Sozialistischen Föderativen Sowjetrepublik (RSFSR), erreichte die Lebenserwartung der männlichen Bevölkerung nur 61,5 Jahre. Das waren 1,6 Jahre weniger als bei der schwarzen und 9,3 Jahre weniger als bei der weißen männlichen Bevölkerung der USA.[3]

Die wichtigste Sorge der greisen Machthaber bestand darin, vor der sowjetischen und westlichen Öffentlichkeit den desolaten Zustand des Landes zu verbergen und trotz Führungsschwäche die Fassade von Stabilität aufrechtzuerhalten. Politik verkam zu Parolen; Karrierismus reduzierte sich auf Konformismus; von der Ideologie blieben nur Illusionen. Michail Gorbatschow etikettierte die siebziger Jahre als die Periode der Stagnation, verschleierte allerdings, daß sein Förderer Jurij Andropow durchaus zur Verlängerung von Breschnews Herrschaft beigetragen hatte und für die unerfreuliche Hinterlassenschaft mitverantwortlich war.

Nach Breschnews erstem Schlaganfall 1974 wollte der Chefarzt des Kremlkrankenhauses, der Herzspezialist Jewgenij Tschasow, die Mitglieder des Politbüros über die fortgeschrittene Arterienverkalkung des Staats- und Parteichefs in Kenntnis setzen. Der Geheimdienstchef Jurij Andropow, selbst erst seit 1973 Politbüromitglied, verhinderte dies, um Zeit für die Vorbereitung seiner eigenen Machtübernahme zu gewinnen. Er hatte dabei die Rückendeckung des ZK-Sekretärs für ideologische Fragen, Michail Suslow, gesucht. Der Chefideologe leitete die ZK-Abteilung für Propaganda, Kultur, Wissenschaft und Lehranstalten sowie die Abteilungen für die Zusammenarbeit mit den östlichen und westlichen kommunistischen Parteien. Außerdem standen die Medien, die Zensurbehörden sowie die Presseagenturen unter Suslows Aufsicht. Er galt aufgrund dieser Ämter und seiner persönlichen Autorität als Königsmacher im Kreml.

Andropow und Suslow standen einander zwar nicht sehr nahe, waren sich aber darüber einig, daß Breschnews fortschreitender geistiger und körperlicher Verfall über einen engen Kreis hinaus nicht bekannt werden sollte. Aus ihrer Sicht hatte die Wahrung der Stabilität absoluten Vorrang, was den Bedürfnissen der Bevölkerungsmehrheit wie des gesamten Führungsapparats entgegenkam. Zum gesellschaftlichen Konsens gehörte auch die Praxis, soweit irgend möglich persönliche Interessen zu verfolgen, ansonsten primär Tagesprobleme zu lösen, ohne die Auswirkungen für die Zukunft und für das Gemeinwohl in Betracht zu ziehen.

Andropows Strategie, mit Hilfe der Presse Enthüllungen über Breschnew und seine korrupte Umgebung zu streuen, war unter anderem darauf gerichtet, dessen Vertrauensmann Konstantin Tschernenko aus dem Rennen um das Amt des Parteichefs zu drängen. Eine Vorentscheidung brachte Suslows Tod am 25. Januar 1982. Das Politbüro debattierte sechs Stunden lang, ehe die zweitwichtigste Position in der Parteihierarchie an Andropow fiel, und traf damit eine inoffizielle Vorentscheidung über die Nachfolge. Als neuer ZK-Sekretär für Ideologie, internationale Beziehungen und Außenpolitik konnte Andropow Ende Mai 1982 seine Funktion als KGB-Chef nach fünfzehnjähriger Amtszeit abgeben. Das war ein wichtiger Schritt, um sich ein besseres Ansehen im In- und Ausland zu verschaffen. In der Sowjetunion gab es einen – hauptsächlich auf Moskau beschränkten – Kreis von Intellektuellen, Künstlern und an mehr Effizienz interessierten Funktionären, die sich Hoffnungen machten, daß die Zeit der korrupten und inkompetenten Spitzenfunktionäre unter Andropows Führung ein Ende haben könnte.

Am Morgen des 10. November 1982 starb Leonid Breschnew nach einer Herzattacke. Der Kremlarzt Tschasow rief mit gespielter Ruhe bei Jurij Andropow an und bat ihn, in Breschnews Landhaus zu kommen. Den Grund nannte er nicht, um mögliche Mithörer wie KGB-Chef Witalij Fedortschuk und Innenminister Nikolaj Schtscholokow, die enge Verbindungen zu Breschnews und Tschernenkos Seilschaft hatten, nicht vorzeitig einzuweihen.[4] Gegen 12.30 Uhr, nachdem das Ärzteteam Breschnew für tot erklärt hatte, ließ Andropow die in den Moskauer Vorstädten stationierten Gardedivisionen »Taman« und »Kantemir« in Alarmbereitschaft versetzen, als ob er einen Staatsstreich erwartete. Sämtliche KGB-Beamten und Polizisten erhielten den Befehl, auch nach Ablauf der Dienstzeit ihre Posten nicht zu verlassen. Um 16 Uhr tagte das erweiterte Politbüro und einigte sich auf Andropows Kandidatur. Der Vorschlag kam von Verteidigungsminister Ustinow, der sich in den Monaten zuvor Andropow angenähert und dessen Feldzug gegen die Korruption unterstützt hatte. Das in aller Eile einberufene ZK-Plenum begann am

Morgen des 12. November. Im Namen des Politbüros schlug Tschernenko Jurij Andropow zum Generalsekretär vor. Andropow würde Breschnews Führungsstil fortsetzen und wie dieser kameradschaftliche Beziehungen zu den Parteikadern pflegen.

Genau dies tat der neue Generalsekretär aber nicht. Er wollte die alte Oligarchie entmachten. Während seiner 15monatigen Amtszeit verloren neun hochrangige Breschnew-Protegés ihre Posten. 19 von 84 Ministern, ein Fünftel aller regionalen Parteichefs und mehrere ZK-Abteilungsleiter wurden ausgewechselt. Den folgenschwersten Eingriff in das unter Breschnew entstandene mafiose Organisationsgefüge nahm Andropow am 17. Dezember 1982 vor. Breschnews alter Freund, der Innenminister Nikolaj Schtscholokow, der zugelassen hatte, daß die sowjetische Polizei zu einem blühenden Zweig der Korruption wurde, mußte seinen Posten aufgeben.[5] Andropow war damit für den Apparat zur größten Herausforderung geworden, seit Chruschtschow die Partei durch Rotation der Kader hatte in Schwung bringen wollen. Der einstige KGB-Chef versuchte, die parasitäre Bürokratisierung durch eine autoritäre Modernisierung zu überwinden. Er forderte Leistung und Disziplin und holte zur Stärkung seiner Position energische Führungskräfte aus der Provinz wie Jegor Ligatschow und Nikolaj Ryschkow. Die schnell gestartete Verjüngungskur signalisierte das Ende einer Herrschafts-Strategie: Breschnew hatte durch die »Stabilität der Kader«, durch Kameraderie und Korruption regiert.

Doch der überfällige Versuch, die Effektivität der Politik – und damit die Legitimität der Partei – zu erhöhen, blieb in den Anfängen stecken. Als Andropow sein persönliches Ziel, den Posten des Generalsekretärs der KPdSU, endlich erreicht hatte, war er 68 Jahre alt und schon unheilbar krank. Doch anders als seine Vorgänger hatte er von Anfang an einen jungen Nachfolger aufgebaut: Michail Sergejewitsch Gorbatschow, seit April 1970 Erster Sekretär in seiner südrussischen Heimatregion Stawropol. Der KGB-Chef hatte schon seit den siebziger Jahren regelmäßig den Kurort Kislowodsk im Gebiet Stawropol aufsuchen müssen. Zu den Amtspflichten des regionalen Parteichefs Michail Gorbatschow gehörte es, den hohen Gast aus Moskau zu betreuen. Zusammen mit seiner Frau Raissa Maximowna, einer promovierten Soziologin, war er ein willkommener Gesprächspartner für den gebildeten Geheimdienstchef gewesen. Der junge Genosse aus Stawropol beeindruckte Andropow durch Intelligenz und Interesse, vor allem aber durch seine Reformfreudigkeit in der Landwirtschaft. 1978 setzte Andropow Gorbatschows Beförderung nach Moskau durch, dessen Talente er auf dem Wege zur Macht gebrauchen konnte.[6]

Andropow war erst 100 Tage als Generalsekretär der KPdSU im Amt, als ihn seine chronische Nierenkrankheit zu regelmäßiger Dialyse zwang. Mit Hilfe modernster medizinischer Technik hätte er theoretisch noch einige Jahre leben können. In der Sowjetunion aber verfügte lediglich das Kremlkrankenhaus über die notwendigen Geräte. Weil dieses nur Spitzenfunktionäre aufnahm, gab es kaum Erfahrungen in der Behandlung solcher Fälle.[7] Nach Beginn der Therapie war Andropow nur noch vier Monate arbeitsfähig. Ende September 1983 hatte sich sein Gesundheitszustand so sehr verschlechtert, daß er ständig im Krankenhaus bleiben mußte. In der Hoffnung auf Besserung seines Zustandes wurde die Plenartagung des Zentralkomitees vom Spätherbst 1983 bis in die letzte Dezemberwoche verschoben. Aber auch diesen Termin mußte der Generalsekretär absagen.[8] Wenige Tage vor der Sitzung rief Andropow seinen Vertrauensmann und Berater Arkadij Wolskij zu sich ins Krankenhaus und übergab ihm die letzte Version der Rede, die in seinem Namen vorgetragen werden sollte, mit einer handschriftlichen Ergänzung. Darin bat er die Mitglieder des Zentralkomitees, Rücksicht auf seinen Gesundheitszustand zu nehmen und die Führung des Politbüros und des Sekretariats Michail Sergejewitsch Gorbatschow anzuvertrauen. Wolskij war die Tragweite dieser Ergänzung klar; er machte eine Kopie des Dokuments und legte sie in seinen Safe. Das Original gab er an die Parteispitze weiter. Die ZK-Mitglieder erfuhren jedoch nichts von dem Zusatz.[9]

So war es Jurij Andropow nicht gelungen, sein Amt vor seinem Tode am 9. Februar 1984 aufzugeben. Aber er hatte als erster in der Geschichte der Sowjetunion an das Zentralkomitee einen offiziellen Vorschlag für die Nachfolgeregelung gerichtet und damit den Versuch unternommen, das Politbüro als De-facto-Entscheidungsinstanz auszuschalten. Denn im Politbüro gab es keine eindeutige Stimmung für einen Generationswechsel. Tichonow, Schtscherbitzkij, Kunajew und Grischin klammerten sich an einen Status quo ohne Experimente. Ihr Kandidat war der 73jährige Konstantin Tschernenko, den die meisten westlichen Beobachter damals für zu alt, zu krank und für zu beschränkt hielten, um das höchste Amt in der UdSSR zu übernehmen. Doch für die Vertreter des Partei- und Staatsapparats waren gerade dies seine Vorzüge. Die Furcht vor dem Verlust ihrer Bastionen war jedoch nicht ihr einziges Motiv. »Viele Spitzenfunktionäre der älteren Generation schreckte noch die Erfahrung aus der Chruschtschow-Zeit, daß nämlich zu sprunghafte Entwicklungen zu einem Verlust der Kontrolle und der Planbarkeit, zu einem unberechenbaren Tauwetter führen könnten. Hinzu kam ein gewisser Solidarisierungseffekt der kollektiven Führung mit dem alten, grauen Parteidiener.« Alles in allem erschien Breschnews treuer Weggefährte als Symbolfigur der Stabilität für alle, die fürchteten, die von Andropow eingeleiteten vorsichtigen Strukturveränderungen und harschen Disziplinierungsmaßnahmen könnten unter Gorbatschow zu einer gefährlichen Innovationsspirale führen. Der Apparat wollte Zeit gewinnen, um die notwendigen Reformversuche so zu gestalten, daß die Funktionäre keinen Schaden nahmen.[10] Tschernenko war bereit, die in ihn gesetzten Hoffnungen zu erfüllen und das Tempo zu drosseln. In seiner Antrittsrede vor dem ZK-Plenum am 13. Februar 1984 warnte der neue Generalsekretär verklausuliert vor zuviel Reformeifer, vor Leistungsdruck und Disziplinierungsmaßnahmen. Die Schaffung neuer Wirtschaftsstrukturen müsse verantwortungsvoll und sorgfältig vorbereitet werden. Außerdem müsse bei aktuellen Entscheidungen auf die Stimme der Arbeiterklasse gehört werden.[11]

Die Reaktion in Amerika war bezeichnend. Nach Tschernenkos Wahl zum Generalsekretär erklärte der vormalige Sicherheitsberater des US-Präsidenten Jimmy Carter, Zbigniew Brzezinski: »Ich bin sehr zufrieden. Für die USA ist dies die denkbar beste Wahl, denn unter allen Kandidaten scheint er der am wenigsten kompetente zu sein. Es dürfte höchst unwahrscheinlich sein, daß er Erneuerungen durchführt oder die Sowjetunion modernisiert, so daß sie mit uns mithalten könnte. Er wird das sowjetische System so beibehalten, wie es ist. Damit werden Schlamperei, Korruption, übermäßige Zentralisierung weiterhin vorherrschen. Da die Sowjetunion unser Hauptrivale ist, ist das gut für uns.«[12]

Die Politbüro-Mitglieder wußten, als sie den ältesten Parteichef wählten, der je an die Macht gekommen war, daß Tschernenko ernsthafte gesundheitliche Probleme hatte. Aber ihre eigenen Interessen spielten bei der Entscheidung eine größere Rolle als der medizinische Befund.[13] Wenige Monate später war Tschernenko nicht mehr imstande, bei öffentlichen Auftritten den für ihn auf besonderen Kärtchen vorgeschriebenen Text fließend abzulesen.

Für den 24. Februar 1985 waren Wahlen zum Obersten Sowjet der RSFSR, der Russischen Sozialistischen Föderativen Sowjetrepublik, angesetzt. Traditionsgemäß hatten sich die Mitglieder des Politbüros aufstellen lassen. Ihren Generalsekretär und Spitzenkandidaten konnte die KPdSU jedoch nicht mehr öffentlich präsentieren, da Tschernenko bereits an das Krankenbett gefesselt war. Wiktor Grischin, Parteichef der Stadt Moskau, bot sich an, vor »den Wählern« eine Ansprache Tschernenkos zu verlesen. Dem Parteiprotokoll entsprechend mußte Gorbatschow bei der Wahlveranstaltung am 22. Februar im Präsidium sitzen, fühlte sich jedoch nach seinen eigenen Worten als Teilnehmer dieser Farce nicht gerade wohl. Am Wahltag kam es darauf an, der Welt zu suggerieren, daß der Generalsekretär noch imstande sei, selbst zur Wahl zu gehen. Zu diesem Zweck wurde neben Tschernenkos Krankenzimmer im Kremlkrankenhaus ein Raum täuschend echt als Wahllokal hergerichtet, der todkranke Mann aus dem Bett geholt und angezogen. Das Fernsehen filmte die »Stimmabgabe«. Vier Tage später wurde Tschernenko sein neuer Abgeordneten-Ausweis überreicht. Während der gestellten Zeremonie mußte der an akuter Atemnot leidende Konstantin Tschernenko einen vorbereiteten Text vorlesen. Die »schreckliche Szene« beschrieb Gorbatschow in seinen ›Erinnerungen‹: »Noch heute sehe ich die gebeugte Gestalt mit zitternden Händen, höre die sich überschlagende Stimme, die zu Disziplin und aufopfernder Arbeit auffordert, erinnere mich, wie die Blätter seinen Händen entgleiten und hinunterfallen. Ich weiß auch, daß er selbst fiel und von seinem Leibarzt Tschasow aufgefangen wurde. Das Fernsehen zeigte diesen Vorfall nicht.«[14]

Zehn Tage später war Tschernenko tot. Seine dreizehnmonatige Amtszeit machte die Agonie der Altmänner-Herrschaft für alle Welt sichtbar. Die optimistischen Wirtschaftsprognosen und sozialen Verheißungen erwiesen sich endgültig als Trugbilder. Die gefürchtete kommunistische Ideologie, der die USA und Westeuropa jahrzehntelang ganze Forschungsinstitute und Geheimdienstabteilungen entgegengesetzt hatten, erschien dem Westen mittlerweile nur noch als zahnloser »Marxismus-Senilismus«. Die militärische Überrüstung des Landes auf Kosten wirtschaftlicher Modernisierung brachte der frühere deutsche Bundeskanzler Helmut Schmidt mit dem Begriff »Obervolta mit Atomraketen« auf den Punkt. Das sowjetische Debakel in Afghanistan warf Lenins Vision von der Weltrevolution endgültig auf den Scheiterhaufen der Geschichte.

Das Jahr 1984 war aus Gorbatschows Sicht geprägt von Intrigen und Gerüchten, die die Atmosphäre im ZK-Gebäude am Alten Platz in Moskau vergifteten. Der unterschwellige Zwist im Politbüro nahm in dem Maße zu, wie sich Tschernenkos Gesundheitszustand verschlechterte. Der britische Politikwissenschaftler Archie Brown stellte fest, daß die Anhänger Tschernenkos immer häufiger versucht hätten, Gorbatschow auszumanövrieren und Entscheidungen an ihm vorbei mit Abteilungen des Zentralkomitees abzuklären, die mit Breschnews alter Garde besetzt waren.[15] Auf diese Weise wurden Gorbatschows konzeptionelle Vorschläge verwässert, vertagt oder verhindert.

Der Alltag Mitte März 1985

Das innenpolitisch vorherrschende Thema der großen Tageszeitungen – die Nachrichten über Tschernenkos Tod und Gorbatschows Machtantritt beschränkten sich auf offizielle Verlautbarungen – war Mitte März 1985 die landesweite Vorbereitung auf Lenins Geburtstag am 20. April. Die Subbotnik-Kampagne lief an. Subbotnik, abgeleitet vom russischen Wort »subbota«, Sonnabend, war ein Sammelbegriff für unbezahlte Sonderschichten in den Betrieben, für den freiwilligen Frühjahrsputz von städtischen Grünanlagen und öffentlichen Gebäuden, für die Beteiligung an der Beseitigung von Katastrophenschäden oder am Bau von Kindergärten, kurz: zusätzliche Arbeit ohne Entgelt, eine Art Solidaritätszuschlag, der zum Sieg des Systems beitragen sollte.

Den ersten Subbotnik hatten Kommunisten unter den Arbeitern eines Moskauer Rangierbahnhofs am 12. April 1919 angeregt, um dem jungen Sowjetstaat zu helfen. Eine Tradition wurde der Subbotnik allerdings erst in den sechziger Jahren, als die Planer die alte Idee instrumentalisierten, um staatliche Fürsorge abzubauen und die Staatsfinanzen zu sanieren. Sie kürzten soziale Ausgaben und überließen es den Menschen, ihr Schicksal selbst in die Hand zu nehmen. Während die Subbotniks auf örtlicher Ebene wohltätigen Zwecken dienten und noch entfernt an die gemeinschaftlichen Hilfeleistungen in der russischen Dorfgemeinde erinnerten, kamen die Sonderschichten im Produktionsbereich der Staatskasse als zusätzliche Einnahmen zugute. Der Geldwert der Extraleistung wurde in einen »Fonds des Fünfjahresplanes« eingebracht.[16] In den vier bis fünf Wochen vor Lenins Geburtstag veröffentlichten die Zeitungen Dutzende von Meldungen über gute Taten. Das Kollektiv des Lenin-Schachts aus Karaganda kündigte beispielsweise an, 1 000 Tonnen Kohle mehr als die Arbeitsnorm von 6 000 Tonnen zu fördern. Das Kollektiv der Altajer Traktorenfabrik erarbeitete zum Tag des »Roten Subbotnik« »fast 100 000 Rubel«. Das Textilkombinat in Taschkent meldete, den Wert von einer Millionen Stück Zwirn in den Fonds des Fünfjahresplans einzahlen zu wollen.

Neben der Subbotnik-Kampagne beschäftigten sich die sowjetischen Zeitungen ausführlich mit den Mühen des Alltags: mit den Folgen des verbreiteten Alkoholismus und Bürokratismus. In ihrer Summe ließen die Berichte nur den Schluß zu, daß es mit der Sowjetunion so nicht weitergehen konnte. Dünkelhaftigkeit und Verantwortungslosigkeit zu bekämpfen – Gorbatschow hatte dies in seiner Trauerrede für Tschernenko als unmittelbare Aufgaben genannt.

Aus der Provinz Jaroslawl berichtete der ›Prawda‹-Korrespondent am 11. März 1985, daß nach dem Zahltag viele Kolchosen aufgrund ausgiebiger Trinkgelage regelmäßig lahmgelegt waren. Die Tierpfleger tauchten tagelang nicht an ihrem Arbeitsplatz auf; ein Melker beispielsweise nahm eigenmächtig einen fünftägigenUrlaub. Die von ihm betreuten Kühe standen so lange mit vollen Eutern im Kolchos »Rodina« (Heimat), der seit neun Jahren von einem trunksüchtigen Direktor geleitet wurde. »So etwas gab es bei uns früher niemals«, wurde die Melkerin O. Sokolowa zitiert. Die Frauen könnten nicht immer einspringen, klagte sie. Ihre Kräfte reichten nicht für alles aus. Sie müßten auch noch Hausarbeiten verrichten und die große Wäsche machen, in der Regel mit der Hand. Auf der Warteliste für den Kauf einer Waschmaschine, berichtete die ›Prawda‹ an diesem Tag, standen 600 Familien und das allein im Landkreis Myschkino. Dort gab eine Kuh nicht mehr als 1300 Liter Milch im Jahr – 2300 Liter sollten es aber laut Plan mindestens sein. Auch in der Nachbarregion Kalinin war die Milchproduktion zurückgegangen. Der Vorwurf des Parteiorgans an die Adresse der dortigen Kolchosdirektoren lautete ähnlich wie in Jaroslawl: Passivität, Suff, Verschwendung und Verfall. Die Lage werde mit jedem Jahr schlechter. Niemand treffe die nötigen Entscheidungen. Alle warteten auf bessere Zeiten, obschon längst die Möglichkeit gegeben sei, Brigaden zu bilden und nach Leistung zu bezahlen. Dafür habe es in der Region Jaroslawl zwar schon das eine oder andere Beispiel gegeben, doch machten sie trotz guter Ergebnisse – hohe Produktivität und hohe Löhne – keine Schule.

»Es ist unmöglich, ewig auf der Stelle zu treten«, hieß der Kernsatz eines Artikels in der ›Iswestija‹ am 11. März 1985. Er stammte aus der Feder des stellvertretenden Regierungschefs der Tschuwaschischen Autonomen Sozialistischen Sowjetrepublik, A. Gladkow, der sich zunächst über die wachsende Kluft zwischen Angebot und Nachfrage beklagte. Das gelte insbesondere für die Hauptstadt Tscheboksar, obwohl die kleine Republik ein großes Sortiment von täglichen Bedarfsgütern selbst herstellen konnte. Ein Großteil davon war aber nicht absetzbar, weil er nicht den gewachsenen Ansprüchen der Verbraucher entsprach. Die Kundschaft suchte modische Kostüme, gute Schuhe, Kühlschränke mit integriertem Gefrierfach und Küchenmixer. Die Wurzel des Übels machte Gladkow im Planungsprozeß aus und nannte ein Beispiel: Um die örtliche Versorgung mit Agrargütern sicherzustellen, brauchte das hügelige Tschuwaschien kleine Traktoren. Das Moskauer Ministerium für Landmaschinenbau gab jedoch weder grünes Licht für die örtlichen Initiativen noch ließ es irgendwelche Anstrengungen erkennen, den zentralen Plan an die spezifischen Bedürfnisse der Regionen anzupassen.

Aus den Traktorenfabriken der UdSSR rollten Riesenmaschinen mit 200 PS auf die Felder und drückten mit einem Gewicht von acht bis zehn Tonnen die fruchtbare Erdschicht zusammen. Nur jeder fünfte Traktor fuhr bodenschonend auf Raupen. Kolchosdirektoren beklagten diesen Mißstand schon seit Jahren, hielt die ›Iwestija‹ fest und ging ausführlich auf die Gründe ein. Um den Anteil bodenschonender Kettentraktoren zu erhöhen, mußten sich erst einmal drei Branchenministerien verständigen. Für die Produktion des neuen Traktors ›Wolgar‹ hatten diese 1977 Wolgograd als Standort bestimmt. Die dortige Traktorenfabrik sollte dafür bis 1986 modernisiert werden. Auf den Regierungsbeschluß folgte erst einmal ein dreijähriger Streit zwischen Stadtverwaltung und Traktorenfabrik um ein Grundstück sowie um dessen Verkehrsanbindung, wobei die Gefahr entstand, daß das Modell veraltet war, ehe die Produktion beginnen konnte. Ende 1984 betrug der Planrückstand 30 bis 40 Prozent. Weder waren die Baumaßnahmen abgeschlossen noch stand fest, woher die Werkzeugmaschinen kommen würden. Um zwei Fräsmaschinen zu installieren, brauchte die Wolgograder Traktorenfabrik zum Beispiel zuerst eine Genehmigung vom Ministerium für Maschinenbau und dann eine entsprechende Weisung an einen Betrieb, der sie liefern sollte. Diese Weisung war jedoch relativ nutzlos, da sich die in Moskau ausgesuchten Partner zunehmend auf ihre autonomen Interessen beriefen, die ihnen vorangegangene partielle Wirtschaftsreformen eingeräumt hatten.

Die unendliche Geschichte des ›Wolgar‹ führte dem Zeitungsleser vor Augen, daß die Zentralisierung alltäglicher Geschäftsvorgänge immer weniger funktionierte. An den Reibungsverlusten waren indessen nicht nur die damals schon viel kritisierten Bürokraten schuld, sondern auch die Rahmenbedingungen. Die riesigen Defizite im Wohnungsbau beispielsweise behinderten die Mobilität der Arbeitskräfte massiv und belasteten das Privatleben der Menschen bis zur Unerträglichkeit. Millionen von Familien mußten jahrelang auf eine eigene Wohnung warten. Sie lebten beengt bei den Eltern, in Wohnheimen oder in den Wohnbaracken der neuen Industriestädte. Die Warteschlange der Berechtigten (weniger als neun Quadratmeter Wohnraum pro Kopf) bildete sich beim Arbeitgeber, also bei einem Betrieb oder bei einer Kommunalverwaltung, wo zum Beispiel Ärzte und Pädagogen betroffen waren. Die Bauherren waren verpflichtet, auf Weisung »von oben« wichtige Funktionäre oder Fachkräfte bei der erstbesten Gelegenheit zu berücksichtigen beziehungsweise eine bestimmte Zahl von Wohnungen für einen solchen Bedarf von vornherein freizuhalten. Diese Privilegien sollten die Mobilität der Parteikader fördern und waren damit zumindest systemrational.

Die Unterprivilegierten, zu denen das Millionenheer der Unqualifizierten gehörte, mußten sich im Staat der Arbeiter und Bauern selbst durchschlagen. Mit Verständnis und Unterstützung der Behörden konnten sie in der Regel nicht rechnen. Gegebenenfalls versteckten die Ordnungsämter ihre egoistischen Interessen hinter rigiden Vorschriften – wie im Fall der Madina Samalowa.

Madina kam mit siebzehn Jahren nach Kasan, um zu studieren. Sie mietete eine Zimmerecke bei Tante Elja. Eine echte Tante war die Vermieterin nicht, aber die alte Rentnerin wurde von allen Bekannten nur so genannt: Tjotja. Madina fiel zwar bei der Aufnahmeprüfung durch, fand aber eine Arbeit und blieb in der schönen Stadt an der Wolga. Tjotja Elja war es recht. Mit 55 Rubeln Rente war sie knapp bei Kasse und unterstützte davon noch regelmäßig ihre Schwester in Wolgograd. Madina kaufte für ihre Vermieterin Kleider und neue Möbel. Die Wohngemeinschaft bestand zwölf Jahre. Dann starb Tante Elja mit über 80 Jahren. Die Untermieterin sorgte für eine würdevolle Beerdigung. Danach ging sie zur Stadtverwaltung, um das Zimmer auf sich umzumelden. Genosse Nugumanow hörte sie an und lehnte den Wunsch kaltherzig mit dem Argument ab, sie sei mit der Verstorbenen nicht verwandt gewesen, folglich habe sie keinen Anspruch auf das Zimmer. Auch die Gerichte entschieden gegen sie.

Der Räumungsbefehl wurde vollzogen, als Madina im Krankenhaus lag. Alle Revisionsanträge scheiterten. Die Konkurrenten um das Zimmer kamen bei den Behörden mit der Behauptung durch, daß der von zwei Ärzten unterschriebene Nachweis über Madinas Krankenhausaufenthalt fingiert sei.[17]

Stalins forcierte Industrialisierungspolitik und Hitlers Vernichtungskrieg hatten in der Sowjetunion eine kolossale Wohnungsnot geschaffen, die noch Jahrzehnte später die Mobilität der Arbeitskräfte hemmte. Weder die politischen Instrumente des verkrusteten Parteiapparats noch die materiellen Ressourcen eröffneten einen Handlungsspielraum zur umfassenden Lösung dieses Kernproblems. Ökonomische Anreize hatten zwar seit Chruschtschows Amtszeit (1953–1964) stalinistische Zwangsmaßnahmen wie Arbeitslager (GuLag) und Arbeitsplatzzuweisungen für die Absolventen höherer Bildungsanstalten stufenweise abgelöst. Der schnellen Steigerung des Wohnungsbaus hatten jedoch die Interessen der Schwerindustrie und der rüstungsorientierten Kräfte der Staats- und Parteiführung enge finanzielle Grenzen gesetzt. Einen – schmalen – Ausweg eröffnete seit Ende der fünfziger Jahre die staatliche Förderung des individuellen Wohnungsbaus. Zum Programm gehörte die Mobilisierung privater Ersparnisse sowie die Stimulierung von Eigenleistung. Die sowjetische Bauwirtschaft litt nämlich nicht nur an Kapitalmangel, sondern auch an Arbeitskräftemangel.[18] Der kleine Kern qualifizierter Baufachleute mußte mit Saisonarbeitern und Freiwilligen, mitunter auch mit Soldaten aufgestockt werden. Die unprofessionelle Ausführung zeigte sich dann an funktionalen Defekten und fehlender Ästhetik. Zu den Ausnahmen zählten die Wohnblöcke der Nomenklatura und Wohnhäuser, die nach Chruschtschows Modell der Privatbeteiligung gebaut wurden. Für den Erwerb einer eigenen Wohnung mußten die Interessenten einer Baukooperative beitreten, etwa ein Viertel der Kosten bar auf den Tisch legen und den Rest in 15 bis 20 Jahren bei einem Zinssatz von 0,5 Prozent in Raten abzahlen. Die günstigen Bedingungen bewegten viele Fachleute, für gutes Geld einige Jahre in Sibirien oder im Hohen Norden zu arbeiten, wo sie dringend benötigt wurden, um dann nach der Rückkehr mit 6000 Rubeln in der Tasche die Aussicht zu haben, in absehbarer Zeit in den Besitz einer vergleichsweise schönen und geräumigen Wohnung zu kommen.

Anfang bis Mitte der achtziger Jahre erreichte der Anteil der Kooperativwohnungen in den Metropolen und attraktiven Industriezentren 10 bis 15 Prozent am Neubau. Die dabei entstandene halboffizielle Schattenwirtschaft war allerdings keine Garantie für eine effiziente Organisation, wie sich dem Feuilleton der ›Iswestija‹ vom 10. März 1985 entnehmen ließ. Um in einen neuen zwölfstöckigen Wohnblock in Leningrad einziehen zu können, mußten die glücklichen Besitzer rund zehn Arbeitstage schwänzen. Der Zeitverlust war nicht zuletzt auf eine von der Leitung der Kooperative angepriesene »Verbesserung« zurückzuführen. Ihr innovatives Angebot, das die Käufer mangels Alternative nicht ablehnen konnten, bestand in der Ausstattung der Wohnung mit Wohn- und Küchenmöbeln. Als der Bau halbwegs bezugsfertig war, mußten die Käufer als erstes an das andere Ende der Viermillionenstadt fahren, um die zugeteilten Möbel zu bezahlen. Danach wurde ihnen per Telegramm der Tag angekündigt, an dem die Kücheneinrichtung geliefert würde. Aber die Uhrzeit war nicht angegeben. Ein Familienmitglied mußte folglich den ganzen Tag der Arbeit fern bleiben und warten. Es war nicht selten, daß der Monteur, der die Möbelteile zusammenbaute, nicht gleich am Liefertag, sondern erst zu einem späteren Zeitpunkt kam. Ein weiterer Arbeitstag ging verloren, wenn der Klempner erwartet wurde, der nächste, wenn die Anlieferung des Wohnzimmerschrankes verabredet war. Und so weiter.

Auch für den Neubau oder die Sanierung von Krankenhäusern fehlte das Geld. Die Finanzierung des Gesundheitswesens erfolgte nach dem sogenannten »Restprinzip«: Was nach dem vorrangigen Investitions- und Subventionsbedarf der Volkswirtschaft im Staatshaushalt übrigblieb, konnte zum Teil für die Versorgung kranker Menschen ausgegeben werden. Das Ergebnis war Mitte der achtziger Jahre deprimierend: Auf dem Lande war nur jedes fünfte Krankenhaus in einem speziell dafür eingerichteten Gebäude untergebracht. In den zentralasiatischen Republiken waren bei weitem nicht alle Krankenhäuser an das Kanalisationssystem angeschlossen. Außerhalb der Großstädte verfügten die Gesundheitseinrichtungen häufig nicht einmal über Telefon.

Die offizielle Statistik wies nur die Zahl der Krankenbetten aus; diese war sowohl im Verhältnis zur Bevölkerungsgröße als auch im Vergleich zu den westlichen Ländern wie der Bundesrepublik oder den USA beachtlich hoch; sie sagte aber nichts über die Qualität und die Intensität der Pflege aus, die vielfach sehr zu wünschen übrig ließen. Kein Wunder: Von den sowjetischen Staatsausgaben entfiel seit den siebziger Jahren prozentual immer weniger auf das Gesundheitswesen. Mit unprofessionellen Notoperationen wurde zum Teil Abhilfe geschaffen. Wie man sich das vorzustellen hatte, zeigte eine kleine ›Prawda‹-Meldung vom 10. März 1985. »Ohne besondere Ausgaben«, so die Überschrift, wurde im ostukrainischen Makajewka das städtische Kinderkrankenhaus um 30 Betten erweitert. Bauarbeiter der Wohnungsverwaltung und Freiwillige aus dem Bergbau sowie aus einer Schuhfabrik hatten einen baufälligen Schuppen saniert.

Nur wenige Leistungsdefizite der Planwirtschaft ließen sich mit solchen Bürgerinitiativen mildern. Und auch die Selbsthilfe hatte ihre Grenzen. Viele Frauen waren erfinderisch, wenn es darum ging, sich und den Kindern Kleidung zu nähen; so waren sie stets besser gekleidet als die Männer. Wie sollten sie aber passende Schuhe erwerben? Vier weibliche Abgeordnete des Obersten Sowjet klagten am 11. März 1985 in der ›Prawda‹: »In Kursk zum Beispiel gibt es keine Damenschuhe in den Größen 38–39 mit mittleren und hohen Absätzen. Warum? Reichen die Rohstoffe nicht? Dagegen spricht, daß es genug Schuhe gibt, die keiner kauft. Die Ansprüche der Verbraucher sind in den letzten Jahren gewachsen. Aber die Produzenten stellen massenweise Waren her, die sie selber niemals kaufen würden. Industrie und Handel verfolgen ihre eigenen Interessen. Der Verbraucher ist für sie nur ein Klotz am Bein. Ihnen kommt es nur auf die Bilanzen an. Die Bedürfnisse zählen kaum […] Ein Großteil unserer Zeit geht für Einkäufe drauf. Man möchte das ehrlich und mit viel Mühe erarbeitete Geld für schöne Produkte ausgeben. Dies gelingt einfach nicht.« Ob der offene Brief an die ›Prawda‹ von den vier Abgeordneten aus weit auseinander liegenden Landesteilen eine spontane oder eine – von wem auch immer – bestellte Aktion war, darüber läßt sich nur spekulieren. Mitte März 1985 war es so offenkundig wie kaum je zuvor, daß die Zensur eine gemäßigte Kritik am System zuließ, um die Notwendigkeit von Veränderungen zu suggerieren.

Seltener berichtete die sowjetische Presse über die faulen Kompromisse mit dem System, die der Gemeinschaft ebenfalls hohe Verluste bescherten. Not oder Notwehr, Armut oder Anarchie – die Gründe blieben im dunkeln. Aber die Leser konnten ihre eigenen Überlebensstrategien wiedererkennen, die zum Beispiel bei ungenügender Wärmeversorgung zu Energieverschwendung führten. In vielen Wohnungen und Büros sahen sich die Menschen gezwungen, wegen der kalten Heizkörper Elektroöfen einzusetzen, was viel Energie fraß, die anderswo dringend benötigt wurde und im übrigen auch viel Geld kostete. In armen Landesteilen, wie in der kaukasischen Vielvölkerprovinz Dagestan, konnten oder wollten viele Familien die Stromrechnungen nicht mehr bezahlen. Die Stadtwerke der Provinzhauptstadt Machatschkala ermahnten in der Lokalzeitung die säumigen Verbraucher und drohten mit Abschaltung und empfindlichen Geldstrafen für den Neuanschluß.[19]

Die Öffentlichkeit der drittgrößten Sowjetrepublik Kasachstan erfuhr in diesen Märztagen von einem eingespielten Diebestrio, nachdem die Delinquenten zu Freiheitsstrafen verurteilt worden waren. Der Gerichtsreporter fand vor allem bemerkenswert, daß Kollegen am Arbeitsplatz den Diebstahl gesehen und geschwiegen hatten: Regelmäßig hatte das Trio mitgehen lassen, was ihm in die Hände fiel: Pralinen und Parfüms, Stoffe und Bekleidungsstücke. Es hatte auch niemanden überrascht, daß die drei Männer am Morgen zu Fuß zur Arbeit gekommen und am Abend mit neuen Fahrrädern nach Hause gefahren waren.[20] Diebstahl am Arbeitsplatz war in der Sowjetunion so verbreitet, daß er zum Bestandteil einer »stillen Sozialpartnerschaft« erklärt werden konnte: »Warum sollten unsere Arbeiter gegen das System aufbegehren – solange sie noch täglich irgend etwas vom Arbeitsplatz mitgehen lassen können?« kommentierte ein Moskauer Gesprächspartner einem Korrespondenten gegenüber.[21]

Dem KGB – und damit den Spitzenfunktionären der KPdSU – war allerdings längst bewußt, daß Unmut und Ungeduld der Bevölkerung die Grenze der Kontrollierbarkeit bereits überschritten hatten. In einem seinerzeit »streng geheimen« Dokument (No 5/38 – 14272), das 15 Jahre später in die russische Presse lanciert wurde, um die Wiederwahl des Präsidenten Boris Jelzin gegen den kommunistischen Herausforderer Gennadij Sjuganow zu unterstützen, der in den Umfragen haushoch geführt hatte, berichtete der KGB-Kommandeur aus Woronesch am 30. Oktober 1981: Das Angebot an Lebensmitteln nahm ständig ab. Mitarbeiter und Informanten des KGB meldeten, daß immer mehr »negative Erscheinungen unter der Bevölkerung« auftraten. Die Unzufriedenheit äußerte sich im Vergleich zu früheren Jahren »in erbitterter und aggressiver Form«. Auf Betriebsversammlungen wurden zuvor unvorstellbare Fragen laut: »Wieso liefern wir alles an Vietnam und Kuba?« Auch konkrete Forderungen – so zum Beispiel nach Bezugsscheinen für Lebensmittel und nach Einstellung der Hilfe für Polen – wurden gestellt. Studenten zeigten sich entrüstet, daß »die Feinde des Sozialismus in Polen antisowjetische Aktivitäten betreiben und unser Land sie auch noch füttert«. Besonders beunruhigend empfand Oberst Borissenko, der Berichterstatter, die Lage in jenen Läden, in denen Speiseöl und Butter verkauft wurden. In der wartenden Menge war zu hören, »daß am Ende bei uns die Dinge sich ähnlich entwickeln könnten wie in Polen«. Aus einem vom KGB geöffneten Brief aus Woronesch zitierte der Oberst: »Bei uns in der Stadt finden merkwürdige Veränderungen statt. Jetzt gibt es nirgends Speisefett. Mit Milch sieht es auch schlecht aus, und es soll noch schlechter werden. Das Volk ist jetzt schon empört. Es heißt, in anderen Städten sei die Lage noch schlechter. Man sagt ja: Der Fisch beginnt am Kopf zu stinken. Wie können wir so weiterleben?«[22]

Vermutlich war das nicht das einzige Dokument dieser Art. Bekannt ist allerdings, daß der damalige KGB-Chef Jurij Andropow ein halbes Jahr später, in seiner Rede zu Lenins 112. Geburtstag, »den aufsehenerregenden Satz sagte, daß wir die Gesellschaft, in der wir leben, schlecht kennen«.[23] Gorbatschow war sich nach seiner Wahl darüber im klaren, »daß es keineswegs genügte, einzelne Korrekturen vorzunehmen. Eine zusätzliche Wende war vonnöten, eine, um mit Lenin zu sprechen, völlig neue Einstellung zum Sozialismus. Da aber sowohl in der Partei als auch in der Gesellschaft viele Jahrzehnte lang ideologische

Stereotypen geprägt worden waren, fiel jeder Schritt äußerst schwer. Die Gesellschaft war weitaus kränker, als wir anfangs angenommen hatten.«[24]

Afghanistan und die sowjetische Außenpolitik

Die Vision von einer erneuerten Sowjetunion, die nicht nur militärisch stark sein sollte und deren Stärke daher nicht nur Furcht verbreiten, sondern vielmehr auch Respekt erheischen würde, verlangte vom neuen Parteichef eine Vielzahl strategischer und symbolischer Entscheidungen. Unwillige Altkader mußten ausgewechselt, ein unsäglicher Augiasstall ausgemistet werden, während sowohl die außen- wie auch die innenpolitische Situation keine günstigen Voraussetzungen für eine Reformpolitik bot. Zu verschieden war die Interessenlage der Akteure, von denen Gorbatschows Erfolg abhing und die nach dem Abgang der Gerontokraten mit neuem Elan versuchten, sich im Kreml Gehör zu verschaffen.

Westliche Politiker erwarteten – so berichtete der aufgeklärte Handlungsreisende der KPdSU, Wladimir Sagladin, nach seinen Gesprächen in Bonn und Paris Ende März 1985 –, daß Gorbatschow »die Wirtschaft in Gang bringen würde, denn davon versprachen sie sich einen Nutzen«.[25] Doch im sechsten Jahr des Afghanistan-Krieges ging es zunächst um das sinnlose Sterben von Sowjetbürgern. Kaum war Gorbatschow im Amt, setzte eine Flut von bestellten und unbestellten Briefen an das Zentralkomitee und an die ›Prawda‹ ein. »Wozu wird dieser Krieg geführt und wann hört er auf?« lautete die Kernfrage. Zehntausende Familien erwarteten vom neuen Kremlchef, daß er ihre Söhne aus Afghanistan zurückholte. Es schrieben hauptsächlich Frauen, die um ihre Gefallenen trauerten. Es schrieben aber auch Soldaten, die nicht verstanden, warum sie diesen Krieg führen mußten. Und es schrieben nicht zuletzt viele Offiziere, daß sie ihren Soldaten nicht erklären könnten, worin die »internationale Pflicht« bestehe.[26] Noch im März 1985 erteilte der Generalsekretär seinen Beratern den Auftrag, Vorschläge für einen Ausweg aus der politischen und militärischen Sackgasse zu erarbeiten.

Afghanistan war der letzte große Brennpunkt im Kalten Krieg. Im amerikanisch-sowjetischen Wettstreit um die globale Vormachtstellung, der fast ein halbes Jahrhundert gedauert hatte, kam es auf Eurasien an. Für Zbigniew Brzezinski bedeutete die Herrschaft über Eurasien die Herrschaft über die Welt: »Geopolitisch wurde der Konflikt vor allem an den Rändern des eurasischen Kontinents ausgetragen.«[27] Die südliche Frontlinie tangierte die Länder Iran, Afghanistan, Pakistan. Bis in die späten siebziger Jahre arbeiteten Ost und West mit friedlichen Mitteln, vor allem mit Wirtschaftshilfe, in dieser Region. Das Königreich Afghanistan, eines der ärmsten Länder der Welt, entwickelte sich trotzdem nur sehr langsam, es blieb ein weitgehend agrarisches, wirtschaftlich nicht integriertes Land, in dem gerade 15 Prozent der Bevölkerung urbanisiert waren. Die innenpolitische Lage war höchst instabil.

Im April 1978 hatte ein Revolutionsrat mit einem Militärputsch die Macht in Kabul übernommen. Das Führungstrio – Nur Mohammed Taraki, Babrak Karmal und Hafizullah Amin – kündigte eine Landreform und eine umfassende Zusammenarbeit mit der Sowjetunion an. Moskaus Rolle war nicht so eindeutig, wie es durch das Denkschema des Kalten Krieges oft suggeriert wurde. Den naheliegenden Verdacht, der Machtwechsel in Kabul sei vom Kreml inszeniert worden, konnten spätere Forschungsarbeiten weder nachweisen noch ganz entkräften. Dafür hatte die Rhetorik der Revolutionäre zu viele marxistisch-leninistische Elemente enthalten. Zudem hatte die neue Regierung ihre forcierte Reformpolitik mit der brutalen Ausschaltung von Widersachern begonnen, was an die Vorgehensweise der Kommunisten in den ostmittel- und südosteuropäischen Staaten nach dem Zweiten Weltkrieg erinnerte. Dieser Eindruck der ohnehin mißtrauischen westlichen Öffentlichkeit verstärkte sich noch, als die Demokratische Partei Afghanistans Ende 1978 immer mehr sowjetische Berater ins Land holte. In Kabul setzten sich nämlich revolutionäre Maulhelden durch. Ihre Parole vom Aufbau eines modernen Bildungs- und Gesundheitssystems richtete sich gegen die Vorherrschaft der Mullahs. Da jedoch niemand wußte, wie das Vorhaben zugunsten der breiten Bevölkerung umzusetzen war und wie in Afghanistan ein funktionsfähiger Staat geschaffen werden konnte, blieb nur die übliche Rebellentaktik: Druck auf hilfsbereite Freunde im Ausland auszuüben und kompromißlos gegen die Feinde im Inland vorzugehen.

Präsident Taraki versprach zwar, die Prinzipien des Islam zu respektieren, warnte jedoch gleichzeitig davor, mit religiösen Argumenten den Fortschritt zu sabotieren. Im Namen des Fortschritts ließ er jedoch die grün-schwarz-roten Flaggen des Islam verschwinden und die neue Staatsflagge nach dem Muster der islamischen Sowjetrepubliken ganz in Rot gestalten.[28] Diese Provokation hatte Folgen. Der Widerstand der traditionellen Stammesführer gegen das neue Regime verstärkte sich. Bereits im Sommer 1978 kam es im Osten des Landes zu einem bewaffneten Aufstand. Im folgenden Winter breiteten sich in allen 28 Provinzen Unruhen aus. Soldaten der Armee – zum Teil kampfunwillig oder -unfähig – desertierten in immer größerer Zahl oder liefen samt Waffen, oft gegen Belohnung, zu den Widerständlern über. Ein neuer Schub sowjetischer Militärberater sollte dem Regime helfen, Herr der Lage zu werden. Trotzdem, und zum Teil gerade deshalb, kam es im März 1979 in Herat, der drittgrößten Stadt des Landes, zu einem massiven Zusammenstoß zwischen Rebellen und Regierungskräften. Mehrere Dutzend sowjetischer Militärberater und deren Familienmitglieder wurden gelyncht, ihre abgeschlagenen Köpfe auf Spießen durch die Straßen getragen. Ein erneutes Einschreiten der afghanischen Armee forderte weitere 800 bis 1000 Todesopfer.

Der Aufstand in Herat löste sowohl in Moskau als auch in Kabul einen nachhaltigen Schock aus. Am 17. März 1979 begann im Kreml eine dreitägige Debatte über die Entwicklung in Afghanistan. Hauptthema war die Bitte des afghanischen Präsidenten Taraki, sowjetische Truppen zu entsenden. Zu diesem Zeitpunkt war das Politbüro zu einer militärischen Intervention jedoch nicht bereit. Es gab erhebliche Zweifel an der Zuverlässigkeit der afghanischen Armee. Ministerpräsident Kossygin kritisierte den politischen Kurs der Revolutionsführer. KGB-Chef Andropow war ebenfalls skeptisch: Die Wirtschaft sei rückständig, die überwiegende Mehrheit der Landbevölkerung des Lesens und Schreibens unkundig. Die islamische Religion habe ein starkes Übergewicht. Bajonette allein könnten den Erfolg der Revolution nicht garantieren. Andererseits rechnete das Politbüro mit der Einmischung Irans, Pakistans und Chinas und war sich in einem Punkt einig: Afghanistan dürfe nicht dem Feind überlassen werden. Um international nicht als Aggressor zu gelten, wurde dem Verteidigungsministerium nur erlaubt, zwei Divisionen an der afghanischen Grenze zu dislozieren. Taraki bekam Panzer, Kampfhubschrauber und Wirtschaftshilfe. Weitergehende Forderungen wehrte das Politbüro mit dem Hinweis auf schwerwiegende Konsequenzen ab: »Unsere gemeinsamen Feinde warten nur darauf. Sie hätten eine Begründung, ihrerseits militärische Kräfte gegen Sie einzusetzen.«[29]

In Washington beobachtete man die Entwicklung in Afghanistan mit Argusaugen. Hier standen sich der gemäßigte Außenminister Cyrus Vance und die Hardliner um Sicherheitsberater Zbigniew Brzezinski gegenüber. Brzezinski brüstete sich später, daß er den amerikanischen Präsidenten Jimmy Carter dazu gebracht habe, die Aufsicht über die verdeckten Operationen der CIA von einem Komitee unter Vance auf ein Komitee des Nationalen Sicherheitsrates, also seinen eigenen Kompetenzbereich, zu übertragen. Dem polnischstämmigen Gegner einer Verständigung mit Moskau gelang es, den Umsturz in Kabul als Bestätigung seiner Überzeugung zu präsentieren, die Sowjetunion strebe nach einer Hegemonie über Südwest-Asien. Den Freundschaftsvertrag zwischen Moskau und Kabul vom 5. Dezember 1978 brandmarkten die Falken in Washington als den sowjetischen Versuch, bis zum Persischen Golf mit den reichsten Ölfeldern der Welt vorstoßen zu wollen. Befürchtungen, daß die USA dort an Einfluß einbüßen könnten, wurden durch den Sturz des Schah und den Sieg der islamischen Revolution im Iran unter dem Ajatollah Chomeini bestärkt. Schah Reza Kahn Pahlevi war lange Jahre ein tatkräftiger Verfechter der amerikanischen Rollback-Politik gegenüber der Sowjetunion gewesen. Die CIA setzte nun auf General Mohammed Zia ul-Haq, den neuen Machthaber Pakistans, der Anfang 1979 seinen im Juli 1977 gestürzten Vorgänger, den gewählten Präsidenten Ali Bhutto, hatte hinrichten lassen. Obwohl diese Verbindung der offiziellen außenpolitischen Linie widersprach, duldete Washington die Zusammenarbeit. So konnte die CIA mit dem Militärregime in Pakistan ein Programm für die Unterstützung afghanischer Freischärler aufstellen, für das Gelder aus Saudi-Arabien, Kuwait und auch aus China kamen. Anfang Februar 1979 brachte die ›Washington Post‹ eine Reportage über eine pakistanische Militärbasis, auf der rund 2000 afghanische Kämpfer trainiert wurden. Kurz nach der Revolte in Herat konnte Brzezinski argumentieren, daß die muslimischen »Freiheitskämpfer« breite Unterstützung der Bevölkerung fanden und deshalb auch von der US-Regierung Hilfe erhalten sollten.[30]

Das Blutbad in Herat hatte weitere Konsequenzen. Der Machtkampf in Kabul verschärfte sich. Am 27. März übernahm Hafizullah Amin das Amt des Ministerpräsidenten, Taraki wurde Oberbefehlshaber der Streitkräfte. Zu einer Konsolidierung führte die Regierungsumbildung aber nicht. Politische Morde, Intrigen, Vetternwirtschaft und Verrat destabilisierten die Lage weiter. Das hochverschuldete, von ethnischen Konflikten wie von rivalisierenden Clans und Geheimdiensten zerrissene Land, ein traditioneller Haschischproduzent mit periodischen Hungersnöten, war praktisch unregierbar. Die Hilferufe an den Kreml bestätigten dort nur die Zweifel an der Zweckmäßigkeit einer weiteren Unterstützung. Tarakis Missionen in Moskau blieben erfolglos. Am 8. Oktober 1979 wurde er in Kabul ermordet. Amin, der sich damit zum Alleinherrscher machte, setzte noch mehr auf Diktatur und Gewalt.

Moskau registrierte sowohl die Zunahme des Widerstandes in der Bevölkerung als auch die Zunahme der Militärhilfe für militante Widerstandsgruppen aus dem Ausland. Mit Luftunterstützung aus der UdSSR schaltete sich das Verteidigungsministerium Ende Oktober erstmals direkt und in größerem Maße in die Kampfhandlungen ein. Der Generalstab unter Leitung von Nikolaj Ogarkow stellte sich offen gegen die Intervention. Verteidigungsminister Ustinow, der Hauptverfechter der Intervention, trug den Einwänden des Militärs in keiner Weise Rechnung.[31] Die politische Grundsatzentscheidung für die sowjetische Intervention fiel am 26. und 27. November, nachdem Hafizullah Amin, der von 1962 bis 1965 in den Vereinigten Staaten studiert hatte, in Interviews mit der ›Washington Post‹ und der ›Los Angeles Times‹ kaum verhüllt um die Gunst der Amerikaner geworben hatte. In Moskau läuteten die Alarmglocken. Manche Politbüro-Mitglieder fürchteten, Amin werde zu den Amerikanern wechseln und ihnen erlauben, an der afghanisch-sowjetischen Grenze einen Ersatz für die im Iran verlorengegangenen Spionageanlagen zu installieren.[32] Suslow sah den Ernstfall gegeben, falls den Amerikanern erlaubt würde, über Pakistan an die sowjetischen Grenzen zu gelangen. Andropow war zunächst gegen die Intervention, gab dann aber schließlich dem Druck von Wladimir Krjutschkow, dem Direktor der Abteilung für Auslandsspionage, nach, der damit vor allem den »gefährlich unzuverlässigen« afghanischen Premier Amin und dessen Entourage auszuschalten und eine neue Führung zu installieren hoffte.

Nach der Verstärkung der grenznahen Divisionen wurden ab Anfang Dezember 1979 neue Luftlandetruppen bei Kabul stationiert und Militärtransporter in Bereitschaft gestellt. Am Nachmittag des 12. Dezember bestätigte das außenpolitische Komitee des Politbüros in Breschnews Arbeitszimmer die Grundsatzentscheidung über den Truppeneinmarsch. Der sterbenskranke Ministerpräsident Kossygin, der einzig verbliebene Gegner der Intervention, nahm an der Sitzung nicht mehr teil. Dem harten Kern der Befürworter – neben Ustinow und dem orthodoxen Chefideologen der KPdSU, Michail Suslow, inzwischen auch Gromyko – spielte außerdem die sich abzeichnende Ablehnung des SALT II-Vertrages im US-Kongreß in die Hände. Als am 5. Dezember 1979 schließlich auch noch Bundeskanzler Helmut Schmidt die Unterstützung der SPD für den NATO-Doppelbeschluß erhielt, brach Moskaus Propagandastrategie für die Abrüstung endgültig zusammen, zumal auch noch der NATO-Rat am 12. Dezember die Stationierung von 464 amerikanischen Cruise Missiles und 108 Pershing II-Raketen in Europa ankündigte. »Es war kein Zufall, daß die Entscheidung über Afghanistan genau an diesem Tag gefallen ist«, schrieb später der damalige Erste Stellvertretende Außenminister Grigorij Kornijenko. Gegenargumente, etwa der Hinweis auf die zu erwartende Verschlechterung der Beziehungen zum Westen als Folge der Intervention, zogen nicht mehr. »Es gab nichts mehr zu verlieren.«[33]

Breschnew war nicht mehr in der Lage, die Tragweite des Beschlusses zu erkennen. Am 13. Dezember 1979 informierte er die

Mitglieder des Politbüros über die Entscheidung, ohne eine formelle Abstimmung anzusetzen. Zum Truppeneinsatz kam es allerdings erst nach einem mißglückten Attentat auf Amin am 17. Dezember. Zehn Tage später stürmten sowjetische Luftlandetruppen dessen Amtssitz in Kabul und brachten ihn dabei um. Am nächsten Morgen übernahm sein Rivale im Revolutionsrat, Babrak Karmal, den Vorsitz und rief über Radio Kabul die sowjetische Führung zu Hilfe. Noch am selben Tag überquerten zwei motorisierte Divisionen den Amu-Darja-Fluß. In den nächsten Wochen wurden 85 000 sowjetische Soldaten in Afghanistan stationiert.[34]

Die amerikanische Reaktion ließ nicht lange auf sich warten. Präsident Carter verhängte Wirtschaftssanktionen gegen die Sowjetunion und gab der CIA grünes Licht, ein verdecktes Interventionsprogramm zu starten, das von Saudi-Arabien mitfinanziert wurde. Bei der Organisation des afghanischen Widerstandes gegen die UdSSR spielte Osama bin Laden eine wichtige Rolle. Der Millionär, der erst 1991 wegen der Stationierung amerikanischer Truppen in seiner Heimat mit den USA brach und ein Jahrzehnt später nach der Terrorattacke auf das World Trade Center am 11. September 2001 zum Heiligen Krieg aufrief, rekrutierte im Zusammenspiel mit der CIA Kämpfer, richtete Trainingslager ein und nahm selbst an Kampfhandlungen teil. Die Kosten der antisowjetischen Operationen blieben 1980 mit 75 Millionen US-Dollar, davon 30 aus den USA, relativ bescheiden. Größere Offensiven mußten erst vorbereitet werden; Pakistan mußte als Drehscheibe der Aktionen gewonnen werden. Zia ul-Haqs Militärregime schraubte den Preis dafür auf 1,5 Milliarden US-Dollar Unterstützung hoch – für die eigenen Streitkräfte. Den überwiegenden Teil der insgesamt 2,8 Milliarden Dollar Wirtschafts- und Militärhilfe, die in den folgenden Jahren an afghanische Widerstandsgruppen flossen, erhielten islamische Fundamentalisten unter Gulbuddin Hekmatyar.[35]

Diese und weitere Entscheidungen, die zur Eskalation des Krieges in Afghanistan beitrugen, fielen bereits in die Amtszeit von Ronald Reagan. Er führte seinen Kreuzzug gegen den Kommunismus zwar primär durch Aufrüstung, aber soziale Programme sollten bald dazukommen. Seit Anfang 1985 verstärkten die USA ihre »humanitäre Unterstützung« für sieben muslimische Widerstandsgruppen, die in Pakistan ihre Operationsbasis hatten. Mit Lebensmittelpaketen und Geld wollte Washington den Glaubenskämpfern helfen, in Afghanistan jene Menschen zu versorgen, die auf ihrer Seite standen. Diese Politik war in Washington nicht unumstritten. Die Falken und die Tauben führten dort einen ähnlich heftigen Kampf um Einfluß auf die Außenpolitik wie in Moskau. Die amerikanischen Falken wollten das sowjetische Militär so lange wie möglich in Afghanistan fesseln. Die Tauben waren dagegen bereit, mit Moskau zu verhandeln und im Rahmen verbesserter Beziehungen den Abzug der Roten Armee aus Kabul zu erleichtern.[36]

Bessere Beziehungen zum Westen hatte Gorbatschow schon angestrebt, als er noch nicht im Amt war und die Kreml-Führung mit kriegerischen Schimpfkanonaden auf Reagans antikommunistische Kreuzzugsparolen antwortete. Auf einer Wahlveranstaltung am 20. Februar 1985 fand er eine für den Westen ungewohnte Formulierung: »Wir messen der Normalisierung der Beziehungen zu den Vereinigten Staaten und ehrlichen Verhandlungen mit ihnen über alle aktuellen Probleme des internationalen Lebens große Bedeutung bei, vergessen aber zugleich keinen Augenblick, daß sich die Welt nicht auf dieses Land beschränkt, sondern weitaus größer ist.« In seinem ›Prawda‹-Interview am 8. April 1985 bezeichnete der neue Parteichef die bestehenden Beziehungen als nicht schicksalhaft. Konfrontationen seien eher eine Anomalie, Verbesserungen ebenso nötig wie möglich.[37] Bald folgten konkrete Maßnahmen. Ende Juli 1985 verkündete die Sowjetunion – zunächst für sechs Monate – ein einseitiges Moratorium für Atomwaffenversuche. Vier Wochen zuvor hatte der verbindliche Georgier Eduard Schewardnadse das Außenministerium übernommen.

Die Ernennung des im Westen unbekannten Parteifunktionärs aus Tiflis zum Nachfolger Gromykos erregte großes Aufsehen. Dabei hatte der langjährige Parteichef der zweitgrößten kaukasischen Republik seine diplomatischen Fähigkeiten schon bei der Lösung der georgisch-russischen Konflikte eindrucksvoll unter Beweis gestellt. Als 1978 in Tiflis Tausende von Studenten gegen den Entwurf der neuen georgischen Verfassung demonstrierten, weil neben Georgisch auch Russisch als Staatssprache eingeführt werden sollte, setzte Schewardnadse nicht auf Gewalt, sondern auf Verhandlungen mit den Studenten und mit Moskau. Schewardnadse erreichte nicht nur, daß der Sprachen-Artikel aus der Verfassung gestrichen wurde, er konnte auch mit seinen Reformen in der Wirtschaft und mit seinem Kampf gegen die Korruption beachtliche Erfolge verbuchen. In der ersten Hälfte der achtziger Jahre besuchte Gorbatschow mehrmals Georgien und informierte sich bei Schewardnadse, den er seit der Zusammenarbeit im kommunistischen Jugendverband kannte, nicht zuletzt über das kreative Kulturleben der Kaukasus-Republik.[38]

Auch in seinem neuen Amt hatte der einfallsreiche und durchsetzungsfähige Georgier rasch Erfolg. Sechseinhalb Jahre nach der letzten Begegnung bereitete er für den Spätherbst 1985 einen neuen Gipfel der Supermächte in Genf vor. Nach der fast 15stündigen Unterredung taute die eisige Atmosphäre auf. Reagan war bis dahin ein dezidierter Gegner der Entspannung gewesen. Er hatte sie für eine gefährliche Illusion gehalten, die auf der Annahme beruhte, die USA und die Sowjetunion hätten wichtige gemeinsame Interessen. Auch ein Teil der Reagan-Administration hatte immer wieder zu erkennen gegeben, daß ein durch Abrüstung begünstigter Aufschwung der sowjetischen Wirtschaft nicht in ihrem Interesse lag. Diese Position teilten der zum Kabinett-Mitglied beförderte CIA-Direktor, William Casey, und dessen Stellvertreter Robert Michael Gates, der 1983 einen Jahresbericht vorlegte, in dem es hieß, daß die Sowjetunion die nukleare Überlegenheit über die USA suche, um in einem Atomkrieg bessere Überlebenschancen zu haben. Reagans Antwort auf diese angebliche neue Bedrohung war das SDI-Programm, die Strategic Defense Initiative.[39]

An diesem exorbitant teuren Star-Wars-Programm hielt Reagan auch in Genf fest. Mit dem weltraumgestützten Raketenabwehrsystem stellte Washington den Anti-Ballistics Missile Treaty (ABM-Vertrag) von 1972 in Frage, der das Wettrüsten im Weltraum untersagte. »Das Wettrüsten geht weiter«, mußte Michail Gorbatschow unmittelbar nach dem Gipfel vor den 1500 Abgeordneten des Obersten Sowjet erklären. »Unsere politische Wahl ist das nicht. Sie besteht darin, die USA zu veranlassen, trotz allem die Situation zu überdenken«[40], sagte er bereits in Genf auf seiner Pressekonferenz.

Von Ronald Reagan, dem früheren Filmschauspieler, der vor dem Gipfel einen Intensivkurs über sowjetische Geschichte, Politik und Lebensweise absolviert und sich mit Rollenspielen auf die Begegnung vorbereitet[41] hatte, bekam Gorbatschow für seine Kompromißbereitschaft offene Anerkennung: »Ich denke, daß ich von Schauspielerei etwas verstehe. Darum kann ich sagen, daß er nicht schauspielert, daß er genau so ehrlich wie wir nach Lösungen sucht.«[42] Auf dem Rückflug nach Washington gab Reagan auch seiner Überzeugung Ausdruck, daß Gorbatschow den Afghanistan-Konflikt auf diplomatischem Wege lösen wolle. Wenig später gab der afghanische Außenminister Dost dem UN-Vermittler Diego Cordovez Einblick in einen Kabuler Plan für den vollständigen Truppenabzug.[43] Tatsächlich hatte das Politbüro die von Gorbatschow am 17. Oktober 1985 eingebrachten Vorschläge bereits fünf Wochen vor dem Genfer Gipfel an Kabul geschickt. Sie liefen darauf hinaus, daß die afghanische Führung bis zum Sommer 1986 in der Lage sein müßte, sich selbst zu verteidigen. Kurz zuvor hatte ein geheimes Treffen zwischen Gorbatschow und Babrak Karmal stattgefunden. Dabei hatte der Kremlchef dem Generalsekretär der Demokratischen Partei Afghanistans eine verfehlte Politik vorgehalten: Wenn er und seine Leute politisch überleben wollten, müßten sie ihre Machtgrundlage erweitern, den islamischen Gesetzen wieder Gültigkeit verschaffen, die Bräuche achten und dem Volk zeigen, daß die Revolution spürbare Verbesserungen bringe. Moskau würde den »Freunden« weiter mit Waffen helfen, aber die eigenen Truppen nicht mehr verstärken.[44]

Karmal sträubte sich lange gegen eine Lösung, die von den neuen geopolitischen Interessen des Kreml diktiert war. Die prinzipielle Entscheidung für den frühestmöglichen Truppenabzug fiel also bereits am 17. Oktober 1985. Gorbatschow informierte die breite Öffentlichkeit aber erst in einer Rede am 25. Februar 1986 vor den Delegierten und Gästen des XXVII. Parteitages. Einen Tag später gab in Washington das Inter-Agency Subcommitee dem Druck der Falken nach, die afghanischen Rebellen mit Stinger-Raketen auszurüsten. Deren Einsatz gegen sowjetische Kampfhelikopter brachte allerdings nur mäßigen militärischen Erfolg, die ungebrauchten Raketen versuchte die CIA Jahre später vergeblich von potentiellen Terroristen zurückzukaufen. Nach dem Genfer Gipfel mußte Außenminister Schewardnadse an zwei Fronten kämpfen – gegen die Kalten Krieger im Westen und gegen Karmal in Kabul –, bevor er am 14. April 1988 im Palais der Nationen in Genf das Abkommen über den Abzug unterschreiben konnte. Neun Monate später erklärte General Boris Gromow, der Oberkommandierende der sowjetischen Streitkräfte in Afghanistan, der das geschundene Land als letzter verließ, auf der »Freundschaftsbrücke« zur Sowjetrepublik Usbekistan: »Hinter mir ist kein einziger sowjetischer Soldat oder Offizier zurückgeblieben.«[45] Aber 13 500 sowjetische Militärangehörige waren zuvor gefallen; 35 000 wurden verwundet. Auf afghanischer Seite verloren 1,5 Millionen Menschen ihr Leben und fünf Millionen flüchteten.

Kapitel 2

Die Sowjetwirtschaft: der kurze Weg von der Krise zum Kollaps

Butter, Kanonen und Wachstum

Als Gorbatschow im März 1985 die Macht übernahm, waren die Probleme der sowjetischen Wirtschaft ebenso chronisch wie gravierend. Zwischen 1965 und 1985 sanken die Wachstumsraten von Fünfjahresplan zu Fünfjahresplan: von einem jährlichen Durchschnitt von 7,8 Prozent in der zweiten Hälfte der sechziger Jahre auf 3,6 Prozent in der ersten Hälfte der achtziger Jahre.[1] Zwar blieben auch die USA und die Länder der Europäischen Gemeinschaft in diesem Zeitraum nicht von Wachstumseinbrüchen verschont, aber nach einer Krise ging es wieder aufwärts. In der Sowjetunion, die durch staatliche Planung ein von zyklischen Schwankungen freies Wachstum anstrebte, hatte sich dagegen ein stetiger Abwärtstrend eingestellt. In den Jahren 1978/79 und 1982 gab es in den wichtigsten Branchen gar kein Wachstum mehr. Ein deutliches Plus wies die Statistik nur noch bei den unfertigen Investitions- und Bauprojekten aus.

Die ständige Steigerung der Produktion war das Hauptziel des sowjetischen Wirtschaftssystems seit Beginn der Planwirtschaft Ende der zwanziger Jahre des 20. Jahrhunderts. Für Stalins Strategie spielte dabei die revolutionäre Ideologie keineswegs die Hauptrolle. Nach dem Sieg der Oktoberrevolution und dem Separatfrieden der Bolschewiken mit den Deutschen bestimmte die Existenzfrage der Sowjetmacht die Strategie. Die militärische Intervention englischer, französischer, japanischer und amerikanischer Truppen zugunsten der Opposition gegen die bolschewistische Regierung und ihres Brest-Litovsk-Kurses wie auch die massive finanzielle und politische Unterstützung der terroristischen Vorgehensweise der Sozialrevolutionäre durch die englische und französische Botschaft in Petersburg führten in den Jahren danach zum Aufbau der Schwer- und Rüstungsindustrie um jeden Preis sowie zur Liquidierung aller Sozialrevolutionäre, die dagegen waren – wie Nikolaj Bucharin –, und aller tatsächlicher oder potentieller Kritiker des Regimes.[2]

Für den Kraftakt, das größte Land der Erde in wenigen Jahren so zu modernisieren, daß es sich erfolgreich verteidigen konnte, fehlten jedoch die Ressourcen. Die zentrale Frage für Stalin lautete: Wie waren führende Industriemächte vorgegangen? Stalin wollte nicht nur die Erfindungen, sondern auch die Organisationsmethoden der kapitalistischen Konkurrenz kopieren. Das zumindest erzählten die Pioniere der Planung dem Nachwuchs, so auch dem jungen Talent Walentin Pawlow. Der letzte Regierungschef der UdSSR hielt später seine Erinnerungen an die Männer aus der Aufbauphase der Sowjetunion fest: Sie sahen in Stalin einen Strategen, der aus der Geschichte der ursprünglichen Akkumulation des Kapitals die kurze Lehre zog: Ausplünderung der Kolonien, Ausbeutung von Sklavenarbeit.[3] Doch während die kapitalistischen Mächte die sozialen Kosten der Industrialisierung ein gutes Jahrhundert zuvor größtenteils in fremde Erdteile verlagern konnten, war Stalins Macht auf ein enger definiertes Imperium beschränkt. Nicht militärischer oder ökonomischer, sondern politischer Terror deckte den Bedarf an billigsten Arbeitskräften. In den Straf- und Arbeitslagern Sibiriens wurden Millionen Menschen in Bergwerken und auf Baustellen wie Sklaven behandelt. Leben zählten nicht. Planung als staatliche Aufgabe sollte die Resultate maximieren, nicht die humanen und ökonomischen Kosten minimieren.

Hitlers Überfall auf die Sowjetunion im Juni 1941 wirkte wie eine Bestätigung für Stalins Strategie. Die Schwer- und Rüstungsindustrie konnte kurzerhand hinter den Ural verlagert und zugleich hochgefahren werden. Doch im Gegensatz zu den USA mußte die UdSSR den Krieg gegen Hitler auf eigenem Territorium führen. Nach vier Jahren waren mehr als 20 Millionen Opfer, zwei Drittel davon Zivilisten, und immense Verwüstungen zu beklagen. Tausende Industriebetriebe wurden zerstört. Die deutschen Truppen plünderten die Kolchosen, schlachteten das Vieh, vernichteten ganze Dörfer. Im Westen und im Süden des Landes sanken Dutzende Städte in Schutt und Asche. Infrastruktur und Wohnraum wurden vernichtet, die Bevölkerung in ungeheures Elend gestürzt. Aus eigener Kraft konnte die Sowjetunion dieser Not kaum Herr werden. Kredite, die sie von ihrem Kriegsverbündeten, den Vereinigten Staaten, erwartet hatte, lehnte Washington ab. Als Kompensation für die Kriegsschäden blieben nur die – weitgehend eigenmächtig durchgesetzten – Reparationen, die Deutschland und seinen Satrapen in Ostmitteleuropa abverlangt wurden, sowie das geistige wie körperliche Potential von Kriegsgefangenen und zwangsverpflichteten Immigranten.

Unter diesen Bedingungen hatte die Wiederbelebung der Wirtschaft nach Kriegsende in der Statistik für eine günstige Optik gesorgt. Vom niedrigen Ausgangsniveau stieg das produzierte Nationaleinkommen in den fünfziger Jahren jährlich um rund zehn Prozent und damit erheblich schneller als das Bruttosozialprodukt der führenden Industrieländer. Mitte des Jahrzehnts rückte die Sowjetunion auf Platz zwei in der Weltrangliste für Industrieproduktion vor. Ausschlaggebend war die Produktion von Eisen und Stahl, Erdöl und Kohle – alles, was in Tonnen gemessen werden konnte. Schuhe, Bekleidung und Haushaltswaren fielen statistisch nicht ins Gewicht. Die Herstellung von Gebrauchsgütern für die Bevölkerung rangierte daher in der Planung auf den unteren Plätzen. Den Beweis, mit der modernen kapitalistischen Welt mithalten zu können, sollte die Rüstungs- und Raumfahrttechnik erbringen. Der erfolgreiche Flug des vom sowjetischen Physiker Sedow entwickelten Erdsatelliten am 4. Oktober 1957 löste in den USA den »Sputnik-Schock« aus. Der technologische und intellektuelle Vorsprung schien verloren. Dagegen stieg das Selbstbewußtsein der sowjetischen Führung. Im September 1959 landete eine Weltraumrakete auf dem Mond, und Nikita Chruschtschow absolvierte eine spektakulär aufgezogene Besuchsreise in die USA. Der Partei- und Regierungschef war vom Lebensstandard des Gastlandes beeindruckt und glaubte in seinem »glühenden Optimismus« (Georg von Rauch), mit den Vereinigten Staaten nicht nur in der modernsten Technologie, sondern auch in der Fleisch- und Maisproduktion wetteifern zu können.

In zwanzig Jahren sollte die wirtschaftliche Überlegenheit des Sozialismus in allen Bereichen unter Beweis gestellt werden. Das ideologisch geprägte Wunschdenken Chruschtschows floß 1961 in das neue Parteiprogramm der KPdSU ein.[4] Die Prophezeiung geisterte lange in den Köpfen von Kommunisten und kleinbürgerlichen Mitläufern herum. Sie spendete Trost für eine lange Durststrecke und stärkte Trotzreaktionen auf die westliche Herausforderung. Diese politische und psychologische Wirkung machte sich nicht nur in der Sowjetunion, sondern auch in den sozialistischen Bruderländern breit.

Als Anfang der achtziger Jahre der Ist-Zustand mit dem Soll-Zustand verglichen wurde, waren allerdings nur die Kritiker des kommunistischen Systems mit dem Ergebnis voll und ganz zufrieden. Die volkswirtschaftliche Gesamtleistung der UdSSR lag nach einer CIA-Schätzung gerade bei 55 Prozent des US-Volumens.[5] Der wichtigste Unterschied zwischen der sowjetischen und der westlichen Leistungsstärke bestand im Nutzeffekt des Wachstums. In der Sowjetunion kam es den Verbrauchern kaum zugute. Den Zuwachs verbrauchte im wesentlichen die Wirtschaft selbst. Sowjetischen Angaben zufolge hat sich das Produktionspotential zwischen 1970 und 1985 verdreifacht, aber nur einen Anstieg des Nationaleinkommens von 80 Prozent erbracht; und auch davon wurde ein wachsender Teil wegen fehlender Nachfrage einfach irgendwo gelagert. Im Vergleich zu den USA verbrauchte die sowjetische Wirtschaft 3,7mal mehr Stahl und 2,3mal mehr Erdöl, um dasselbe Volumen des Volkseinkommens zu erzielen. Die zweite Weltmacht war Ende der siebziger Jahre in der Computer- und Kommunikationsbranche erst so weit wie IBM schon Mitte der sechziger Jahre. Nach dem Pro-Kopf-Einkommen lag das Land an der 20. Stelle – ebenso wie vor dem Ersten Weltkrieg. Weit weniger Haushalte als etwa in Portugal oder in Jugoslawien besaßen einen Telefonanschluß. Daß die sowjetische Hauptstadt relativ viele Anschlüsse hatte, verdankte sie einem Kapitalisten. Der Textilfabrikant Sawwa Morosow hatte zu Beginn des Jahrhunderts dafür gesorgt, daß in Moskau ein modernes und ausbaufähiges Telefonnetz errichtet wurde.

Die Infrastruktur gehörte zu den Schwachstellen des sowjetischen Imperiums. Das Transportnetz für Güter und Erdöl war Mitte der siebziger Jahre viermal kleiner als das amerikanische ein Vierteljahrhundert zuvor. Wegen der riesigen Entfernungen sowie der äußerst schwierigen geographischen Bedingungen hatte die sowjetische Führung allerdings stark auf den Ausbau des Luftverkehrs gesetzt. Dagegen blieb der Ausbau des Straßennetzes zurück, insbesondere in den landwirtschaftlich dominierten Regionen. Zwischen den Betriebseinheiten großer Kolchosen gab es nur in Ausnahmefällen asphaltierte Wege. Stadt und Land waren nur unzureichend miteinander verbunden. Wasserleitungen und Kanalisation waren überlastet oder – selbst in vielen Bezirken der Großstädte sowie in einem Drittel aller Krankenhäuser – gar nicht vorhanden.

Moskaus Ziel hatte – neben dem Erreichen der militärischen Parität mit den USA – vor allem darin bestanden, Disparitäten zwischen den wirtschaftlich stärkeren und wirtschaftlich schwächeren Unionsrepubliken nicht weiter zu verschärfen.[6] Das hatte ökonomische Konsequenzen, vor allem bei der Planung großer Investitionsprojekte. Die Moskauer Zentrale hatte keine andere Möglichkeit als Arbeitsplätze zu schaffen, um der wachsenden Verarmung in den zentralasiatischen Republiken entgegenzuwirken, wo hohe Geburtenraten und niedrige Mobilität herrschten. Ohne diese Zwangslage wären zusätzliche Investitionen in den industriellen Zentren des Nord-Westens möglich gewesen, die vermutlich zu hohen Zuwächsen an Produktivität geführt hätten. Für die gleichzeitige Finanzierung von entwicklungspolitischen Aufgaben einerseits und von Forschung und Technologie andererseits fehlten sowohl die entsprechenden Mittel im sowjetischen Staatshaushalt als auch ein effizientes Steuerungsinstrumentarium. Radikale Reformen nach westlichen Vorstellungen hätten die regionalen und sozialen Differenzen verstärkt – wie Rußlands Weg in die Marktwirtschaft gut zehn Jahre später drastisch offenbarte. Die meisten westlichen Forscher sahen jedoch allein im Widerstand der Bürokratie gegen Privatinitiative und Profit die Erklärung für die »halbherzigen Reformen« Breschnews.

Die politischen Akteure in den führenden Industriestaaten waren an Informationen über den Zustand und die Entwicklungschancen der sowjetischen Wirtschaft stark interessiert. Insbesondere in der Bundesrepublik wurden nicht nur verteidigungs-, sondern auch viele sozialpolitische Entscheidungen von der Systemkonkurrenz diktiert. Der Wohlfahrtsstaat war ein schlagendes Argument gegen die sozialistische Alternative. Ein Problem bestand freilich darin, daß die offiziellen Statistiken Moskaus teils lückenhaft, teils irreführend waren. Unternehmen und Kolchosen meldeten Daten, die zu Planerfüllung und Prämienansprüchen paßten. Von Fälschungen im großen Maßstab gingen westliche Experten dennoch nicht aus, wohl aber von bewußtem Weglassen oder Verschleiern sensitiver Daten und Zusammenhänge. Was die statistischen Jahrbücher enthielten, galt weitgehend als sachlich richtig.[7] Aber die Maßstäbe waren so unterschiedlich, daß ein Ost-West-Vergleich des realen Wachstums und des wirtschaftlichen Handlungsspielraums nicht ohne weiteres möglich war.

Die amerikanische Regierung investierte jährlich einige hundert Millionen Dollar, um präzisere Angaben über die Wirtschaftskraft des Rivalen zu gewinnen. Der Hauptzweck der Operation war, die Höhe der sowjetischen Militärausgaben herauszufinden und diese in Relation zu der wirtschaftlichen Gesamtleistung zu setzen. Der prozentuale Anteil der Verteidigungskosten am Bruttosozialprodukt sollte Rückschlüsse auf die Überlebenschancen des sowjetischen Imperiums ermöglichen. Experten rechneten damit, daß bei einer Rüstungslast von zehn Prozent die kritische Grenze erreicht sei: Ein höherer Anteil gefährde das makroökonomische Gleichgewicht in erheblichem Maße. Steigende Inflations- und sinkende Investitionsraten wären unvermeidbar und würden sich verheerend auf das künftige Wirtschaftswachstum auswirken.[8] Bei gebremsten oder sinkenden Wachstumsraten würde ein unverändertes Tempo der Aufrüstung das Konsumniveau weiter nach unten drücken. Verteilungskonflikte könnten folgen und die Stabilität des Systems untergraben. Von der Entwicklung der sowjetischen Militärausgaben konnten also die Expertenteams der CIA auf die Grenzen der Handlungsmöglichkeiten Moskaus schließen. Der Befund legte letztlich auch die Schlußfolgerung nahe, die Sowjets durch eine neue Etappe des Rüstungswettlaufs in die Knie zu zwingen.

Um die Datenbasis für Simulationsrechnungen und Prognosemodelle zu vervollständigen, forsteten Forschungsteams der CIA sowjetische Statistiken systematisch nach Querverbindungen und Widersprüchen durch. Auch auswärtige Fachleute und Geheimdienste wurden zu Rate gezogen. Interviews mit sowjetischen Emigranten in Israel und den USA erbrachten in den späten siebziger Jahren neue Erkenntnisse und halfen, Erklärungslücken zu schließen. CIA-Spezialisten kalkulierten die Inflationsraten, den Umfang von Dienstleistungen und die Ausgaben für Bildung und Gesundheit. Diese – aus sowjetischer Sicht unproduktiven Bereiche der Volkswirtschaft – konnten sie jedoch nur nach US-amerikanischen Vorstellungen in Kosten umrechnen. Der Wechselkurs zwischen Dollar und Rubel bereitete zusätzlich Schwierigkeiten, da der Rubel nicht konvertierbar und stark überbewertet war. In den CIA-Rechenzentren wurde deswegen versucht, die Kaufkraftparitäten der Währungen zu bestimmen und mit einem »realistischen« – wenn auch künstlichen – Wechselkurs den wirtschaftlichen Abstand zwischen der UdSSR und den USA herauszufinden.

Um die Militarisierung der sowjetischen Wirtschaft in Zahlen fassen zu können, entwickelte die CIA ein hochkompliziertes Computermodell. Als Software-Zulieferer beteiligten sich renommierte Universitäten, als Berater namhafte Sowjetologen. Mit Hilfe von Spionage und Statistiken bemühte sich ein Heer von Experten, jedes Jahr Anzahl, Art und Produktionskosten der neuen sowjetischen Waffensysteme festzustellen. Amerikanische Aufklärungssatelliten lieferten Bilder über sowjetische Raketenbasen und Rüstungsbetriebe. Mit Modellrechnungen versuchte dann die CIA, die finanziellen Aufwendungen für die Rüstung zu schätzen. Sie nutzte sowjetische Statistiken in Kombination mit Erfahrungswerten aus den USA. Der fiktive Dollarpreis sowjetischer Waffensysteme wurde nach dem CIA-Wechselkurs in Rubel umgerechnet.

1974 ergaben sich absurde Resultate, woraufhin die CIA im nächsten Jahr den Rubelpreis für sowjetische Waffen um 100 Prozent nach oben korrigierte. Die Militärausgaben der UdSSR waren in den Statistiken der US-Experten entsprechend sprunghaft angestiegen und lagen Mitte der siebziger Jahre bei 11 bis 13 Prozent des Bruttosozialprodukts. Sowjetische Exilökonomen hielten diesen Anteil immer noch für zu niedrig. Weitere Korrekturen nach oben folgten.[9] Als Ende der siebziger Jahre das sowjetische Wirtschaftswachstum weiter zurückging, fiel die Diagnose amerikanischer Sowjetologen für Reagans »Kreuzzug« gegen den Kommunismus günstig aus: Die Politik, die zugleich für Kanonen, Butter und Wachstum sorgen sollte, sei nicht länger durchzuhalten, schrieb der Sowjetologe Seweryn Bialer.

Die US Arms Control and Disarmament Agency schätzte den Gesamtumfang der sowjetischen Militärausgaben zu Beginn der achtziger Jahre auf 200 Milliarden Dollar – gegenüber rund 130 Milliarden Dollar der USA. Michael Moshe Checinski von der Hebrew University Jerusalem versuchte zu erklären, wie es die Sowjetunion geschafft hatte, »die USA zu überholen«, obwohl ihr Bruttosozialprodukt pro Kopf nur knapp halb so hoch war. Der frühere Offizier der polnischen Armee ortete zwei Finanzquellen: erstens »die Preisexplosion bei Erdöl und Gold, die zusammen mit wachsenden Rüstungsexporten von der sowjetischen Führung raffiniert ausgenutzt wurde«, und zweitens die exorbitante Belastung des durchschnittlichen Sowjetbürgers mit 700 Dollar (im Jahre 1980) gegenüber nur 570 Dollar pro Kopf in den USA.[10]

»Parallelen zum späten Rom« drängten sich auf. Am 1. Januar 1982 titelte ›Die Zeit‹: »Die Rüstung verschlingt das Imperium«. Der hohe Finanzbedarf für die äußere Sicherheit des Sowjetimperiums habe bei sinkenden Wachstumsraten dessen innere Schwäche potenziert.[11] Fachzeitschriften lieferten Details. Der Anteil der Rüstungsgüter in der Maschinenbauindustrie beispielsweise stieg zwischen 1965 und 1980 von 19 auf 30 Prozent; in High-Tech-Bereichen wie Elektronik und Kommunikation lag die entsprechende Quote bei über 50 Prozent. Die technologische Modernisierung der sowjetischen Industrie blieb immer weiter zurück. Die Folge war: Im Schnitt nutzten die Betriebe ihre Produktionsanlagen doppelt so lange wie vergleichbare westliche Unternehmen. Mit den veralteten Maschinen ließen sich jedoch kaum Produktivitätsverbesserungen erzielen.[12]

Andererseits mußten Rüstungsbetriebe immer häufiger die Produktion von Konsumgütern wie Fotoapparaten, Nähmaschinen und Kühlschränken übernehmen. Das gesamte Angebot an einheimischen Fernsehapparaten stammte aus Rüstungsbetrieben. Kein Wunder, daß so viele Fernseher implodierten. Jedes Jahr lösten defekte Geräte zahlreiche Brände aus und verwüsteten so einige tausend Küchen und Wohnzimmer. Nicht selten gab es dabei Todesopfer. So wenig die Direktoren an der Qualität der in ihren Rüstungsbetrieben produzierten Zivilgüter interessiert waren, so wenig wollten sie auf die Vorteile verzichten, die ihnen diese Stiefkinder des Sortiments verschaffen konnten. Mit diesen Waren verfügten sie über eine »harte Währung« in einer durch verdeckte Inflation und zunehmende Selbstversorgung destabilisierten und dezentralisierten Wirtschaft. Das heißt, sie konnten nicht ganz offiziell, aber nur zum Teil illegal, Tauschgeschäfte zugunsten ihrer Belegschaft abschließen. Für die begehrten Konsumgüter erhielten sie von Kolchosdirektoren Kartoffeln, Kohl, Fleisch oder Getreideprodukte. Um die Leistungsfähigkeit dieser Branche zu sichern, waren hochqualifizierte Wissenschaftler, Ingenieure und Facharbeiter nötig. Vorsichtig geschätzt, beschäftigte der militärisch-industrielle Komplex zusammen mit den integrierten Forschungs- und Versorgungseinrichtungen rund zwölf Millionen Menschen. Sie bildeten die Elite der insgesamt 110 bis 115 Millionen sowjetischen Arbeitskräfte.[13] Die überwiegende Mehrheit der High-Tech-Spezialisten und Fachleute lebte völlig isoliert. Rüstungszentren an der Wolga und im Ural befanden sich in geschlossenen Städten wie zum Beispiel Saratow und Swerdlowsk. Diese und zahlreiche andere, bereits von den russischen Zaren gegründete Standorte der Schwer- und Rüstungsindustrie waren noch schärferen Reise- und Kommunikationskontrollen unterworfen als die übrigen Gebiete der Sowjetunion. Ausländer erhielten überhaupt keinen Zutritt – mit Ausnahme vertrauenswürdiger Vertreter westlicher Firmen, die spezielle Investitionsgüter lieferten. Das sowjetische Verteidigungsministerium verwaltete zwei Dutzend geschlossene Städte und etliche Siedlungen. Gegen Ende von Gorbatschows Amtszeit wurden die restriktiven Bestimmungen für diese isolierten Orte gelockert. Mehrere Städte wurden frei zugänglich. Besuchern blieb die Aufsicht durch das KGB dennoch nicht erspart.

Die geschlossenen Städte des Atomministeriums, die nicht einmal einen eigenen Namen hatten und auf keiner Landkarte eingezeichnet waren, standen nach wie vor unter einem besonderen Regime. Hinter Bezeichnungen wie Swerdlowsk-44 oder Arsamas-16 verbargen sich die geheimen Atomstädte, die Stalins Geheimdienstchef Lawrentij Berija nach Hiroshima für Nuklearforschung und Kampfstoffproduktion hatte errichten und wie Hochsicherheitstraktgefängnisse abschirmen lassen. In den folgenden Jahrzehnten lebten in diesen Städten jeweils bis zu hunderttausend Menschen hinter meterhohen Mauern, Stacheldraht, Wachtürmen und Suchscheinwerfern. Das Leben der Forscher, der Fabrikarbeiter und ihrer Familien kommandierte das KGB. Die insgesamt etwa eine Million Sowjetbürger in den Atomstädten sahen dennoch wenig Grund zur Klage. »Wir wurden bevorzugt mit Lebensmitteln versorgt, unsere Straßen waren sauber, Kriminalität kannten wir nicht«, erinnerte sich der Bürgermeister von Krasnojarsk-26, Sergej Worotnikow, Mitte der neunziger Jahre an die gute alte Zeit.[14] Worotnikow war kein Nostalgiker. Er hatte alle Hebel in Bewegung gesetzt, um für die Zukunft vorzusorgen. Mit Hilfe der Moskauer Zentrale des russischen Industriellen-Verbands kämpfte er hartnäckig darum, vor allem in Deutschland und in der Schweiz Interessenten für die Endlagerung von Atommüll zu finden. Das Projekt sollte viele Milliarden US-Dollar bringen. Am Ende des Jahrhunderts revidierte die Staatsduma in Moskau ein Gesetz aus dem Jahr 1992, das die Einfuhr von Atommüll zur Wiederaufbereitung oder Lagerung verboten hatte. Russische Umweltschützer konnten sich gegen die postkommunistisch-kapitalistische Koalition der Atomlobby nicht durchsetzen.

Gorbatschows naive Vision und Reagans »große Strategie«

Im April 1985 verkündete Michail Gorbatschow: »Die wichtigste Frage lautet gegenwärtig, wie und mit welchen Mitteln das Land das Wirtschaftswachstum beschleunigen kann.« Mit einer energischen Wachstumspolitik wollte die sowjetische Führung im Wettbewerb mit den entwickelten kapitalistischen Ländern die Überlegenheit des sozialistischen Systems demonstrieren, um in der Ersten Welt als gleichrangiger Akteur und in der Dritten Welt als Modell respektiert zu werden. In der Sowjetunion selbst sollte der Lebensstandard der Bevölkerung erhöht werden, um die Legitimität der Führung und die Stabilität des Herrschaftssystems zu sichern.

Nach langen Jahren der Agonie gab es erstmals wieder eine Vision. Die Wirkung hielt freilich nicht lange. Gorbatschows Modernisierungsprogramm mit seinen ehrgeizigen Wachstumszielen fußte auf Export-Import-Berechnungen, die sich sehr schnell als illusorisch erwiesen. Vor allem rechnete der Generalsekretär nicht mit Ronald Reagans großer Strategie, die Schwäche der Sowjetunion »mit allen Mitteln auszunützen«.[15] Modellrechnungen der CIA und schwedischer Forscher hatten Mitte der siebziger Jahre ergeben, daß die sowjetische Wirtschaft nur noch 10 bis 15 Jahre vom Kollaps trennten.[16]

Welches Wachstumspotential hatte das größte Land der Welt mit seinen 270 Millionen Einwohnern? Die häufigste Antwort war 1985 ebenso einfach wie eindeutig: ein erhebliches. In der Sowjetunion wie im Westen glaubten alle interessierten Laien und sogar die meisten Wissenschaftler, daß der Überfluß an wichtigen Energieträgern und metallischen Rohstoffen sowie der hohe Bildungsstand der Bevölkerung eine hinreichende Basis für Wohlstand wie auch für die Wettbewerbsfähigkeit mit dem Westen bieten würden. In der Realität sahen die Bedingungen für Gorbatschows Wirtschaftsprogramm jedoch anders aus.

Die über Jahrzehnte hin wichtigste und billigste Wachstumsreserve war weitgehend erschöpft. Das Arbeitskräfteangebot hatte seinen Spitzenwert bereits Mitte der siebziger Jahre überschritten. Zudem traten die demographischen Unterschiede zwischen dem expandierenden Süden und dem stagnierenden Norden offen zutage. Die muslimische Bevölkerung der zentralasiatischen Republiken zeigte wenig Neigung, in Sibirien oder im Fernen Osten der RSFSR die Rolle von Gastarbeitern zu übernehmen. Ökonomischer Druck war kaum vorhanden: Selbstversorgung und Sozialleistungen, Familienverband und Vetternwirtschaft ermöglichten das Überleben in der Heimat auch ohne feste Arbeitsplätze. Unterschiede im Bildungsstand wie auch Sprachprobleme waren weitere Mobilitätshemmnisse.

Der Ausbau des Bildungswesens gehörte ohne Zweifel zu den Erfolgen des sowjetischen Entwicklungsmodells. Anfang des 20. Jahrhunderts waren noch drei Viertel der Erwachsenen des Lesens und Schreibens unkundig. 1979 hingegen hatten von den über 30jährigen bereits 75 Prozent ein Reifezeugnis oder ein Diplom in der Tasche. Die Liebe der Russen zur Literatur wurde zur Legende. Offiziere wie Kolchosdirektoren konnten westliche Besucher immer wieder damit beeindrucken, wenn sie scheinbar unerschöpflich aus der russischen Dichtung zitierten. Die Sowjetunion hatte mehr Ingenieure und Ärzte als die USA. Ihre Ausbildung war allerdings sehr spezialisiert. Das war billiger und hatte auch noch den Vorteil, den Zugang zu komplexem Wissen auf systemtreue Kader beschränken zu können. Führungspositionen in der Wirtschaft und in Regierungsbehörden wurden in der Regel mit Ingenieuren besetzt. Die Praxisorientierung des Bildungssystems schaffte Berufschancen für Schmalspur-Spezialisten. Für Volkswirte, Juristen und gar Sozialwissenschaftler hatte der Parteistaat wenig Verwendung; entsprechend niedrig war die Zahl der Studienplätze an einschlägigen Fakultäten.

Das Hochschuldiplom erwarb ein großer Teil des Nomenklatura-Nachwuchses, aber auch der begabten Jugend aus der Provinz, ohne je wirklich Student gewesen zu sein: in Fern- und Abendstudiengängen. Bis Anfang der siebziger Jahre hatten mehr Studenten ihre Ausbildung auf dem zweiten Bildungsweg absolviert als im normalen Universitätsbetrieb. Erst danach ermöglichte der Ausbau des Hochschulsystems eine Trendwende. Aber noch Anfang der achtziger Jahre war die Anzahl regulärer Studenten (rund drei Millionen) im Vergleich zu den Teilnehmern an Abend- und Fernstudiengängen (0,6 bzw. 1,6 Millionen) nicht überwältigend. Die Anforderungen an die Teilzeit-Studenten lagen unter dem, was an den Universitäten verlangt wurde. Den meisten Lehrkräften fiel die Rücksichtnahme auf den Arbeitsalltag ihrer Studenten nicht schwer, da sie selbst zum Teil mit letzter Kraft einen Nebenjob ausübten. Für viele Pädagogen und Professoren boten die Fern- und Abendstudiengänge eine Gelegenheit, das armselige Monatsgehalt aufzubessern. So schlugen sich Hörer wie Lehrer mühsam und solidarisch durch, geeint durch die Hoffnung auf ein paar Rubel mehr.

Der Erwerb eines Diploms war eher eine Begleiterscheinung des sozialen Aufstiegs als dessen Voraussetzung. Einerseits brauchte man Fachleute. Andererseits versagte ihnen das System die politische und materielle Anerkennung. Das durchschnittliche Einkommen von Ingenieuren, Ärzten und Lehrern lag beim Berufseinstieg oft unter dem Existenzminimum und erhöhte sich selbst Jahre später nur wenig. Wenn Hochschulabsolventen sich nicht materielle oder immaterielle Privilegien sichern oder finanzielle Unterstützung von den Eltern erhalten konnten, wechselten sie nicht selten auf besser bezahlte unqualifizierte Tätigkeiten. Den größten Schaden richtete das Dogma von der führenden Rolle der Arbeiterklasse jedoch damit an, daß sich Fachkompetenz als Aufstiegskriterium nicht durchsetzen konnte und in der großen Masse der Bevölkerung eher auf Argwohn als auf Anerkennung stieß. Die Diktatur des Proletariats wurde zur Diktatur der Dilettanten.

Hinter den unbestreitbaren Spitzenleistungen, vor allem in der Rüstungs- und Raumfahrttechnik, fehlten wichtige Qualifikationen in der Breite: komplexes Fachwissen, technologische Disziplin, soziale Intelligenz. Originelle Tüfteleien von Konstrukteuren und Erfindern konnten nicht in Serienproduktion umgesetzt werden. Denn erfolgreiches Management setzt in der Wirtschaft wie in der Verwaltung ein hohes Maß an Wissen und Übersicht voraus. In der Sowjetunion hat das Bildungssystem keine Generalisten hervorgebracht, und von den Spezialisten hatten nur wenige Zugang zu den internationalen Standards.

Das Humankapital der UdSSR war also gering – was den Analytikern der CIA nicht verborgen blieb. Bei den Bodenschätzen war die Überlegenheit des Rivalen hingegen auf den ersten Blick geradezu erdrückend. Rund 40 Prozent der Weltreserven so wichtiger Rohstoffe wie Erdgas, Eisenerz, Mangan befanden sich auf sowjetischem Territorium. Während die USA im Jahre 1981 über 90 Prozent ihres Bauxitbedarfs importieren mußten, lag dieser Anteil in der Sowjetunion bei 35 Prozent. Bei Zink und Nikkel waren die USA bis zu 70 Prozent vom Import abhängig; die sowjetische Einfuhr lag zwischen null und fünf Prozent. Bei Chrom lautete das Verhältnis: 90 Prozent gegenüber Null. Trotz dieser günstigen Verhältnisse konnte die Sowjetunion ihre außenwirtschaftliche Unabhängigkeit jedoch immer weniger aufrechterhalten. Um den Abbau wichtiger Rohstoffe intensivieren zu können, mußte sie Bohranlagen, Kompressoren, Spezialfahrzeuge und moderne Geräte aus dem Westen importieren. Der Bedarf an westlicher Technologie stieg nicht nur in den exportorientierten Sektoren wie der Erdölförderung, sondern in der gesamten Investitionsgüterindustrie.[17]

Einen wachsenden Teil der Exporteinnahmen in harter Währung mußte die sowjetische Führung allerdings für den Import von Getreide, Fleisch und anderer Agrarprodukte ausgeben. Mit der Zeit wurde immer deutlicher, daß das Land von der Natur nicht nur gesegnet war. Bedingt durch die nördliche Lage fielen 45 Prozent des gesamten Territoriums wegen Dauerfrost für die landwirtschaftliche Nutzung fast vollständig aus. Weitere Landesteile waren für bestimmte wirtschaftliche Aktivitäten wie den bewässerungsfreien Ackerbau ungeeignet. Alles in allem verfügte die UdSSR, obwohl zweieinhalbmal so groß wie die USA, nur über 20 Prozent mehr Ackerland, das zudem geoklimatisch ungünstigere Bedingungen aufwies: im warmen Süden zu wenig Regen, in Regionen mit ausreichendem Niederschlag zu kurze Vegetationszeiten. Mit verhältnismäßig sicheren Erträgen konnte die Sowjetunion nur auf der Hälfte ihrer ohnehin beschränkten Ackerbaufläche rechnen.[18]

Das Angebot an Agrarprodukten war im großen und ganzen dennoch nicht zu knapp, da die sowjetische Führung immer neue Anläufe unternommen hatte, um die Ernährungslage der Bevölkerung zu verbessern. Um das tägliche Brot zu garantieren, ließ Chruschtschow in Südrußland, Sibirien und Kasachstan Neuland für den Anbau von Sommerweizen kultivieren. Breschnew ging noch einen Schritt weiter, er wollte die Fleischtöpfe füllen. Im 9. Fünfjahresplan (1971–1975) erhielten Viehhaltung und Fleischproduktion Priorität und enorme Investitionsmittel. Mechanisierung und Chemisierung steigerten die Produktivität. An den Eskapaden des Wettergottes konnte allerdings nichts geändert werden. Die Ernteresultate zeigten von einem Jahr zum andern weiterhin extreme Schwankungen.

Mittelfristig aber war der Erfolg dennoch beachtlich. Zwischen 1976 und 1978 übertraf die Agrarproduktion im Schnitt die

Jahresergebnisse von 1961 bis 1965 um 50 Prozent, bei Getreide sogar um 66 Prozent.[19] Die Nachfrage war jedoch noch schneller gewachsen: Bevölkerung und Verstädterung nahmen zu. Der monatliche Durchschnittslohn hatte sich zwischen 1960 und 1980 verdoppelt, während die Preise für Grundnahrungsmittel aus ideologischen und sozialpolitischen Gründen auf einem minimalen Niveau gehalten worden waren. Mit der gestiegenen Kaufkraft hatte sich die Nachfrage nach Fleisch proportional erhöht. Wie die Bevölkerung setzte auch die Parteiführung die Steigerung des Lebensstandards mit dem höheren Fleischverbrauch gleich. Die angestrebte Norm von 80 Kilogramm Fleisch- und Wurstwaren pro Kopf im Jahr ließ sich ernährungswissenschaftlich wohl kaum begründen, drückte aber die Sehnsucht einer armen Bevölkerung aus, sich endlich so satt zu essen wie die Reichen. Als Breschnew 1965 sein Landwirtschaftsprogramm verkündet hatte, lag der statistisch erfaßte Verbrauch bei 41 Kilogramm; zehn Jahre später bei 57 Kilogramm pro Kopf.

Die Steigerung der Fleischproduktion wurde durch die Vergrößerung der Viehbestände erreicht. Da Hormone und Tiermehl noch nicht zum technologischen Standard gehörten, wurde viel Futtergetreide, aber auch viel Weizen für Futterzwecke gebraucht. Zum Zweck der raschen Gewichtszunahme und der schnellen Vermehrung wurden damals in Nordamerika Rinder mit Getreide ernährt – wie zuvor nur Schweine. Die importierte Idee führte in der Massenviehzucht der Sowjetunion zu Engpässen, besonders nach Mißernten. Die sowjetische Führung war daher seit 1972/73 grundsätzlich bereit, die Fleischproduktion mit der Einfuhr von Futtergetreide anzukurbeln. Dieser Weg zur Erhöhung des Lebensstandards erschien nicht zuletzt deswegen gangbar, weil auch die USA an einer Ausweitung der Getreideexporte interessiert waren.

Zum ersten großen Getreidegeschäft zwischen den USA und der Sowjetunion kam es 1972. Moskau rechnete damals mit einer katastrophalen Mißernte. Die amerikanischen Farmer hingegen wußten nicht, wohin mit den Überschüssen. Im April 1972 reiste der amerikanische Landwirtschaftsminister Earl Butz nach Moskau, wo er von der sowjetischen Absicht erfuhr, einen Dreijahresvertrag zum Kauf von Getreide abzuschließen, günstige Kredite vorausgesetzt. Wenige Wochen später legte Butz einen Plan für die Subventionierung solcher Kredite vor. Präsident Nixon befürwortete das Getreidegeschäft »und war sich der Tatsache bewußt, daß es ihm in einem Wahljahr politische Vorteile verschaffen konnte«.[20]

Nach einer erneuten Mißernte im Jahre 1975, die noch viel schlimmer ausfiel als die im Jahre 1972, unterzeichnete die UdSSR mit den USA einen Vertrag über fünf Jahre und verpflichtete sich, jährlich mindestens sechs Millionen Tonnen Weizen und Getreide gegen Barzahlung zu kaufen. Bei dieser Vereinbarung fielen rationale Argumente und egoistische Interessen zusammen. Auf beiden Seiten erhöhte sich die Planungssicherheit. Die amerikanischen Farmer hatten ihre Absatzsorgen verringert und verdienten gutes Geld. Die sowjetischen Funktionäre durften für die jährlichen Verhandlungen in die USA reisen und bekamen dabei vermutlich auch ein paar Dollar in bar zu sehen. Der Traum von einer Westreise trieb in jenen Jahren systemkonforme Kader kaum weniger um als Dissidenten und Intellektuelle. Das florierende Getreidegeschäft gewann jedenfalls eine Eigendynamik. Der Wert amerikanischer Agrarexporte in die Sowjetunion stieg von 31 Millionen US-Dollar im Jahre 1971 auf 1,687 Milliarden im Jahre 1978, wobei rund zwei Drittel auf Futtergetreide entfielen.[21]

Bei nichtagrarischen Gütern verlief die Entwicklung weit weniger dynamisch. Nach einem schnellen Anstieg der Einfuhren zwischen 1972 und 1976, von 112 auf 819 Millionen US-Dollar, ging der Import technologisch relevanter Investitionsgüter aus ökonomischen und politischen Gründen wieder zurück. Die Sowjetunion hatte versucht, den Import- und Devisenbedarf an den eigenen Export zu koppeln, der sich jedoch in den siebziger Jahren in den engen Grenzen zwischen 200 und 350 Millionen US-Dollar pro Jahr bewegte; sie resultierten im wesentlichen aus dem Verkauf von Edelmetallen zu Industriezwecken. Das niedrige Exportvolumen hatte aber nicht nur mit der mangelnden Wettbewerbsfähigkeit sowjetischer Fertigprodukte zu tun. In den USA waren Außenhandelsgesetze in Kraft, die gegenüber den kommunistischen Staaten – mit Ausnahme von Polen und Jugoslawien – die Gewährung einer nichtdiskriminierenden Behandlung, der Meistbegünstigung, untersagten. Hohe Zölle auf Importe aus der Sowjetunion waren die Folge.

Auch für den Export in die UdSSR galten restriktive Gesetze und Genehmigungsvorschriften. Den Abschluß größerer Lieferverträge machte das Weiße Haus grundsätzlich von politischen Zugeständnissen des Gegners abhängig. Diesen Kurs beschrieb der Sonderberater des US-Präsidenten Richard Nixon und spätere Außenminister Henry Kissinger so: »Vorausgesetzt, daß die Sowjets gewisse Bedürfnisse hatten, war eine Ausdehnung des Handels ohne politischen Ausgleich ein Geschenk [...] Im Hinblick auf die osteuropäischen Staaten waren wir jedoch etwas nachgiebiger, aber auch diesmal im Rahmen einer politischen Strategie, [...] um einzelne Länder zur politischen Selbständigkeit zu ermuntern.«[22] Während seiner Amtszeit lehnte Henry Kissinger den Verkauf von Computern an die Sowjetunion ebenso ab wie die Erteilung einer Genehmigung für den Export einer Gießerei. Umgekehrt wollte er unbedingt verhindern, daß die Sowjetunion auf der Basis rein wirtschaftlicher Kriterien in den US-Markt für Kredite und Waren eindringen konnte.

Die seit Harry Truman gültige Eindämmungsstrategie mit der Entspannungspolitik von Nixon zu verknüpfen, wurde zu einem vertrackten Problem. Nixon, unter Truman noch ein aktiver Hardliner, hatte den Sowjets für die Unterstützung seiner Pläne, den Vietnamkrieg zu beenden, »als Köder« (so Kissinger) die Ausweitung und Liberalisierung der Handelsbeziehungen angeboten. Auf das Treffen mit Breschnew im Mai 1972 in Moskau folgte ein Handelsabkommen, das die Verdreifachung des Export-Import-Volumens innerhalb von drei Jahren anvisierte und dementsprechend die Gewährung der Meistbegünstigung enthielt. Der amerikanische Präsident war jedoch nicht berechtigt, der Sowjetunion und den anderen osteuropäischen Staaten diese Klausel tariflicher Gleichbehandlung zuzubilligen.

Die Zustimmung der Legislative zum Trade Reform Act Bill war von Anfang an durch einen Änderungsantrag gefährdet, der die Verknüpfung zwischen Handelsliberalisierung und dem Menschenrecht auf Auswanderung zwingend vorschreiben wollte. Damit war eine erfolgreiche Geheimdiplomatie der Nixon-Administration geplatzt, die erreicht hatte, daß die Zahl jüdischer Auswanderer aus der Sowjetunion (251 im Jahre 1968) sprunghaft angestiegen war. Im Jahr 1972 ließ Moskau 31 000 Bürger auswandern, hatte dann aber eine finanzielle Kompensation für die Ausbildungskosten verlangt. Vordergründig war diese Maßnahme der Stein des Anstoßes.

Das Nachtragsgesetz, das Ende 1974 im Senat mit überwältigender Mehrheit verabschiedet wurde, schrieb dem Präsidenten vor, Ländern die nicht-diskriminierende Behandlung zu verweigern, solange diese die freie Auswanderung behinderten oder über Gebühr besteuerten. Die Menschenrechte wurden dabei offensichtlich nur vorgeschoben. Der Initiator des Gesetzes, Henry Martin Jackson (1912–1983), war im Senat Vorsitzender des Unterausschusses für Waffenbeschaffung und galt als konsequenter Verfechter einer anti-sowjetischen Außenpolitik der Demokratischen Partei. Während er Nixons und Fords Entspannungspolitik offen sabotierte und gegen die Raketenbegrenzungsverträge SALT I (1972) und SALT II (1979) Front machte, setzte er sich für wachsende Rüstungsausgaben und insbesondere für lukrative Rüstungsaufträge zugunsten seiner Heimat, des Bundesstaates Washington, ein. Dank seiner intimen Kenntnisse der amerikanischen Sicherheitspolitik war seine Lobby-Tätigkeit so erfolgreich, daß er inoffiziell auch als Senator von Boeing tituliert wurde. »Scoop Jackson« verteidigte den Vietnamkrieg bis zum bitteren Ende und engagierte sich intensiv für die militärische Stärkung Israels.[23]

Jacksons Zusatz, üblicherweise das Jackson-Vanik-Amendment genannt, brachte den sowjetisch-amerikanischen Handelsvertrag zu Fall. Anstatt 60 000 Auswanderungsgenehmigungen pro Jahr zu erteilen, wie es die Amerikaner verlangt hatten, ehe sie bereit waren, über die Meistbegünstigungsklausel zu entscheiden, kündigte die sowjetische Regierung nach Protesten gegen diese massive Einmischung in ihre inneren Angelegenheiten Anfang 1975 die Handelsvereinbarung und ließ die Zahl der Auswanderer auf 13 200 schrumpfen. Der schmerzliche Punkt für Moskau war dabei nicht einmal die Meistbegünstigungsklausel selbst, da sowjetische Exporte in die USA ohnehin nur einen Bruchteil der West-Geschäfte ausmachten. Es war vielmehr der Verlust an Prestige und Perspektive, der dadurch entstand, daß der Sowjetunion auch der Zugang zu US-Exportkrediten versperrt wurde. Die Urheber der Restriktionen rechneten längerfristig mit einem steigenden Kreditbedarf der UdSSR.[24] Im Laufe der siebziger Jahre stiegen die sowjetischen Ausgaben für Investitionsgüter und Technologie aus dem Westen um das Sechsfache. Zwischen 1976 und 1978 importierte die Sowjetunion Kapitalgüter und Know-how aus den OECD-Ländern im Wert von rund 5,4 Milliarden US-Dollar pro Jahr.[25] Gezahlt wurde vor allem mit dem schwarzen Gold. Seit 1973 war die Preisentwicklung auf den Erdölmärkten für die Sowjetunion sehr günstig. Während ein Barrel Rohöl 1970 noch weniger als zwei US-Dollar gekostet hatte, lag der Preis 1974 bereits bei fast 12 US-Dollar und kletterte bis zur zweiten Ölkrise im Jahre 1979 auf 18 US-Dollar. Die Führung in Moskau konnte außerdem auf neue Kreditangebote westeuropäischer Regierungen und Privatbanken zurückgreifen.

Die US-Administration begründete ihre Politik der Exportbeschränkungen öffentlich mit dem Argument, die Lieferung von Waren und Technologie würde ihren Systemgegner stärken. Dabei spielte die Befürchtung, die Sowjetunion könnte ihre Exporteinnahmen zur Modernisierung des militärisch-industriellen Komplexes nutzen, eher eine Nebenrolle. Das Hauptziel war es, zu verhindern, daß der Westhandel der Sowjetunion zu mehr Wachstum verhalf. Dies lag eindeutig nicht in amerikanischem Interesse, das seit Beginn des Kalten Krieges auf die Überwindung des sowjetischen Wirtschaftssystems gerichtet war, da es den eigenen Wertvorstellungen und expansiven Geschäftsinteressen im Wege stand. »Der Außenhandel hat es der UdSSR ermöglicht«, so hieß es in einem Planungspapier, »zwei dringend notwendige Wirtschaftsziele zu erreichen – die Erhöhung der Produktivität ihrer Ressourcen und die Erhöhung des Lebensstandards – ohne daß sie gezwungen worden wäre, Wirtschaftsreformen zu unternehmen, um diese Ziele von innen her zu erreichen.«[26]

Ronald Reagan zog die Konsequenzen daraus. Der ehemalige Held zweitklassiger Western übertrug den Kampf des Guten gegen das Böse auf die Weltbühne. Der atheistische Feind der christlichen Welt, die Sowjetunion, hatte für ihn mit dem Einmarsch in Afghanistan die Entschlossenheit bewiesen, nach der Weltherrschaft zu greifen. In seiner Wahlkampfkampagne setzte Reagan deshalb verstärkt auf Embargo-Maßnahmen als Instrument der Eindämmungspolitik.[27] Die dogmatische Linie Washingtons gefiel der amerikanischen Geschäftswelt allerdings immer weniger. Ihre Vertreter rechneten den Politikern und Theoretikern des Kalten Krieges vor, daß Marktanteile im sowjetischen Machtbereich verlorengingen, da Amerikas europäische und asiatische Verbündete Exportchancen wahrnahmen, die man selbst aus ideologischen Gründen ausgeschlagen hatte. Nach Moskaus militärischer Intervention in Afghanistan Ende 1979 hatte Reagans Vorgänger Jimmy Carter die Sowjetunion unter anderem dadurch zu bestrafen versucht, daß er den Verkauf amerikanischen Getreides auf das vertraglich festgelegte Minimum beschränkte. Den Händlern in den USA entgingen Aufträge in Höhe von zirka 10 Milliarden US-Dollar, und der Anteil an den sowjetischen Getreideimporten ging von 75 Prozent (1978/79) auf 23,5 Prozent (1980/81) zurück.[28]

Vorreiter der Globalisierung wie William C. Norris, Vorsitzender der Control Data Corporation, setzten schon damals Marktanteile mit nationalen Sicherheitsinteressen gleich: Die Exportwirtschaft trage zum Erhalt von Arbeitsplätzen bei, und diese wiederum sorgten für innenpolitische Stabilität. Der niedrige Anteil der sowjetisch-amerikanischen Handelsbeziehungen am Wirtschaftsvolumen der USA solle nicht als Belanglosigkeit abgetan werden, appellierte die amerikanische Exportlobby an die Öffentlichkeit.[29] Ein Veteran des amerikanisch-sowjetischen Handels führte die Absurdität der amerikanischen Bestrafungsmanie am spektakulären Butter-Business vor Augen. Simon Chilewich berichtete im Jahre 1983, daß die Sowjetunion vor gar nicht langer Zeit daran interessiert gewesen sei, den Butterüberschuß der USA zu kaufen. Angesichts der ständig wachsenden Butterberge hätte die amerikanische Regierung gut daran getan, diese Chance wahrzunehmen. Statt dessen blieb Washington stur und verkaufte die Butterbestände weit unter Weltmarktpreis an Neuseeland. Neuseeland verschob danach den eigenen Butterberg nach Moskau. Die amerikanische Regierung hatte sich auf diesem Wege dem Druck entzogen, erklären zu müssen, warum subventionierte Butter an den Erzfeind geliefert worden war. »Zugleich befand sie sich im Einklang mit der weit verbreiteten Vision, durch konsequente Härte die Russen dazu zu bringen, ihr politisches System zu ändern.«[30]

Reagans medienwirksam propagierte Offensive gegen den Kommunismus vollzog sich an mehreren Fronten. Der amerikanische Präsident betonte im Mai 1982: »Der Westen wird den Kommunismus nicht eindämmen, er wird den Kommunismus überwinden.« Sein letztes Kapitel werde gerade geschrieben.[31] Dabei spielte Johannes Paul II., der polnische Papst, eine entscheidende Rolle.[32] Zu ihm pilgerte CIA-Direktor William Casey in geheimer diplomatischer Mission. Daraufhin erhielt die unabhängige polnische Gewerkschaft Solidarność, die den ersten Nagel in den Sarg des Sowjetimperiums schlug, erhebliche Summen, technische Ausrüstungen und medienwirksamen moralischen Beistand vom Vatikan. Washington förderte die politische Opposition so umfassend wie möglich, räumte Zbigniew Brzezinski Jahre später in einem Interview ein. Er verglich dabei die amerikanische Einflußnahme auf die Entwicklung in Europa mit dem Engagement in Afghanistan.

In der Debatte über Prämissen und Folgen der amerikanischen Außenwirtschaftspolitik diente Polen als Modell. Der Sowjetologe Marshall Goldman ging davon aus, daß der explosionsartige Anstieg der Kreditaufnahme zur direkten Abhängigkeit Polens vom Westen und zu den Forderungen nach Demokratie geführt habe.[33] Die Politik von Parteichef Edward Gierek zielte Anfang der siebziger Jahre auf die Modernisierung der polnischen Wirtschaft durch massive Importe westlicher Produktionsgüter und auf die Erhöhung des Lebensstandards durch Importe von Getreide und Futtermitteln für die Steigerung der Fleischproduktion. Die Finanzierung sollte durch die Ausweitung der West-Exporte erfolgen. Die Kalkulation ging nicht auf. Der Rückgang der Konjunktur in Westeuropa und protektionistische Maßnahmen bereiteten dem quantitativ und qualitativ ohnehin beschränkten Angebot an polnischen Exportgütern erhebliche Absatzprobleme. Die Finanzierungslücke wurde deshalb immer größer und mußte durch die Aufnahme von Krediten geschlossen werden. Polens Außenschulden in harter Währung stiegen von zwei Milliarden US-Dollar im Jahr 1973 auf knapp 20 Milliarden im Jahr 1979. Die polnische Regierung sah sich gezwungen, die Fleischpreise doch zu erhöhen, was zu Streiks gegen die Regierung und zu Legitimitätseinbußen für die Arbeiterpartei führte.[34] Goldman wußte, daß sich eine ähnliche Abhängigkeit vom Westen auch im Falle der Sowjetunion abzeichnete und durch eine geschickte Politik der USA weiter verstärkt werden könnte. Für die umfangreichen Technologieimporte werde Moskau schließlich mit dem Export von Energieträgern bezahlen. Westlichen Interessen sei dabei in mehrfacher Hinsicht gedient: Die eigenen Ressourcen könnten geschont und die Abhängigkeit von den OPEC-Ländern vermindert werden.

Als Gorbatschow seine Wachstumspolitik ankündigte, die ohne Technologieimporte gar nicht zu bewerkstelligen war, zweifelte keine westliche Bank an Moskaus Kreditwürdigkeit. Die Erdöl- und Goldpreissteigerungen hatten in den siebziger Jahren und Anfang der achtziger Jahre der Sowjetunion erhebliche Zusatzeinnahmen beschert. Anlaß zu Sorge gab zunächst lediglich die – wegen Erschöpfung der alten Quellen – stagnierende Erdölförderung. Neuerschließungen verteuerten die Produktion erheblich. Als es 1984 und 1985 zu einem leichten Rückgang der Ölförderung kam, deutete sich erstmals an, daß der Ölexport keine sichere Einnahmequelle mehr war.[35] Mit dem dramatischen Verfall der Erdöl- und damit auch der Gaspreise Anfang 1986 änderte sich die Lage schlagartig.

Der Preissturz von 27 Dollar pro Barrel Öl (Ende 1985) auf 10 bis 12 Dollar (ein Jahr später) wirkte sich verheerend auf die Handelsbilanz der UdSSR mit dem Westen aus. John P. Hardt von der Forschungsabteilung des amerikanischen Kongresses rechnete prompt nach: Jeder Dollar, um den der Ölpreis fiel, kostete die Sowjetunion 550 Millionen Dollar im Jahr.[36] Er ließ nur die Frage offen, ob diese negative Preisentwicklung den Gesetzen des Marktes oder den Gesetzen des Kalten Krieges folgte. Das Vordringen von Nicht-OPEC-Anbietern auf dem Ölmarkt und die Abschwächung der Nachfrage hatten die Preise schon seit 1982/83 leicht sinken lassen. Anfang 1986 sackte der Ölpreis jedoch regelrecht ab, nachdem die OPEC-Länder Ende 1985 die Ölpreisbindung aufgehoben hatten. Diese Entwicklung wird den Bemühungen des CIA-Direktors William Casey zugeschrieben, der Saudi-Arabien überzeugt haben soll, daß es durch die Senkung der Ölpreise mit den Vereinigten Staaten kooperieren könne.[37] Im Sinne von Reagans »großer Strategie« mußte der Verfall der Ölpreise den Feind empfindlich treffen, da der Rückgang der Exporteinnahmen den Kreditbedarf Moskaus erhöhte und so Washington die Möglichkeit gab, auf Reformen zu drängen, die das sozialistische System weiter untergraben würden.

Die Devisenbilanz der UdSSR wies bereits 1986 einen Fehlbetrag von fast fünf Milliarden US-Dollar auf. Der Kursverlust des Dollars gegenüber den wichtigsten Währungen verschärfte die kritische Entwicklung weiter, da Moskau für den größten Teil seiner Exporte US-Dollar erhielt, die meisten Westeinfuhren aber in europäischen Währungen zu begleichen hatte. Die Importe aus OECD-Ländern wurden also erheblich teurer.[38] Der Wert einer Tonne sowjetischen Erdöls, bezogen auf den Kauf von industriellen Fertigerzeugnissen aus der Bundesrepublik, sank zwischen Anfang 1985 und Mitte 1986 auf 25 Prozent und erhöhte sich 1987 leicht auf 40 Prozent. Um die dringend benötigten Technologieimporte aus dem Westen auch nur auf dem alten Stand zu halten, brauchte Moskau nach Schätzungen des mit der CIA eng kooperierenden PlanEcon in der zweiten Hälfte der achtziger Jahre Kredite in einer Gesamthöhe von 50 Milliarden D-Mark.

Der wachsende Finanzmittelbedarf zwang Gorbatschow, sich den internationalen Finanzinstituten zu nähern, damit die Sowjetunion sich für Kredite qualifizieren konnte. Moskau wollte dem Internationalen Währungsfonds (IWF) beitreten, und der Ministerkonferenz des Allgemeinen Zoll- und Handelsabkommens (GATT) lag im September 1986 ein Antrag der Sowjetunion auf Teilnahme an der 1987 startenden neuen Welthandelsrunde vor. Die Annäherung an die internationalen Organisationen zog eine schrittweise Dezentralisierung und Liberalisierung der sowjetischen Außenwirtschaft nach sich. Einzelne Ministerien und große Produktionsunternehmen erhielten vom 1. Januar 1987 an Lizenzen, die ihnen erlaubten, mit ausländischen Firmen eigenständig Handel zu treiben.[39]

Aber die Amerikaner honorierten die ersten Reformen nicht.

Washington lehnte die Aufnahme der Sowjetunion in den IWF ebenso strikt ab wie Moskaus Teilnahme am GATT. Der Kreml sollte erst die Zentralplanwirtschaft reformieren, sprich: die Marktwirtschaft einführen. Der Umstand, daß die Voraussetzungen dafür – wie Mentalität und Kompetenz, korrekte Buchführung und ein marktkonformes Rechtssystem – nicht vorhanden waren[40], wurde von Reagans großer Strategie nicht berücksichtigt.

Fehlstart in die Perestrojka

Michail Gorbatschow hatte darauf gesetzt, daß Abrüstungsvereinbarungen mit den USA und der Abzug der Sowjetarmee aus Afghanistan Mittel für das dringend nötige Wirtschaftswachstum mobilisieren würden. Doch die erhoffte Friedensdividende lag noch in weiter Ferne – und war ungewiß. Im eigenen Land nahm Gorbatschow den Kampf gegen den Volksfeind Nr. 1 auf, den Wodka. Die Folgen des weitverbreiteten Alkoholkonsums seien mittlerweile ebenso schlimm wie die eines mittleren Krieges, klagten besorgte Wissenschaftler und leidgeprüfte Frauen. Daher erschien die große Umkehr zur Nüchternheit als der einfachste und zugleich spektakuläre erste Schritt auf dem Wege zur Umgestaltung des Systems (Perestrojka). Gorbatschow verband die Kampagne gegen den Alkohol mit dem Kampf für den Kommunismus. Wenn das größte soziale Problem der Sowjetgesellschaft nicht gelöst würde, mahnte der Generalsekretär das Politbüro, habe auch der Kommunismus keine Chance mehr. Als der ZK-Sekretär für Wirtschaftsfragen, Nikolaj Ryschkow, ihn bat, den Wodkaverkauf nicht sofort zu reduzieren, weil damit erhebliche Einnahmeverluste für den Staat verbunden seien, herrschte Gorbatschow ihn an: »Mit Wodka willst du den Kommunismus aufbauen?«[41]

Ende April 1985 beförderte der Generalsekretär seinen späteren Widersacher Jegor Ligatschow zum ZK-Sekretär für Ideologie und damit zum zweiten Mann der Partei. Mit dem Saubermann aus Sibirien hatte Gorbatschow schon seit mehreren Monaten den Feldzug gegen den inneren Feind vorbereitet. Von einem Erfolg der Kampagne »Für eine nüchterne Führung und ein nüchternes Volk« versprachen sich Gorbatschow und Ligatschow eine Zunahme der Produktivität um 15 bis 20 Prozent. Der Alkoholkonsum eines Industriearbeiters lag Ende der siebziger Jahre in vielen Städten im Schnitt bei einer Flasche Wodka am Tag – oft wurde diese bereits vor oder während der Arbeitszeit geleert.[42]

Dennoch war der reichliche Alkoholgenuß bei den meisten Russen nicht verpönt. Er galt als Beweis männlicher Kraft und häuslicher Gastfreundschaft und war eine verborgene Werbung um Mitgefühl. Schon in seinen ›Aufzeichnungen aus einem Totenhaus‹ schrieb Fjodor Dostojewskij: »Im russischen Volk findet man überall eine gewisse Sympathie für die Betrunkenen.«[43] Die jahrhundertealte Tradition des ausgiebigen Trinkens erfaßte alle Gesellschaftsschichten, Kleriker und Kommunisten, Landarbeiter und Literaten. Was die Russen dabei von anderen Völkern wie Franzosen, Italienern, Georgiern unterschied und unterscheidet, ist die Vorliebe für harte Spirituosen. Das Nationalgetränk Wodka – »Wässerchen« – wird in Wassergläsern gereicht und auf einmal getrunken. Schon vor Gorbatschow hatten Sowjetführer immer wieder erfolglos Anti-Alkohol-Kampagnen gestartet. Ende der siebziger Jahre galt das Problem als unüberwindbar.[44]

Das Problem hing allerdings nicht nur mit der russischen Trinktradition zusammen, sondern auch mit makroökonomischen Ungleichgewichten, die vom statischen Charakter der Planung verursacht worden waren. Im überkommenen, noch von Stalin geschaffenen Lenkungssystem hieß »Planung« bis zuletzt vor allem eines: Menschen und Material für gigantische Industrialisierungsprojekte per Befehl zu organisieren. Konkrete Ansätze für eine rationalere Planung gab es erstmals Mitte der siebziger Jahre, als die dritte, professionell besser vorbereitete Generation Effizienzberechnungen zum Entscheidungskriterium erheben wollte. Die alte Garde erwies sich jedoch als mächtiger; sie konnte bei der Erschließung immer weiterer Ressourcen und Regionen auf die hergebrachten Methoden zurückgreifen. Zwischen 1976 und 1980 resultierte das Wirtschaftswachstum noch zu zwei Dritteln, zwischen 1981 und 1985 immerhin noch zu zwei Fünfteln aus der Einbeziehung neuer Ressourcen in die Produktion; nur der Rest ging auf technische und organisatorische Fortschritte zurück. In Nordsibirien belief sich der Anteil des extensiven Wachstums sogar auf 85 Prozent; dahinter versteckte sich der Raubbau an den Ölreserven und anderen Naturschätzen. Das Planungssystem blieb strukturell unverändert. Jahr für Jahr wurden die alten Zahlenkolonnen fortgeschrieben – mit ein paar Prozent nach oben oder unten korrigiert, je nachdem, ob »die Verbesserungen« beim Ergebnis oder beim Aufwand ausgewiesen werden mußten. Im Endeffekt hatte sich die Diskrepanz zwischen den Bedürfnissen der Bevölkerung und den Leistungskriterien der einzelnen Branchen verfestigt. Ankündigungen der Parteiführung, die Konsum- und Lebensmittelproduktion zu erhöhen, konnten ohne Änderungen der Planungsroutine, der Preisrelationen und der Investitionsprioritäten niemals zu positiven Resultaten führen.

Zugleich mußte der Einzelhandel zentral vorgeschriebene Umsatzpläne erfüllen, sonst war die Zuweisung von Prämien gefährdet. An diese Extras hatten sich in den siebziger Jahren die Arbeitnehmer so sehr gewöhnt, daß sie daraus einen regelrechten Anspruch ableiteten. Bei stockenden Warenlieferungen diente nun Wodka als Ersatz. In den Läden wurden Gemüse und Fleisch zunehmend durch alkoholische Getränke ersetzt. Das reichliche Angebot förderte sowohl den Alkoholkonsum als auch die Erfüllung der Umsatzpläne. Gorbatschows Anti-Alkohol-Kampagne schob dieser Praxis einen Riegel vor: Bei der Berechnung von Prämien sollte der Alkoholumsatz nicht mehr berücksichtigt werden.

Am 17. Mai 1985 kündigten Partei, Regierung und Staatspräsidium außerdem einen Katalog von Maßnahmen und Strafen an. Zu ihnen gehörten: das Verbot jeglichen Alkoholkonsums in Betrieben, auf Banketten und Empfängen; die Ablösung aller Leiter von Partei-, Sowjet-, Gewerkschafts- und Komsomolorganen, die im Dienst tranken oder Trinkgelage zuließen, sowie die Beschränkung des Alkoholverkaufs auf die Zeit zwischen 14 und 19 Uhr und nur an Erwachsene über 21 Jahre. Weiterhin war es verboten, in der Nähe von Betrieben, Baustellen und Bahnhöfen, Krankenhäusern und Kultureinrichtungen sowie vor Wohn- und

Erholungsheimen Spirituosen zu verkaufen. Die Medien erhielten Anweisung, Nüchternheit zu propagieren und Alkoholsünder an den Pranger zu stellen. Beschlossen wurde außerdem die Gründung einer Abstinenzbewegung.[45]

Die kollektive Entziehungskur wurde mit großem Eifer umgesetzt: Parteigenossen prosteten in der Öffentlichkeit nur noch mit Wasser und Limonade. Auf Alkoholverkauf spezialisierte Geschäfte wurden fast ausnahmslos geschlossen. Die Zensur machte Fernsehfilme alkoholfrei. In der Radioübertragung von Verdis ›La Traviata‹ erklangen nur wenige Takte der Trinkarie. In einer Moskauer Ausstellung ließen die Organisatoren kurz vor der Eröffnung fünfzehn Bilder abhängen, weil sie unter anderem betrunkene Bauern zeigten. Auch das häusliche Trinkvergnügen blieb nicht verschont. Im August 1985 erhöhten die Behörden die Preise für Wodka und Weinbrand um rund 30 und für Sekt um 15 Prozent. Für einen Liter einfachen Wodka mußte ein Hilfsarbeiter nunmehr fast ein Zehntel seines monatlichen Verdienstes ausgeben. Ein knappes Jahr später stiegen die Alkoholpreise noch einmal um 20 bis 25 Prozent.

Im Gegenzug sollte ein »Komplexprogramm« für mehr Konsumgüter, bessere Dienstleistungen und Freizeitmöglichkeiten sorgen. Marktmechanismen spielten in der Planung dennoch keine Rolle. Angebot und Nachfrage sollten durch »wissenschaftlich begründete Normen« in Einklang gebracht werden. Diese sahen beispielsweise für den Durchschnittsverbraucher im Jahr 3,6 Paar Lederschuhe und 82 Kilogramm Fleisch- und Wurstwaren vor. Der alten Planungslogik entsprechend enthielt das »Komplexprogramm« endlose Zahlenvorgaben für Produktion, Umsatz und Kosten für fast alle Warengruppen und Dienstleistungen. Aber selbst diese »Verbesserungen« stellte die Wirtschaftsbürokratie nicht ohne politischen Druck in Aussicht. Den ersten Entwurf des Fünfjahrplanes 1986–1990, der das Komplexprogramm umsetzen sollte, wies Gorbatschow im Sommer 1985 als unbefriedigend zurück. Kurz darauf entließ er den Vorsitzenden der staatlichen Planungsbehörde Gosplan, Nikolaj Bajbakow, sowie den Ministerpräsidenten Tichonow. Mit dem habilitierten Elektroingenieur Nikolaj Talysin übernahm ein Fachmann für Kommunikation und außenwirtschaftliche Kooperation die Leitung der Planungsbehörde, die früher stets eine Domäne der Rüstungs- und Rohstoffindustrie gewesen war. Der neue Ministerpräsident Nikolaj Ryschkow war ebenfalls Ingenieur. Seine politische Karriere folgte auf seinen Aufstieg zum Generaldirektor des Swerdlowsker Rüstungsriesen Uralmasch.[46]

Von den neuen Männern an der Regierungsspitze erwartete Gorbatschow »tiefgreifende Analysen, mutige Entscheidungen und energische Taten«. Doch für die Modernisierung von Wirtschaft und Gesellschaft fehlten zwei wesentliche Voraussetzungen: ein schlüssiges Konzept und der politische Konsens. Nach der langen intellektuellen Isolation fiel nicht einmal den besten Ökonomen und Soziologen des Landes zum Neuanfang viel mehr als das Zauberwort »Uskorenije« ein: die »Beschleunigung« der wirtschaftlichen und sozialen Entwicklung. Auch die im Westen viel beachtete »Nowosibirsker Studie« aus dem Jahre 1983 präsentierte lediglich eine Synthese vorheriger kritischer Untersuchungen, leitete daraus aber kein Reformmodell ab.

Obwohl Anfang 1985 bereits Reformerfahrungen aus anderen sozialistischen Ländern zur Verfügung standen, spielten sie in der sowjetischen Diskussion kaum eine Rolle. Die Presse berichtete zwar über einige administrative Neuerungen in Ungarn, ließ aber den institutionellen Umbau meist unerwähnt. In Moskau gab es zwar durchaus einige Befürworter sowohl des chinesischen als auch des ungarischen Weges, die Privatinitiative in der Landwirtschaft und im Handel zu fördern, um die elementaren Bedürfnisse der Bevölkerung befriedigen zu können. Aber nennenswerten Einfluß konnten selbst so bekannte Ökonomen wie der Direktor des Instituts für Sozialistische Weltwirtschaft, Oleg Bogomolow, nicht gewinnen. Er hatte vorgeschlagen, die Wirtschaftsreform auf dem Agrarsektor und in der Preispolitik zu beginnen. Auch die reformorientierten Juristen aus dem Institut Staat und Recht fanden mit ihren Vorschlägen kein Gehör bei den Entscheidungsträgern.

Gorbatschow berief den Direktor des Nowosibirsker Ökonomischen Instituts, Abel Aganbegjan, zu seinem wichtigsten Berater für Wirtschaftsreformen. Aganbegjan orientierte sich an der Modernisierung der DDR-Wirtschaft. Er plädierte für die Schaffung großer Industrievereinigungen, die mit eigenen Finanzmitteln für Produktion und Forschung ausgestattet werden sollten, also für die Beibehaltung des institutionellen Rahmens und der alten Spielregeln. Seine öffentlichen Stellungnahmen in bezug auf die beabsichtigten Strukturveränderungen waren keineswegs aufschlußreicher als Gorbatschows Reden.[47]

Der Parteichef hielt sich an Lenin und an die von diesem begründete revolutionäre Methodik: erst einmal loslegen und später weitersehen, Rückschläge den Feinden anlasten. Mit der Anti-Alkohol-Kampagne, der Forderung nach mehr Arbeitsdisziplin und mit der Schaffung neuer zentraler Organisationsstrukturen bewegte sich der Generalsekretär 1985 noch ganz auf dem Pfad seiner Vorgänger. Als er danach mehrfach von weitergehenden Schritten und von radikalen Reformen sprach, verglich er deren Tragweite mit Lenins Neuer Ökonomischer Politik. Aber schon im April 1986 glaubte Gorbatschow dem Politbüro erklären zu müssen, warum seiner Politik der Erfolg versagt blieb: Der gigantische Staats- und Parteiapparat habe sich seinen Reformen wie ein Damm in den Weg gestellt. Den Vorwurf an die Adresse der Bürokratie wiederholte er fortan bei jeder Gelegenheit.[48]

Auf die neuen Herausforderungen war das Heer von Planern und Organisatoren in der Tat unzureichend vorbereitet. Den meisten fehlte es am nötigen Fachwissen über das Funktionieren einer modernen Wirtschaft. Ausbildungs- und Berufsprofile produzierten Schmalspurspezialisten, die weder gewohnt noch gewillt waren, in größeren Zusammenhängen zu denken oder die Folgen ihres Tuns vorherzusehen und diese dann auch zu verantworten. Die überraschende Auflösung einiger Ministerien, die Gorbatschow veranlaßt hatte, verstärkte die Abwehr gegen Veränderungen. Sie brachten, so schien es, nichts anderes als Arbeitsplatzunsicherheit. Die Denk- und Verhaltensweisen der Bürokraten waren durch die zunehmend aggressive Polemik gegen sie in der Presse erst recht nicht zu ändern. Eine schnelle Lösung schien allein der radikale Abbau staatlicher Lenkungsinstanzen zu versprechen.

Etliche Regierungsämter waren jedoch nicht mit borniertern Bürokraten, sondern mit durchaus kompetenten Praktikern besetzt. Ihrer Erfahrung nach war es vor allem das Preissystem, das jeder Modernisierung der Wirtschaft im Wege stand. Preisniveau und Preisstruktur spiegelten noch immer Stalins Industrialisierungs- und Isolationspolitik und nicht die Entwicklungen auf dem Weltmarkt wider: Rohstoffe und Arbeitskräfte waren nach wie vor billig, was zum verschwenderischen Umgang mit diesen Ressourcen verleitete. Für die verarbeitenden Industrien galt die Grundformel zur Preisberechnung »Kosten plus angemessener Gewinn«. Die Folge: Betriebsdirektoren waren an ressourcenintensiven und teuren Produktionssortimenten interessiert. Bei den Einzelhandelspreisen dominierten sozialpolitische Erwägungen. Der Verbrauch wurde massiv subventioniert, der Staatshaushalt allmählich ruiniert.

Dieses Problem war einem kleinen Kreis von Fachleuten seit langem bekannt. Aber dessen Lösung, die Erhöhung der Preise für Lebensmittel, hätte den Lebensstandard der Bevölkerung gefährdet und möglicherweise Unruhen ausgelöst. Das Beispiel Polen, wo man Mitte der siebziger Jahre Preisreformen durchgeführt hatte, war Warnung genug: Aufruhr in der Arbeiterschaft und Fraktionsbildung in der Partei. Vor ähnlichen Problemen stand man nun auch in der Sowjetunion. Die bisherige Subventionspolitik konnte ohne Gefährdung der finanziellen Stabilität nicht mehr aufrechterhalten werden, doch die Führung befürchtete, daß die Bevölkerung nicht bereit sein würde, die mit Preiserhöhungen verbundenen Einschnitte zu akzeptieren.

Anfang der achtziger Jahre hatten Berechnungen des Finanzministeriums ergeben, daß die zusätzlichen Einnahmen aus dem Export von Erdöl und Erdgas bald nicht mehr ausreichen würden, um die Lebensmittel weiter subventionieren zu können. Die Konsequenzen waren zwar klar, aber im Partei- und Staatsapparat gab es nur wenige, die Bereitschaft zeigten, die Verantwortung für die Erhöhung der Brot- und Fleischpreise auf sich zu nehmen. Kommissionen debattierten ohne Ende, während die Experten bereits die nötigen Entscheidungen vorbereiteten. Ministerpräsident Tichonow hatte im Juli 1982 dem schon todkranken Breschnew eine bahnbrechende Verordnung zur Unterschrift vorgelegt. Vom 15. Januar 1983 an sollten neue Brotpreise gelten. Der Jahresplan der Volkswirtschaft war bereits entsprechend modifiziert worden. Bevor die neuen Preisrichtlinien hätten umgesetzt werden können, starb Breschnew. Sein Nachfolger

Jurij Andropow machte, unterstützt von Gorbatschow, einen Rückzieher. Der politische Ziehsohn des neuen Generalsekretärs hatte Bedenken gegen eine so unpopuläre Maßnahme, die zu ähnlichen Konflikten wie in Polen hätte führen können.[49]

Auch als Generalsekretär zögerte Gorbatschow die Preiserhöhung hinaus. Im September 1985 sprach er bei einem Besuch in Tselinograd (Kasachstan) zwar von der Notwendigkeit, die Preise für Grundnahrungsmittel anzuheben: Die Subventionen hätten sich auf 20 Milliarden Rubel im Jahr summiert, da die Kosten für die Erzeugung von einem Kilo Fleisch zwei- bis dreimal höher seien als der Ladenpreis. Auch im Februar 1986 befürwortete Gorbatschow vor dem XXVII. Parteitag wieder die Erhöhung der Preise. In der sowjetischen sowie in der russischen Regierung waren wichtige Minister auf seiner Seite und auch einige ZK-Sekretäre nicht grundsätzlich dagegen. Doch Gorbatschow trieb die Sache nicht mit der nötigen Energie voran. Immerhin löste er im September 1986 den konservativen Vorsitzenden der Preisbehörde, Nikolaj Gluschkow, ab. Der stellvertretende Finanzminister und Haushaltsexperte Walentin Pawlow übernahm das Amt. Er befürwortete zwar eine Preisreform, war zugleich jedoch ein entschiedener Gegner einer vollkommenen Preisliberalisierung, wie sie einige Reformer unter Zustimmung aus dem Westen forderten.

Im Oktober 1986 verlagerte Gorbatschow den Akzent seiner neuen Politik von der Wirtschaftsreform auf die Demokratisierung. Gleichzeitig setzte er seine Strategie fort, neue Männer in Schlüsselpositionen zu bringen. Am 16. Dezember löste er den korrupten, aber populären Parteichef Kasachstans, Dinmuchamed Kunajew, durch den Russen Gennadij Kolbin ab. Dieser hatte sich als Parteichef in Uljanowsk einen guten Ruf erworben, wo er schon vor 1985 einen energischen Kampf gegen den Alkoholismus geführt hatte. Den Kasachen gefiel diese Entscheidung nicht. In Alma-Ata gingen rund 10 000 Studenten und Jugendliche mit nationalistischen Parolen auf die Straße. Bei der Auflösung der Demonstration durch die Sicherheitskräfte gab es 28 Todesopfer und 200 Verwundete.

Für die Akzeptanz von Preiserhöhungen war das kein gutes Omen, aber die Vorarbeiten liefen dennoch weiter. Zwei Arbeitsgruppen waren mit den Entwürfen beschäftigt, doch ihre Mühe war umsonst. Gorbatschow schwenkte plötzlich um und vertrat auf dem ZK-Plenum im Sommer 1987 den Standpunkt, die Bevölkerung müsse zuerst die Früchte der Perestrojka sehen, bevor sie mit schmerzlichen Preiserhöhungen konfrontiert werden könne. Daraufhin vertagte das ZK-Plenum den Beginn der Preisreform vom 1. Januar 1988 auf den 1. Januar 1990.[50]

Es bestand jedoch dringender Handlungsbedarf, da der Aufwärtstrend des Jahres 1986 sich nicht fortgesetzt hatte. Die Wachstumsziele des Fünfjahrplanes waren gefährdet, obwohl die Reformer Ende 1985 mehrere Fachministerien zu sogenannten »Superministerien« zusammengefaßt hatten. Sie erhofften sich davon eine bessere Koordination der komplementären Produktionsbereiche. Allerdings verschärften die neuen riesigen Behörden nur das chronische Problem der Wirtschaftsverwaltung: die Abgrenzung von Kompetenzen. Die neuen Maßnahmen waren zudem wenig geeignet, der »kleinlichen Bevormundung der Betriebe durch Ministerien und andere zentrale Einrichtungen« ein Ende zu setzen, wie Gorbatschow auf dem XXVII. Parteitag gefordert hatte. Selbst die Ausweitung des Experiments, das noch unter Andropow in fünf Branchen gestartet worden war, half nicht weiter. Die Branchenministerien zogen sich nicht aus dem Management der Industriebetriebe zurück.

Was dies in der Praxis bedeutete, schilderte die Direktorin eines Kiewer Konfektionsbetriebs Anfang 1986 in der ›Iswestija‹: »Uns wird vorgeschrieben, von welchen Betrieben wir Stoffe kaufen müssen. Menge und Qualität, oft auch Farbe und Muster, sind im voraus festgelegt. Wir können uns kaum danach richten, was der Handel von uns verlangt. Aber das ist nicht alles! Nachdem wir die Stoffe eingekauft und den Absatz geplant haben, kann es passieren, daß unser Produktionsplan vom Ministerium einfach heraufgesetzt wird. Wir sind dann gezwungen, die Modelle zu kappen, das Arbeitstempo ohne technische Verbesserungen zu beschleunigen. Wir mogeln und improvisieren. Das geht zu Lasten der Qualität. Ohnehin können wir alle zehn auf die Quantität bezogenen Vorschriften nicht gleichzeitig erfüllen.«[51]

Solchen Klagen räumte die Presse breiten Raum ein. Ganz im Sinne Gorbatschows half sie, die staatliche Lenkung zu diskreditieren. Häufig dienten die Klagen allerdings eher der Vorwärtsverteidigung, lieferten sie doch eine plausible Entschuldigung für die niedrigen Qualitätsstandards der Industrie. Nur das Militär ließ die Qualität der produzierten Waffen durch eine unabhängige Instanz prüfen. Im Mai 1986 wurde dieses System per ZK-Beschluß für eine Reihe ziviler Betriebe verpflichtend vorgeschrieben und die staatliche Kontrollbehörde Gosprijomka gegründet. Am 1. Januar 1987 nahmen deren Inspekteure in 1500 Unternehmen ihre Arbeit auf. Sie ließen alles, was nicht den Normen entsprach, gnadenlos zurückgehen. Der Ausstoß im zivilen Maschinenbaubereich sank im ersten Monat gleich um acht Prozent. Planerfüllung und Prämienzahlungen gerieten in Gefahr. Ein Aufschrei ging durch die Presse. Auf die Beschuldigungen reagierte die Regierung mit Beschwichtigungen. Es hatte sich gezeigt, daß die alte Wirtschaftsverfassung den Fremdkörper nicht annahm.[52]

Die Umgestaltung des planwirtschaftlichen Systems wurde schließlich im Sommer 1987 in Angriff genommen. Beim Übergang zu einem durch Marktelemente verfeinerten Wirtschaftsmechanismus sollten die Betriebe erheblich größere Selbständigkeit erlangen. Das Gesetz »Über den staatlichen Betrieb (die Vereinigung)« vom 30. Juni 1987 leitete die finanzielle Abkopplung der Betriebe vom Staatshaushalt ein. Es machte den finanziellen Spielraum von dem in der Produktion erzielten Ergebnis abhängig. Das Prinzip »Selbstfinanzierung« sollte auch für die Höhe des Lohnfonds gelten und zu einer Umstellung auf ein leistungsbezogenes Lohnsystem führen. Die mit dem neuen Betriebsgesetz verbundenen Zielsetzungen waren widersprüchlich. Einerseits sollte die zentralistische Wirtschaftsführung gestärkt, andererseits die Eigenständigkeit der Betriebe erweitert werden. Mit Kunstgriffen wurden die gegensätzlichen Impulse zum Teil kaschiert. An die Stelle von Plandirektiven traten Staatsaufträge, sozusagen als Vorstufe zu vertraglichen Beziehungen. Neben den staatlich festgesetzten Preisen waren sogenannte Vertragspreise für zwischenbetriebliche Vereinbarungen vorgesehen.[53] Ministerpräsident Ryschkow, der Vorsitzende der Preisbehörde Pawlow und einige andere Fachleute fürchteten zu Recht Chaos und finanzielle Instabilität, falls das Unternehmensgesetz ohne Preis-

und Steuererhöhungen in Kraft treten würde. Gorbatschow aber erwartete die Integration ökonomischer Entscheidungs- und Produktionsprozesse vor allem von branchen- und raumübergreifenden Megakonzernen.

Die öffentliche Meinung war hoch emotionalisiert. Die Furcht vor Preiserhöhungen saß tief. Für konservative Kommunisten war die stabile Preisstruktur eine Errungenschaft, »für die wir gekämpft haben«. Im westorientierten Wunschdenken der radikalen Reformer hingegen hatte eine staatliche Preispolitik überhaupt keinen Platz mehr. Nur die Mechanismen des freien Marktes konnten, so glaubten sie, Effizienz und Wohlstand hervorbringen. Gorbatschow wollte sich nicht festlegen. Westlichen Politikern gegenüber erklärte er mehrfach, die Sowjetunion hätte schon vor zwanzig Jahren eine Preisreform durchführen müssen, jetzt käme es auf zwei, drei Jahre auch nicht mehr an. Die Folge der vertagten Preiserhöhung war eine wachsende finanzielle Belastung der öffentlichen Budgets: Je mehr Brot, Fleisch und Milch verbraucht wurden, desto tiefer mußte das Finanzministerium in die Staatskasse greifen. Die Preissubventionen summierten sich 1985 auf 58 Milliarden Rubel und stiegen im Jahre 1989 auf 101 Milliarden Rubel.

Zusammen mit den forcierten Investitionsprogrammen und einigen einkommenswirksamen Entscheidungen (vgl. nächster Abschnitt), erhöhte sich das Ausgabevolumen zwischen 1985 und 1988 von 386,5 auf 460 Milliarden Rubel. Das war zwar ein beachtlicher, aber noch kein dramatischer Anstieg. Das Problem bestand darin, daß wichtige Einnahmequellen aus Ölexporten und dem Alkoholverkauf nicht mehr so ergiebig waren wie noch wenige Jahre zuvor. Gorbatschows Lieblingsreformprojekt, die Ausweitung der betrieblichen Autonomie, führte außerdem 1988 zu einem abrupten Rückgang der Einnahmen aus der Industrie. Im ganzen verfünffachte sich das Haushaltsdefizit zwischen 1985 und 1988 und erreichte mit 90 Milliarden Rubel schließlich rund 10 Prozent des Bruttosozialprodukts.[54]

Shareholder Value auf sowjetisch

Das »Gesetz über das staatliche Unternehmen« trat am 1. Januar 1988 in Kraft, ein Jahr nach der Zulassung von Gemeinschaftsunternehmen mit westlicher Beteiligung. Die öffentliche Meinung in Westeuropa wie in der Sowjetunion wollte schnelle Resultate sehen. Die Devise lautete: Die neue Führung im Kreml sei nicht an Worten, sondern an Taten zu messen. Gorbatschows Taten entsprachen indessen nur den Wohltaten eines neuen Herrschers: zuerst die Anhebung der Mindestrente um 25 Prozent im Mai 1985; wenig später Gehaltserhöhungen für zehn Millionen Pädagogen und Mediziner. Die Lohnzulagen für die Arbeiter in den klimatisch unwirtlichen Großregionen wurden ebenfalls erhöht. Der neue Generalsekretär appellierte zugleich an alle, disziplinierter und härter zu arbeiten. Das war Mobilisierungspropaganda im alten Stil.

Die neue Wirtschaftspolitik trug ebenfalls voluntaristische Züge. Ohne Expertise wurde ein neues Tarifsystem eingeführt, das ab 1987 die Löhne und Gehälter von Qualifikation und Leistung abhängig machen sollte. Allein, beide Kriterien waren längst inflationiert. Die Frage, welche Auswirkungen die Durchsetzung alter Leitsätze in Verbindung mit den neuen, mehr wirtschaftliche Freiheit garantierenden Gesetzen auf das ökonomische Gleichgewicht haben würden, lag außerhalb des Horizonts des Generalsekretärs und seiner Berater. Sie demonstrierten Aktionismus wie der Apparat der KPdSU, dem sie trotz einiger neuer Ideen verhaftet blieben. Daß sich eine schnelle Erhöhung der Wachstumsraten und die gleichzeitige Änderung der Produktionsstruktur praktisch ausschlossen, hatte Gorbatschow entweder nicht erkannt oder ignoriert. Die Mahnungen führender Ökonomen verhallten ohne Wirkung.[55] Unter den gegebenen Voraussetzungen mußte Gorbatschows Doppelstrategie, mehr Autonomie – weniger Alkohol, zu einer katastrophalen Destabilisierung der Versorgungslage führen. Infolge des Unternehmensgesetzes kam es zu exzessiven Lohnerhöhungen. Bereits 1988 betrug der Zuwachs 30 Milliarden Rubel; das waren 20 Milliarden mehr als in den Jahren zuvor. Diese Differenz in der Kaufkraft der Bevölkerung markiert den Übergang von der Krise zur Katastrophe.[56] Der Alkoholverkauf, der vor 1985 rund 18 Prozent des Einzelhandelsumsatzes ausgemacht hatte, schrumpfte zusammen, nachdem die Produktion auf die Hälfte sank. 1985 bis 1987 gab die sowjetische Bevölkerung in den staatlichen Läden 37 Milliarden Rubel weniger für Alkohol aus, als in den Jahren zuvor. Theoretisch standen den Menschen damit jährlich gut 12 Milliarden Rubel für andere Zwecke zur Verfügung.[57] Ein kleiner Teil dieser Summe floß in die Herstellung des »samogon«, des selbstgebrannten Schnapses. Einen größeren Teil verschluckte der Schwarzmarkt, der boomte und für die organisierte Kriminalität zu einer Goldgrube wurde. Der Rest stimulierte den privaten Konsum und führte zu einem Kaufrausch unter den Bürgern der UdSSR. Auf eine so hohe Nachfrage war der staatliche Einzelhandel trotz eines zusätzlichen Angebots an Lebensmitteln und Konsumgütern aber nicht ausreichend vorbereitet.

Die erweiterte Betriebsautonomie hatte keineswegs, wie von der Politik erwartet, eine Anpassung der Lohnentwicklung an die Entwicklung der Rentabilität zur Folge. Nach dem »Gesetz über das staatliche Unternehmen« konnte die Belegschaft entscheiden, wer ihre Interessen an der Spitze des Unternehmens vertreten sollte. Ihre Macht konnten die de facto-Eigentümer – das Volk im sowjetischen Falle – nicht nur bei der Wahl des Direktors, sondern auch bei der Leistungsbewertung ausnutzen. Wie im System des Shareholder Value wurde Einkommensmaximierung zum obersten Ziel der Eigentümer, die keine Rücksicht auf die Folgen für die Gemeinschaft nahmen. Industriearbeiter, die sich über Lohnerhöhungen für Akademiker geärgert hatten, sahen jetzt eine Chance, rasch aufzuholen. Die Unternehmensdirektoren nutzten die Deregulierung höchst eigenmächtig aus. Sie verwandelten Bankguthaben des Betriebes in Bargeld, was früher strikt untersagt und faktisch unmöglich gewesen war. So konnten sie nicht zuletzt Lohnforderungen der Belegschaft nachkommen. Außerdem nahmen sie preiswerte Waren aus dem Sortiment und produzierten statt dessen Güter mit hohen Gewinnmargen, deren Preise sie noch zusätzlich erhöhten.

Das verfügbare Einkommen der Privathaushalte stieg 1988 um neun Prozent, 1989 um 12,8 Prozent – gegenüber nur knapp vier Prozent in den beiden vorangegangenen Jahren. Die Kluft zwischen Angebot und Nachfrage weitete sich aus. Anfang Februar 1988 feuerte Gorbatschow Gosplanchef Talysin, weil dieser sich als unfähig und unwillig erwiesen hatte, für Gleichgewicht zu sorgen. Eine Lösung konnte diese Entscheidung jedoch nicht bringen. Für Engpässe waren nämlich hauptsächlich externe Faktoren und interne Obstruktion verantwortlich. Zwischen 1985 und 1987 ging der Konsumgüterimport infolge der geschrumpften Exporteinnahmen im Verkaufswert von acht Milliarden Rubel zurück. Wegen Devisenmangels wurden zum Beispiel 1987 nur 25 000 Tonnen Kaffee eingeführt, 15 000 Tonnen weniger als notwendig gewesen wären, um den Bedarf zu decken. Die Nachfrage verlagerte sich deshalb auf Tee. Die Sowjetunion gehörte zwar zu den größten Teeproduzenten der Welt, den plötzlichen Anstieg des Verbrauchs konnte die Branche jedoch nicht anders bewältigen, als die Qualität unter die Toleranzgrenze zu senken. Auf die Devisenknappheit reagierten die Behörden, indem sie den Ölexport forcierten. Die Folge war Treibstoffmangel im eigenen Lande, so daß zur Ernte im Sommer 1988 die Maschinen auf den Feldern wochenlang stillstanden. Gorbatschows Programm zur Ankurbelung der Landwirtschaft durch Pacht- und Produktionsverträge stieß nicht zuletzt aus diesem Grund ins Leere, und die UdSSR blieb weiterhin von Futtergetreideimporten abhängig, was wiederum zum Anstieg der Weltmarktpreise beitrug. Da die notwendige Preisreform wegen Gorbatschows Zögern verschoben wurde, blieben die Einzelhandelspreise für Brot und Fleisch auf das frühere Niedrigstniveau fixiert. Und was nicht teurer wurde, das verlangten die Verbraucher in unverändertem Ausmaß. Es konnte also nicht zu einer Entspannung der Versorgungskrise kommen.

Im Sommer 1988 verschwand Zucker in dem Augenblick aus den Geschäften, als die Hausfrauen eine der wichtigsten Reserven für den Winter anlegen wollten: eingekochte Früchte und Beeren. Die Bevölkerung sah Gorbatschows Alkoholverbot als ausschließliche Ursache der Zuckerknappheit an, weil die Schwarzbrennerei zu einer landesweiten Plage geworden war. In Wirklichkeit war aber das Klima des vorangegangenen Jahres, das zu einer schlechten Zuckerernte geführt hatte, verantwortlich dafür. Die Transport- und Lagerarbeiter verschärften die Misere noch zusätzlich. Sie gingen nämlich, wie gewohnt, mit der zarten Zuckerfrucht wie mit Zement um. Anderen Grundnahrungsmitteln wie Kartoffeln und Kohl erging es keineswegs besser. Im Spätsommer 1988, einem Jahr mit schlechter Kartoffelernte, war zum Beispiel bei Boguljobowo, unweit der altrussischen Stadt Wladimir, folgende Szene zu beobachten: Mit Kartoffeln beladene Lastwagen fuhren an der Bahnstation einen kleinen Wall hoch. Auf der Schräge verlor jeder Wagen eine beträchtliche Menge der Fracht, über die jeder nachfolgende Wagen rollte, so daß allmählich ein riesiger Kartoffelbrei den Boden bedeckte. Oben auf dem Wall kippten die Fahrer ihre Ladungen neben das Gleis. Von dort wurden die Kartoffeln mit Greifern in die offenen Waggons gehoben. Wenn es während des Transports regnete, kamen die Kartoffeln zum größten Teil verfault am Bestimmungsort an. Dort gab es keine Qualitätskontrolle. Nicht zuletzt durch solche Schlampereien ging Jahr für Jahr etwa ein Drittel des Getreides, Fleisches und Gemüses auf dem Weg von den Kolchosen zu den Kunden verloren. Es mangelte nicht nur an Kühl- und Lagerkapazitäten, sondern auch an Disziplin, Sorgfalt und Verantwortungsgefühl.

Während externe und interne Faktoren einer schnellen Ausweitung des Angebots enge Grenzen setzten, kam eine immer größere Geldmenge in Umlauf. Infolgedessen wurden die Schlangen vor den Geschäften selbst in Moskau länger. Irgendetwas fehlte immer: mal Speiseöl oder Zahnpasta aus dem Import, mal Tee oder Zwiebeln aus dem Inland. Im Herbst 1988 wurden in acht der fünfzehn Sowjetrepubliken mehrere Grundnahrungsmittel nur mit Rationierungskarten verkauft. Auf die unzureichende und zudem unberechenbare Versorgung reagierten die Hausfrauen wie im Krieg: sofort und soviel einkaufen wie möglich. Zum Moskauer Straßenbild gehörten viele dickleibige Frauen mit kiloschweren Würsten unter den Armen. Das Geld dafür war vorhanden, und keine der ohnehin nicht gerade freundlichen Verkäuferinnen hätte den unbequemen Kundenwunsch erfüllt, ein- oder zweihundert Gramm abzuschneiden.

Wie in jeder Krise, gab es auch in dieser Situation Gewinner. Die Angestellten der staatlichen Handelsketten profitierten reichlich von der Warenknappheit. Sie setzten begehrte Güter für einen hübschen Aufpreis ab, bedienten am Hintereingang Schwarzhändler und Einkäufer halb-privater Cafés und Restaurants und kassierten hohe Bestechungsgelder. Durch den illegalen Verkauf von »Defizitwaren«, durch Manipulation beim Wiegen und andere Praktiken verbesserten sie ihr Grundgehalt von 100 Rubeln nicht selten auf 300 oder 500 Rubel. Wie schon 1987 blieben auch im Sommer 1988 die Regale für Obst und Gemüse in Moskau und Leningrad nahezu leer. Sowjetische Journalisten bekamen nach hartnäckigen Recherchen heraus, daß zahlreiche Geschäfte wiederholt die Annahme der gelieferten Waren verweigert hatten. In vielen Fällen hielten sie sich auch mit Bestellungen zurück, während in den städtischen Lagerhallen tonnenweise Obst und Gemüse verfaulte. Der Hintergrund war: Nachdem die Lebensmittelgeschäfte für den Verkauf von Wodka keine Prämien mehr verrechnen durften, hatten sich die Verkäuferinnen auf den Standpunkt gestellt: Wenn wir unser Geld nicht leicht verdienen dürfen, wer zwingt uns dann dazu, es hart zu verdienen![58]

Von den inzwischen zugelassenen Kooperativen war keine Erleichterung zu erwarten, weil sie meist nur am schnellen Geld oder an Geldwäsche interessiert waren. Die »Unternehmer« an der Spitze der neuen Genossenschaften kauften mit Hilfe von Bestechungsgeldern von staatlichen Unternehmen Rohstoffe und Vorprodukte zum staatlich fixierten Niedrigpreis ein und verkauften ihre Waren zu Höchstpreisen. Der beträchtliche Gewinn kam Freunden und Familienmitgliedern zugute. Berichte über Monatseinnahmen, die sechzigmal höher waren als der Durchschnittsverdienst, und über die horrenden Preise in den Kooperativrestaurants und -kiosken erregten immer größere Wut. Der Kampf der Medien gegen »unverdiente« Einkünfte erfreute sich einer breiten Zustimmung.

Die Atmosphäre war geladen. Das Vertrauen in die Führung schwand zunehmend. Es hagelte Protestbriefe an Partei und Presse. Bereits 1988 kam die wachsende Unzufriedenheit der Bevölkerung zum Ausdruck. Die anfangs noch populäre Anti-Alkohol-Kampagne geriet immer mehr unter Beschuß, nachdem die ersten positiven Resultate von der höchstprofitablen Schwarzbrennerei zunichte gemacht worden waren. Im Kampf gegen den »samogon« verwickelte sich der Staat in einen »Krieg gegen die Bevölkerung, der nicht zu gewinnen war«, schrieb der Wirtschaftspublizist Nikolaj Schmeljov im Frühjahr 1988. Im Herbst weigerten sich die Regierungschefs der Sowjetunion und der RSFSR, Nikolaj Ryschkow und Witalij Worotnikow, die Kampagne fortzusetzen, bei der es vielen lokalen Funktionären nur noch darum ging, Strafen zu verhängen und vor ihren Dienstherren Erfolge bei der Senkung der Alkoholproduktion zu demonstrieren. Als Folge der exzessiven administrativen Maßnahmen standen die Leute oft bis zu drei Stunden für Wodka an, vor Feiertagen noch viel länger. Vor den Geschäften kam es zu Tumulten, wenn der Vorrat ausging. Die Flasche mit dem »Wässerchen« erlangte sogar die Funktion einer Währung. Handwerker verlangten in der Regel nicht mehr Rubel, sondern Wodka als Gegenleistung.

Ende Oktober 1988 machte das Zentralkomitee, nicht zuletzt mit Blick auf die Wahlen im Frühjahr 1989, einen Rückzieher. Die Parteiorganisationen bekamen Anweisung, alles zu tun, damit die Schlangen vor den Geschäften verschwanden.[59] Nüchternheitsapostel Ligatschow verlor seinen Posten als Chefideologe. Der Flugzeugingenieur mußte sich künftig um die Landwirtschaft kümmern, was einer Strafversetzung gleichkam. Als erstes gab es mehr Cognac zu kaufen. Die Fässer, in denen der Weinbrand noch Jahre hätte reifen müssen, konnten schnell geleert werden. Die Wodkaproduktion auf Hochtouren zu bringen dauerte ebenfalls nicht lange, ging aber zu Lasten der Qualität. Leitungswasser und Essenzen mußten Quellwasser und Getreide ersetzen. Adäquate Flaschen fehlten zwar, aber Bier- und Colaflaschen waren rasch zur Hand. Ausgerechnet bei den gesundheitlich weniger bedenklichen Alkoholika wie Bier und Wein gab es keine Möglichkeit, das Angebot schnell auf das frühere Niveau zu heben. Viele Brauereien waren nach der Propagierung der Nüchternheit demontiert worden, der Weinanbau hatte irreversible Schäden erlitten.[60] Die mutwillige Zerstörung von rund einem Viertel der Weinstöcke traf die Südländer der Sowjetunion ins Herz. Eine traditionelle Kultur und eine wichtige lokale Einkommensquelle waren auf Befehl Moskaus wie in einem Rausch zerstört worden. Vor allem in Georgien und Moldawien löste die Vernichtung der Weinproduktion Verbitterung aus.

Kapitel 3

Michail Gorbatschow zwischen Glasnost und Gewalt

Die Öffentlichkeit: eine späte Geburt ohne Gnade

Nach Gorbatschows Amtsantritt gab es zunächst eine Annäherung zwischen Volk und Führung. Der Generalsekretär, seit Nikita Chruschtschow der erste, der frei reden konnte und in der Öffentlichkeit auch mal lachte, verbreitete eine Atmosphäre des Aufbruchs. Unabhängig davon, ob die Sowjetbürger die Zeichen aus dem Kreml begrüßten oder skeptisch beurteilten – der Wunsch nach einem besseren Leben überlagerte allmählich die alle Energien lähmende Bescheidenheit der Nachkriegsgeneration. Viele Konsumenten und Produzenten waren die ewigen Entbehrungen und Einschränkungen leid. Diese Unzufriedenen zogen sowohl die Aufmerksamkeit des KGB auf sich, das für Systemstabilität zu sorgen hatte, als auch das Interesse sowjetischer Soziologen, die politische Maßnahmen forderten, um die Systemeffizienz zu erhöhen. Gorbatschow hatte ein Ohr für beide; in langen Gesprächen erkannte er, daß die Ziele der Perestrojka mit mehr Disziplin allein nicht zu erreichen waren. Er mußte mehr Demokratie wagen. Freieres Denken und freiere Wahlen sollten die Energien der Gesellschaft freisetzen.

Als erstes unterstützte Gorbatschow Schriftsteller und Regisseure in ihrem Kampf gegen die repressive Routine der Kulturpolitik. Im Juni 1986 forderte er dann in einem Gespräch mit Literaten die »Änderung des Denkens, der Psychologie des Menschen selbst«.[1] Mehr Kritik und Kompetenz sollten helfen, Borniertheit und Besitzstandsdenken zu überwinden. Transparenz und Dialog waren das Gebot der Stunde, um Tabus und Dogmen aufzubrechen. Glasnost statt Gleichschaltung lautete die Devise. Die Zensur wurde gelockert, eine Flut von Enthüllungen brach über das Land herein. Der weißrussische Schriftsteller

Wassilij Bykow traf in einem Interview mit dem KGB-nahen, aber angesehenen Wochenblatt ›Literaturnaja Gaseta‹ beispielsweise die bis dahin unaussprechbare Feststellung, die Leiden der Landbevölkerung unter der Kollektivierung hätten entscheidend dazu beigetragen, daß viele Bauern die deutsche Wehrmacht anfangs willkommen geheißen und mit den Nazis kollaboriert hätten.[2]

Gorbatschow gab auch den Unfehlbarkeitsanspruch der KPdSU auf. Die theoretische Parteizeitschrift ›Kommunist‹ sollte nach einem Beschluß des Zentralkomitees zur Überwindung von »Scholastik, Dogmatismus und Buchstabengelehrsamkeit« beitragen. »Wenn wir uns nicht selbst kritisieren und uns nicht Analysen unterwerfen – wir haben ja keine Oppositionsparteien –, was dann?« fragte Gorbatschow im Sommer 1986. Doch dieser Ruf nach Pluralität – im Fernsehen deutlich hörbar – fehlte im Bericht der ›Prawda‹ ebenso wie Gorbatschows Hinweise, wonach gewisse ökonomische Dogmen nicht mehr sakrosankt seien. Solche Nuancen ließen Rückschlüsse auf die Hindernisse zu, die sich vor Gorbatschow auftürmten, wie auch auf seine Beharrlichkeit, weiter zu denken und weiter zu drängen, als ihm viele Kommentatoren im Westen zugetraut hatten.[3]

Die herrschende Beurteilung der Glasnost-Politik im Westen folgte zunächst weiterhin den Stereotypen des Kalten Krieges: Der Kremlchef sei kein Reformer, sondern ein raffinierter Propagandist. Helmut Kohl brachte es in einem Interview mit ›Newsweek‹ im Oktober 1986 sogar fertig, Gorbatschow mit Goebbels zu vergleichen. Die deutsche Öffentlichkeit war schon im Frühjahr der gleichen Meinung. Nach der Explosion eines Reaktors im Atomkraftwerk nahe der ukrainischen Stadt Tschernobyl am 26. April bagatellisierte nämlich Moskau den radioaktiven Fallout. Erst nach 14 Tagen reagierten die sowjetischen Medien mit ausführlichen Berichten. Aber Worte wie »Katastrophe«, »Tragödie« und »schweres Unglück« mußten aus den Kommentaren gestrichen werden.[4]

So gesehen hatte Glasnost die erste Bewährungsprobe in der Tat nicht bestanden. Um zu einem gerechteren Urteil zu kommen, hätte man allerdings die Informationspolitik westlicher Großkonzerne nach Unfällen mit verheerenden Folgen zum

Vergleich heranziehen müssen. Als Beispiele könnte man auf Seveso oder Bophal verweisen, wo man die Öffentlichkeit ebenfalls lange nicht oder nur unzureichend informierte.[5] Im übrigen operierte Gorbatschow nach dem ersten Blackout zumindest außenpolitisch geschickt. Am 14. Mai 1986 informierte er die UNO über den Reaktorunfall. Er schlug vor, die internationale Kooperation in Sicherheitsfragen unter dem Patronat der Internationalen Atomenergie-Organisation (IAEO) zu verstärken. Aus Wien, dem Sitz der Organisation, war kein scharfes Urteil zu erwarten. Die IAEO, die zum System der Vereinten Nationen gehört, zielt laut Statut auf die »Steigerung des Beitrages der Atomenergie zum Frieden, zur Gesundheit und zum Wohlstand«, agiert also ganz im Sinne der Atomindustrie. Die Reaktion auf Tschernobyl fiel in Wien erwartungsgemäß so beschwichtigend aus, daß Michail Gorbatschow sich noch im Jahre 1986 für die »objektive Haltung« der IAEO ausdrücklich bedankte.[6]

Die sowjetische Öffentlichkeit, die zu diesem Zeitpunkt von den Umweltschäden im Westen und in der Dritten Welt so gut wie keine Vorstellung hatte, erlebte 1986 die erste große öffentliche Konfrontation mit den Folgen des Fortschritts. Tschernobyl lenkte die Aufmerksamkeit der Medien auch auf weitere Umweltkatastrophen: auf den sterbenden Aralsee, auf verseuchte Flüsse, auf gefährlich gewordene andere Atomkraftwerke. Mehrere Völker der multiethnischen Sowjetföderation stellten Stalins Genozid und den sowjetischen Ökozid in eine historisch-systemische Kontinuität. Dabei wurde die Kluft zwischen nationalen und sowjetischen Wahrheiten sichtbar. Wut und Widerstand nahmen zu. Nach dem Zerfall des sowjetischen Imperiums lag es nahe, das Phänomen Glasnost »zur wichtigsten Triebkraft bei der Auflösung des Sowjetsystems« zu erklären.[7]

So fraglich diese Behauptung ist – eines läßt sich nicht bestreiten: Glasnost hat in kürzester Zeit zu einer Differenzierung der Diskussion und zu einer Renaissance des kulturellen Lebens geführt. Bis Anfang Februar 1987 wurden 140 politische Gefangene aus der Haft entlassen, unter ihnen der Atomphysiker und Friedensnobelpreisträger Andrej Sacharow.[8] Gorbatschow hatte zuvor die Parteiführung überzeugen müssen, daß die Modernisierung der Gesellschaft nicht mit der Kriminalisierung ihrer Kritiker vereinbar war. Aber das statistische Zentralamt hielt aller Glasnost zum Trotz wichtige Daten über Kindersterblichkeit, Kriminalität, Einkommensunterschiede etc. zurück. Soziale Indikatoren, die die Sowjetunion in die Nähe eines Dritte-Welt-Landes hätten rücken können, tauchten in der Publizistik allenfalls punktuell auf. Über die dramatische Lage des Landes, über den drohenden Staatsbankrott, über die wirklichen Gründe, die den Weltmachtstatus der Sowjetunion in Frage stellten, schwiegen sich selbst die meisten Protagonisten der Perestrojka wohlweislich aus. Als Emporkömmlinge des Systems hätten sie sonst Rechenschaft über ihre aktive oder passive Rolle beim Niedergang des Imperiums ablegen müssen. Die Funktionselite trat vorzugsweise die Flucht nach vorn an: Minister enthüllten die Misere ihrer Ressorts und belegten sie mit Angaben, die aus Fachpublikationen längst bekannt waren. Diese Pseudoglasnost zeugte von Opportunismus, nicht von Verantwortungsbewußtsein. Lokale Parteifunktionäre erhoben die gewünschte Kritik zum neuen Ritual der Aktivistenversammlungen. Die Worthülsen der Konjunkturritter dienten manchen Mitarbeitern westlicher Forschungsinstitute als Beleg, um ihre positiven Eindrücke nach kurzen Visiten in Moskau zu untermauern.

Fundierte Einsichten in die Zusammenhänge blieben aber rar. Literaten fabulierten über die Funktionsweise der Volkswirtschaft. Manche Autoren gaben zu Anfang ihrer Beiträge sogar zu, keine Ahnung zu haben, um dann aber doch in epischer Länge offizielle Programme zu kritisieren. Leser ohne elementare ökonomische Kenntnisse steuerten weitschweifige Briefe auf Stammtischniveau bei. Nur wenige russische Publizisten, darunter jene, die sich aus der westlichen Emigration zu Wort meldeten, hatten verstanden, daß nicht nur borniete Bürokraten die überfälligen Reformen blockierten, sondern auch die Bürger selbst. In der Bevölkerung hatte sich in der langen Stagnationsperiode zwischen Chruschtschow und Gorbatschow eine reformfeindliche Haltung verfestigt: Verbesserungen wurden ersehnt, Veränderungen aber nicht gewünscht.

Die künstlerisch-publizistische Elite nahm von der allgemeinen politischen Stimmung kaum Kenntnis. Sie suchte allzu selten nach einem Ausgleich mit den Andersdenkenden. Die Wochenzeitungen ›Ogonjok‹ und ›Moskowskije Nowosti‹ propagierten die Perestrojka zwar nach Kräften, ein Forum für Meinungsbildung wurden sie aber nicht. Alexander Jakowlew, seit 1986 ZK-Sekretär für Propaganda, Kultur und Außenpolitik, der sich gern als der eigentliche Schöpfer von Glasnost sah, sagte einmal zu Gorbatschow, mit Ligatschow könne er nicht auskommen, deshalb sammele er kompromittierendes Material über ihn.[9]

Der Herausbildung eines kompetenten öffentlichen Bewußtseins standen messianische Traditionen, Ungeduld und Bildungslücken im Wege. Der Intelligenzija ging es vor allem um Selbstverwirklichung. Allerdings lag es nicht nur an ihr, daß ihr Beitrag zur Erneuerung der geistigen Grundlagen der Gesellschaft äußerst beschränkt blieb. Ablehnung und Mißgunst seitens der Bevölkerung hatten den Wirkungsgrad der Intelligenzija seit jeher niedrig gehalten. Die Diktatur des Proletariats setzte diese Tradition des zaristischen Rußlands fort und instrumentalisierte sie. Chruschtschows Tauwetter brach zwar das Eis des Terrors, doch massive Repressionen wie Publikationsverbote, Lagerhaft und Ausbürgerung gehörten bis in die achtziger Jahre hinein zu den Praktiken des Sowjetsystems, mit denen Gorbatschow fertig werden mußte. Eine wirkliche Annäherung zwischen der sowjetischen Führung und der Intelligenzija brachte auch Glasnost nicht. Konservative Funktionäre der Parteispitze heizten die Emotionen der Werktätigen gegen die geistige Elite auf. Selbst Gorbatschow bereitete »die Beziehung zur Intelligenzija auch immer Unbehagen. [...] Er konnte sich nicht entschließen, die demokratischen Denker um sich zu scharen und sich offen auf sie zu stützen.«[10]

Auf die Diskrepanz zwischen Wunsch und Wirklichkeit reagierten viele der am westlichen Wertesystem orientierten Künstler und Wissenschaftler mit Defätismus und Egoismus. Nicht wenige Intellektuelle zogen sich nach relativ kurzer Zeit »in das Schneckenhaus der Skepsis«, wie es Christian Schmidt-Häuer ausdrückte, zurück. Sehr viele unter denjenigen, die als Multiplikatoren des Neuen Denkens zur Modernisierung des Landes hätten beitragen können, nutzten die liberaleren Umstände und die Unterstützung bereits ausgewanderter oder ausgebürgerter Freunde, um die eigene Zukunft in glücklicheren Ländern zu suchen.

Aus dem Rahmen fiel allein die Gesellschaft Memorial. Mit den Angehörigen der Opfer des stalinistischen Terrors erkämpfte diese Randgruppe die Rehabilitierung unschuldig hingerichteter oder im GULag-System geschundener Menschen. Die eher symbolischen Erfolge der Vergangenheitsbewältigung fanden allerdings in einigen russischen und westlichen Medien nicht nur die gebührende Aufmerksamkeit, sie wurden hinsichtlich ihrer Bedeutung für den Erneuerungsprozeß der sowjetischen Gesellschaft auch völlig überbewertet. Die Medienpräsenz von Memorial ließ nämlich leicht übersehen, daß die Mehrzahl der 8000 Lokalzeitungen stille Gewässer geblieben waren, die neben Fernsehen und ›Prawda‹ für die Bevölkerung in den kleinen Städten und Dörfern der Provinz die einzigen Informationsquellen bildeten. Spitzenfunktionäre aus Gorbatschows Lager lasen zwar den mutmaßlichen Verantwortlichen gelegentlich die Leviten. Aber wenn Redaktionen sich nicht für Reformen engagieren wollten, war wenig zu erreichen. Auf dem Lande, fernab von Machtkämpfen und Spektakeln, bestand kein Bedarf an Aufklärung. Die Menschen waren täglich mit Versorgungsmängeln konfrontiert und litten unter dem meist menschenunwürdigen Ton in den Behörden. Diese Mißstände wurden schon vor Gorbatschow nicht nur in den Zeitungen angedeutet, sondern beispielsweise auch in Jurij Trifonows populären Romanen geschildert. Jetzt erwartete man endlich Taten, vor allem bei der Bekämpfung der sozialen Ungleichheit.

Mit den Privilegien von Parteibonzen ins Gericht zu gehen, wurde schnell zum Nationalsport. Als »Nationaltrainer« profilierte sich dabei besonders Boris Jelzin, der neue Parteichef der Stadt Moskau und ein passionierter Volleyballspieler. Nur vier Monate, nachdem Gorbatschow dem verfilzten Moskauer Apparat Ende 1985 den Ersten Sekretär aus Swerdlowsk aufgezwungen hatte, begann der Bauingenieur damit, die Sondergeschäfte für Spitzenpolitiker zu schließen. Der Neuling in Moskau versuchte mit allen Mitteln, den Riß zwischen der Funktionärselite, der Nomenklatura, und den nationalen Interessen aufzuzeigen. Aber an den Prinzipien des Systems zu rütteln – das wollten und wagten auch in der Bevölkerung vorerst nur wenige. Viele Sowjetbürger fühlten sich von den Kampagnen gegen die Korruption und gegen Stalin verunsichert oder sahen sogar ihre alten Überlebensstrategien bedroht.

Als Michail Gorbatschow im August 1986 zu einem Werbefeldzug durch den Fernen Osten der Sowjetunion aufbrach, mußte er aus den kritischen und fordernden Zwischenrufen der Menge erkennen, daß die Sowjetbürger nicht nur Opfer der Bürokratie waren, sondern auch zu ihrem Räderwerk gehörten. Er reagierte mit pädagogischen Sentenzen: »Wir alle können nun schon nicht mehr auf die alte Art leben. [...] Es darf nicht zugelassen werden, daß veraltete Dogmen uns die Augen verschließen. [...] Je weiter wir bei der Umgestaltung vorankommen, desto deutlicher wird sichtbar, [...] wie viele Vorstellungen über Wirtschaft und Leitung, über soziale Fragen, staatliche Belange und Demokratie, Erziehung und Bildung hinter den Anforderungen [...] zurückbleiben. Lernen müssen wir, während wir neue Aufgaben lösen.« Kein Zar und kein Parteichef vor ihm hatten die Bevölkerung allerdings so direkt befragt und umworben. Eine Woche lang zeigte das Fernsehen allabendlich den leutseligen Landesvater im Dialog mit skeptischen Arbeitern, älteren Frauen und aufgebrachten Verbrauchern. Wann gibt es genug Wohnraum und Wodka? Warum muß man für ein Kilo Tomaten plötzlich fünf Rubel zahlen? Wann wird den Spekulanten das Handwerk gelegt? Die Fragen machten nur allzu deutlich, daß sich die Kluft zwischen Volk und Führung wieder vergrößert hatte.[11]

Seit Anfang 1987 verschärfte sich die Diskussion über Öffentlichkeit, stalinistische Vergangenheit und die zukünftige sozialistische Wirtschaftsweise. Der Widerstand der Dogmatiker und Veteranen formierte sich hinter Jegor Ligatschow, der seinen Wertekonservatismus mit der Apologie des Apparats verband. Die Hüter des Herrschaftsmonopols der Partei fürchteten, daß Glasnost auf Dauer Ideologie und Patriotismus zersetzen würde. Für sie war vor allem die Unterzeichnung des Intermediaterange Nuclear Forces (INF)-Vertrages Ende des Jahres ein harter Schlag. Am 7. Dezember 1987 unterzeichneten Gorbatschow und Reagan den ersten Vertrag in der Geschichte zur Vernichtung von Atomwaffen, vor allem der landgestützten Mittelstreckenraketen. Für seine Konzessionen verlangte der sowjetische

Parteichef vom amerikanischen Präsidenten nicht mehr – wie noch im Oktober 1986 in Reykjavik – die Einstellung des SDI-Programms.

Als Meilenstein bezeichneten Beobachter nicht zuletzt Moskaus Bereitschaft, künftig Inspektionen und Verifikationen vor Ort zuzulassen. Das war ein entscheidender Schritt zur Öffnung der von Geheimniskrämerei besessenen Sowjetunion. Mit der Anerkennung durch die andere Supermacht als (Friedens-)Partner hoffte Gorbatschow der eigenen Bevölkerung eine neue weltoffene Identität vermitteln zu können, wobei er sich von seinem Glauben an die Vernunft der Menschen leiten ließ.[12] Wer erkannt hatte, daß Reformen notwendig und nur mit dem Import westlicher Technologie möglich waren, der konnte sich nicht weiter gegen die Öffnung sträuben. Auch Gorbatschows Widersacher waren sich bewußt, daß der technologische Rückstand der Sowjetunion die eigene Weltmachtrolle ernsthaft gefährdete – insofern hatten sie zwar nichts gegen eine partielle Modernisierung, wohl aber gegen die Demokratisierung der Partei und die Öffnung der Gesellschaft.[13] Gorbatschows Entschiedenheit mobilisierte die Gegner eines »nichtsozialistischen Pluralismus«, der sich unausweichlich einstellen und die Grundlagen des »in Kämpfen aufgebauten Sozialismus« zerstören würde.

Den Konservativen unter Ligatschows Führung gelang es, die Ressentiments des Millionenheeres der nach wie vor nur schlecht ausgebildeten Werktätigen gegen die weltoffenen Intellektuellen publizistisch auszuschlachten. Ihre suggestive Frage an das Proletariat lautete: »Welche Klasse oder welche gesellschaftliche Schicht ist die führende und mobilisierende Kraft der Perestrojka?« Die Antwort: Nicht die Vertreter der Arbeiterklasse – die stets einen Anspruch auf die führende Rolle haben – seien es, sondern die Anhänger »eines gewissen linksliberalen, intellektuellen Sozialismus«. Das Verdikt: »Die Autoren von modischem Geschreibsel weichen unter der Ägide der sittlichen und geistigen ›Läuterung‹ die Grenzen und Kriterien der wissenschaftlichen Ideologie auf [...]«, setzen »den ›reinen‹ Humanismus« gegen das Klassenkampfdenken. Der Vorwurf: »Gerade die Anhänger des ›linksliberalen Sozialismus‹ wollen uns einreden, daß es in der Vergangenheit unseres Landes nur Fehler und Verbrechen gab.« Über die Errungenschaften des sozialistischen Systems verlören sie kein Wort.

So lauteten die Kernaussagen eines Beitrages in der Tageszeitung ›Sowjetskaja Rossija‹, einem Organ des Zentralkomitees der KPdSU, vom 13. März 1988. Eine unbekannte Dozentin für Chemie an einer Leningrader Hochschule verdammte die Perestrojka, verteidigte Stalin, der sein Land zu einer Großmacht gemacht habe, und wandte sich entschieden gegen den »nationslosen Internationalismus, gegen die Orientierung am Westen«. Die Autorin, Nina Andrejewa, machte Furore. Erst viel später wurde bekannt, daß die militante Stalinistin am 1. Februar nur einen Leserbrief an die konservative Zeitung geschickt hatte. Darin mißbilligte sie die »grassierende Verfälschung der Geschichte des Sozialismus«. Der Chefredakteur des Blattes leitete die Zuschrift an Ligatschow weiter. Der ZK-Sekretär für Ideologie, bekannt für seine Vorbehalte gegen Intellektuelle und Reformzeitungen, empfahl die Publikation. Die Aussage sollte allerdings zugespitzt und besser begründet werden, weshalb ein Redakteur der Zeitung am 9. März zu Andrejewa nach Leningrad fuhr. Am nächsten Tag war die Fünfzigjährige mit der erweiterten Fassung fertig und stimmte einer weiteren redaktionellen Bearbeitung zu. Das Resultat war ein umfangreiches Plädoyer für die Prinzipien des Sozialismus, das sich stark auf Aussagen des nationalistischen Schriftstellers Alexander Prochanow stützte. Das Datum der Publikation war präzise kalkuliert. Mit der Sonntagsausgabe sollte die Aufmerksamkeit der Leser optimal angesprochen werden. Wichtiger war noch, daß an diesem Tag, dem 13. März 1988, Gorbatschow zu einem Staatsbesuch nach Jugoslawien aufbrach. Am nächsten Morgen bestellte Ligatschow die Chefredakteure von Zeitungen und elektronischen Medien zu sich, lobte den Artikel und regte den Nachdruck in lokalen Zeitungen an.[14] Die Zensur erhielt die Weisung, die Veröffentlichung von kritischen Gegendarstellungen zu unterbinden. Nur die Redaktion der ›Moskowskije Nowosti‹ hielt sich nicht daran.[15]

Gorbatschow kehrte am 18. März nach Moskau zurück. Aber erst fünf Tage später, beim Unionskongreß der Kolchosbauern, unterhielt er sich in einer Sitzungspause mit Mitgliedern der Führung über Nina Andrejewas Artikel. Politbüromitglied Witalij

Worotnikow meinte, dieser »könne als Maßstab der ideologischen Arbeit dienen. Die anderen unterstützten ihn einmütig«, berichtet Gorbatschow in seinen ›Erinnerungen‹. Der alarmierte Parteichef rief sofort das Politbüro zusammen. Auf der zweitägigen Sitzung am 24./25. März schworen zwar alle, »weiterhin zur Perestrojka zu stehen«[16], aber der Generalsekretär mußte sein ganzes politisches Gewicht in die Waagschale werfen, um eine Spaltung des Politbüros zu verhindern. Neben Ligatschow, Gromyko und Worotnikow hielten noch weitere Mitglieder des Politbüros den Artikel nicht nur für gut, sondern sogar für richtungsweisend. Anatolij Lukjanow, Politbüro-Mitglied und ZK-Sekretär für Administration, trat für Ligatschow ein. Trotzdem übertrug Gorbatschow seinem Studienfreund ein halbes Jahr später – als der Generalsekretär auch den Vorsitz im Präsidium des Obersten Sowjet übernahm – das Amt des Vizepräsidenten des sowjetischen Parlaments.

Mit den inneren Verhältnissen des Landes vertraute Experten erkannten schon im Frühjahr 1988: Im Sowjetreich »mit den riesigen Restbeständen an bürokratischem Zynismus, privater Apathie und nationalen Fliehkräften« gab es »keine völkerumspannende Logik und keine allseitige Bereitschaft, die Fesseln durch eigenständige Vernunft abzustreifen«. »Eigenständigkeit« nahm immer häufiger die Gestalt von Gewalt an: Aserbaidschaner gegen Armenier, Ordnungskräfte gegen Kriminelle und Nationalisten, Schreibtischtäter, die gegen »all diese Intelligenzler und Schwätzer wie Sacharow« hetzten. Der bekannte Schriftsteller Jurij Bondarew forderte, die russische Literatur vor der »alles zersetzenden Kritik« der Reformer zu retten. Der Apparat mit dem konservativen Bedenkenträger Ligatschow an der Spitze versuchte nicht zuletzt mit dem Manifest der Nina Andrejewa Terrain zu gewinnen. Die soziale Basis dafür war vorhanden: bei Managern, die sich den Unwägbarkeiten von Marktexperimenten nicht gewachsen fühlten, in Ministerien, die ihre Planautonomie nicht abgeben und sich schon gar nicht auflösen lassen wollten, in der Masse der Bevölkerung, die von der Perestrojka auf Jahre hin keine materiellen Verbesserungen, wohl aber Preissteigerungen und Arbeitsplatzverluste erwartete.[17]

Auf der anderen Seite gab es auch neue Kräfte: Informelle

Gruppen wie Memorial; mit dem Segen hoher Parteifunktionäre gegründete Finanz- und Handelsfirmen; erwerbsorientierte Nachwuchskräfte in den Machtapparaten; konsumorientierte Jugendliche sowie Familienangehörige der Nomenklatura mit Westkontakten. Aus diesem breiten Spektrum von Interessengruppen sollte hinter den Kulissen eine Koalition zur Unterstützung des Systemumbaus zusammengeschmiedet werden. Als erstes starteten Gorbatschows Anhänger eine neue Medienoffensive gegen den Stalinismus und sein Erbe. Aber die offizielle Verdammung der »ideologischen Plattform der Anti-Perestrojka-Kräfte« erschien erst Wochen später in der ›Prawda‹. Mittlerweile hatte der Beitrag von Nina Andrejewa in den Parteiorganisationen bereits die Runde als neue Richtlinie gemacht. In dem anonym publizierten, also offiziell wirkenden Gegenartikel vom 5. April 1988 dominierten Selbstgerechtigkeit und Polemik. Das hochgegriffene Fazit lautete: »Die einmütige Schlußfolgerung der Partei und des Volkes [...]: Es gibt keine Alternative zur Perestrojka.« Ziele und Begründung der Politik leiteten Gorbatschow und Jakowlew, die Autoren des ganzseitigen Artikels, aus der Rückkehr zu den Leninschen Prinzipien ab, »deren Wesen die Demokratie, soziale Gerechtigkeit, wirtschaftliche Rechnungsführung, Achtung vor der Ehre, dem Leben und der Würde der Persönlichkeit sind«.

Diese unverfrorene Geschichtsverfälschung ging in der Hitze des Gefechts ganz unter. Die bizarren Widersprüche zwischen Leninismus und Liberalismus, Dogmatik und Demokratie kamen auch in Gorbatschows öffentlichen Reden zum Ausdruck: »Wir waren bemüht, von den Positionen der Gegenwart ausgehend [...], die dem Marxismus ursprünglich innewohnende Idee der Verknüpfung von klassenmäßig-proletarischen und allgemeinmenschlichen Interessen tiefer zu erfassen. Das führte uns zu dem Schluß, daß in unserem Zeitalter die allgemeinmenschlichen Werte Vorrang haben.«[18] Diese Werte unterstrich der Generalsekretär auch unmittelbar vor dem ersten Besuch von Reagan im »Reich des Bösen« im Mai 1988. Der Moskauer Gipfel wurde als mediales Ereignis zelebriert und sollte Gorbatschows Autorität vor der bevorstehenden 19. Parteikonferenz stärken.

Der Generalsekretär wählte dieses seltene Parteiforum, um

die Reform des politischen Systems trotz einer konservativen Mehrheit einzuleiten. Gorbatschow wollte einerseits Pluralismus und Parlamentarismus etablieren, andererseits hatte er mehrfach erklärt, daß es keine Alternative zum Einparteisystem geben könne. Ende Juni 1988 präsentierte er den 4991 Delegierten einen festen Zeitplan, der auf die Reorganisation der 19 Millionen Mitglieder zählenden Partei binnen sechs Monaten und auf die Reorganisation des politischen Systems innerhalb von neun Monaten zielte. Die Macht sollte von der Exekutive auf gewählte Organe, die Sowjets, verlagert werden. Für die Wahlen wurde ein Wettbewerbsprinzip eingeführt, die Aufstellung mehrerer Kandidaten war jedoch nicht obligatorisch. Unmittelbar wirksam war die Beschränkung der Amtszeit aller Partei- und Staatsfunktionäre auf höchstens zwei Wahlperioden von je fünf Jahren. Mit Unterstützung des Zentralkomitees schlug Gorbatschow für die nahe Zukunft die Wahl eines Präsidenten durch den »Kongreß der Volksdeputierten« vor. Mit der Einführung des Präsidentenamtes sollte also zugleich ein neues Volksvertretungsorgan geschaffen werden. Der Kongreß der Volksdeputierten sollte aus 2 250 Abgeordneten bestehen und ein kleineres Arbeitsparlament wählen, den Obersten Sowjet. Diesem kam die Aufgabe zu, Gesetze zu verabschieden. Zwei dreimonatige Sitzungsperioden pro Jahr waren dafür vorgesehen. Bis zu dieser Reform hatte der kurze Aufenthalt der Sowjetabgeordneten in Moskau eher einer Bonusreise mit günstigen Einkaufsmöglichkeiten geähnelt. Fortan sollten die von ihrer Berufstätigkeit beurlaubten Volksdeputierten ein erhebliches Arbeitspensum absolvieren – ohne Vorbereitung auf ihre neuen Aufgaben und fast immer auch ohne juristische Grundkenntnisse.

Die 19. Parteikonferenz wurde zu einer Sensation. Kurz nach ihrem Ende notierte Gorbatschows außenpolitischer Berater Anatolij Tschernajew: »Sehr viel ist über diese Konferenz geschrieben worden. Die genauesten und einfühlsamsten Kommentare finden sich in der ernst zu nehmenden westlichen Presse. [...] Dort haben sie ganz richtig erkannt: Gorbatschow hat das Bestmögliche und sogar mehr daraus gemacht [...].«[19] Wie sich bald herausstellen sollte, lenkte dieser Kraftakt aber von wichtigen Existenzproblemen des Imperiums ab.

Imperiale Reformen und nationale Ambitionen

Im Sommer 1988 veröffentlichten baltische Medien das geheime Zusatzprotokoll zum Hitler-Stalin-Pakt vom 23. August 1939, welches die baltischen Staaten der sowjetischen Einflußsphäre zugeschlagen hatte. Am Jahrestag der Unterzeichnung demonstrierten Hunderttausende in Estland, Lettland und Litauen gegen die fortdauernde Besatzung. In den folgenden drei Wochen erklärten alle drei Republiken ihre jeweilige Sprache zur Amtssprache, quasi als eine Vorstufe zur Verdrängung des Russischen als Staatssprache. Im Oktober konstituierten sich nationale Volksfronten zur Unterstützung der Perestrojka, die sich aber als Plattformen für die eigene wirtschaftliche Autonomie verstanden, die estnische Rahvarinne, die lettische Latvijas Tantas Fronte und die litauische Sajudis.

Als Gorbatschow Mitte Oktober seinen Verfassungsentwurf publizierte, enttäuschte er viele Reformer und Vertreter der Republiken. Einige der neuen Vollmachten für das künftige höchste Staatsorgan der UdSSR, den Kongreß der Volksdeputierten, liefen auf eine noch größere Zentralisierung hinaus. Estland, Lettland und Litauen wehrten sich gegen die erneute Einschränkung ihres ökonomischen und politischen Spielraums. Die Mehrheit der wahlberechtigten Bevölkerung unterschrieb innerhalb weniger Tage einen Aufruf der Volksfronten zur Ablehnung der beabsichtigten Verfassungsänderungen. Nach diesem Erfolg erklärte das lettische Parlamentspräsidium: »Einige der neuen Klauseln des künftigen Grundgesetzes [der UdSSR] entsprechen nicht den Prinzipien der gleichen Rechte und Souveränität der Unionsrepubliken.« Auch in Litauen verlangte das Parlament die Revision des Verfassungsprojektes. Denn trotz der beschwichtigenden Versicherung Moskaus, als zweiten Akt nach den soeben eingeleiteten Verfassungsänderungen »die souveränen Rechte der Republiken weiter auszubauen«, blieben noch viele Fragen offen. Besonderen Anstoß erregte Artikel 108, dessen zweiter Absatz ausschließlich den Kongreß der Volksdeputierten ermächtigte, »Entscheidungen zu Fragen des nationalstaatlichen Aufbaus der UdSSR« zu treffen. In Tallinn beanspruchte eine große Mehrheit des eigenen Obersten Sowjet ein

Vetorecht gegen sowjetische Gesetze. Sie stellte damit zum ersten Mal in der sowjetischen Geschichte Landesrecht über Bundesrecht. Am 16. November 1988 verkündete das estnische Parlament die Souveränität des Landes.

Das Aufbegehren der drei am stärksten nach Westen orientierten Nationen hatte überdeutlich gezeigt, wie gewagt Gorbatschows Strategie war, die baltischen Republiken als Vorreiter der Perestrojka zu ermuntern. Als er mit seinen Plänen zur Aufwertung von Wahlen und Sowjets gegenüber der Partei auf dem spektakulären ZK-Plenum im Januar 1987 nicht durchkam, fuhr er nach Riga und empfahl den Letten, auf breiter Basis, »vielleicht in der ganzen Republik«, Wahlen mit mehreren Kandidaten zu erproben. Die baltischen Republiken ließen sich nicht zweimal bitten. Sie hatten dabei ihre eigenen Interessen im Auge. Die Volksfronten zur Unterstützung der Perestrojka forderten volle wirtschaftliche Unabhängigkeit mit Zoll- und Währungsgrenzen gegenüber der restlichen UdSSR, einen eigenen Außenhandel sowie das Recht, über Staatsbürgerschaft zu entscheiden, um den Zustrom der Russen ins Baltikum eindämmen und ihre Teilnahme an den kommenden Wahlen begrenzen zu können.[20]

In den neuen Volksfronten kamen aber bald auch nationalistische und chauvinistische Emotionen auf. Moskauer Künstler und Historiker, Soziologen und Ökonomen, die den Reformgeist im Baltikum zunächst als Vorbild für die Transformation der restlichen Sowjetunion begrüßt hatten, machten immer häufiger die bittere Erfahrung, daß sie im Baltikum besser daran taten, zu schweigen – allein weil sie Russisch sprachen. Das Wort von der baltischen »Apartheid« machte gerade unter besorgten Anhängern der Reformpolitik die Runde. Die russische Minderheit im Baltikum bekam nun immer deutlicher jene politischen Manipulationen zu spüren, die Moskau zuvor jahrzehntelang dort praktiziert hatte. In einem Interview mit der ›Prawda‹ beklagte sich der Dreher und Abgeordnete W. Kolpakow, einer der sieben Volksvertreter, die im estnischen Parlament gegen die Proklamation der Souveränität gestimmt hatten: »Der Gesetzentwurf wurde uns völlig überraschend präsentiert. [...] In den estnischsprachigen Zeitungen gab es eine Diskussion, doch nicht in den russischsprachigen. Die Endfassung des Entwurfs war den

Parlamentariern überhaupt nicht bekannt. [...] Statt geheim abzustimmen, fand alles in voller Öffentlichkeit statt. Die ganze Galerie beugte sich nach vorne, um genau zu sehen, wer dagegen stimmte. Alles lief live über das Fernsehen.«[21]

Besorgt über diese Entwicklung, entsandte das Politbüro drei Mitglieder in die baltischen Hauptstädte. Ihre Mission bestand darin, die Diskussion um eine weitreichende Souveränität der Republiken einzudämmen und der Entwicklung eines Mehrparteiensystems entgegenzuwirken. Das überfällige Problem, die Nationalitätenpolitik der Moskauer Zentrale, harrte aber weiterhin einer Lösung. Das Zentralkomitee der KPdSU kündigte erst für den Spätsommer 1989 ein Plenum über die Beziehungen zwischen den Nationen an, obwohl im Süden der Sowjetunion die Erde schon seit Anfang 1988 buchstäblich brannte.

In Georgien demonstrierten 120000 Menschen gegen Gorbatschows Verfassungsentwurf. Tengis Abuladse, der weltberühmte Filmregisseur, und der georgische Künstlerverband wandten sich mit einem Appell an Michail Gorbatschow. Der Parteichef solle, so hieß es in dem von der georgischen Tageszeitung ›Sarja Wostoka‹ am 20. November 1988 abgedruckten Aufruf, den Verfassungsentwurf zurückziehen, weil er den Ideen der Perestrojka schade. Erstens werde das demokratische Prinzip des allgemeinen und direkten Wahlrechts verletzt, da Artikel 91 vorsehe, daß der Kongreß und nicht die Bürger den Obersten Sowjet und dessen Vorsitzenden wählten. Zweitens diskreditiere Artikel 108 Absatz 2 das Leninsche Prinzip der Freiwilligkeit des Zusammenschlusses der Nationen. Drittens beeinträchtige die vorgesehene Ermächtigung des Präsidiums des Obersten Sowjet, im Interesse der Verteidigung der UdSSR nötigenfalls den Kriegs- und Ausnahmezustand für einzelne Gebiete oder für das ganze Land zu erklären, die Souveränität der Sowjetrepubliken. Der Appell endete mit der eindringlichen Bitte an Gorbatschow, persönlich eine Kommission zur Vorbereitung der neuen Verfassung zu leiten, in der die Vertreter der Unionsrepubliken gleichberechtigt vertreten seien.

Den Massenprotest in Tiflis organisierte eine neue Bewegung, die sich National-Demokratische Partei (NDP) nannte. Auf Kundgebungen propagierte sie die Loslösung Georgiens von der

UdSSR. Ihre Sprecher forderten vor dem Parlamentsgebäude zum zivilen Ungehorsam auf. Ein Sternmarsch von Arbeitern aus Industriestädten und Hungerstreiks zahlreicher Aktivisten waren die Folge. Die georgische KP-Führung stand den Protestaktionen hilflos gegenüber und suchte Unterstützung in Moskau. Gorbatschow schaltete daraufhin Eduard Schewardnadse ein. Der Außenminister sollte seinen Landsleuten im Kaukasus erklären, worum es bei der geplanten Verfassungsänderung ging. Der Generalsekretär richtete einen »Aufruf an die georgische Bevölkerung«, der am 30. November 1988 in ›Sarja Wostoka‹ publiziert wurde.[22]

Die Kontrahenten zogen aus dieser Konfrontation diametral entgegengesetzte Schlußfolgerungen. Gorbatschow gab sich der Illusion hin, »eine freundschaftliche und respektvolle Haltung« wie auch genauere und zuverlässigere Informationen würden helfen, in wichtigen Fragen die richtige Entscheidung zu treffen.[23] Doch den radikalen Gruppierungen der georgischen Opposition ging es nicht darum. Sie fühlten sich in ihrer Haltung bestätigt, anstatt auf Kommunikation und Kompromiß auf harte Konfrontation zu setzen. Ihre Taktik löste bald darauf eine Gewaltspirale aus.[24]

Zu den fünf Unionsrepubliken, in denen sich massiver Widerstand gegen Gorbatschows Verfassungsänderungen manifestierte, gehörte auch Armenien. Die armenischen Forderungen konzentrierten sich auf die Angliederung der zu Aserbaidschan gehörenden, aber mehrheitlich von Armeniern bewohnten Enklave Nagornyj-(Berg-)Karabach. Auf den ersten Blick erschien dieser Wunsch nur allzu berechtigt. Doch die lange Vorgeschichte des territorialen Konflikts mit seinem ethnisch-sozialen Hintergrund, die Überrumpelungstaktik der armenischen Akteure und die militante Reaktion der Aserbaidschaner ließen erkennen, daß es keine schnelle politische Lösung geben konnte, zumal auch Moskau das Problem nicht in seiner ganzen Tragweite erkannt hatte und der sowjetischen Öffentlichkeit die komplizierte Vorgeschichte unbekannt war.

Das zaristische Rußland hatte das halbautonome Khanat Karabach, dessen gebirgiger Teil Berg-Karabach hieß, 1805 annektiert. 1834 wurde durch kaiserliches Dekret das »Armenische

Gebiet« eingerichtet, das die gerade aufgelösten aserbaidschanischen Khanate Jerewan und Nachitschewan umfaßte. Zu jenem Zeitpunkt machten dort die Armenier, deren massive Einwanderung aus dem Iran und aus der Türkei die zaristische Regierung förderte, um die Zahl der Christen zu erhöhen, mittlerweile die Hälfte der Bevölkerung aus. Aber noch Ende des 19. Jahrhunderts gab es nur im Bezirk Suscha eine armenische Bevölkerungsmehrheit, nicht jedoch im ganzen Berg-Karabach. Die rapide Industrialisierung verschärfte die soziale Konkurrenz zwischen den christlichen und muslimischen Volksgruppen. Transkaukasien kam im November 1918 vorübergehend unter britische militärische Besatzung. Diese Episode ist insofern von Bedeutung, als der britische Kommandeur, General Thomson, von Berg-Karabach per Weisung verlangt hatte, die Autorität des von ihm ernannten aserbaidschanischen Gouverneurs zu akzeptieren. Damit wollte er den geographischen und wirtschaftlichen Realitäten Rechnung tragen. Die Enklave sollte jedoch ihre administrative und kulturelle Autonomie behalten.[25]

Während ihrer kurzen staatlichen Unabhängigkeit (zwischen 1918 und 1920) stritten sich Armenien und Aserbaidschan um Berg-Karabach (4400 Quadratkilometer) sowie um die Region Nachitschewan (5500 Quadratkilometer) und um Sangesur, das Territorium zwischen Nachitschewan und Berg-Karabach. Nachitschewan wurde nach dem Freundschaftsvertrag mit Ankara Teil Aserbaidschans – ohne mit ihm eine Landverbindung zu haben. Der Versuch, die Zugehörigkeit Berg-Karabachs endgültig zu regeln, brachte den Widerspruch zwischen Geographie und Demographie zum Vorschein. Als Kompromißlösung votierte die oberste regionale Autorität, das Kaukasische Büro, am 5. Juli 1921 für die Schaffung einer autonomen administrativen Einheit innerhalb Sowjetaserbaidschans.[26] Die Armenier erhielten im Gegenzug Sangesur und einen Teil des Kasacher Gebiets von Nordaserbaidschan – insgesamt 9000 Quadratkilometer. Von der Kompensation war aber weder in den Petitionen an die sowjetischen Machtorgane in den sechziger Jahren die Rede, noch Ende der achtziger, als die Zeit gekommen zu sein schien, »die Fehler des Stalinismus zu korrigieren«.

In Berg-Karabach, das die Armenier Arzach nennen, lebten in

den achtziger Jahren 180 000 Menschen, davon rund 76 Prozent Armenier; 1959 waren es noch 84,4 Prozent gewesen. Zwischen ihnen und der aserbaidschanischen Minderheit kam es im Herbst 1987 zu kleineren Zusammenstößen. Am 11. Februar 1988 brachen schwere Unruhen aus, wobei zwei Aseris, also Muslime, getötet wurden. Am 20. Februar votierte der Oberste Sowjet in Stepanakert, der Hauptstadt des Autonomen Gebietes Berg-Karabach, für den Austritt aus der aserbaidschanischen Sowjetrepublik. Umgehend demonstrierten mehrere tausend Armenier für das Selbstbestimmungsrecht der Karabacher. Moskau lehnte die Resolution zwar ab, schickte aber Geld und Sicherheitskräfte in die Enklave, um die Lage zu beruhigen. Daraufhin protestierten einige hundert Intellektuelle in der armenischen Hauptstadt Jerewan und mobilisierten die Bevölkerung zur Unterstützung der Forderungen nach dem Anschluß von Berg-Karabach an Armenien. Ihr Hauptvorwurf lautete, Aserbaidschan habe durch ökonomische, kulturelle und soziale Vernachlässigung eine gezielte »Entarmenisierung« betrieben. Die Organisatoren, später Karabach-Komitee genannt, riefen zum landesweiten Streik auf und warnten die Bevölkerung vor der Korrumpierbarkeit der armenischen Regierung, in der moskautreue Kommunisten die Entscheidungsmacht hatten.

In Aserbaidschan fürchtete man um die territoriale Integrität und hatte Angst, von Moskau hintergangen zu werden, da der Einfluß der armenischen Diaspora in Moskau hoch eingeschätzt wurde. Das eigene Selbstbewußtsein hingegen hatte mit dem Ausschluß Gejdar Alijews – zwischen 1969 und 1982 Parteichef Aserbaidschans, danach Erster Stellvertretender Vorsitzender des UdSSR-Ministerrats – aus dem Politbüro Ende 1987 einen schweren Schlag erlitten. Die Parteiführung in Baku wußte keine Antwort auf die armenische Herausforderung. In dieser konfusen Situation fachte Parteichef Kjamran Bagirow mit einer Rede in Agdam an der Grenze zu Karabach die anti-armenische Stimmung noch an. Am 26. Februar begannen Versammlungen, es kam zu gewalttätigen Auseinandersetzungen. In Sumgait, einer tristen Industriestadt mit 200 000 Einwohnern unweit von Baku, eskalierten die Übergriffe auf Armenier zu einem regelrechten Pogrom. Das Blutbad forderte über 30 Tote und 200 Verletzte.

Nach Moskau geflüchtete Armenier erzählten später, mit Bussen seien Fremde in die Stadt gebracht worden, die Adressenlisten von Armeniern mit sich führten. Sie hätten weder Schwangere noch Alte geschont. Die aserbaidschanische Miliz habe die Armenier erst geschützt, als das sowjetische Militär eingerückt sei.[27] Behauptungen, das KGB habe die Krawalle angezettelt, blieben unbewiesen. Weitere Unruhen folgten und nahmen zeitweise bürgerkriegsähnliche Ausmaße an.

Auf armenischer Seite wurden nach diesen Vorfällen die Erinnerungen an den Genozid von 1915 wach. Bei diesem ersten Völkermord des 20. Jahrhunderts waren etwa eine Million in Ostanatolien lebende Armenier von den jungtürkischen Führern des Osmanischen Reiches deportiert und massakriert worden. Auf dem armenischen Friedhof in Moskau hielten im März 1988 Angehörige der von diesem Trauma verfolgten Nation den westlichen Kameras Spruchbänder entgegen mit Aufschriften wie »Völkermord«, »Sumgait ist eine Intervention des Pantürkismus in der UdSSR« und »Wir sind für Glasnost in der Karabach-Frage«. Türken, die ihre Schuld am Genozid von 1915 nicht eingestanden hatten, und Aserbaidschaner waren für die Armenier ein und dasselbe. Rationale Argumente blieben stumpf, Feind blieb Feind.

In Moskau half die starke Präsenz armenischer Intellektueller, Unterstützung und Verständnis für die armenischen Forderungen und für die nationalistischen Vorurteile zu mobilisieren. Die westliche Öffentlichkeit war ohnehin auf der Seite der Christen in diesem, oberflächlich betrachtet, religiös-ethnischen Konflikt. Die Aserbaidschaner fühlten sich gegenüber dem intellektuellen und organisatorischen Einfluß der armenischen Diaspora (je eine halbe Million in Rußland und in den USA, 180000 in Frankreich) ohnmächtig. Tatsächlich spielten im Karabach-Konflikt große und finanzstarke Emigrantengruppen aus dem Westen eine wesentliche Rolle. Sie gewährten politische sowie finanzielle Unterstützung und sorgten für Öffentlichkeits- und Lobbyarbeit.[28] Selbst Friedensnobelpreisträger Andrej Sacharow, dessen Frau Jelena Bonner aus Armenien stammte, ließ sich von der armenischen Kampagne vereinnahmen und verbreitete in seinen Interviews mit westlichen Journalisten die maßlos übertriebenen Angaben armenischer Nationalisten über die Zahl der Todesopfer.

Für die ökonomischen Hintergründe interessierte sich kaum jemand. Fachleute waren in der von Gerüchten und Hitzköpfen bestimmten Atmosphäre nicht gefragt. Ihr Argument, daß Elendsregionen wie Berg-Karabach in allen Unionsrepubliken, also auch in Armenien, zu finden waren, ging im propagandistischen Getöse unter. Keine Beachtung fand auch die Tatsache, daß Armenien nur über sehr wenig landwirtschaftliche Nutzfläche verfügte, Berg-Karabach hingegen über 42 Prozent. Mit seinem fruchtbaren Boden und dem milden, niederschlagsreichen Klima erschien Arzach den Armeniern für die angestrebte ökonomische Autonomie von höchstem Wert. 100 000 Tonnen Getreide im Jahr, Wein und Obst sowie Fleisch und Wollvieh hätten einen erheblichen Beitrag zur Versorgung Armeniens mit Grundnahrungsmitteln leisten können. Auch die Bodenschätze – Kupfererze, Buntmetallerze, Kalkstein und Marmor – stellten für die kleine armenische Wirtschaft zusätzliche Ressourcen dar.[29]

Zu den ersten Initiatoren der Eingliederung Berg-Karabachs gehörte ein Mitarbeiter der armenischen Planungsbehörde. Igor Muradjan hatte bereits 1986 eine politische Kampagne lanciert. Im Oktober 1987 sammelte er mehr als 75 000 Unterschriften für eine Petition.[30] Nur wenige Monate später verkündete Armeniens Regierung, daß der nächste Wirtschaftsplan der Republik auch für Berg-Karabach gelte. Diese Provokation löste in Baku eine Welle antiarmenischer Proteste aus. Denn eines war klar: Die Integration Berg-Karabachs in die armenische Republik, mit der es keine gemeinsamen Grenzen hatte, war nur möglich, wenn auch weiteres aserbaidschanisches Territorium unter Jerewans Kontrolle fallen würde. Armeniens Ansprüche auf Arzach konnten die Aseris daher als einen ersten Schritt auslegen, der zum eigentlichen strategischen Ziel, ein »Großarmenien« zu schaffen, führen sollte.[31] Dies könnte als eine nachgeschobene Interpretation angesehen werden, um die wenig ruhmreiche Rolle Aserbaidschans in dem Konflikt in ein günstigeres Licht zu rücken. Jedoch gewann »Großarmenien« später tatsächlich konkrete Konturen. Bis Mai 1994 gelang es sogenannten armenischen

Selbstverteidigungskräften, fast ein Fünftel des gesamten aserbaidschanischen Territoriums zu erobern. Krieg und »ethnische Säuberungen« forderten rund 25 000 Tote. Fast eine Million Aseris flüchteten aus den besetzten Gebieten.

Gorbatschow hatte hier recht behalten. Bei einem Treffen mit der Dichterin Silva Kaputikjan und dem Journalisten Sori Balajan aus Jerewan am 26. Februar 1988 hatte er an die beiden Aktivisten appelliert, die Konsequenzen ihrer Forderungen zu überlegen. Die Veränderung der territorialen Grenzen würde unausweichlich zu einer Kettenreaktion von Vertreibung und Blutvergießen führen. Dabei zeigte Gorbatschow viel Verständnis für die Lage der armenischen Bevölkerung in Karabach. Er hörte sich die Berichte an, »wie die armenische Bevölkerung unterdrückt und von Armenien isoliert werde, wie alte Denkmäler zerstört und das Christentum zurückgedrängt wurden. Die Liste der Versäumnisse, des Leids und der Grausamkeiten war lang.« Für die dringendsten Bedürfnisse stellte Moskau 400 Millionen Rubel zur Verfügung. Es sollten Straßen, Wohnungen und Kirchen gebaut, Bücher in armenischer Sprache publiziert und eine Universität in Stepanakert eröffnet werden. Doch wenige Monate später erfuhr Gorbatschow, »daß die Behörden der Republik [Aserbaidschan] diese Mittel nach eigenem Ermessen einsetzten und lediglich ein Bruchteil davon die Adressaten erreichte.«[32]

Auch daran zeigte sich, wie ohnmächtig Moskau schon 1988 war. Die Führung sah sich gezwungen, in beide Republiken, »in denen sich viele hohe Funktionäre durch Korruption hervorgetan hatten«, Vertreter des Politbüros zu entsenden. Am 21. Mai 1988 setzte Moskau die Parteiführer Armeniens und Aserbaidschans ab. Aber nicht einmal die Stationierung von Truppen konnte die Eskalation von Emotionen und Gewalt stoppen. Kundgebungen und Streiks, Beschlüsse und Gegenbeschlüsse nahmen kein Ende. Baku verhängte eine Blockade gegen Armenien, worauf dort am 4. Juli 1988 ein Generalstreik begann. Am folgenden Tag kam es am Flughafen Jerewan zu heftigen Zusammenstößen zwischen rund 400 Demonstranten und Armee- bzw. Polizeieinheiten, wobei ein 22jähriger Armenier starb. An der Trauerkundgebung drei Tage später nahmen etwa 200 000 Demonstranten teil. Unter dem Druck der Straße und des Karabach-Komitees stimmte der Oberste Sowjet Armeniens der Vereinigung Berg-Karabachs mit der Republik zu. Nur drei Tage später, am 18. Juli 1988, wies der Oberste Sowjet der UdSSR den Antrag auf Gebietsveränderung zurück.

Ende November 1988 eskalierte der Konflikt zwischen den Nachbarrepubliken erneut. Armenien wollte in den Wäldern von Karabach, am Rande eines Naturschutzgebietes, ein Aluminiumwerk errichten. Dort lebende Aserbaidschaner befürchteten, daß dabei ihre nationalen Heiligtümer zerstört würden. Plötzlich war das Gerücht in aller Munde, daß im Zuge der von Gorbatschow initiierten Änderungen der Verfassung der UdSSR Berg-Karabach an Armenien angeschlossen werden sollte. In Baku und Kirowabad demonstrierten mehrere hunderttausend Menschen für den Verbleib von Berg-Karabach bei Aserbaidschan und forderten, dem Landstrich seinen besonderen Status als autonomes Gebiet abzuerkennen. Nicht nur die grünen Fahnen des Propheten und Chomeini-Porträts signalisierten, daß die Demonstrationen diesmal nicht nur eine ethnische Stoßrichtung gegen Armenien hatten. Angriffe auf Parteigebäude und Polizeistationen machten deutlich, daß sich die Feindseligkeiten auch gegen die zentrale Staatsmacht richteten. Das war für Moskau um so alarmierender, als die Aseris im Gegensatz zu den Armeniern die Russen traditionell als Okkupanten und nicht als Beschützer betrachteten. Viele Aseris solidarisierten sich mit den »Helden von Sumgait« und verdammten das Todesurteil, das ein Moskauer Gericht gegen einen von drei Aserbaidschanern, die am Blutbad von Sumgait beteiligt gewesen waren, verhängt hatte. Die armenische Minderheit in Kirowabad befürchtete einen Pogrom wie in Sumgait. Wer nicht in Kirchen oder nach Armenien flüchten konnte, verbarrikadierte sich im armenischen Viertel. Regierungstruppen versuchten, Herr der Lage zu werden. In den Hauptstädten und in den Spannungsgebieten riefen beide Republiken – nachdem es bereits eine Reihe von Toten und über hundert Verletzte gegeben hatte – den Ausnahmezustand aus und verordneten eine Ausgangssperre.[33]

Unter diesem Druck stand Michail Gorbatschow, als er Ende November 1988 in einer – vom Fernsehen übertragenen – Präsidiumssitzung des Obersten Sowjet den Repräsentanten der zentrifugalen Kräfte den Prozeß machte. Der Hauptangeklagte war ausgerechnet der Vertreter der Republik Estland, die als Gorbatschows engster Reformpartner in den Randzonen des multinationalen Reiches galt. Ihr Parlamentspräsident Arnold Rüütel beteuerte: »Es hat nichts mit Separatismus zu tun, wenn der Oberste Sowjet einer Republik demokratisch entscheidet. [...] Ich versichere, daß wir nicht vom kommunistischen Weg abweichen. Daran denken wir überhaupt nicht.« Rüütels Bekenntnis zeigte keine Wirkung. Die Vertreter der anderen Republiken, mit Ausnahme Litauens und Georgiens, verurteilten die estnischen Souvernitätsbeschlüsse als verfassungswidrig. Gorbatschows Mißbilligung der estnischen Entscheidungen mündete in rhetorischen Fragen, die im nachhinein als höchst realistische Prognosen klingen: »Nehmen wir die Entscheidung über das Eigentum: Das ist eine prinzipielle Abweichung von der existierenden Verfassung. Der Boden und die Bodenschätze, die Gewässer und die Wälder, sie sind Gemeingut des ganzen Sowjetvolkes und Staatseigentum. Das gleiche gilt für die Grundproduktionsmittel. Stellen wir uns vor, was geschieht, wenn die russische Föderationsrepublik den gleichen Standpunkt bezieht wie die estnischen Genossen. Was kann man dann tun? Sich hier wieder versammeln und dann konstatieren, daß das ein großer Fehler ist?«

Gorbatschows Versuch, alles zu balancieren und zu integrieren, war offensichtlich an seine Grenzen gestoßen.[34]

Das Große Beben: internationale Hilfe und nationalistischer Stellungskrieg

Am 7. Dezember 1988 erschütterte ein Erdbeben Nordarmenien. In Leninakan blieben die Uhren stehen. Die Zeiger hielten den historischen Augenblick fest: 11.41 Uhr. Das Beben von der Stärke neun nach der zwölfstufigen Mercalli-Skala erfaßte 40 Prozent der Zwergrepublik. Auf einem Territorium von 80 Kilometern Durchmesser fielen fast alle neueren Gebäude, in der Regel Konstruktionen aus Fertigbauteilen, wie Kartenhäuser zusammen: Wohnblöcke, Schulen, Fabriken. In dreißig Sekunden wurden ganze Schulklassen und Betriebsbelegschaften in den Tod gerissen.

Bereits die ersten Meldungen lösten in der ganzen Sowjetunion einen Schock aus. Tausende von Toten – das war ein Schicksalsschlag für die Supermacht. Eine Ahnung von Apokalypse beschlich sogar die Führung des Landes. »Wir haben schnell verstanden«, gestand Regierungschef Nikolaj Ryschkow wenige Tage später ein, »daß es kein gewöhnliches Erdbeben war, wie es sich in der Sowjetunion von Zeit zu Zeit immer wieder ereignet hatte, sondern eine echte Tragödie, eine wirkliche Katastrophe.«[35] Er appellierte gleich in den ersten Stunden der Unsicherheit an die Hilfsbereitschaft der sowjetischen Bevölkerung. Niemand sollte sich von bürokratischen Hindernissen abhalten lassen. Zu diesem Zeitpunkt waren Ärzte aus dem benachbarten Georgien, die sich sofort ins Auto gesetzt hatten, schon an Ort und Stelle. Binnen 24 Stunden trafen auch Chirurgen der Leningrader Kriegsmedizinischen Akademie in Armenien ein. Aus Sibirien und dem Donbass reisten Rettungsmannschaften an, die auf Berg- und Bergbauunfälle spezialisiert waren. Ein Krisenstab des Politbüros flog noch in der Nacht vom 7. auf den 8. Dezember in die armenische Hauptstadt Jerewan. Am nächsten Morgen trafen unter anderem Nikolaj Ryschkow, Verteidigungsminister Jasow und Gesundheitsminister Tschasow im Katastrophengebiet ein.

Das verheerende Ereignis überraschte Michail Gorbatschow in den USA. Am Vormittag dieses tragischen Tages entfaltete er vor der Vollversammlung der Vereinten Nationen in New York seinen Entwurf zur Rettung des Planeten vor Überrüstung und Unterentwicklung, vor Umweltzerstörung und nationaler Abschottung. Er wollte die internationale Kooperation zum Hauptelement eines umfassenden Sicherheitskonzepts machen und existentielle Probleme der Menschheit ins Zentrum der Weltpolitik stellen: »Der Gebrauch oder die Androhung von Gewalt kann nicht länger ein Instrument der Außenpolitik sein.« Gorbatschow untermauerte sein Credo mit der Ankündigung einseitiger sowjetischer Abrüstungsmaßnahmen und des Abzugs von sechs Panzerdivisionen aus der DDR, der Tschechoslowakei und Ungarn. Die Rote Armee sollte um 500 000 Mann verkleinert werden. Eine Stunde lang lauschten ihm die im Saal versammelten Staatsmänner gebannt und spendeten danach langanhaltenden Applaus.

Gorbatschow feierte nicht nur vor der UNO einen Triumph. Bei der anschließenden Stadtrundfahrt blieb seine Wagenkolonne in einer begeisterten Menge stecken. Der Parteichef strahlte, schüttelte Hände. Er empfand eine große Genugtuung, nachdem seine Außenpolitik bis dahin in Washington vielfach mit zweifelnden, manchmal sogar unfairen Kommentaren bedacht worden war. Nun rühmte die ›Washington Post‹ den neuen Weltgeist, den Michail Gorbatschow vor den Vereinten Nationen beschworen habe.[36] Erst am Abend, nach dem Empfang bei UN-Generalsekretär Perez de Cuellar, holte ihn die Realität wieder ein. Vor seiner Rede vor der UNO war Gorbatschow zwar von Ministerpräsident Ryschkow kurz über das Erdbeben informiert worden, den wahren Umfang der Katastrophe kannte er aber noch nicht. Nach einer Mitteilung des sowjetischen Außenministeriums vom 8. Dezember hatte Michail Gorbatschow ein Kondolenztelegramm an die Angehörigen der Erdbebenopfer geschickt. Eine frühzeitige Rückkehr des Generalsekretärs, der nach den USA noch Kuba und Großbritannien besuchen wollte, war jedoch nicht vorgesehen.[37]

Das schwerste Erdbeben im Kaukasus seit 80 Jahren machte eine halbe Million Menschen obdachlos und rund 19 000 zu Invaliden. Über 25 000 Armenier fanden den Tod – die meisten in Bruchteilen von Sekunden; Hunderte andere starben qualvoll unter den Trümmerteilen, die nicht schnell genug weggeräumt werden konnten. Verzweifelte Angehörige konnten noch 48 Stunden lang Kontakt zu den Todgeweihten halten, die vergeblich um Hilfe flehten. Als endlich schwere Räumgeräte eintrafen, kamen sie für viele Opfer zu spät.

Radio Jerewan beschwichtigte zunächst. Es meldete, daß in den Städten Leninakan, Kirowakan und Spitak sowie in mehreren Landkreisen Nordarmeniens ein Erdbeben einige Schäden angerichtet habe, aber zur Panik kein Anlaß bestehe. Richtig daran war nur, daß der Republik die allerschlimmste Katastrophe erspart geblieben war: Das Atomkraftwerk Medsamor westlich von Jerewan hatte keinen Schaden genommen. Die armenische

Regierung versprach über den Rundfunk, »alle Kräfte zu mobilisieren, um den betroffenen Regionen zu helfen«. Die tröstliche Botschaft erreichte jedoch nicht alle. Die Stromversorgung war weitgehend ausgefallen. Viele Dörfer blieben tagelang von der Außenwelt abgeschnitten. Die Landbevölkerung glaubte, daß eine Atomexplosion stattgefunden hatte.

Nach dem GAU in Tschernobyl war dieser Gedanke keineswegs abwegig. In Jerewan kursierte allerdings das Gerücht, daß Moskau als Strafe für das unbotmäßige armenische Volk eine Atomexplosion in einem unterirdischen Schacht ausgelöst und damit das Erdbeben verursacht habe. Die direkt Betroffenen hingegen glaubten, die Rache der Aseris sei über das Land der Christen gekommen. Ein Überlebender in Leninakan sprach aus, was viele dachten: »Als ich den furchtbaren Donner hörte, der dem Erdbeben unmittelbar vorausging, war mein allererster Gedanke: Jetzt sprengen uns die Türken in die Luft.«[38]

Tatsächlich empfanden »die Türken« große Schadenfreude. Nach den Abendnachrichten am 7. Dezember 1988 brach im Zentrum von Baku lautstarker Jubel aus.[39] Das Unglück, das dem Feind zugestoßen war, wurde auch in anderen Orten Aserbaidschans als Zeichen der höheren Gerechtigkeit Allahs gefeiert. Die Reaktionen auf die Naturkatastrophe sagten viel über die mentale Verfassung der beiden Nachbarvölker. Ihre Haßausbrüche hatten allein in den 14 Tagen vor dem Erdbeben insgesamt 30 Todesopfer gefordert.

Das Erdbeben zerstörte 230 Industriebetriebe, 210 000 Schulplätze, 416 medizinische Einrichtungen und 600 Kilometer Landstraßen. 21 Städte und 324 Dörfer wurden in Mitleidenschaft gezogen. Armeniens zweitgrößte Stadt Leninakan (heute Gjumri) mit 230 000 Einwohnern sah aus wie nach einem Krieg. Mehr als 80 Prozent der Gebäude lagen in Schutt und Asche. Von den Krankenhäusern stand nur noch eines. Dort wurden Notoperationen und Amputationen bei Kerzenlicht und ohne Vollnarkose durchgeführt. Im Epizentrum des Bebens, in der Kleinstadt Spitak, blieb so gut wie kein Stein auf dem anderen. Mehrere hundert Flüchtlinge, die nach den Pogromen in Aserbaidschan geglaubt hatten, in Spitak eine sichere Bleibe gefunden zu haben, kamen ums Leben.

Die Landstraßen nach Leninakan und Spitak waren vom zweiten Tag an blockiert. Die armenischen Behörden ermunterten nämlich die Bevölkerung, ihren Verwandten zu Hilfe zu eilen. Autokolonnen mit Särgen auf dem Dach, mit Brot und warmen Decken im Kofferraum versperrten den anrückenden Baufahrzeugen und Kränen den Weg. Ministerpräsident Ryschkow ließ daraufhin die zerstörten Städte von Luftlandetruppen abriegeln. Private Pkws mußten auf Parkplätzen vor den Städten abgestellt werden, um die Einfahrtstraßen für die Rettungskommandos freizuhalten. Die Stadtverwaltungen waren völlig überfordert, die dringendsten Fragen zu klären. Nur die Moskauer Exekutive verhinderte das völlige Chaos. Verteidigungsminister Jasow ließ sofort eine Luftbrücke in das Katastrophengebiet einrichten und das Fernmeldesystem reparieren. Binnen kürzester Zeit waren rund 20000 Soldaten im Einsatz. Transport- und Bautruppen der Roten Armee reparierten die Eisenbahnstrecke und mehrere Brücken, setzten die Wasserversorgung instand und stellten Feldküchen auf. Militärhubschrauber flogen Schwerverletzte nach Jerewan. Dort beluden Soldaten die Maschinen für den Rückflug mit Decken, Zelten und Lebensmitteln. Allein das Militär war in der Lage, die Evakuierung der obdachlos gewordenen Bevölkerung zu organisieren. Die Gewerkschaften stellten ihre Erholungsheime auf der Krim und in Südrußland als Notunterkünfte zur Verfügung. Bis zu 4000 Frauen und Kinder wurden täglich in Sicherheit gebracht. Viele Armenier wollten ihre Orte zunächst um keinen Preis verlassen. Sie hofften, noch Überlebende zu finden, oder wollten die Toten identifizieren und nach traditioneller Sitte betrauern. Bei nächtlichen Temperaturen unter null Grad harrten Männer am Lagerfeuer aus, ehe Militärzelte aufgestellt wurden.

Nach ersten Schätzungen der sowjetischen Behörden waren 45000, ein paar Tage später sogar 55000 Tote zu beklagen. Zu diesen Horrormeldungen kamen noch Nachrichten über Flugzeugabstürze. Die Unfälle zeigten, daß dem Luftverkehr der Kollaps drohte. In den ersten vier Tagen nach dem Erdbeben landeten bereits 205 Transportmaschinen, darunter 38 aus dem Ausland. Fluglotsen aus der ganzen Sowjetunion trafen kurzfristig ein, um zu helfen. Maschinen mußten auf die umliegenden Flughäfen in

Baku, Tiflis und Suchumi umdirigiert werden, was wiederum neue Transportprobleme schuf.

Die Hilfe aus dem Ausland wurde dankbar angenommen. Das war eine historische Wende. Zum letzten Mal hatte die Sowjetunion im Zweiten Weltkrieg Unterstützung aus dem Westen erhalten. Nun erlebten die Sowjetbürger den Kapitalismus mit einem menschlichen Gesicht und einer effektiven Organisation. Der Präsident der USA und einige prominente amerikanische Geschäftsleute, die EG und Hilfsorganisationen stellten erhebliche Summen, technische Geräte und Fachleute zur Verfügung. 2000 Rettungsprofis und Ärzte kamen aus dem Westen nach Armenien. Bei so vielen neuen Freunden war es für die Armenier nicht schwer, ihren Haß auf die alten Feinde zu demonstrieren. Das Hilfsangebot aus der Türkei wurde schroff zurückgewiesen. Spenden aus Aserbaidschan waren ebenfalls nicht willkommen. Die Führung in Baku hatte sofort einen Hilfskonvoi zusammenstellen lassen. Aber die Fahrer wurden am 9. Dezember an der Grenze aufgehalten und von armenischen Fanatikern beschimpft und bedroht. Die örtliche Polizei hielt sich in Deckung. Appelle von Ministerpräsident Ryschkow fruchteten nicht. In manchen Fällen half aber das Auswechseln der Nummernschilder an den Autos, um das Reiseziel zu erreichen. Binnen kurzer Zeit begannen dann aber auch die Aserbaidschaner ihrerseits, die Transportwege nach Armenien zu blockieren.

Auf den Trümmern Armeniens tobte ein erbitterter Propagandakrieg. Die Nationalisten versuchten, die Notlage des Volkes für ihre Sache zu nutzen. Das Karabach-Komitee zeigte sich nicht gerade wählerisch in seinen Methoden. Nachdem Flugblätter mit dem Aufruf verteilt worden waren, Widerstand gegen die Evakuierung der Opfer zu leisten, demonstrierten am 10. Dezember 600 Armenier in Jerewan mit Transparenten gegen die angebliche Deportation von Erdbeben-Waisen nach Sibirien. Sechs der Organisatoren wurden zu 30 Tagen Haft verurteilt. Am nächsten Tag protestierten 500 Demonstranten gegen die »Deportationen«. Die Lage war so angespannt, daß Panzer an den wichtigsten Straßenkreuzungen in Jerewan stationiert wurden.[40]

Auch die armenische Diaspora mobilisierte nicht nur Hilfe. Einige ihrer Mitglieder erhoben in westlichen Medien den Vorwurf, sowjetische Bürokraten hätten den Helfern den Weg zu den Bedürftigen blockiert. Das Außenministerium in Moskau wies diese Beschuldigung entschieden zurück.[41] Sie war in ihrer demagogischen Form tatsächlich nicht haltbar, auch wenn es entsprechende Einzelfälle gab. So wurde einem Unfallchirurgen aus den USA bei seiner Einreise mitgeteilt, daß seine Hilfe nicht benötigt werde. Diese Reaktion war nüchtern betrachtet nicht ganz unangemessen, denn Chirurgen kamen aus der ganzen Sowjetunion.

Als Gorbatschow, der seine Auslandsreise abbrach, nachdem ihm das Ausmaß der Katastrophe klargeworden war, am 10. Dezember in der Erdbebenregion eintraf, lauerte die von den Nationalisten mobilisierte Öffentlichkeit: Was würde er zu Berg-Karabach sagen? Der Generalsekretär wurde bei jeder Gelegenheit mit dieser Frage konfrontiert. Vor dem Rückflug nach Moskau am 11. Dezember machte Gorbatschow seinem Unmut Luft: »Ich habe Schlimmeres nie erlebt, und es ist schwierig für mich, darüber zu sprechen. Aber wo so eine Not herrscht, wo das ganze Land, die ganze Welt sich ergriffen zeigen, da fragt mich hier in der Hauptstadt plötzlich ein Mensch, wie wir unseren Dialog mit den informellen Organisatoren weiterführen werden – also wieder das Thema Karabach. Welche Moral muß so ein Mensch haben!« Das Thema Karabach, so der erregte Gorbatschow, werde von Demagogen und Abenteurern ausgenutzt, um ihre Macht zu sichern. Sie müßten mit aller politischen und administrativen Strenge gestoppt werden.

Gorbatschows kurzer Aufenthalt in Leninakan, Kirowakan und Spitak wurde zu einer peinlichen Panne. Millionen Sowjetbürger erlebten sie am Bildschirm. Der Generalsekretär kam (zu) spät, sprach vom Wiederaufbau innerhalb der nächsten zwei bis drei Jahre, hatte aber außer einer Spende der Partei nichts zu bieten. Mit geradezu provozierender Selbstgerechtigkeit kritisierte er Versäumnisse der Breschnew-Ära und verurteilte »korrupte Elemente« vor Ort. Er stand in der Menge wie immer und verteilte Lob und Tadel, es war aber nicht wie immer. Nikolaj Ryschkow hatte die Situation besser verstanden. Der Ministerpräsident reagierte auf Leid und Zorn mit Mitgefühl und Takt. Gorbatschow beschränkte sich auf Traktate. Ob er in New York und Washington gerade das Beste für sein Land getan hatte, war in diesem Moment uninteressant. In Armenien blieb er ein Fremder. Zu diesem Eindruck trug seine Frau Raissa Gorbatschowa entscheidend bei, die sich in einer solchen desolaten Situation in eleganter Pelzjacke mit schickem Käppchen zeigte. Deutlicher konnte die Distanz zum leidgeprüften Volk nicht demonstriert werden.

Spitak wurde zum Symbol des Systems. Ganze Straßenzüge entstanden aus den aufgereihten Särgen. Bilder weinender und wütender Angehöriger lösten in der ganzen Sowjetunion eine Welle des Mitgefühls aus. Eine so tiefe öffentliche Betroffenheit hatten selbst die Enthüllungen über Stalins Terrorsystem nicht bewirkt. Erst jetzt war der Glaube an das Sowjetsystem erschüttert. Nicht drei Jahre Glasnost, auch nicht die Millionen Opfer des Stalinismus stellten die moralische Überlegenheit des Sozialismus in Frage, sondern die Folgen eines Erdbebens. Erst jetzt verlangte die breite Öffentlichkeit, daß die Verantwortlichen zur Rechenschaft gezogen würden.

Wie ein Echo hallte die Frage durch die ganze Sowjetunion, die auch Gorbatschow wiederholte: Wer war schuld? Warum waren Wohnblocks und Industrieanlagen wie Kartenhäuser zusammengestürzt? Sie wurden mit »krimineller Nachlässigkeit« gebaut, befand eine Regierungskommission ein halbes Jahr später. Bereits vier Tage nach der Tragödie wies die ›Prawda‹ auf die »Ökonomie der Katastrophe« hin. Viele Betonblöcke hätten mehr Sand als Zement enthalten. Wußte das niemand vorher? Zu viele hatten ein Auge zugedrückt. Die lokalen Parteibüros und Behörden hatten zugelassen, daß unter Mißachtung der Bauvorschriften Bruchbuden hochgezogen wurden. Die vom Mitgefühl ergriffenen sowjetischen Medien erweckten zusätzlich den Eindruck, als ob es sich dabei um ein ausschließlich sowjetisches Übel handelte. Bei ihrer fast schon obsessiven Ursachenforschung behaupteten sie, daß in der erdbebengefährdeten Region mehrstöckige Gebäude gar nicht hätten gebaut werden dürfen. Nur die Wochenzeitung ›Nowoje Wremja‹ erinnerte im Februar 1989 an das existentielle Problem der Armenier – den Mangel an Grund und Boden. Die landwirtschaftliche Nutzfläche war viel zu knapp, um sie als Bauland zu nutzen: »Ackerland war wertvoller als Gold.«

Die Berichte über das Erdbeben erschütterten das Selbstwertgefühl der Sowjetbürger zutiefst. Für den Zivilschutz fehlte der Militärmacht die Technik und die Logistik. Jasows Soldaten konnten nur das tun, was auch sonst zu ihren Dienstaufgaben gehörte: banale Bauarbeiten verrichten, Feldküchen einrichten und das Fernmeldesystem funktionsfähig halten. Sie konnten helfen, Flugzeuge blitzschnell zu be- und entladen. Mit noch so viel heroischer Arbeit und Improvisation war der Mangel an Kompetenz sowohl der lokalen Behörden als auch der meisten Helfer aber nicht zu beheben. Die konfuse Situation brachte für die Obrigkeit wie für die Öffentlichkeit eine völlig neue und irritierende Erfahrung. Sie ging unter die Haut, legte die Nerven blank. Allzu deutlich demonstrierten allabendliche Fernsehbilder und tägliche Zeitungsreportagen die eigene Hilflosigkeit und die beeindruckende Effizienz westlicher Bergungsprofis. Als erste traf am 8. Dezember eine französische Rettungsmannschaft ein. Sie brachte es in wenigen Minuten fertig, ein mobiles Notstromaggregat einzurichten, Licht einzuschalten und Überlebende aus den Trümmern zu holen. Obwohl auch die russischen Männer nicht ohne Erfolg blieben, kommentierte die ›Prawda‹ am 12. Dezember geradezu resigniert: Ja, da konnte man zusehen wie der Gruppenleiter die Arbeit von zehn Kollegen koordinierte und kommandierte. Zum Vergleich erinnerte das Parteiblatt an das Bild, das sowjetische Arbeitsbrigaden üblicherweise präsentierten: Einer ackert, während zehn herumstehen und beratschlagen, was zu tun sei. Die Erkenntnis, daß es ohne westliche Hilfe noch weit mehr Todesopfer gegeben hätte, schwächte Moskaus Autorität erheblich.

Das sowjetische Außenministerium kapitulierte schnell vor den einlaufenden Hilfsangeboten und erhob keine Einwände, als westliche Regierungsstellen die direkte Zusammenarbeit mit den Armeniern suchten. Ministerpräsident Ryschkow versicherte auf einer internationalen Pressekonferenz in Jerewan am 12. Dezember 1988, die ausländischen Spenden würden bis zum letzten Cent nach Jerewan geleitet, und die armenische Regierung könne nach eigenem Gutdünken über sie verfügen. Damit zeichnete sich ein Nachbeben in der Politik ab, das die Sowjetunion in ihrem Bestand erschütterte. Zum einen wurde Armenien dank des

Devisenzuflusses faktisch von Moskau unabhängig. Vielleicht werden Historiker einmal herausfinden, wohin die hunderte Millionen US-Dollar, Yen und DM geflossen sind. Hat die Bevölkerung wirklich alle Spenden erhalten, oder profitierten davon vor allem die armenischen Unabhängigkeitsbestrebungen? Zweifel sind erlaubt, denn für den Aufbau Nordarmeniens wurde mehrere Jahre lang kaum etwas getan, während gleichzeitig der Krieg gegen Aserbaidschan bis zum Waffenstillstand im Jahre 1994 alle Ressourcen Jerewans fraß.

Zum anderen zeichnete sich parallel zum Machtgewinn der südkaukasischen Republik der Machtverlust Moskaus ab. Die unbestreitbaren Verdienste von Ministerpräsident Ryschkow und der Roten Armee in Armenien haben nicht verhindern können, daß Unfähigkeit und Hilflosigkeit des Sowjetstaates in großer Schärfe deutlich wurden. Der Glaube an die Allmacht des zentralen Parteiapparates als Institution der Fürsorge war erschüttert. Eine solche Tragödie erlebte die sowjetische Öffentlichkeit zum ersten Mal. Vor Gorbatschows Glasnost waren Katastrophen wie Staatsgeheimnisse gehandhabt worden, und internationale Vergleiche fehlten völlig. Nun waren die Bürger der Sowjetunion zum ersten Mal mit Problemen konfrontiert, die auch die Behörden anderer Länder überfordern.

Es hagelte zwar Klagen und Vorwürfe, zu einer kritischen Selbstprüfung der Gesellschaft trug die Not aber nicht bei. Die Folge war ein Legitimitätsverlust der Staats- und Parteiführung, der durch krasse Leistungsdefizite auf wirtschaftlichem Gebiet noch verstärkt wurde. Nicht nur die Erdbebenopfer hofften vergeblich auf eine baldige Besserung, auch die Mehrheit der Sowjetbevölkerung wartete umsonst. In der Staatskasse der UdSSR fehlten umgerechnet rund 60 Milliarden US-Dollar. Das Reaktorunglück in Tschernobyl hatte erhebliche Finanzmittel gebunden. Die neue Katastrophe ließ Moskau gar keine andere Wahl, als Unterstützung im Westen zu suchen.

Eine weitere Folge der Katastrophe war eine veränderte Wahrnehmung der Sowjetunion im Westen. In der breiten Öffentlichkeit überwog große Anteilnahme. Sowjetologen interessierten sich aber mehr für die Auswirkungen der Katastrophe auf den Kalten Krieg. Einige rechneten damit, daß die neue

Bereitschaft auf westlicher Seite, zu helfen, und auf sowjetischer Seite, Hilfe zu akzeptieren, zu einem weiteren Abbau des Ost-West-Konfliktes beitragen würde. Andere warnten davor, sich von Emotionen leiten zu lassen und über der neuen Gemeinsamkeit die weiterhin bestehenden Systemunterschiede und die US-amerikanischen Interessen aus dem Auge zu verlieren.[42]

Die Warnung war Rhetorik. Strategische Denker des Ost-West-Konfliktes wie Helmut Sonnenfeldt maßen Gorbatschows Ansätze zu neuem Denken daran, ob »[...] die Sowjetunion [...] daran denkt, ihre Position als globale Supermacht aufzugeben«. Sie dachte nicht daran.[43] Einer der langjährigen Strategen des Kalten Krieges, Zbigniew Brzezinski, plädierte am 2. April 1989 in einem langen Interview mit Brian P. Lamp dafür, zwischen Gorbatschow als Person und Gorbatschow als Politiker klar zu unterscheiden. Der Person Gorbatschow bescheinigte er Intelligenz und Ausstrahlung. Dessen historisches Verdienst als Politiker sah er aber darin, mit Glasnost und Perestrojka eine Systemkrise in der Sowjetunion eingeleitet zu haben[44], auf die man in Washington lange hingewirkt hatte.

Da sprach nicht nur der Gastprofessor der renommierten Columbia University in New York. 1988 war Brzezinski – zusammen mit Henry Kissinger – Vorsitzender der Foreign Policy Task Force von Vizepräsident George Bush. Darüber hinaus gehörte er verschiedenen Beratergremien der US-Administration in den Bereichen von Strategie und Geheimdiensten an und war auch als Berater von Privatunternehmen in internationalen Angelegenheiten tätig. Zugleich fungierte er als Ehrenvorsitzender der AmeriCares Foundation, einer privaten Dachorganisation zur Durchsetzung der Außenpolitik der US-Regierung, die sich seit ihrer Gründung im Jahre 1982 zum weltweit größten und schnellsten professionellen Krisen-Abhilfe-Einsatzkommando entwickelt hat.[45] Zu den Mitbegründern von AmeriCares zählte auch Prescot S. Bush, Geschäftsmann und Bruder des späteren US-Präsidenten George Bush. Als Repräsentant von AmeriCares flog Jeb Bush, der Sohn des bereits gewählten Präsidenten, am 24. Dezember 1988 für zwei Tage nach Armenien. Der spätere Gouverneur von Florida brachte Lebensmittel und Medikamente nach Jerewan. »Er half sogar, die Transportmaschine in New York zu beladen.«[46]

Die zusätzliche Belastung, die mit dem Erdbeben auf Gorbatschow zugekommen war, schien die Strategen der harten Linie gegenüber der Sowjetunion enorm zu beflügeln. Wir wissen nicht, ob Gorbatschow eine Vorstellung vom höchst effektiven außenpolitischen Netzwerk der USA hatte. Die Aufmerksamkeit gegenüber der Sowjetunion und die Anerkennung, die Gorbatschow als Führer einer Supermacht insbesondere nach seiner Rede vor der UNO zuteil geworden war, hatten den Generalsekretär der KPdSU in seiner Fehleinschätzung bestärkt, er könne die Systemkonfrontation abbauen und gleichzeitig den Sozialismus beibehalten. Seinen persönlichen Erfolg im Westen hielt er für ein Zeichen der Zustimmung zu seinen Zielen.[47] Es ging ihm wie Churchill. Der amerikanische Schriftsteller Henry Miller hatte am 21. November 1942 an Lawrence Durrell geschrieben: »Churchill kündigt an, daß er das Empire nicht aufgeben werde. Diese Bemerkung ist hier nicht ganz freundlich aufgenommen worden. Wir wollen doch, daß die Engländer ihr schmutziges Weltreich aufgeben. Weiß das der alte Schwätzer nicht?«[48]

Im Namen der Völker: Massaker in Tiflis, im Fergana-Tal und in Baku

Drei Monate nach dem ebenso radikalen wie erfolgreichen Massenprotest gegen Gorbatschows institutionellen Umbau des Sowjetstaates, der »in der ersten Phase« eine Stärkung der Zentralmacht zum Ziel hatte, versammelten sich erneut rund 15 000 Georgier in Tiflis. Am 25. Februar 1989 erinnerten die Demonstranten an die Annexion ihrer Heimat durch die Bolschewiki 68 Jahre zuvor. Fünfhundert von ihnen wurden verhaftet.

Zwischen dem 26. Mai 1918 und dem 25. Februar 1921 hatte eine souveräne georgische Republik existiert. Der kurzen Eigenstaatlichkeit nach dem Zerfall des Zarenreiches war eine über hundertjährige russische Fremdherrschaft vorausgegangen, die wiederum verheerende Einfälle persischer Truppen in das Land beendet hatte. Unter der russischen Schutzmacht, aber teilweise auch gegen sie, hatte sich eine moderne georgische Nation herausgebildet. In der kurzen Phase der staatlichen Unabhängigkeit hatte sich die menschewistische (sozialdemokratische) Regierung an europäischen Traditionen orientiert. Sie war jedoch mit kaum lösbaren sozialen und wirtschaftlichen Problemen konfrontiert gewesen.[49]

Im Mai 1988 rückte, nach Jahrzehnten erzwungener Ignoranz, erstmals wieder der Gründungstag der durch die gewaltsame Sowjetisierung ausgelöschten Republik in das öffentliche Bewußtsein. »Dann begannen wir aufzuwachen. Beinahe siebzig Jahre dämmerten wir wie Sklaven dahin.« Mit diesen Worten beschrieb ein Jahr später eine georgische Ärztin den Wandel in der öffentlichen Meinung. Die politische Führung in Tiflis ließ sich allerdings von dieser Aufbruchstimmung wenig beeindrucken. Erst Ende März 1989 setzte der Oberste Sowjet der Republik eine Kommission zur Rehabilitierung von Terroropfern ein; gerade die Georgier hatten unter ihrem Landsmann Stalin besonders zu leiden. Allerdings hatte sich der Diktator in den Augen vieler Georgier auch durchaus große Verdienste erworben. Stalins Gewährsmann Lawrentij Berija, seit 1932 Leiter der Parteiorganisation Transkaukasiens, hatte die Georgisierung des muslimischen Abchasien fortgesetzt, die seit der zweiten Hälfte des 19. Jahrhunderts von Tiflis verstärkt vorangetrieben worden war.

Obwohl es in der Bevölkerung gärte, verliefen die Wahlen zum Kongreß der Volksdeputierten der UdSSR Ende März 1989 in den gewohnten Bahnen. In 42 von 75 Wahlkreisen Georgiens war nur ein einziger Kandidat aufgestellt worden, doch dies löste keine Wählerproteste aus. Nicht nur allgemein geachtete Persönlichkeiten wie der Akademiker Tamaz Gamkrelidse und der abchasische Schriftsteller Fasil Iskander wurden auf diese Weise gewählt. Auch Potentaten der politischen und militärischen Spitzennomenklatura erhielten ohne Gegenkandidaten über 90 Prozent der Stimmen. So kam etwa der Oberkommandierende des transkaukasischen Militärbezirkes, Generaloberst Igor Rodionow, in Tiflis auf 96 Prozent. Moskautreue oder in den Augen der Bevölkerung diskreditierte Funktionäre wurden nicht einfach aus den Listen gestrichen wie beispielsweise in Leningrad oder im Baltikum: In Litauen gewann die nationale Volksfront ›Sajudis‹ 30 von 42 Sitzen. Die lettische Volksfront schnitt ähnlich gut ab. In Estland konnten die offiziellen Kandidaten der KPdSU nur zehn Prozent der Mandate erringen.

In Georgien dagegen kam mit den Gedenktagen keine Vision demokratischer Umgestaltung auf. Allerdings erwachte mit der Rückbesinnung auf die Vergangenheit eine diffuse kulturelle und religiöse Identität des früh christianisierten Volkes. Die erfolgreiche Verteidigung des Georgischen als Staatssprache im Jahre 1978 war als ein Höhepunkt des Widerstandes gegen die sowjetische Oberherrschaft in Erinnerung geblieben. Ganz im Sinne dieses Ereignisses verstand sich die Ende 1987 gebildete Tschawtschawadse-Gesellschaft als eine »nationale Vereinigung Georgiens, deren Ziel im Schutz der Interessen und Rechte der georgischen Nation, der Sorge um die Erhaltung des kulturellen Erbes sowie der Festigung des nationalen Selbstbewußtseins in der georgischen Sprache besteht«.[50] Die informelle Oppositionsgruppe benannte sich nach einem Schriftsteller, der 1987 vom georgischen Kirchenoberhaupt Ilja II. als Symbolfigur des georgischen Unabhängigkeitskampfes um die Jahrhundertwende heilig gesprochen worden war.

Der erste Punkt im Programm der Opposition enthielt die radikale Forderung, daß »Georgien das Land der Georgier bleiben muß«. Diese Losung, mitformuliert vom späteren autoritären Präsidenten Swiad Gamsachurdia, mußte in einer multiethnischen Gesellschaft zum Sprengsatz werden. Der Anteil der Georgier an den 5,4 Millionen Einwohnern betrug 70 Prozent. Von den restlichen 30 Prozent entfiel ein Viertel auf Armenier, ein Fünftel auf Russen, ein Sechstel auf Aseris, ein Zehntel auf Osseten und sechs Prozent auf die Abchasen. Innerhalb der georgischen Sowjetrepublik existierten drei autonome nationale Gebietskörperschaften: Süd-Ossetien, Abchasien und Adsharien.

Ein halbes Jahr nach dem Schlachtruf der georgischen Nationalisten verlangten führende Vertreter der Partei und der Öffentlichkeit Abchasiens in einem Brief an die 19. Parteikonferenz der KPdSU die Zustimmung Moskaus zur Loslösung von Georgien. Die autonome Region mit ihren 525 000 Einwohnern, davon 17,8

Prozent Abchasier, forderte den Status einer eigenständigen Sowjetrepublik – so wie er zwischen 1921 und 1923 bestanden hatte. Eine abchasische Regionalzeitung publizierte den Brief im Februar 1989. Kurze Zeit danach bekräftigten 30000 Abchasier in der »Erklärung von Lychny« die Forderungen nach mehr Eigenständigkeit. Der abchasische Parteichef, Boris Adleyba, wurde daraufhin am 6. April von der Parteiführung Georgiens abgesetzt.

Hinter den – seit 1957 praktisch alle zehn Jahre wiederholten – Sezessionsforderungen wie auch hinter der im Dezember 1988 gegründeten abchasischen Volksfront Aidgylara (Einheit) sahen die radikalen Führer der georgischen Tschawtschawadse-Gesellschaft die lange Hand Moskaus. Entsprechend ihrer kompromißlosen Strategie, die sich schon bei den Protestaktionen gegen Gorbatschows Verfassungsänderungen im November 1988 gezeigt hatte, organisierten sie Gegendemonstrationen – zuerst in der abchasischen Hauptstadt Suchumi und seit Anfang April 1989 auch in Tiflis. Militante Verfechter der staatlichen Unabhängigkeit Georgiens wie Giorgi Tschanturia wollten mit Streiks und Massenprotesten das Land unregierbar machen, so »daß Moskau sein Herrschaftsinteresse verliert«.[51] Aber nicht allen Bürgern, die sich seit dem 4. April 1989 täglich vor dem Regierungsgebäude in Tiflis versammelten, waren die nationalistischen Forderungen nach dem Abzug der sowjetischen Truppen aus Georgien, nach der Loslösung von der UdSSR und dem Erhalt der territorialen Einheit Georgiens wichtig. »Vor allem wollten wir zusammensein«, erklärte die bereits erwähnte Ärztin. Das Gefühl der Gemeinschaft wurde – nach der stalinistischen Atomisierung und Anonymisierung – neben Religion und Geschichte zur politischen Antriebskraft.

Den unmittelbaren Anstoß für die Dauerdemonstration seit dem 4. April hatte ein Protestmarsch gegen die Loslösung Abchasiens und die vermeintliche Diskriminierung der dortigen georgischen Bevölkerungsmehrheit gegeben.[52] Fanatiker riefen zum Hungerstreik auf, selbst nachts blieben 100 bis 200 Menschen auf dem Rustavelli-Boulevard, vor dem Regierungsgebäude. Augenzeugen der Ereignisse vertraten später die Ansicht, daß diese Tatsache den Schlüssel zu der Tragödie am frühen Morgen des 9. April geliefert habe, bei der 19 Menschen ums Leben kamen. Der Plan des Militärs habe darin bestanden, mit zivilen Einheiten die kleine Nachtwache ins Regierungsgebäude zu drängen, um dann gegen die unrechtmäßige Besetzung des Hauses militärisch vorzugehen. Doch von Samstag auf Sonntag blieben etwa 8000 Menschen im Zentrum der Stadt. Viele Georgier wußten, daß Panzer und Luftlandetruppen nach Tiflis eingeflogen worden waren, und wollten sehen, was passieren würde. Andere, so das jüngste Opfer, die 16jährige Schülerin Tamar Tschowelidse, wollten in der milden Frühlingsnacht einfach nur mit Freunden zusammen sein, wie ihr Vater mir unter Tränen erzählte. Die Menge ließ sich nicht einmal vom kirchlichen Oberhaupt Patriarch Ilja II. zerstreuen, der ihr gegen 3 Uhr morgens riet: »Geht nach Hause, es könnte zu Gewaltanwendungen kommen.«[53] Swiad Gamsachurdia, Giorgi Tschanturia und andere radikale Führer der Tschawtschawadse-Gesellschaft unternahmen nichts oder nicht genug, um die nicht genehmigte Demonstration friedlich zu beenden.

Was gegen 4 Uhr ein Oberleutnant des sowjetischen Militärs in die Mikrofone rief – und zwar auf Russisch, das nur ein Drittel der Georgier beherrschte –, ging im Lärm unter. Damit gab es praktisch keine Vorwarnung, als Sondereinheiten des Innenministeriums und der Streitkräfte den Boulevard stürmten, auf dem die Menschen immer noch miteinander redeten und beteten. Die Soldaten mit Schutzmasken warfen Tränen- und Giftgas in die Menge und schlugen mit Feldspaten auf wehrlose Mädchen und Frauen ein, die fliehen wollten.

Als es Tag wurde, blieben 19 Tote zurück. 150 Demonstranten, 20 Soldaten und 34 Polizisten lagen in den Krankenhäusern, 15 von ihnen in kritischem Zustand. Insgesamt suchten mehr als 4000 Menschen ärztliche Hilfe. 540 von ihnen hatten schwere Vergiftungen erlitten. Mit Lähmungserscheinungen, Organschäden und Wahnvorstellungen befanden sich noch Ende Mai 1989 340 Verletzte in ständiger ärztlicher Behandlung. Die Toxikologen konnten jedoch nicht in Erfahrung bringen, welche Zusätze das von den sowjetischen Truppen eingesetzte Reizgas enthalten hatte. Die Militärorgane ignorierten vier Wochen lang die Aufforderung, die genaue Zusammensetzung der Kampfgase bekanntzugeben. So konnten die Ärzte die Betroffenen nicht effektiv behandeln.

Moskau hielt fast zwei Wochen lang an der Version fest, die Sondereinheiten hätten in Tiflis nur Tränengas eingesetzt, die Todesfälle seien eine unglückliche Folge des entstandenen Gedränges. Das zentrale sowjetische Fernsehen schnitt aus einem Interview mit dem georgischen Gesundheitsminister Irakli Menagaraschwili die Stelle heraus, in der vom Giftgas und von Feldspaten die Rede war. Als dann nach den Diagnosen deutscher und französischer Ärzte der Einsatz von Kampfgas nicht mehr zu verheimlichen war, beeilte sich die sowjetische Presse darauf hinzuweisen, daß auch in anderen Ländern bei der Auflösung von Demonstrationen von Kampfgas Gebrauch gemacht werde. Außerdem hätten die Deutschen im Ersten Weltkrieg und die Amerikaner in Vietnam ebenfalls Giftgas verwendet.

Die Verantwortung für den Gewaltausbruch übernahm die georgische Staats- und Parteiführung, die am 7. April Truppen angefordert hatte. Regierungschef Surab Tscheidse und der Erste Sekretär der georgischen KP, Dshumber Patiaschwili, stellten ihre Ämter zur Verfügung. Vor der Untersuchungskommission des Volksdeputierten-Kongresses sagten sie später aus, sie hätten mit dem Kommandanten des kaukasischen Militärbezirkes – das war der frischgewählte Abgeordnete Igor Rodionow – nur den Einsatz von Plastikschilden und Gummiknüppeln vereinbart. Die Sondereinheiten des sowjetischen Innenministeriums waren jedoch ebenso wie die Luftlandetruppen Moskau unterstellt. Der Befehl konnte also nur dort und nicht von Tiflis aus erteilt worden sein. Aber von wem? Dies wollten einige entsetzte Abgeordnete des kurz zuvor gewählten Kongresses der Volksdeputierten Ende Mai wissen. Sie hatten erfahren, daß Parteichef Patiaschwili in einem Telegramm an das Zentralkomitee der KPdSU um Unterstützung und Zustimmung gebeten hatte, »extremistische Elemente sowie antisowjetische und antisozialistische Propagandisten aus der Öffentlichkeit zu entfernen«. Der Generalsekretär des Zentralkomitees war Gorbatschow. Er müsse dem Kongreß die Wahrheit sagen, forderten einige Abgeordnete. Boris Jelzin, der nur sechs Jahre später selbst einen brutalen Krieg gegen die Tschetschenen beginnen und im August 1996 Igor Rodionow zum russischen Verteidigungsminister ernennen würde, befand sich 1989 noch in seiner antiautoritär-pazifistischen Phase:»Ich bin überzeugt, daß es ein Verbrechen war, ein Verbrechen gegen das eigene Volk. [...] Zur Beruhigung der Menschen ist es dringlich, hier vor dem Kongreß zu sagen, wer den Beschluß im Zentrum gefaßt hat.«[54] Gorbatschow erklärte daraufhin öffentlich, daß er am Vorabend der Tragödie noch in Großbritannien gewesen sei. Moskau habe ihn zwar auf dem laufenden gehalten, doch von den Einzelheiten habe er nichts gewußt. Von der Tragödie habe er erst am 9. April gegen zehn Uhr morgens erfahren.

Der Kongreß der Volksdeputierten setzte gleich nach Beginn der Sitzungsperiode am 25. Mai eine Kommission zur Untersuchung der Ereignisse in Tiflis ein. Unter dem Vorsitz des Leningrader Juristen und späteren Oberbürgermeisters Anatolij Sobtschak befragte die Kommission wochenlang Mitglieder der Partei- und Militärführung in Tiflis und Moskau. Als Resultat ergab sich, so Sobtschak, ein Bild der »kollektiven Verantwortungslosigkeit«. Jegor Ligatschow, der in Gorbatschows Abwesenheit die Amtsgeschäfte führte, sagte aus, am 7. April habe es im Zentralkomitee eine gewöhnliche Zusammenkunft ohne Protokoll, »einfach einen Meinungsaustausch« gegeben. Tatsache war: Die Sondertruppen des sowjetischen Innenministeriums waren in den Abendstunden desselben Tages in Tiflis eingetroffen.[55]

Gorbatschow hatte für die Aussage vor der Untersuchungskommission nur eine Stunde Zeit. Er glaubte, alle Verantwortung mit dem Hinweis von sich weisen zu können, das Politbüro sei zur Erörterung der dramatischen Entwicklung in Tiflis gar nicht einberufen worden. Bei seiner Ankunft aus Großbritannien (am 7. April) habe es lediglich die protokollarische Begrüßung im VIP-Raum des Flughafens gegeben. Dabei habe er nur erfahren, daß beschlossen worden sei, der georgischen Parteiführung bei der Wiederherstellung der öffentlichen Sicherheit und Ordnung mit Truppen zu helfen. Er selbst habe ad hoc vorgeschlagen, Außenminister Schewardnadse und ZK-Sekretär Rasumowski nach Tiflis zu schicken, die die Probleme vor Ort lösen sollten. Schewardnadse habe daraufhin seinen Amtsnachfolger in Tiflis, Patiaschwili, angerufen, der ihm versicherte, die Situation entspanne sich bereits. Am Sonnabend, dem 8. April, hätten Politbüromitglieder noch einmal mit Patiaschwili telefoniert und seien zu dem Schluß gekommen, es sei vorerst nicht nötig, die beiden Genossen nach Georgien zu schicken.[56] Dieser Darstellung hatte Gorbatschow in seinen ›Erinnerungen‹ nichts hinzuzufügen. Er fand nur »empörend, daß man Soldaten gegen Bürger eingesetzt habe, ohne den Oberbefehlshaber auch nur davon zu unterrichten«.

Die Tragödie in Tiflis stand im Zeichen eines Umbruchs in Osteuropa, den der tschechische Schriftsteller Jachym Topol in seinem grandiosen Roman ›Die Schwester‹ als »die Explosion der Zeit« bezeichnete. Die Welt blickte damals gespannt auf Moskau. Wie würde Gorbatschow reagieren, wenn die Fundamente des Sowjetimperiums ins Schwanken gerieten? Der Generalsekretär hatte die ersten Proben bestanden. Doch konservativen Führungskräften der UdSSR wie Ligatschow und Jasow mußte der drohende Machtverlust in Osteuropa als Warnung erscheinen. Mitte Januar 1989 erinnerten in Prag Demonstranten tagelang an den zwanzigsten Todestag des Philosophiestudenten Jan Palach, der mit seiner Selbstverbrennung gegen die Intervention der Warschauer-Pakt-Staaten im August 1968 protestiert hatte. Die Polizei ging mit Wasserwerfern gegen die Demonstranten vor und nahm einige hundert fest, darunter auch den Schriftsteller und späteren Präsidenten Václav Havel. Aber die tschechoslowakische Staats- und Parteiführung konnte nicht noch einmal mit Moskaus Hilfe rechnen. Bei seinem Treffen mit Károly Grosz, dem Ministerpräsidenten Ungarns und dem Generalsekretär der Ungarischen Sozialistischen Arbeiterpartei, lehnte Gorbatschow im März 1989 eine militärische Einmischung der Sowjetunion in die inneren Angelegenheiten der Bruderstaaten ab, wie dies 1956 in Ungarn und 1968 in Prag geschehen war. Der Breschnew-Doktrin hatte er zwar schon früher Absagen erteilt, aber der erneuten Ablehnung kam große aktuelle Bedeutung zu. Anderthalb Monate zuvor hatte das Zentralkomitee der Ungarischen Sozialistischen Arbeiterpartei der Gründung unabhängiger Parteien zugestimmt. In Polen zeichnete sich der Anfang vom Ende der Einparteienherrschaft noch deutlicher ab. Nur vier Tage vor der Tragödie in Tiflis, am 5. April 1989, einigten sich die polnische Regierung und die Führer der bis Ende Januar noch verbotenen Gewerkschaftsbewegung Solidarność auf Wahlen zu einer neuen Legislative. Die Polnische Vereinigte Arbeiterpartei sicherte sich zwar 65 Prozent der Sitze im Unterhaus im voraus, doch über die restlichen Mandate sowie über alle Sitze im Senat sollten im Juni 1989 freie Wahlen entscheiden, bei denen erstmals mehrere Parteien antreten durften. Am Wahlsieg der Solidarność gab es keine Zweifel.

In Osteuropa bebte die Erde. Nur Rumänien schien eine Ausnahme zu bilden – aber nicht mehr lange: Am 25. Dezember 1989 wurde der letzte stalinistische Despot Osteuropas, Nicolae Ceauşescu, nach Unruhen in Siebenbürgen von seinen eigenen Sicherheitskräften exekutiert. Zwei Tage zuvor sagte Gorbatschow, er wolle mit Verbündeten des Warschauer Pakts über »Hilfe« zugunsten einer neuen rumänischen Führung beraten. US-Außenminister James Baker erklärte sein Einverständnis zu einer militärischen Intervention.[57] Am 24. Dezember wollte ich in Erfahrung bringen, wie hochrangige sowjetische Militärs über ein mögliches Eingreifen dachten. Der Kongreß der Volksdeputierten tagte im Kremlpalast. In der Sitzungspause stand ein Pulk Generäle im Foyer. »Wie beurteilen Sie die jüngsten Meldungen aus Rumänien?« fragte ich sie. »Woher haben Sie überhaupt solche Informationen?« entgegneten die Generäle abwehrend. Nur einer zeigte sich aufgeschlossen. Er scherte aus der Phalanx der Abgeordneten in Uniform aus und diktierte mir ebenso verbindlich wie präzise: Das rumänische Volk werde die Diktatur abschütteln, ein Bürgerkrieg sei nicht zu befürchten, ein Eingreifen der sowjetischen Truppen stehe nicht zur Debatte. »Darf ich Sie zitieren?« wollte ich nur noch wissen. »Bitte sehr.« – »Ihr Name?« – »Rodionow, Igor Nikolajewitsch.« Er merkte sofort, daß ich seinen Namen kannte. »Ja, der von Tiflis. Aber zu Ihrer Information: Das Militär hat damals alles getan, um keinen Menschen zu töten. Die Demonstranten sind ums Leben gekommen, weil sie ungehorsam Widerstand leisteten.«

Während sich die Krise in Georgien im Frühjahr 1989 zuspitzte, galt Gorbatschows eigentliche Sorge wieder einmal der KPdSU. Einem Fünftel aller Sekretäre der Parteiorganisationen hatten die Wähler kein Mandat für den Kongreß der Volksdeputierten erteilt. In Leningrad war keiner der sieben Parteifunktionäre, die Administration und Militärwesen vertraten, gewählt worden. In Moskau erhielt ein Mann 89 Prozent der Stimmen, den die gesamte Parteiführung zwei Jahre zuvor wegen »Schädigung der Einheit« verstoßen hatte: Boris Jelzin. Im Baltikum waren »die Falschen gewählt« worden, klagte Jegor Ligatschow auf der Politbüro-Sitzung am 28. März 1989. Er gab den Medien die Hauptschuld. Den Menschen sei »förmlich eingehämmert worden, daß man gegen die Partei vorgehen müsse. Auch in Ungarn 1956 und 1968 in der Tschechoslowakei hatte alles mit den Medien angefangen.« Für Gorbatschows engsten Berater, den im Westen viel gelobten Alexander Jakowlew, konnte von einer Niederlage keine Rede sein: »85 Prozent der Gewählten sind Kommunisten. Das ist ein Referendum für die Perestrojka. Die Wahlen haben [...] bewiesen, daß auch unter den Bedingungen eines Einparteisystems Demokratie möglich ist.« Den Realitäten kam der Vorsitzende der Parteikontrollkommission, der spätere Innenminister Boris Pugo, am nächsten: »Es gibt zahlreiche Ausfälle gegen die Partei. [...] Viele Mitglieder verlassen die Partei. Überall redet man vom Mehrparteiensystem. Im Baltikum konnten die Volksfronten ihre Ziele durchsetzen. Uns steht ein nationalistischer August bevor.«[58]

Pugo irrte sich in der Zeit: Bis zum Ausbruch brutaler ethnischer Zusammenstöße vergingen nur sechs Wochen. Doch Gorbatschow hörte längst nur noch, was er hören wollte. Die Machtfrage bestimmte sein Problembewußtsein. Nachdem er sich auf dem ZK-Plenum am 25. April 1989 durch den von ihm forcierten Massenrücktritt der alten Garde der Opposition in den eigenen Reihen weitgehend entledigt hatte, mußte er im Kongreß der Volksdeputierten »mit einer massiven Opposition« rechnen und bemühte sich um Schadensbegrenzung. Mit der gewohnten Vorbereitung von Reden und Gesetzesentwürfen allein konnte allerdings die Führungsrolle der Partei nicht mehr gesichert werden. Das Zentralkomitee sollte daher die neuen Abgeordneten eindringlich »belehren«.

»Es gab viele Manipulationen in den Regionen«, sagte Akademiemitglied und Weltraumexperte Roald Sagdejew in einem Pressegespräch. Regionale Parteiapparate hatten provinzielle Delegierte im voraus gegen »die Moskauer Gruppe«, der prominente Intellektuelle und Oppositionelle angehörten, eingestimmt. Derart beeinflußt, verdammten viele Provinzfunktionäre Moskauer Reformer als Verschwörer. Regionen machten gegen die Metropole, Proletarier gegen die Professionalisierung der Politik Stimmung. Nur 636 der 2250 Deputierten stimmten dafür, daß die 542 Abgeordneten des Obersten Sowjet ihre übrigen Funktionen aufgeben sollten. Bei den Wahlen zum Obersten Sowjet wurden fast alle Kandidaten aus dem Kreis der reformorientierten Moskauer Wirtschaftler, Juristen und Publizisten von der konservativen Mehrheit der Volksdeputierten abgeschmettert. Als der Wirtschaftsreformer Gawriil Popow und der junge Amerikanist Sergej Stankiewitsch die erforderliche Zahl an Stimmen nicht erreichten, gab es höhnischen Applaus. Boris Jelzin konnte einen Sitz in der Nationalitätenkammer des Obersten Sowjet erst einnehmen, als ein Dozent aus dem sibirischen Omsk, Aleksej Kasannick, zu seinen Gunsten verzichtete. Erstaunlicherweise akzeptierte Gorbatschow, der zu Beginn des Kongresses mit 95,6 Prozent zum Parlamentspräsidenten gewählt worden war, trotz der Bedenken der Juristen im Saal diese Manipulation.[59]

Die erste Sitzungsperiode des neuen Parlaments war vor allem so etwas wie eine Aussprache über die Mißstände im Lande. Die Direktübertragung der Debatten aus dem Kreml – von der »Moskauer Gruppe« durchgesetzt – bannte das Volk an die Bildschirme ohne Rücksicht auf Arbeitszeiten und sonstige Aufgaben. Auf die endlosen Klagen über Entbehrungen und Beeinträchtigungen im täglichen Leben hatte Gorbatschow stets dieselbe Antwort parat: Die Rüstungsausgaben müßten gesenkt werden. Zum Erstaunen westlicher Beobachter und zur Entrüstung sowjetischer Abgeordneter in Uniform gab er sogar erstmals deren Höhe offiziell bekannt: 128 Milliarden US-Dollar im Jahre 1989. In ihren Redebeiträgen nährten selbst reformorientierte Abgeordnete die naive Hoffnung, mit der Senkung der Rüstungsausgaben und der Umstellung der Militärbetriebe auf Zivilgüterproduktion einen schnellen Ausweg aus der Krise finden zu können. Die überwiegende Mehrheit der 2250 Deputierten unterstützte Redner, die in bolschewistischer Manier »klare Entscheidungen« forderten. Reformgedanken waren ihnen fremd und suspekt. Einige Themen waren nach wie vor tabu. So mußte der Atomphysiker und Friedensnobelpreisträger Andrej Sacharow aus dem Plenum wüste Schmähungen einstecken, als er den Krieg in Afghanistan als verbrecherisch bezeichnete. An seinem Vorschlag, die Sowjetunion in eine Konföderation umzuwandeln, fanden nur die Litauer Gefallen.

Das große politische Theater im Kreml war noch nicht zu Ende, als das Fernsehen Bilder des Entsetzens und der Zerstörung aus dem zentralasiatischen Fergana-Tal zeigte – niedergebrannte Häuser, gelynchte Bürger und randalierende Banden. Südöstlich der usbekischen Hauptstadt Taschkent war es am 3. und 4. Juni 1989 zu den schwersten Pogromen seit Gorbatschows Amtsantritt gekommen. Fanatische Usbeken hatten Mestcheten mit Eisenstangen und Knüppeln aus ihren Häusern und durch die Straßen in den Tod getrieben. Die Angehörigen dieser nationalen Minderheit, die wie »Tiere gejagt« wurden, entstammten einer turksprachigen Bevölkerungsgruppe. Sie kamen aus Mestchet-Dschawascheti in Südgeorgien. 1944 hatte Stalin 150 000 Mestcheten wegen »Verbindungen zu Spionagediensten eines angrenzenden Feindes« deportieren lassen, ähnlich wie zuvor die Krimtataren, Tschetschenen und Inguschen. Chruschtschow hatte die Zwangsumsiedlung 1956 zwar aufgehoben. Im Gegensatz zu den Krimtataren hatten die Mestcheten aber keine reale Chance auf die ersehnte Rückkehr in ihre Heimat. In Georgien waren sie »nicht willkommen«. Behörden wie Bevölkerung widersetzten sich der Rücksiedlung vehement.

Im dichtbesiedelten Fergana-Tal, wo die Arbeitslosenquote über dem Durchschnitt lag, waren die Spannungen zwischen den Mestcheten und der alteingesessenen Bevölkerung seit längerer Zeit zu spüren gewesen. Die Usbeken glaubten, daß die lukrativsten Plätze im Handel und in den Kooperativen mit zugereisten »Türken« besetzt waren. Nach der Regierungszeitung ›Iswestija‹ vom 17. Juni 1989 waren ehemalige Mitarbeiter des usbekischen Innenministeriums, die sich in der »guten alten Zeit«, also vor Gorbatschow, durch Bestechungen und Amtsmißbrauch ein gutes Leben gesichert hatten, die Drahtzieher der Pogrome gewesen. Mit Geld angeworbene Jugendliche erhielten Eisenstangen und mit Benzin gefüllte Flaschen. Waffen, Alkohol und Narkotika ergänzten die Ausrüstung für die große Schlacht. Deren erste Bilanz ergab rund 100 Tote, 15 000 Evakuierte und Tausende niedergebrannter Häuser. Soldaten des sowjetischen Innenministeriums hatten der Gewalt nur mit Mühe Einhalt gebieten können. Bereits am 1. Juni war der Minderheit ein Ultimatum gestellt worden: Innerhalb von 24 Stunden müßten »die Türken« aus dem Fergana-Tal verschwunden sein, sonst sei für ihre Sicherheit nicht mehr garantiert. Die Bedrohten hatten sich daraufhin an das Zentralkomitee der Republik gewandt, das ihnen versicherte, die Lage unter Kontrolle zu haben. Der Parteichef des Fergana-Bezirks hatte bereits zuvor das Innenministerium und das KGB in Taschkent alarmiert, weil Unbekannte in der Stadt Morgilan aufgetaucht waren und zu einem Aufstand aufriefen. Doch aus Taschkent kam die Versicherung, daß alle notwendigen Maßnahmen bereits eingeleitet seien. Der usbekische Schriftsteller Timur Pulatow warf der Republikführung nach dem Blutbad Untätigkeit vor. Trotz aller Appelle, den Nationalitätenkonflikten vorzubeugen, hatte sie nur abgewiegelt. Bereits mehrere Monate vor dem Pogrom im Fergana-Tal waren im Gebiet Samarkand usbekische und tadschikische Einwohner aneinandergeraten. Mangel an bebaubarem Boden hatte in diesem Fall die Zusammenstöße ausgelöst.[60]

Usbekistan befand sich 1988/89 in einer tiefen ökonomischen und ökologischen Krise. Das Nationaleinkommen stagnierte seit 1984, und das 1988 erreichte Pro-Kopf-Einkommen betrug gerade die Hälfte des sowjetischen Durchschnittswertes. Das Bevölkerungswachstum war mit 2,6 Prozent sehr hoch, so auch die Arbeitslosigkeit. Die Republik kassierte erhebliche Zuschüsse aus Moskau und war neben Kasachstan und Kirgistan der größte Nettoempfänger. Das vom Politbüro Anfang 1989 beschlossene drastische Sparprogramm konnte für Taschkent nichts Gutes bedeuten. Häufige Polemiken sowjetischer Politiker und Publizisten gegen die mittelasiatische Republik schürten zusätzlich nationale Emotionen. Die Elite in Taschkent klagte, ihr Land werde als Synonym für Korruption und Vetternwirtschaft mißbraucht.

Die noch von Andropow initiierte Anti-Korruptions-Kampagne hatte in Usbekistan bis 1989 angehalten. Staatsanwälte ermittelten gegen die »Baumwollmafia«. Mit Untersuchungskommissionen und Kaderwechsel versuchte Moskau den Sumpf auszutrocknen, den die Herrschaft des Kommunisten-Khans Scharaf Raschidowitsch Raschidow – er amtierte von 1959 bis 1983 als Erster Sekretär des ZK der KP Usbekistans – hinterlassen hatte. Auf allen Ebenen der Parteihierarchie war die Mehrheit der Funktionäre ausgewechselt worden. Moskau schickte im Laufe der Jahre mehrere hundert angeblich kompetente Führungskräfte nach Usbekistan. Selbst die Hauptstadt Taschkent wurde von einem Russen regiert. Zahlreiche Verhaftungen und Entlassungen provozierten Widerstand gegen die Entscheidungen des fernen Kreml und schufen ein Potential von Unruhestiftern.[61] 1988 machten Informationen die Runde, wonach die beiden Staatsanwälte, die als Korruptionsjäger lange Zeit für Schlagzeilen gesorgt hatten, manche Geständnisse unter Nötigung erzielt hätten. Der Kongreß der Volksdeputierten setzte gleich in der ersten Sitzungsperiode Ende Mai eine Kommission zur Überprüfung der Vorwürfe ein. Die Behauptungen, die sowjetischen Staatsanwälte hätten illegale Verhörmethoden angewandt, waren Wasser auf die Mühlen der sich formierenden nationalen Elite in Usbekistan.[62]

Noch bevor sich die Lage entspannt hatte, nominierte Gorbatschow am 6. Juni 1989 den usbekischen Parteichef Rafik Nischanow als Vorsitzenden der neuen Nationalitätenkammer des Obersten Sowjet. Diese merkwürdige Entscheidung, der Nischanows Ablösung als Parteichef von Usbekistan folgte, begründete Gorbatschow später so: »Rafik Nischanow war mir sehr sympathisch. Mir imponierten seine Ausgeglichenheit, sein Humor, seine sozusagen philosophische Distanz zu den Banalitäten des Alltags – alles Dinge, die man gewöhnlich mit dem Begriff orientalischer Weisheit verband. Er war sehr kollegial und ausgleichend, vermochte Auseinandersetzungen zu schlichten. Vermutlich wäre Nischanow sogar der geborene Vorsitzende gewesen, hätte es da nicht eine Eigenschaft gegeben, die ihm fehlte. Ich meine die Entschlossenheit, das Vermögen, im richtigen Augenblick den Knoten durchzuhauen. Aber in ihm gewann der Diplomat meistens die Oberhand über den Politiker, und so kam es, daß sich die Sitzungen unserer Nationalitätenkammer mitunter über mehrere Tage mit bloßen Verfahrensfragen beschäftigten, während in einigen Landesteilen ethnische Konflikte ausbrachen. [...] Doch der Nationalitätensowjet samt seinem Vorsitzenden trat nicht in gebotenem Maße in Erscheinung.«[63] Dieses Eingeständnis zeigt, wie kurzsichtig, ja inkompetent der Generalsekretär auf Konflikte reagierte, die das Land destabilisierten und viele Menschenleben forderten.

Der nächste Brandherd begann am 17. Juni 1989 in Kasachstan zu lodern. Mehrere hundert Armenier, Aserbaidschaner und Georgier mußten evakuiert werden. In den Augen aufgebrachter Kasachen waren sie an der Wirtschaftsmisere schuld. Drei Monate später erklärte der Oberste Sowjet in Kasachstan die Sprache der Titularnation, die nur 40 Prozent der Bevölkerung ausmachte, zur Amtssprache. Damit aber war der erste Schritt zur Souveränität getan.

Aserbaidschan war zu rückständig, als daß es sich Ambitionen auf eine Autonomie hätte erlauben können. Erst der Konflikt um Karabach wurde zum Katalysator der Nationalbewegung.[64] Als Ursache der plötzlichen Massenmobilisierung und Radikalisierung Ende der achtziger Jahre machte Eva-Maria Auch die allgemeine Krise der südkaukasischen Sowjetrepublik aus.[65] 1988 erreichte das Nationaleinkommen pro Kopf nur noch 92 Prozent des Niveaus von 1985. Die Bevölkerung hatte sich seit 1959 von 3,6 auf rund sieben Millionen fast verdoppelt, während sich die Zahl der Russen seitdem um rund 20 Prozent, die der Armenier um zehn Prozent auf jeweils rund 390 000 verringerte. Die hohe Geburtenrate von 2,6 Prozent ließ vor allem die agrarische Überbevölkerung ansteigen. Hunderttausende wanderten in die Städte, wo aber Wohnungen und Arbeitsplätze fehlten. In der Millionenstadt Baku waren 1988, also vor dem Zustrom von Flüchtlingen aus Armenien und Karabach, rund 68 000 Familien als Wohnungssuchende registriert. Während es in der Industrie, die vom Ölsektor dominiert wurde, an Arbeitsplätzen fehlte, wurde auf dem Lande die Knappheit des erschlossenen Bodens immer spürbarer – zumal die neuen Möglichkeiten privatwirtschaftlicher Agrarproduktion den Bedarf erheblich gesteigert hatten. Die soziale Konkurrenz verschärfte sich. Das traditionell sippenorientierte Verhalten bekam Züge eines ethnischen und religiösen Fanatismus.

Zu dieser fatalen Entwicklung trugen mindestens vier Faktoren bei[66]: Zum einen konnten Armenier und Russen, deren Anteil an der Gesamtbevölkerung nur jeweils 5,6 Prozent betrug, dank ihres erheblich höheren Bildungs- und Organisationsniveaus höhere Positionen in Wirtschaft und Verwaltung besetzen, während die Aserbaidschaner vielfach das Nachsehen hatten. Zum zweiten fand zwischen den Nationalitäten, die in Aserbaidschan lebten, kaum ein sozialer und kultureller Austausch statt. Mischehen oder Mehrsprachigkeit waren seltene Ausnahmen. Selbst das Russische beherrschten nur 35 Prozent. In Konfliktsituationen bot also die ethnische Identität die einzige Orientierung. Drittens konnten die Politiker in Baku alle Vorhaltungen wegen der »Entarmenisierung« Berg-Karabachs mit dem Hinweis kontern, die 161 000 Aseris in Armenien hätten auch keine Minderheitsrechte gehabt, sehr viele seien aus der Republik brutal abgeschoben worden. Zwischen 1979 und 1989 verringerte sich die Zahl der Armenier in Aserbaidschan von 475 000 auf 391 000, während die Zahl der Aserbaidschaner in Armenien von 161 000 um fast die Hälfte auf 85 000 geschrumpft war. Die aserische Presse zählte allerdings 200 000 »Deportierte« aus Armenien. Schließlich ließ sich das diffuse Gefühl von Diskriminierung, Haß und Ohnmacht, das die aserische Bevölkerung erfaßt hatte, in eine positive Handlungsanweisung zur Selbstverteidigung umsetzen, weil islamische Traditionen, nationale Gebräuche und Chomeinis Revolutions-Regime im Iran immer größere Attraktivität entfalteten.

Die ersten separatistischen Forderungen der im Juli 1989 gegründeten Nationalen Volksfront waren überaus heterogen. Mit der offiziellen Anerkennung der Volksfront als gesellschaftliche Organisation am 5. Oktober wuchs das Selbstwertgefühl der Aseris, das mit der Verkündung der Souveränität der Republik einen Höhepunkt erreichte. Den drei Flügeln der Volksfront – westlich-liberal, national-liberal und islamisch-fundamentalistisch – kam danach die gemeinsame Plattform schnell abhanden. Die sich abzeichnende Spaltung schuf Freiräume für separatistische und radikale Aktionen wie die Machtergreifung durch die örtliche Abteilung der Volksfront in Lenkoran Ende 1989 und die Grenzöffnung zum Iran in Nachitschewan am 6./7. Januar 1990.[67]

Für das in nationale Euphorie geratene Aserbaidschan war es

schwer erträglich, als der Oberste Sowjet in Armenien am 10. Januar mit zwei Beschlüssen die expansionistischen Ansprüche der Republik klar zum Ausdruck brachte: Der Geltungsbereich des neuen Staatshaushalts der Armenischen SSR wurde auf Berg-Karabach ausgedehnt. Auch sollten die dortigen Landsleute bei den kommenden Wahlen in Armenien Stimmrecht erhalten. In Baku war die Empörung um so größer, als der Oberste Sowjet der UdSSR Ende November 1989 die Anfang des Jahres eingerichtete Sonderverwaltung der Enklave abgeschafft hatte. Diese Verwaltung, bestehend aus fünf Russen, zwei Armeniern und einem Aserbaidschaner unter der Führung der grauen Eminenz des Zentralkomitees, Arkadij Wolskij, hatte ihr Ziel, die Eskalation des Konflikts zu verhindern, nicht erreicht. Sie sollte durch ein regionales Organisationskomitee ersetzt werden, in welchem der Bevölkerungsmehrheit entsprechend die Armenier das Sagen gehabt hätten. Die aserbaidschanische Volksfront sah darin eine Parteinahme Moskaus für den Feind. Der radikale Flügel reagierte mit der Gründung eines »Rates für Verteidigung«. Dieser sollte den Kampf gegen Armenien vorbereiten, zumal mittlerweile armenische Freischärler Übergriffe auf Dörfer in Nordaserbaidschan verübten. Zehntausende Flüchtlinge strömten aus Karabach und Armenien nach Aserbaidschan. Die Slums um Baku waren überfüllt. Es herrschte Kälte, und es gab nur wenig zu essen. Kinder fielen einer Epidemie zum Opfer. Am 15. Januar 1990 rief Parteichef Abdul-Rachman Wesirow die Arbeiter in Baku auf, sich in Wehrbrigaden eintragen zu lassen. In der Hauptstadt hatte bereits am 12. ein Massaker begonnen. Vor allem junge Flüchtlinge aus den Slums zogen mit Adressenlisten armenischer Familien los, stürmten Wohnungen, plünderten und mordeten. »Fürchterliche Dinge haben sich zugetragen«, berichtete ein Reporter im sowjetischen Fernsehen: »Baku versinkt im Mittelalter.« Es gab mehr als 50 Tote. Tausende Armenier und Russen wurden nach Moskau und in andere Städte evakuiert.

Die Volksfront war nicht in der Lage und zum Teil auch nicht gewillt, dem Pogrom Einhalt zu gebieten. Auch die Truppen des Innenministeriums und des KGB blieben zunächst passiv. Gorbatschow verhängte am 15. Januar den Ausnahmezustand über jene Regionen Aserbaidschans, in denen es zu Morden, Plünderungen und zu Umsturzversuchen gekommen war. Der Präsident verfügte die Entsendung von Landstreitkräften, Luftlandeeinheiten sowie Truppen des KGB und des Innenministeriums, insgesamt 11000 Mann, um die Ordnung wiederherzustellen. Das Weiße Haus und das amerikanische Außenministerium gaben am 16. Januar eine Erklärung heraus, wonach sie den Einsatz sowjetischer Militärs unterstützten.[68]

Am 17. Januar forderte die Führung der Nationalen Front in Baku die Einberufung des Obersten Sowjet. Auf einer außerordentlichen Sitzung am 20. Januar sollte die Verhängung des Ausnahmezustandes durch Moskau als Eingriff in die Souveränitätsrechte der Republik zurückgewiesen werden. Zur Unterstützung mobilisierte die Volksfront die Massen. Es gab viele Menschen in der Stadt, die viel Zeit und nichts zu tun hatten. Tausende Demonstranten kampierten ganze Tage vor dem ZK-Gebäude. Es gab auch ein greifbares Ziel: Die moskautreue Parteispitze sollte zurücktreten. Bevor dies geschah, kamen Panzer und Sowjetsoldaten. Der Angriff auf alles, was mehr oder weniger zufällig im Wege war, begann am 20. Januar um 0.20 Uhr. Die »Ordnungsmaßnahmen« dauerten drei Tage. Unter der Zivilbevölkerung forderten sie 168 Todesopfer. Nach offiziellen Angaben wurden 715 Personen verletzt. Die Militärintervention endete mit Verhaftungen. Ob ihr Ziel allein darin bestand, Aserbaidschans Nationale Front an der Machtübernahme zu hindern, wie die empörten Patrioten westlichen Besuchern einzureden versuchten, ist letztlich fraglich. Die Volksfront war zur Regierung nicht fähig, was ihr radikaler Flügel zunehmend mit militanter Gewalt zu kompensieren versucht hatte. Dessen Sympathisantenkreis erhielt immer mehr Zulauf von Flüchtlingen, die den letzten Respekt vor der Staatsmacht verloren und sich außerhalb jeder »Ordnung« radikalisiert hatten.

Gorbatschow beschuldigte am 20. Januar 1990 die aserbaidschanische Führung, vor den nationalistischen Kräften kapituliert zu haben. In seinen ›Erinnerungen‹ macht er geltend, daß der Vorwurf, die Unionsbehörden hätten den Ausnahmezustand zu spät verhängt, als nämlich die Republikorgane schon nicht mehr handlungsfähig gewesen seien, die Kompetenz der Republikführung nicht genügend berücksichtige. Andererseits hätte nur die

Intervention die Eskalation der Gewalt stoppen können, sonst wäre die »Zahl der Opfer um ein Vielfaches höher gewesen«. Genauso lautete die Begründung für Washingtons Zustimmung zum sowjetischen Militäreinsatz in Baku. Was Gorbatschow aus dieser Erfahrung gelernt hatte, formulierte er in seinen ›Erinnerungen‹ so: »In extremen Situationen ist die Staatsmacht nicht in der Lage, auf Gewaltanwendung zu verzichten.«[69]

Kapitel 4

Die Totengräber des Imperiums

Der Kalte Krieg in Vilnius

Den »baltischen Weg« der nationalen Selbstbestimmung markierte am 23. August 1989, dem 50. Jahrestag des Hitler-Stalin-Pakts, eine Menschenkette von Tallinn über Riga nach Vilnius. 1,25 Millionen Esten, Letten und Litauer bekundeten damit ihre Absage an die sowjetische Okkupation. Nach weitverbreiteter Überzeugung hatte die Annexion den drei Republiken nicht nur den internationalen Status geraubt, sondern auch die Entwicklung des Lebensstandards verkümmern lassen. Mindestens die Hälfte der estnischen Bevölkerung sah seit Jahren finnische Fernsehprogramme. Sie entnahm daraus vor allem, daß die Nachbarn wesentlich besser lebten. Ältere Bürger in den beiden anderen baltischen Ländern berichteten darüber hinaus, daß es diesen Unterschied im Lebensstandard bis zum Zweiten Weltkrieg nicht gegeben hätte. Als Gorbatschow vor seinem Staatsbesuch in Helsinki Ende Oktober 1989 den lettischen Skandinavienexperten Nikolaj Nejland konsultierte, sagte ihm der Abgeordnete aus dem Obersten Sowjet der UdSSR: »In Finnland werden Sie besser verstehen, warum die Sowjetmacht bei uns unpopulär ist.«[1]

Der Vergleich des Lebensstandards mit Finnland nährte die Illusion, die Loslösung von der Sowjetunion werde in wenigen Jahren Wohlstand bringen. Die baltischen Republiken wollten die Weichen in Richtung Westeuropa umstellen. »Wir haben das Recht, nach eigenem Willen unter dem europäischen Dach zu leben, von dem wir weggerissen worden sind«, sagte der Sajudis-Sprecher Kazimieras Motieka im Namen aller drei Republiken im litauischen Fernsehen.[2] Als einen ersten Erfolg konnte die baltische Opposition am 27. November 1989 ein sowjetisches

Gesetz feiern, das den Republiken wirtschaftliche Autonomie zusicherte. Demnach sollten in Litauen beispielsweise nur noch elf Industriebetriebe unter der direkten Kontrolle der Moskauer Ministerien verbleiben. Schwerer aber wog, daß die politische Kontrolle über die Wirtschaft bestehen blieb. Die führende Rolle der KPdSU war auch noch im fünften Jahr der Perestrojka in der Verfassung der UdSSR und entsprechend auch in den Verfassungen der 15 Unionsrepubliken verankert.

Am 7. Dezember 1989 strich der Oberste Sowjet in Vilnius den Passus über das Machtmonopol der KPdSU mit 219 Stimmen bei einer Gegenstimme und 30 Enthaltungen aus der litauischen Verfassung. Am nächsten Tag votierten 243 Abgeordnete, darunter Führungskräfte der KP Litauens, für die Zulassung oppositioneller Parteien. Unter der Führung von Algirdas Brasauskas erklärte der XX. Kongreß der Kommunistischen Partei Litauens am 20. Dezember 1989 mit 855 gegen 160 Stimmen, daß sich die Partei nicht mehr als Unterorgan Moskaus verstand. Mit der Unabhängigkeitserklärung verband die Mehrheitsfraktion der Kommunisten das Ziel, ein unabhängiges und demokratisches Litauen zu etablieren.

Gorbatschow war über die »Schwächung der KPdSU« höchst aufgebracht. Eine Baltikum-Politik, die den speziellen historischen und aktuellen Bedingungen Rechnung getragen hätte, war aber immer noch nicht in Sicht. Einen Tag vor der Annullierung des geheimen Zusatzprotokolls zum Hitler-Stalin-Pakt durch den Volksdeputierten-Kongreß in Moskau warnte er die Abgeordneten, daß separatistische Bemühungen zu Blutvergießen führen würden. Am 24. Dezember 1989 verlas Alexander Jakowlew im Kremlpalast den Text der geheimen Protokolle, den prominente Mitglieder seiner Kommission wie der frühere Sowjetbotschafter in Bonn, Walentin Falin, und der Direktor des Instituts für USA- und Kanada-Studien, Georgij Arbatow, nicht publizieren wollten. Jakowlew, der in der Kommission zur Überprüfung der Legalität des Abkommens aus dem Jahre 1939 den Vorsitz innehatte, versuchte, die Konsequenzen aus der Existenz des Zusatzprotokolls, die Moskaus Außenpolitiker bis zuletzt geleugnet hatten, herunterzuspielen und den Beitritt der baltischen Staaten in die UdSSR mit anderen, nach wie vor gültigen Verträgen und Entscheidungen zu erklären, also festzuschreiben.

Über die geeigneten Maßnahmen zur Eindämmung der baltischen Unabhängigkeitsbestrebungen gerieten die Mitglieder des Zentralkomitees zwei Tage später in eine heftige Kontroverse. Hinter verschlossenen Türen wurden Rufe laut, eine »Blockade über Litauen zu verhängen«, »das KGB einzusetzen« und »massive Verbote« auszusprechen. Das ganze Arsenal von Repressionen stand auf einmal zur Debatte, als die orthodoxen Kommunisten aus Litauen in Moskau Unterstützung suchten. Der Chef der sowjetischen Planungsbehörde, Jurij Masljukow, und Ministerpräsident Ryschkow hatten ihrerseits der beginnenden Auflösung des einheitlichen Wirtschaftsraumes den Kampf angesagt. Schließlich wurde das Plenum unterbrochen und eine Delegation unter Gorbatschows Führung am 11. Januar 1990 in die renitente Republik entsandt.[3]

Seine Berater hatten ihn gewarnt: »Wenn Sie den Litauern keinen Vertrag anbieten, fahren Sie besser erst gar nicht hin. Sie bringen sich sonst in eine prekäre Lage.« Gorbatschow neigte jedoch zur Fortsetzung der Hinhaltetaktik und erhoffte sich von neuen Akzenten eine gewisse Signalwirkung. Die Union sollte totalitäre Tendenzen und imperiale Bestrebungen abstreifen: »Ich bin zutiefst überzeugt, daß wir nur über eine Verfassung mit souveränen, in einer Föderation vereinten Staaten politische Souveränität, wirtschaftliche Unabhängigkeit, kulturelle Entfaltung und Bewahrung der Tradition erreichen können.«[4] Der Generalsekretär signalisierte auch Verhandlungsbereitschaft, die in dem Vorschlag gipfelte, einen gesetzlichen Mechanismus auszuarbeiten, »wie jede Republik die Sowjetunion verlassen kann«. Sajudis reagierte spontan und abweisend: »Warum ein Gesetz über den Austritt? – Litauen ist ja nie eingetreten in die UdSSR.«

Während Gorbatschow vor einem überstürzten Separatismus warnte, versammelten sich 200 000 Litauer zu einem andächtigen Schweigemarsch gegen das »Gefängnis der Völker«. Wie entschlossen die mit 3,5 Millionen Einwohnern größte baltische Republik den Weg zur Rückgewinnung ihrer staatlichen Existenz beschritt, zeigten Transparente wie »Michail Sergejewitsch, gib uns zurück, was Stalin raubte« und »Nein zu mehr Rechten – ja zur vollen Unabhängigkeit«.[5] Die Aufmerksamkeit der Weltöffentlichkeit richtete sich auf Vilnius. Das war der einzige Gewinn aus Gorbatschows Besuch für die Litauer. Sajudis nutzte die Präsenz westlicher Medien zu täglichen Pressekonferenzen und war der Organisator der beiden Großdemonstrationen. Sajudis konnte sich dabei vor allem auf die Hilfe der litauischen Diaspora in den USA stützen.[6] Dutzende Politiker reisten in den Westen, suchten Kontakte und Kapital – vor allem in den Kreisen der Emigranten. Umgekehrt machten sich US-Bürger und Kanadier litauischer Abstammung auf den Weg in die Heimat ihrer Vorfahren und boten ihre Dienste an. So kam es beispielsweise 1989 zur Neugründung der Universität in Kaunas. Die zweitgrößte Stadt Litauens wurde zur Hochburg der radikalen Nationalisten. Die Diaspora bezahlte zahlreiche Berater für Sajudis, schickte Computer und Kommunikationstechnologie nach Vilnius. Der Korrespondent von ›The Washington Post‹ beobachtete im Sommer 1989, daß aus dem mit PCs, Satellitentelefonen und Faxgeräten ausgestatteten Sajudis-Büro in Vilnius alle Nachrichtenagenturen der Welt über die bevorstehende Massendemonstration zum 50. Jahrestag des Hitler-Stalin-Pakts vorab informiert wurden.[7] Von einem so modernen Kommunikationssystem konnte man in sowjetischen Büros nur träumen.

1989 und 1990 erhielt Sajudis von der litauisch-amerikanischen Gemeinde die beachtliche Summe von 268 000 US-Dollar. Ein Viertel davon diente der Ausstattung mit Kommunikationstechnologie. Auf die Verwendung des größeren Teils der Spenden geht die sonst akribische Studie des litauisch-amerikanischen Wissenschaftlers Alfred Erich Senn nicht ein. Zu vermuten ist aber, daß damit Anfang 1990 der Wahlkampf von Sajudis mitfinanziert wurde. Am 24. Februar gewann Sajudis unter der Führung des Musikwissenschaftlers Vytautas Landsbergis 94 der 141 Mandate im Obersten Sowjet. Dieser überwältigende Sieg läßt sich mit der Aufbruchstimmung in der Bevölkerung nicht hinreichend erklären. Der populärste Politiker war Algirdas Brasauskas, der sich als erster für die Interessen der Litauer eingesetzt und auch viel erreicht hatte. Unter seinem Vorsitz hatte das Parlament am 7. Februar die Zwangsvereinigung mit der Sowjetunion für nichtig erklärt; Litauen war damit die erste baltische Republik, die diesen Schritt tat. Trotzdem war der Reformkommunist der große Verlierer. Daß Sajudis mehr Erfolg hatte, führen die litauisch-amerikanischen Wissenschaftler V. Stanley Vardys und Judith B. Sedaitis unter anderem auf die intensiven internationalen Kontakte zurück.[8]

Nach seinem Wahlsieg schlug Landsbergis einen radikal-nationalistischen Kurs ein. Er verließ sich dabei zunehmend auf die Empfehlungen von Stasys Losoraitis. Der Sohn des früheren litauischen Außenministers war bis Mitte der achtziger Jahre Repräsentant des nach der Annexion nicht mehr existierenden litauischen Staates im Vatikan und danach in Washington. Auf Konsultationen mit den Sajudis-Führern, die sich noch nicht darüber im klaren waren, wie die Autonomie de jure aussehen sollte, legte Landsbergis keinen großen Wert mehr. Er drängte sie aber unter dem Einfluß von Losoraitis zur raschen Erklärung der staatlichen Unabhängigkeit. Die Strategie des Patrioten folgte dem Konfrontationskurs des Kalten Krieges, mit dem Gegner nicht zu verhandeln. Gorbatschow werde einer schrittweisen Loslösung nicht zustimmen, argumentierte Losoraitis, Litauen solle daher sofort und entschieden handeln.[9]

Landsbergis' Strategie war dementsprechend darauf ausgerichtet, die Feindschaft zu Moskau zu schüren. In der Politik unerfahren, vom Ehrgeiz beflügelt, Präsident seines Landes zu werden, nutzte er die komplizierte Situation und die konfusen Reaktionen der sowjetischen Führung. Eine günstige Gelegenheit dafür bot sich, als Gorbatschows Entwurf einer Verfassungsänderung Ende Februar 1990 vom Obersten Sowjet der UdSSR akzeptiert wurde. Mit der Novellierung sollten nach dem ZK-Beschluß über den Verzicht der KPdSU auf das Machtmonopol die Konsequenzen gezogen werden. Gorbatschow hoffte, nach dem Rückzug der Partei aus Wirtschaft und Verwaltung den drohenden Verfall des Staatswesens mit einer starken präsidialen Exekutive abwenden zu können und wischte alle Versuche von Abgeordneten rüde vom Tisch, die Vorlage länger als einen Tag zu diskutieren. Einige Republiken befürchteten, daß der Staats- und Parteichef diktatorische Vollmachten erhalten würde und ihre Rechte mit Notstandsmaßnahmen einschränken könnte.[10] In Georgien gab es Hungerstreiks, in der Ukraine Massendemonstrationen gegen Gorbatschows uneingeschränkte Präsidialmacht. Auch in Litauen wuchs das Mißtrauen gegen Moskau, besonders unter den radikalen Sajudis-Führern.

Realistischerweise konnte in Litauen niemand erwarten, daß der Generalsekretär sofort seine Zustimmung zur Unabhängigkeit geben würde – schon gar nicht im Februar und März 1990, als Moskau der deutschen Einheit und dem Abzug der sowjetischen Truppen aus der Tschechoslowakei und aus Ungarn zustimmte. Den litauischen Repräsentanten gegenüber machte Gorbatschow Andeutungen über mögliche negative Folgen der Trennung; er nannte u. a. Gebiets- und Geldforderungen. Offiziell bestand er darauf, daß der Unabhängigkeit Verhandlungen mit Moskau vorausgehen müßten, um vor allem Vermögensfragen klären zu können. Eindeutige Schlüsse waren daraus nicht zu ziehen.

Landsbergis hatte indessen ohnehin eine andere Strategie eingeschlagen und suchte dafür Unterstützung in den USA. Nachdem sein Besuch beim US-Botschafter in Moskau, Jack Matlock, zu keinem eindeutigen Ergebnis geführt hatte, rief er am späten Abend des 10. März seinen Vertrauensmann in Washington an. Losoraitis interpretierte in diesem Telefongespräch die Stellungnahmen des US-Außenministeriums ganz im Sinne von Landsbergis und drängte auf einen unverzüglichen Unabhängigkeitsbeschluß durch den Obersten Sowjet in Vilnius. Am folgenden Tag erklärte Landsbergis im neugewählten Parlament, daß in den wichtigsten westlichen Staaten bereits Vorbereitungen getroffen worden seien, wie auf eine Unabhängigkeitserklärung zu reagieren sei. Ferner berichtete er, litauische Emigranten in Kalifornien hätten den Ex-Präsidenten der USA, Ronald Reagan, dafür gewonnen, sich bei George Bush für die Sache Litauens einzusetzen.[11]

Nachdem das neue litauische Parlament am 11. März 1990 die Unabhängigkeit der Republik proklamiert und die sowjetische Verfassung außer Kraft gesetzt hatte, schlug Landsbergis, nunmehr Parlamentspräsident, Michail Gorbatschow vor, »Verhandlungen zu beginnen, um die Fragen zu klären, die sich nach der bereits vollzogenen Wiederherstellung der litauischen Eigenstaatlichkeit stellen«. An Ministerpräsident Ryschkow richtete

Landsbergis den Vorschlag, die Wirtschaftsbeziehungen zwischen Litauen und der Sowjetunion beizubehalten, bis sie durch neue bilaterale Verträge geregelt sein würden.[12] Der selbstbewußte Ton, den der Pianist und Musikwissenschaftler ausgerechnet in Wirtschaftsfragen anschlug, legt die Vermutung nahe, daß ihm westliche Ökonomen das Drehbuch geschrieben hatten. Zu den Besuchern, die sich Anfang 1990 in Vilnius aufhielten, gehörte auch der neoliberale Wirtschaftswissenschaftler Lawrence A. Summers. Der spätere Chefvolkswirt der Weltbank redete den Litauern sogar ein, wegen des im Vergleich zu Finnland niedrigen Lebensstandards Schadenersatzanforderungen gegenüber Moskau zu stellen.[13]

Die Vorschläge, die Landsbergis dem sowjetischen Staats- und Parteichef und dem Ministerpräsidenten machte, waren nicht so harmlos, wie sie klangen. Was sollte der Wunsch nach »intakten Wirtschaftsbeziehungen« heißen, nachdem die Gründung einer eigenen Staatsbank bereits angekündigt und ihr Chef am 13. März 1990 ernannt worden war? Bankfachleute aus den Vereinigten Staaten bereiteten längst die Einführung einer litauischen Währung vor. Im Sajudis-Büro hingen Anfang 1990 die ersten litauischen Banknoten aus – als Wandkalender. Von intakten Wirtschaftsbeziehungen konnte auch sonst nicht mehr die Rede sein. Seit der Verabschiedung des »Gesetzes über die wirtschaftliche Selbständigkeit« der litauischen, lettischen und der estnischen Unionsrepubliken im November 1989 hatte das Tauziehen zwischen der Moskauer Wirtschaftsverwaltung und den Vertretern der Republiken um Besitzrechte zu diversen Liefer- und Finanzblockaden geführt. »Einige große Industriebetriebe in Litauen erhalten aus Rußland schon lange nicht mehr genug Metall und Maschinenzubehör. Wir fürchten, daß die Blockade ausgeweitet wird. Die Hälfte der Produktion kann zusammenbrechen«, sagte Professor Kazimieras Antanavičius zwei Wochen nach der Proklamation der Unabhängigkeit. Der Vorsitzende der Parlamentskommission für Wirtschaftsreformen sah zwar in dieser Krise durchaus eine Chance für den Strukturwandel, aber dafür fehlten schlüssige Konzepte: »Sajudis hat es völlig versäumt, eine solide Vorbereitung für die wirtschaftliche Unabhängigkeit sicherzustellen. Bisher regiert der revolutionäre Enthusiasmus. Die

Mehrheit denkt nur an die Unabhängigkeit und stempelt alle anderen, die an die Folgen denken, zu Außenseitern ab.«[14] Die Wirtschaftslage Litauens, die bis dahin von der sowjetischen Produktions- und Preisstruktur profitiert hatte (Erdöl und Erdgas aus der RSFSR kosteten kaum etwas), verschlechterte sich im Frühjahr 1990 spürbar. Um so stärker war die Hoffnung auf »Nachbarschaftshilfe« aus dem Westen, die die EG und die USA Polen und Ungarn bereits im Herbst 1989 zugesagt hatten. Die Republik würde aufblühen wie Singapur und Südkorea, verkündeten die neuen Herren des Landes.

Das Weiße Haus reagierte noch am 11. März 1990 mit einem Appell an Moskau, den Willen der Bürger Litauens zu akzeptieren und mit der Regierung unverzüglich konstruktive Verhandlungen zu beginnen. Gorbatschow verhielt sich eher defensiv. Am 12. März bezeichnete er die litauische Deklaration als alarmierend, und am folgenden Tag verurteilte er sie als illegal und ungültig. Ein Konzept besaß er aber nach wie vor nicht. In Fragen der Innenpolitik wirkte er seit Wochen unschlüssig. Forderungen der demokratischen Opposition nach Einberufung eines Runden Tisches – die auf einer Massendemonstration in Moskau am 25. Februar laut geworden und von Innenminister Wadim Bakatin am 2. März im Politbüro aufgegriffen worden waren – tat Gorbatschow als »Unsinn« ab. »Das sind lauter Halunken [...] man kann ihnen nicht trauen und sich nicht an einen Tisch mit ihnen setzen!«[15] Wieso sollte er das auch? Er war dabei, sich als Präsident der UdSSR umfassende Vollmachten zu sichern. Der Sonderkongreß der Volksdeputierten wählte den Generalsekretär der KPdSU am 15. März 1990 mit 1329 Ja- gegen 495 Nein-Stimmen zum ersten Präsidenten der UdSSR und ermächtigte ihn, die Hoheitsrechte der UdSSR zu verteidigen.

Eine Woche später präsentierte General Warennikow, ein Stellvertreter des Verteidigungsministers, dem Politbüro ein Konzept »zum Problem Litauen«: Ausrufung des Notstandes, Stationierung von drei Regimentern, Isolierung der Führung in Vilnius und Einsetzung einer Marionettenregierung. Alle hießen den Plan gut, berichtet Tschernajew. Die beiden Perestrojka-Befürworter Alexander Jakowlew und Wadim Medwedew hüllten sich in Schweigen. Am darauffolgenden Tag verfügte Gorbatschow die Verstärkung von KGB-Truppen an den Grenzen Litauens. Mit einem Erlaß, der alle Litauer verpflichtete, Feuerwaffen bei den lokalen Dienststellen des sowjetischen Innenministeriums abzugeben, wollte Gorbatschow die Formierung einer nationalen Verteidigungsarmee verhindern.

Pläne zur Schaffung einer solchen Armee gab es tatsächlich. Anfang 1990 hatte Audrius Butkevičius, ein Mitglied der radikalen Kaunas-Fraktion von Sajudis, bereits 1200 erfahrene litauische Offiziere aus der Sowjetarmee und 2100 Grenzsoldaten rekrutiert. Butkevičius wurde der erste Verteidigungsminister der unabhängigen Republik Litauen. Ein paar Jahre später, als er Gast einer exklusiven Tagung der Konrad-Adenauer-Stiftung auf der Insel Wisby war, bestätigte er privat diese Details. Zum Verteidigungspotential Litauens gehörten auch die Feuerwaffen der über zehntausend Freizeitjäger. Die militärische Bedeutung von Jagdwaffen ist in US-amerikanischen Geheimdienstkreisen spätestens seit dem Vietnamkrieg bekannt und war auch Moskau nicht verborgen geblieben. Als im Frühjahr 1990 eine Viertelmillion Jagdpatronen aus Hamburg in Klaipeda eintraf, gab der sowjetische Zoll die Ladung nicht frei.

Als am 25. März um 7 Uhr morgens Putzfrauen die schweren Bronzetüren des ZK-Gebäudes in Vilnius öffneten, sprangen Fallschirmjäger aus parkenden Militärfahrzeugen und besetzten das Gelände. Die Einheit sei gekommen, erklärten moskautreue Kommunisten, »um unser Eigentum zu schützen«. Die Immobilien der KP, unter marktwirtschaftlichen Bedingungen echtes Kapital, waren zwischen den moskauunabhängigen und moskautreuen Kommunisten noch nicht aufgeteilt. Der sowjetischen Militärführung ging es bei der Einschüchterungsaktion allerdings offiziell nicht um Eigentumsrechte, sondern um »Deserteure« – also um litauische Wehrdienstflüchtlinge. Ihre Zahl war schnell auf über tausend angestiegen. Viele von ihnen suchten Schutz in Krankenhäusern und Kirchen. Aber nicht nur die Auflösung der Armee machte der sowjetischen Führung Sorgen. Der stellvertretende Verteidigungsminister General Warennikow erläuterte am 26. März in der ›Sowjetskaja Rossija‹: »Ich glaube, alle Kommunisten werden verhaftet. […] Wir haben auch Angaben, daß einige Gruppen, wie etwa die ›Waldbrüder‹, Waffenlager errichten. Wir werden sie ausfindig machen und die Waffen beschlagnahmen.«

Landsbergis heizte den Nervenkrieg weiter an. Nach der Besetzung des ZK-Gebäudes sagte er vor Journalisten, alle Frauen sollten zu Hause bleiben, die eingesetzten Soldaten seien professionelle Mörder. Sie hätten offenbar die Erlaubnis erhalten, Gewalt anzuwenden. Hinter den schneidigen Tönen des vormals stillen Čiurlionis-Experten steckte nicht nur das Selbstbewußtsein eines Politikers, der von sich sagen konnte, niemals etwas mit den Kommunisten zu tun gehabt zu haben. Er hatte den Westen auf seiner Seite. Für jeden Besucher erkennbar, regierte im Parlamentsgebäude in Vilnius ein ferngesteuerter Stab. Die Pressekonferenzen waren von perfekt englisch und recht gut litauisch sprechenden jungen Assistenten professionell vorbereitet, die Unterrichtung der westlichen Öffentlichkeit ließ nichts zu wünschen übrig. Landsbergis machte die Außenpolitik und die Außenbeziehungen zur Chefsache. Er verbrachte einen Großteil seiner Zeit mit Besuchern aus dem Westen, die ihm dafür eine immense Popularität verschafften. Doch während westliche Journalisten den Parlamentspräsidenten als einen Intellektuellen feierten, der die Moral in die Politik zurückgebracht habe, reagierten Mitglieder der US-Administration auf die Amateure in Vilnius zunächst mit Vorsicht.[16]

Am 31. März 1990 wandte sich Gorbatschow in einer Fernsehansprache direkt an das Parlament und an die Bürger Litauens. Er beklagte den »offenen konfrontativen Kurs« der Führung. Diese weigere sich, auf die »Stimmen der Vernunft« zu hören, mißachte demonstrativ die sowjetische Verfassung und beleidige die UdSSR. Auch mit Gegenmaßnahmen drohte Gorbatschow: Sie könnten wirtschaftlicher und administrativer Natur sein, womit er indirekt auf Grenzrevisionen anspielte. Landsbergis konterte postwendend: Gorbatschow spreche Drohungen aus, anstatt auf die »Stimmen der Welt« zu hören. Er selbst hörte auf Stimmen aus den USA, die ihm klarmachten, daß nur ein nicht kommunistisches Litauen auf Anerkennung und finanzielle Unterstützung hoffen konnte. Daher mußte sich jeder Kandidat auf einen Ministerposten einer stundenlangen Anhörung unterziehen. Die Befragung nahm mitunter inquisitorische Züge an.[17]

Knapp zwei Wochen nach seiner Fernsehansprache stellte Gorbatschow das erste konkrete Ultimatum. Am 13. April 1990, die Litauer begingen den Karfreitag, verlangte er die Rücknahme der seit der Unabhängigkeitserklärung vom 11. März verabschiedeten Gesetze und Verordnungen binnen zwei Tagen, ansonsten würde die Lieferung von Produkten eingestellt, die auf dem Weltmarkt für konvertierbare Währung verkauft werden könnten. Jeder wußte, daß damit Erdöl und andere Rohstoffe gemeint waren. Landsbergis spottete: »Ein unerwartetes Ostergeschenk von unseren Freunden. Sie wissen genau, daß wir in den nächsten beiden Tagen keine Entscheidungen treffen werden.« Am Ostermontag setzte sich die litauische Führung zu einer Sonderkonferenz zusammen. Ministerpräsidentin Kazimiera Prunskiene signalisierte anschließend Entgegenkommen: »Es sind konkrete Forderungen an uns geschickt worden im Zusammenhang mit den Entscheidungen zum Wehrdienst, den Rechten der sowjetischen Bürger in Litauen und dem Besitz der sowjetischen KP. In all diesen Fragen sind wir nicht nur gesprächs-, sondern auch kompromißbereit.«[18] »Wir« – das waren die weitgereiste, sprachkundige Volkswirtin selbst, die am 17. März aus der KP ausgetreten war, und ihr Stellvertreter, der populäre Reformkommunist Algirdas Brasauskas. Landsbergis aber dachte anders, und er konnte sich dabei auf eine von antikommunistischen und nationalistischen Abgeordneten aus Kaunas geführte Fraktion im Parlament stützen, die zunehmend an Einfluß gewann. Am 18. April beschloß das Parlament, eine Delegation nach Moskau zu entsenden, »um vorerst die Bedingungen für Verhandlungen« zu klären.

Schon um das Gesicht zu wahren, blieb Moskau gar nichts anderes übrig, als die Öllieferungen nach Litauen zu stoppen. Die unmittelbaren Konsequenzen sahen genauso aus wie bei jeder Wirtschaftsblockade: Die Bevölkerung hatte zu leiden, der Schwarzhandel mit Benzin boomte, Betriebe mußten die Produktion drosseln. Glücklicherweise war der Winter schon vorbei, so daß niemand frieren mußte, und das Atomkraftwerk in Ignalina lieferte genug Strom. Aber in den Krankenhäusern waren die Zimmer kalt, Operationen mußten verschoben werden, Kranke wurden nach Hause geschickt. Minister Juozas Olekas sagte Ende April: »In Kürze wird unsere Lage kritisch sein. Vor allem fehlen Antibiotika und Insulin. Wir wollen nächste Woche mit einem Flugzeug aus Warschau Medikamente abholen, die uns die USA und Österreich angeboten haben.«

In den Geschäften fehlten vor allem Zucker, Wodka und Waschpulver. Aber das alles – und manches andere – war schon vor der Blockade nur gegen Bezugsscheine zu haben gewesen. Ende April wurden auch andere Waren knapp, denn viele Litauer häuften Vorräte an. Ausländern gegenüber erklärten sie heroisch: »Für unsere Freiheit wären wir auch bereit zu hungern.« Die Gefahr bestand freilich nicht. Schon vor der Blockade hatte Litauen die regulären Fleischlieferungen nach Moskau und Leningrad gestoppt. So blieben Fleisch- und Milchprodukte im Lande. Außerdem waren – noch ehe die Blockade in Kraft trat – Vorkehrungen getroffen worden, um sie zu unterlaufen. Anatolij Sobtschak, Leningrads reformorientierter Oberbürgermeister, sagte damals zu einem russischen Journalisten in Moskau: »Wir zum Beispiel haben [...] mit Prunskiene vereinbart, daß Litauen und Leningrad in direkte Wirtschaftsbeziehungen treten.«[19] Für viele litauische Waren ließen sich überall in Rußland und den zentralasiatischen Republiken zahlungskräftige oder tauschwillige Abnehmer finden. Moskaus Macht wurde auch dort untergraben, wo direkte Geschäftskontakte nicht zustande kamen. Liudvikas Miskins, Generaldirektor des Papierkombinats Grigiškes, sagte Anfang Mai: »Unsere Abnehmer rufen schon an, ihnen fehlen Packpapier, Furnier oder Zigarettenfilter. Sie sollen sich gefälligst an Moskau wenden, ist unsere Antwort.«[20] Und Moskau wandte sich an den Westen. Aus Dankbarkeit für den Zugang zu den Märkten in Osteuropa und in der Hoffnung auf Moskaus Zustimmung zu Deutschlands Wiedervereinigung als NATO-Staat bekam Gorbatschow Lebensmittelhilfe sowie Warenkredite in Milliardenhöhe und konnte zum Beispiel mit dem Import von Zigaretten Schadensbegrenzung betreiben.

Während Prunskiene und Brasauskas ihre Kräfte auf die Wirtschaft konzentrierten, um Chaos und einen Kollaps zu verhindern, forderte Landsbergis die USA auf, seinem Land bei der Verteidigung der Freiheit zu helfen. Doch George Bush war der Meinung, die Litauer gingen übereilt vor, und lehnte Sanktionen gegen Gorbatschow ab. Dessen politisches Überleben hatte zu diesem Zeitpunkt auch für Bonn und Paris Priorität. Die 2+4-Verhandlungen über die deutsche Vereinigung und die NATO-Mitgliedschaft des neuen Deutschland sollten Anfang Mai beginnen. Der französische Präsident Mitterrand und Bundeskanzler Kohl legten Landsbergis in einem Brief vom 26. April eindringlich nahe, die juristisch und politisch komplizierte Situation in direkten Gesprächen mit der UdSSR zu klären. Um die Diskussion zu erleichtern, sollte Litauen vorübergehend auf die Umsetzung der Unabhängigkeitserklärung verzichten. Die Idee eines Moratoriums stammte aus Washington und war mit Gorbatschow abgestimmt worden, der sogar andeutete, daß Litauen in zwei Jahren unabhängig werden könne.

Landsbergis zog es jedoch vor, Boris Jelzin, den frischgewählten Parlamentspräsidenten der RSFSR, zu konsultieren, der ankündigte, daß auch Rußland in Kürze seine Souveränität proklamieren werde. Die Parlamentsmehrheit in Vilnius stand hinter Landsbergis und glaubte, daß die Zeit für Litauen arbeite und die Sowjetunion sich bis Ende 1990 auflösen werde. Daher gebe es keinen Grund mehr, mit Gorbatschow zu verhandeln. Die tonangebenden Patrioten im Parlament bezeichneten die Empfehlungen von Prunskiene und Brasauskas, mit Moskau einen Dialog zu führen, als Verrat. Die Wirtschaft trat hingegen für ein pragmatisches Vorgehen ein, denn die Betriebe und die Bevölkerung bekamen die Konsequenzen der Blockade, so vor allem den starken Preisanstieg, direkt zu spüren. Privilegierte Sajudis-Abgeordnete bauten auf westliche Unterstützung. Erst als die Popularität von Landsbergis zu bröckeln begann, änderte er seine Taktik. Regierungschefin Kazimiera Prunskiene durfte am 17. Mai nach Moskau fliegen, aber erst am 26. Juni machte sich Landsbergis selbst auf den Weg, um Gorbatschow zu treffen. Unmittelbar danach erklärte er vor dem Obersten Rat, daß die sowjetische Führung etwas mehr Verständnis für Litauen gezeigt habe, der aktuelle Konfrontationskurs könne deshalb geändert werden. Am 29. Juni billigten die Abgeordneten nach einer heftigen Debatte mit 61 Ja- gegen 35 Nein-Stimmen das Moratorium für 100 Tage sowie die Aufnahme von Verhandlungen mit Moskau. Binnen 24 Stunden floß wieder Öl aus dem benachbarten Weißrußland, und kurz darauf wurde die Blockade ganz aufgehoben.[21]

Am 9. Juli 1990 ernannte der sowjetische Präsident eine Kommission für die Verhandlungen mit Litauen, deren Leitung er Regierungschef Ryschkow übertrug. Eine gute Woche später lud Gorbatschow Landsbergis und Prunskiene zusammen mit den Parlamentspräsidenten Estlands und Lettlands zu einer gemeinsamen Sitzung des Präsidial- und Föderationsrates ein. Die beiden anderen baltischen Republiken, die einen weitaus größeren russischen Bevölkerungsanteil als Litauen hatten, verkündeten am 30. März beziehungsweise 4. Mai ebenso entschieden wie vorsichtig den »Beginn einer Übergangsperiode zur Unabhängigkeit«. Estland und Lettland hatten aber nur einige Artikel ihrer Verfassungen aus der Zwischenkriegszeit wieder in Kraft gesetzt, während Litauen bis auf wenige Artikel demonstrativ auf die alte Verfassung aus der Unabhängigkeitszeit zurückgegriffen hatte. Estland und Lettland hatten mit ihren Entscheidungen nicht von vornherein das vom Obersten Sowjet der UdSSR am 3. April 1990 verabschiedete Gesetz mißachtet, das für den Austritt von Republiken eine Regelung vorsah, wenn auch eine sehr langwierige.

Auf Gorbatschows Einladung kamen nur aus Tallinn und Riga positive Signale. Er rief in Vilnius an: »Was meint Vytautas? – Wenn Ihr nicht kommt, dann seid gewiß, daß es überhaupt keine Verhandlungen mehr geben wird.« Auch der Vorsitzende des Föderationsrates, Jewgenij Primakow, und der Parlamentspräsident Estlands, Arnold Rüütel, drängten Prunskiene, sie solle Landsbergis überzeugen. Dieser hingegen lehnte die Einladung ab und versuchte, auch die anderen baltischen Vertreter zu überreden, nicht nach Moskau zu fliegen. Nach einem Anruf von Primakow war Landsbergis dann immerhin bereit, Prunskiene fahren zu lassen, »wenn es denn so wichtig ist«. In ihren Stellungnahmen betonte die Ministerpräsidentin am 20. Juli in Moskau, »daß wir nicht in der Union, sondern mit der Union verhandeln«. Gorbatschow antwortete ihr: »Suchen wir eine Definition für das ›mit‹. Warum verhandelt ihr nicht? Laßt uns verhandeln!«[22]

Die Suche nach einem neuen Rahmen stuften die Fundamentalisten unter den Sowjetologen als Täuschungsmanöver ein. Sie waren über Gorbatschows fehlende Bereitschaft, »den baltischen Nationen volle Gerechtigkeit zuteil werden lassen« (so Boris Meissner), enttäuscht und empört. Die Freigabe des Baltikums war jedoch für Moskau aus historischen, geographischen und militärischen Gründen wesentlich komplizierter als der Rückzug aus Osteuropa. Gorbatschow rechnete mit zwei Jahren und verlangte lediglich, daß Litauen zunächst davon absehen sollte, eigenmächtig vorzupreschen. Auch Zbigniew Brzezinski, gewiß kein Advokat des zaristisch-kommunistischen Imperiums, meinte Ende 1989, die Auflösung der krisengeschüttelten Sowjetunion sollte in geordneten Bahnen erfolgen. Dafür stünden verschiedene Modelle zwischen Konföderation und Commonwealth zur Verfügung. Um den gefährlichen Herausforderungen eines post-kommunistischen Nationalismus der nichtrussischen Völker zu begegnen, forderte Brzezinski die Auflösung des unionsweiten Machtmonopols der KPdSU und die Unterstützung »demokratischer Nationalbewegungen in der Sowjetunion« durch den Westen.[23] Probaltische Publizisten lasen aus Brzezinskis Vision die Verpflichtung des Westens heraus, »sowohl die baltischen Unabhängigkeitsbewegungen finanziell zu unterstützen als auch die Sowjetunion durch das Versprechen wirtschaftlicher Unterstützung zu motivieren, ihre inneren Strukturen auf einen echten Staatenbund zu reformieren«.[24]

Als die litauische Regierungschefin Anfang Oktober 1990 Gorbatschow daran erinnerte, was dieser im Juli gesagt hatte, erwiderte der Präsident resolut: »Das war eine andere Zeit. Das galt nur bis zum Beginn einer neuen Ära.« Gorbatschow bat die Litauer nicht mehr, mit ihm zu verhandeln. Die neue Ära begann mit der Souveränitätserklärung der RSFSR am 12. Juni 1990. Der Präsident des russischen Parlaments, Boris Jelzin, und der Ministerpräsident, Iwan Silajew, bemühten sich sofort, mit anderen Sowjetrepubliken Kooperationsabkommen zu schließen. Die russische Führung demonstrierte damit, daß sie zum sowjetischen Zentrum auf Distanz ging. Ende Juli besiegelten die RSFSR, Estland, Lettland und Litauen die gegenseitige Anerkennung ihrer Souveränität. Jelzins besonderes Interesse galt Litauen. Er hatte nicht nur die Wirtschaftsblockade der sowjetischen Regierung verurteilt, sondern auch Maßnahmen unterstützt, die Landsbergis geholfen hatten, gegenüber Moskau hart zu bleiben. Die Sajudis-Führung hatte diese Gelegenheit genutzt und ihrerseits auf die radikalen Kräfte unter den russischen Demokraten gesetzt. Die beiden Republiken handelten Anfang August in aller Eile einen Wirtschaftsvertrag aus. Die am 16. August 1990 unterzeichnete Vereinbarung garantierte für 1991 Güterlieferungen auf dem Niveau von 1990.[25] Dafür mußte die russische Regierung aber erst einmal die Verfügungsgewalt über Ressourcen wie Erdöl, Kohle, Gas und Metalle an sich reißen. Unter Jelzins Führung hatte das Parlamentspräsidium am 10. August schnell eine entsprechende Deklaration ausgegeben. »Schlichtweg illegal«, donnerte Gorbatschow, während Ryschkow betonte, daß seine Regierung mindestens über zwanzig Prozent der Ressourcen auf russischem Boden verfügen müsse, um die Versorgung staatlicher Einrichtungen und die Erfüllung internationaler Verträge zu garantieren.

Das ZK-Sekretariat faßte am 29. August 1990 den erst im darauffolgenden Januar bekannt gewordenen Beschluß, organisatorische Vorkehrungen zu treffen, »um Führer verschiedener nationalistischer und antisowjetischer Formationen [...] zur Verantwortung zu ziehen. Zu diesem Zweck ist die Arbeit von Staatsanwaltschaft, Innenministerium, KGB und Oberstem Gericht zu koordinieren und eine operative Untersuchungsgruppe nach Litauen zu entsenden«. Die Staats- und Rechtsabteilung des Zentralkomitees sollte diese Aufgabe übernehmen und »zusammen mit dem KGB die Bitte der litauischen KP erörtern, in der Parteiorganisation der Republik die Kommunisten des Militärverbandes zu registrieren, der aus Mitarbeitern des KGB gegründet worden ist«.[26] So klar darin die Absicht der sowjetischen Führung zum Ausdruck kam, »die baltischen Staaten in das Imperium zurückzuholen«, um die völlige Demontage der Sowjetmacht und – wie es in den geheimen Unterlagen hieß – »die Restauration der totalitären bourgeoisen Diktatur in Litauen« zu verhindern[27], so wenig kann man von einem entschiedenen Handeln als direkter Folge des ZK-Beschlusses sprechen. Zu dem Versuch, im Baltikum moskautreue Kommunisten mit Waffengewalt wieder an die Macht zu bringen, kam es erst, nachdem der Druck auf Gorbatschow extern wie intern massiv zugenommen hatte.

Am 12. September 1990 unterzeichneten die vier Alliierten, die BRD und die DDR den Deutschland-Vertrag in Moskau. Gorbatschow hatte bereits Mitte Juli seinen Widerstand gegen die NATO-Mitgliedschaft des wiedervereinigten Deutschlands aufgegeben und dem schnellen Rückzug der Roten Armee aus Ostdeutschland zugestimmt. Nach einem Treffen mit den Militärdeputierten Mitte November sagte ein radikaler russischer Oberst aus Lettland, der Präsident habe damit die »Armee verloren«. Nach Saddam Husseins Überfall auf Kuwait am 2. August 1990 mußte Moskau, wollte es die gute Zusammenarbeit mit dem Westen fortsetzen, die alten freundschaftlichen Beziehungen zum Irak aufgeben, was die Polarisierung in der sowjetischen Führung verschärfte. Hinzu kam, daß sich die Absetzbewegung der Sowjetrepubliken von der Zentralmacht beschleunigte. Vier Tage nach der RSFSR, am 16. Juni, erklärte auch die Ukraine ihre Souveränität. Ende August verkündete der Oberste Sowjet Armeniens den Beginn eines Übergangsprozesses zur staatlichen Unabhängigkeit und erklärte den Ausnahmezustand. Bei den georgischen Parlamentswahlen Ende Oktober gewann die Opposition unter Swiad Gamsachurdia 54 Prozent der Stimmen, die Kommunistische Partei kam lediglich auf 29 Prozent. Am 4. Oktober wurde in Litauen die KP verboten. Im gleichen Monat begannen die baltischen Staaten, Zollgrenzen und ein unabhängiges Bankensystem aufzubauen. Der zunehmende regionale Separatismus und Panikkäufe verschärften die Wirtschaftskrise. Schließlich hatten nach den Republiks- und Kommunalwahlen prominente Demokraten neue Ämter auf regionaler Ebene übernommen und ihre Kräfte nicht mehr auf die Politik des Zentrums konzentriert. Im Volksdeputierten-Kongreß und hinter den Kremlkulissen formierten sich dagegen Reaktionäre und hohe Militärs, um die Integrität der Sowjetunion (notfalls auch mit Gewalt) zu verteidigen.

Gorbatschow, von der Fülle der ihn bedrängenden Probleme überfordert, präsentierte im November 1990 einen Entwurf für einen Unionsvertrag zur Neuordnung der Machtverteilung zwischen der Zentrale und den Unionsrepubliken und übernahm weitere Vollmachten, um »die Ordnung wiederherstellen« zu können. Ende des Monats erklärte Verteidigungsminister Dmitrij Jasow im sowjetischen Fernsehen, der Präsident habe die Streitkräfte ermächtigt, in den abtrünnigen Republiken mit Vorbereitungen zum Schutz von militärischen Objekten und von Armeeangehörigen zu beginnen. Außenminister Eduard Schewardnadse verkündete am 20. Dezember in einer dramatischen Rede vor dem Parlament seinen Rücktritt – er wollte mit diesem weltweit beachteten Schritt vor Diktatur und Gewalt warnen. Die drei baltischen Republiken deuteten diese Ereignisse als klare Signale für eine bevorstehende »neue Okkupation«. In Litauen weitete sich die Diskussion über einen bewaffneten Widerstand aus, aber die Führung favorisierte offiziell noch den passiven Widerstand.

Anfang Januar 1991 trafen in Litauen, Lettland, Estland, Georgien, Moldawien und der Westukraine sowjetische Luftlandeeinheiten ein. Es waren jene Republiken, in denen die Rote Armee offen als Besatzungsmacht bezeichnet wurde. Die Zahl der Wehrpflichtigen, die in den Randzonen des Imperiums dem Einberufungsbefehl folgten, hatte 1990 lediglich bei zehn Prozent gelegen. Der Einsatz der Fallschirmjäger zur Ergreifung von Wehrpflichtigen diente dennoch nur als Vorwand. In Vilnius und Riga besetzten die Schwarzen Baretts Presse- und Parteigebäude. Moskautreue Kommunisten bildeten sogenannte »Nationale Rettungskomitees« und forderten die Ausrufung des Notstandes durch den sowjetischen Präsidenten. Als Begründung führten sie in Vilnius die bevorstehende Erhöhung der Lebensmittelpreise an, die den Beginn marktwirtschaftlicher Reformen einläutete. In Riga, wo es eine russische Bevölkerungsmehrheit gab, beanstandeten sie einen Plan der nationalistischen Kräfte, nur jenen Familien die echte Bürgerschaft zuzuerkennen, die seit mindestens 40 Jahren in Lettland lebten. Für böses Blut sorgte auch die Entscheidung des lettischen Parlaments im November 1990, die in der Republik stationierten Einheiten der Roten Armee nicht mehr mit Lebensmitteln zu versorgen.

Obwohl die Preisreform in allen drei baltischen Staaten auf der Tagesordnung stand, kam es nur in Vilnius zu Massendemonstrationen. Am 8. Januar forderten vor dem Parlamentsgebäude Redner aus der Reihe der Kommunisten den Rücktritt der Regierung; im Parlament taten dies die Rechten, angeführt von Antanas Terleckas. Der militante Anführer der Litauischen Freiheitsliga sah endlich die Stunde gekommen, die Regierung davonzujagen. Landsbergis schlug sich nun offen auf die Seite von Prunskienes Gegnern. Zuvor hatte er den Vorschlag der Regierungschefin abgelehnt, die Notwendigkeit der Preisreform im Fernsehen gemeinsam mit ihr zu erläutern; statt dessen wies Landsbergis in einer Rundfunkansprache »auf das merkwürdige Zusammentreffen zwischen der bedrohlichen sowjetischen Militärpräsenz und der drastischen Preiserhöhung« hin. Die Rechten im Parlament fühlten sich ermutigt und beschuldigten Prunskiene am 8. Januar offen, die Krise bewußt provoziert zu haben. Der Haß auf die erfolgreiche Reformkommunistin war stärker als die Sehnsucht nach der Marktwirtschaft. Die Preiserhöhung wurde kurzerhand abgeblasen. Außerdem änderten die Abgeordneten binnen einer Stunde die Verfassung. Mit 108 Ja-Stimmen und einer Gegenstimme wurde beschlossen, daß der Premierminister mit einer einfachen Mehrheit gestürzt werden konnte; zuvor war eine Zweidrittelmehrheit erforderlich gewesen. Prunskiene, die gerade aus Moskau zurückgekehrt war, erklärte daraufhin ihren sofortigen Rücktritt, nachdem sie noch von ihrem Gespräch mit Gorbatschow und über ihre vergebliche Bitte an den Präsidenten der UdSSR, den Aktionen der Roten Armee Einhalt zu gebieten, berichtet hatte. Nur den letzten Satz Gorbatschows behielt sie für sich: »Fahrt nach Hause und sorgt für Ordnung, damit ich nicht gezwungen bin, es selbst zu tun.«[28]

Am 10. Januar stellte Gorbatschow dem Parlament in Vilnius ein letztes Ultimatum: Litauen solle die Verfassung der UdSSR und die eigene als eine Unionsrepublik respektieren, sonst müsse es mit Konsequenzen rechnen. Landsbergis lehnte ab. Inzwischen trafen zwei stellvertretende Verteidigungsminister, Walentin Warennikow und Wladislaw Atschalow, aus Moskau heimlich in Vilnius ein. KGB-Chef Krjutschkow entsandte 65 Männer seiner Spezialeinheit Alpha unter dem Kommando von Oberst Golowatow. Am 11. Januar erklärte das prosowjetische Nationale Rettungskomitee in Vilnius die Machtübernahme. Am selben Tag starteten die Einheiten von Armee, Innenministerium und KGB einen ersten Angriff auf das Haus der Presse. Nachdem dies bekannt geworden war, strömten zahlreiche Litauer zum Fernsehturm und zum Parlament. Landsbergis, der mittlerweile den bewaffneten Widerstand befürwortete, nahm zusammen mit einem katholischen Priester an der Vereidigung von Freiwilligen teil, die ihren Eid auf die litauische Verfassung leisteten und schworen, das Parlament bis zum letzten Tropfen Blut zu verteidigen. Allerdings versuchte er auch, Gorbatschow telefonisch zu erreichen, nunmehr vergeblich.[29] Bürger und Barrikaden versperrten das Parlamentsgebäude und seine Zugänge. Landsbergis und viele nationalistische Abgeordnete hatten ihr Quartier ins Parlamentsgebäude verlegt, wo bewaffnete Leibwächter und Wachmannschaften ihre Sicherheit gewährleisten sollten. Es herrschte ein gespenstischer Belagerungszustand. Westlichen Journalisten wurde nach mehrfachen Kontrollen Einlaß gewährt.

In der Nacht vom 12. auf den 13. Januar setzten Panzer und Paramilitärs zum Sturm auf den Fernsehturm an, um den Bürger eine lebende Mauer gebildet hatten, während litauische Miliztruppen die Studios bewachten. Sie befürchteten zwar einen Angriff, doch niemand glaubte, daß sich das Massaker von Tiflis wiederholen würde. Doch die Panzer fuhren mit voller Geschwindigkeit in die Menge und zermalmten mehrere Menschen unter ihren Ketten. Andere wurden von Schüssen tödlich getroffen. Die Soldaten der Luftlandetruppen feuerten Dum-Dum-Geschosse in die Menge, obwohl der Gebrauch solcher Munition international geächtet ist.

Der Angriff traf die litauischen Behörden nicht so unvorbereitet wie die Bürger. Das Gesundheitsministerium hatte schon Tage zuvor einen Sonderstab eingesetzt, der einen Rettungsplan erstellte. So gab es genügend Plätze in den Krankenhäusern, und die Ärzte waren in Alarmbereitschaft. »Wir haben sofort operiert«, sagte Doktor Norkunas im Universitätskrankenhaus. 164 Frauen und Männer wurden verletzt, 26 von ihnen schwer. Sergej, ein 25jähriger Russe, war nach eineinhalb Jahren Kriegsdienst in Afghanistan unversehrt zurückgekommen. Jetzt hatte ein Dum-Dum-Geschoß sein Bein getroffen.[30]

Vierzehn Tote wurden im Sportpalast aufgebahrt. Mehrere tausend Litauer kamen, um von den Opfern Abschied zu nehmen. Eine Informationsblockade nach dem Modell des Golfkrieges konnte Moskau nicht durchsetzen. Die westlichen Medien waren trotz Reisebeschränkungen präsent. Bilder und Berichte vom »Blutsonntag« gingen um die Welt. Die Schlagzeilen ramponierten Gorbatschows Ansehen. Boris Jelzin nutzte die Gunst der Stunde. Er appellierte an die russischen Soldaten in der Sowjetarmee, nicht die Waffen gegen Sowjetbürger zu richten. Das moskauhörige Nationale Rettungskomitee konnte zwar Jelzins Landung in Vilnius verhindern, aber er traf noch am 13. Januar in Tallinn ein. Dort verurteilte der russische Präsident den illegalen Gewalteinsatz und unterzeichnete mit den Präsidenten Estlands, Arnold Rüütel, und Lettlands, Anatolis Gorbunow, eine gemeinsame Erklärung, zu der Landsbergis seine Unterschrift per Telefax beisteuerte: »Lettland, Litauen, die Russische Föderation und Estland bestätigen ihre Entschlossenheit, die Beziehungen ihrer Staaten auf der Grundlage der Prinzipien der Souveränität und des internationalen Rechts zu entwickeln.« Die Staaten sicherten einander konkrete Unterstützung bei jedem Angriff auf ihre Autonomie zu und appellierten an die westlichen Regierungen, das Blutvergießen zu verurteilen.

Zurück in Moskau, kündigte Jelzin an, daß die KGB-Organe auf russischem Territorium dem Obersten Sowjet der RSFSR unterstellt würden, und fügte hinzu: »Wir kommen immer häufiger zu dem Schluß [...], daß wir unsere Souveränität ohne eine eigene russische Armee nicht verteidigen können.« Mit geballten Fäusten reagierte Gorbatschow im sowjetischen Parlament auf den »politisch durchdachten Konfrontationsakt«: Jelzins Erklärung sei eine grobe Verletzung der Verfassung der UdSSR und eine Herausforderung der Zentralmacht. Der russische Präsident müsse das zurücknehmen. Er selbst nahm nichts zurück und schob die Verantwortung auf andere: Das Nationale Rettungskomitee habe den sowjetischen Militärkommandanten in Litauen, Generalmajor Wladimir Uschchonik, um Schutz gebeten: »Die Form des Schutzes wurde vom Kommandanten gewählt.« Was passiert sei, »wollen wir nicht und wollten wir nicht. Alles begann im März des vergangenen Jahres, als der Oberste Sowjet Litauens [...] die Verfassung der UdSSR auf dem Territorium Litauens außer Kraft setzte. Damals wurde ein regelrechter Coup gegen die Verfassung durchgesetzt.«[31]

Für Gorbatschow handelte es sich nach dieser Logik lediglich um einen Gegencoup mit der Folge, daß sich niemand vor Gericht verantworten mußte. Hingegen wollte der Präsident die Pressefreiheit einschränken. Sein Vorschlag scheiterte allerdings am 16. Januar im Obersten Sowjet. Am Tag zuvor hatte das prokommunistische Nationale Rettungskomitee in Riga die Machtübernahme verkündet. Zu seiner Unterstützung stürmten die Schwarzen Baretts des sowjetischen Innenministeriums am 20. Januar das Innenministerium in Riga. Mindestens vier Menschen starben. In Moskau protestierten mehr als 100000 Demonstranten gegen die Gewaltmaßnahmen im Baltikum. Das zweistündige Treffen Gorbatschows am nächsten Tag mit dem lettischen Präsidenten Gorbunow verlief nach den Worten des letzteren »konstruktiv«. In Estland nahm die Entwicklung einen friedlichen Verlauf.

Der Putschversuch im Baltikum fiel mit den Vorbereitungen der Operation »Wüstensturm« gegen den Irak zusammen. Einiges spricht dafür, daß Gorbatschow für die Zustimmung zum Golf-Krieg die mehr oder weniger stillschweigende Duldung seiner Baltikum-Politik erwartete. Denn es war George Bush, der ihn umworben hatte, vom Irak, dem alten Verbündeten und starken Wirtschaftspartner der Sowjetunion, abzurücken. Der US-Präsident schlug ein Treffen vor und eröffnete die Begegnung am 9. September 1990 in Helsinki mit einer Charme-Offensive: »Herr Gorbatschow, kann ich Sie einfach Michail nennen?« – »Aber natürlich, George«, antwortete Gorbatschow begeistert, stand auf und umarmte den Präsidenten.[32] Nach einem langen Meinungsaustausch hielten die neuen Duzfreunde in einem Dokument fest, daß Saddam Hussein in seine Schranken verwiesen werden müsse. Die Sowjetunion mußte für ihr kooperatives Verhalten erhebliche materielle Verluste in Kauf nehmen. Aber Gorbatschow rechnete offenbar mit einer moralischen und materiellen Unterstützung für den Erhalt der Sowjetunion.

Litauen sei für die UdSSR wichtiger als Grenada oder Panama für die USA, argumentierten in Moskau einige Außenpolitiker nach dem »Blutsonntag«.[33] Versuche, das Vorgehen in Litauen mit Vergleichen zu ähnlichen Militäraktionen der USA zu rechtfertigen, gab es auch seitens des Militärs.[34] Der »Einsatz der Armee zur eigenen Verteidigung gegenüber der in Litauen herrschenden bourgeoisen Diktatur« (Verteidigungsminister Jasow) wurde allerdings bei weitem nicht mit der »chirurgischen Präzision« (Ronald Reagan) ausgeführt, mit welcher Washington im Oktober 1983 in Grenada die dortige Regierung, die sich den amerikanischen Herrschaftsansprüchen entziehen wollte, zur Rückkehr in die US-Einflußsphäre gezwungen hatte.[35] In Panama waren Ende Dezember 1989 auf George Bushs Befehl 30 000 Mann und modernste Technik im Einsatz. Die US-Intervention wurde von einer gezielten Desinformations-Politik und kompletter Kontrolle der Medien begleitet.[36] Der sowjetische Präsident handelte weniger entschieden und war anschließend nicht bereit, die Verantwortung zu übernehmen. So kam er unter Beschuß von allen Seiten, von den Militärs ebenso wie von den Demokraten. Die einen warfen ihm Unentschlossenheit und Inkompetenz vor, die anderen beschimpften ihn als Mörder. Und vor der ganzen Welt stand er als Politiker da, der seine eigenen Prinzipien verraten hatte.

Als Reaktion auf die Ereignisse im Baltikum stoppte die EG ihre Lebensmittelhilfe an die Sowjetunion im Wert von einer Milliarde US-Dollar. Der amerikanische Präsident kündigte am 6. Februar 1991 an, Medikamente im Wert von fünf Millionen US-Dollar direkt an die baltischen Republiken und in die Ukraine zu schicken. Gorbatschows Chancen, mit einem neuen Unionsvertrag die Sowjetunion zu retten, waren nach den Putschversuchen im Baltikum weiter gesunken. Das litauische Parlament suchte sein Heil in einem Volksentscheid. Auf die Frage: »Sind Sie dafür, daß der litauische Staat eine unabhängige demokratische Republik werden soll?« antworteten am 9. Februar 84,7 Prozent der stimmberechtigten Bürger mit 90,5 Prozent Zustimmung. Sechs Monate später, nach dem Putschversuch gegen Gorbatschow im August 1991, erklärten Estland und Lettland ihre Unabhängigkeit. Litauen bestätigte seine Unabhängigkeitserklärung vom 11. März 1990.

Der Machtkampf zwischen Boris Jelzin und Michail Gorbatschow

Nachdem Boris Jelzin am 29. Mai 1990 zum Vorsitzenden des Obersten Sowjet der RSFSR gewählt worden war, ging er in seine neuen Amtsräume. Das Arbeitszimmer im Weißen Haus an der Moskwa, prunkvoll wie ein Ballsaal, versetzte seinen Referenten Lew Suchanow in Begeisterung: »Schauen Sie, Boris Nikolajewitsch, was Sie da übernehmen!« Jelzin, der schon etliche feudale Büros zu Gesicht bekommen hatte, war von den Dimensionen und der Opulenz des Raumes ebenfalls angetan. Er überlegte ein wenig: »Na schön – und was weiter? Hätten wir doch nicht nur dieses Kabinett, sondern ganz Rußland übernommen.«[37]

Seine Karriere hatte Jelzin schon vorher des öfteren mit theatralischen Effekten vorangetrieben, bis sie im November 1987 einen dramatischen Höhepunkt erreichte. »Geboren wurde ich«, schrieb Jelzin, »am 1. Februar 1931 im Dorf Butka, das im Bezirk Taliza des Gebiets Swerdlowsk liegt. Meine sämtlichen Vorfahren lebten dort als Bauern. [...] Meine Kindheit war sehr hart. Es gab nichts zu essen, denn wir hatten furchtbare Mißernten. Alle wurden in die Kolchose getrieben, die Kollektivierung war im vollen Gange. Außerdem zogen Banden umher, und fast täglich gab es Schießereien, Mord und Diebstahl. [...] Mein Vater [...] hatte wie mein Großvater einen harten Charakter. Wahrscheinlich habe ich ihn geerbt. [...] Nicht nur einmal stand ich kurz davor, die Schule unfreiwillig zu verlassen. All die Jahre hindurch war ich der Anführer, der immer etwas aushecktе.«[38] Dennoch gelang es ihm, das Abitur und die Aufnahmeprüfung an der Fakultät für Bauwesen der Polytechnischen Hochschule in Swerdlowsk zu bestehen. Für Politik schien er sich während der Studentenzeit nicht zu interessieren. Seine Leidenschaft galt dem Volleyball. Dazu kamen andere sportliche Aktivitäten: Langlauf, Zehnkampf, Boxen und Ringkampf. Erst mit 30 Jahren trat er der KPdSU bei. Wenig später begann seine Karriere. Im Jahre 1963 wurde er Direktor des Baukombinats in Swerdlowsk, dem ehemaligen Jekaterinburg, und 1976 Erster Sekretär des Verwaltungsgebiets Swerdlowsk, eines der wichtigsten Zentren der sowjetischen Schwer- und Rüstungsindustrie. Er profilierte sich als Technokrat, war entscheidungsfreudig und loyal gegenüber den Befehlen aus Moskau, die er widerspruchslos ausführte. Zu diesen gehörte der Politbüro-Beschluß von 1977 über den Abriß des Ipatjew-Hauses, in dem die bolschewistischen Revolutionäre im Juli 1918 nach der alliierten Intervention und sozialrevolutionären Aufständen Zar Nikolaus II., dessen Frau und Kinder umgebracht hatten. Anfang der achtziger Jahre lehnte es Jelzin zwar ab, in dem Haus, in dem Breschnew 1928/29 als Landvermesser gearbeitet hatte, ein Museum einrichten zu lassen, sonst aber handelte er sich mit Moskau keinen Ärger ein. Von einer rebellischen Haltung ließen die Texte, die er als Erster Sekretär publizierte, nicht die geringste Spur erkennen.

Dennoch gehörte Jelzin zu der Gruppe der Ersten Sekretäre, die Gorbatschows Wahl zum Generalsekretär entschieden befürworteten. Wer nicht in das Korruptionsnetzwerk der Breschnew-Zeit verwickelt war und wer sich durch die Agonie der Kremlgarde behindert fühlte, der mußte für die Wahl eines unbelasteten und jüngeren Kandidaten eintreten. Ambitionen auf ein Amt in Moskau schien Jelzin dabei nicht gehabt zu haben. Doch schon einen Monat nach Gorbatschows Wahl zum Generalsekretär folgte er dessen Ruf. Auf Ligatschows Vorschlag hin holte Gorbatschow ihn ins ZK-Sekretariat und hatte wenig später große Pläne mit ihm. Nikolaj Ryschkow, ebenfalls ein Mann aus Swerdlowsk, aber schon länger in Moskau, warnte Gorbatschow: »Er wird Ihnen nur Kummer bereiten. Ich würde ihn nicht empfehlen.«[39] Doch im Dezember 1985 mußte der korrupte Grischin nach 18 Jahren aus seinem Amt als Parteichef in Moskau entfernt werden, und Gorbatschow berief Jelzin als dessen Nachfolger.

In Moskau begann Jelzin unverzüglich, Ordnung zu schaffen. Er verbreitete bald Angst und Schrecken unter Grischins korrupten Handlangern, da er sich überall einmischte, alle kritisierte, heuerte und feuerte. Das war gut gemeint, aber der einsame Außenseiter aus der Provinz machte sich innerhalb kürzester Zeit fast alle zum Feind. Seine Vorstellung von der Perestrojka war etwas grobschlächtig: mit der Faust auf den Tisch schlagen, Vorgesetzte und Untergebene kritisieren. Politisch profilierte er sich als Kämpfer gegen den Parteiapparat, gegen die Privilegien und gegen die unkontrollierte Machtstellung der Spitzenfunktionäre. Während Jelzin den Apparatschiki das Leben schwer machte, brachte er frischen Wind in den Moskauer Alltag: Die restaurierte Arbat-Straße wurde zu einer »Hyde Park Corner«; rechte und linke Bürgergrüppchen demonstrierten; auf dem Roten Platz forderten Tataren historische Gerechtigkeit; nonkonforme Künstler organisierten Ausstellungen. Kleine Straßencafés mit Sonnenschirmen – wegen ihrer Form im Volksmund »Jelzin-Glocken« genannt – und improvisierte Verkaufsstellen belebten die öffentlichen Plätze. Jelzins Ziel war es, die parasitären Profiteure im Dienstleistungsbereich zu schwächen. All dies, wie auch seine rhetorische Kraftmeierei, trug ihm vor allem unter den westlichen Korrespondenten schnell den Ruf eines Reformers ein. Eine tatsächliche Verbesserung der Lebensbedingungen bewirkte er aber nicht. Die überfüllten und unzuverlässigen öffentlichen Verkehrsmittel wurden auch dadurch nicht komfortabler, daß Jelzin einige demonstrative Fahrten mit ihnen unternahm. Kontrollbesuche in den Läden, ja selbst die Verhaftung von Geschäftsdirektoren, die begehrte Ware unterschlagen hatten, provozierten nur Sabotage. Jelzin ackerte 18 Stunden am Tag, wußte aber bald nicht mehr weiter. Die Metropole war nicht mit einer Entscheidungsschlacht zu erobern, wie sie Jelzin führte. »Bestenfalls in zähem Stellungskrieg hätte Terrain gewonnen werden können. Die Schwäche des aufrechten Grobians erkannten die Konservativen schnell als ihre Stärke.«[40]

An der Parteispitze steuerte vor allem Ligatschow auf Gegenkurs. Er war mit Jelzin unzufrieden, weil dieser die Anti-Alkohol-Kampagne nicht zu seiner Herzensangelegenheit gemacht hatte. Bald wurde ihm auch Jelzins rücksichtslose und mitunter sinnlose Personalpolitik zu bunt. Ein Bezirksparteisekretär nach dem anderen mußte gehen. Am Ende blieben 23 von insgesamt 33 Ersten Sekretären auf der Strecke. Von den Neuen mußten mehrere bald wieder ihren Stuhl wegen »ineffektiver Arbeit« räumen. Ligatschow nahm die frustrierten Genossen in Schutz. Es gelang ihm, Jelzins Spielraum für weitere personelle Veränderungen einzuengen. Jelzin trug die Differenzen mit Ligatschow auf dem Plenum des Zentralkomitees im Juni 1987 an die Parteiöffentlichkeit. Damit verstieß er gegen die Regeln der Patronage. Schließlich war es Ligatschow gewesen, der Jelzin nach Moskau geholt und damit einen Anspruch auf dessen Loyalität erworben hatte. Da sich Moskaus neuer Parteichef dem zweiten Mann der Partei nicht beugte, wurde eine Untersuchungskommission gegen ihn eingesetzt.[41]

Das Verhältnis zwischen Jelzin und Gorbatschow verschlechterte sich ebenfalls rasch. Jelzin warf dem Generalsekretär mal ein zu langsames, mal ein zu schnelles Tempo vor, während Gorbatschow von gestandenen Parteifunktionären, die Jelzin systematisch vor den Kopf gestoßen hatte, mit Beschwerden bombardiert wurde und davon nicht unbeeindruckt blieb. Eine zweieinhalbstündige Aussprache zwischen den beiden führte zu keinem Ergebnis.[42]

Es war aber auch nicht der richtige Zeitpunkt, Konflikte auszutragen. Der 70. Jahrestag der Oktoberrevolution sollte am 7. November 1987 gefeiert werden. Außer der alljährlich stattfindenden Militärparade war ein großes internationales Fest geplant. Gorbatschow nahm die Vorbereitungen sehr ernst, vor allem seine eigene Rede. Zu allen großen Themen des Landes hatte er sich während seiner zweieinhalbjährigen Amtszeit schon geäußert. Aus seinen Reden und Schriften ging hervor, wie er die drückenden Probleme, nicht jedoch, wie er die Vergangenheit bewältigen wollte. »Weiße Flecken« dürfe es nicht geben, hatte sein kurzer Hinweis Anfang des Jahres gelautet. Vor ihm hatte nur ein Sowjetführer das Wagnis auf sich genommen, weiße Flecken zu tilgen: Chruschtschow, der im Februar 1956 seinen berühmten Geheimbericht über den »Personenkult und seine Folgen« vor der geschlossenen Gesellschaft des XX. Parteitages hielt. Gorbatschow wollte jetzt vor aller Welt die Umbewertung der politischen Macht und Moral in Angriff nehmen.

Die Feierlichkeiten sollten am 2. November 1987 mit einer Rede Gorbatschows auf einer gemeinsamen Sitzung des Zentralkomitees und des Obersten Sowjet in Anwesenheit ausländischer Gäste beginnen. Die Parteiführung maß der Rede große Bedeutung bei. In Anbetracht der darin enthaltenen kritischen Bewertung der sowjetischen Geschichte schien es ratsam, die Mitglieder des Zentralkomitees, die noch zu knapp zwei Dritteln aus der

Vor-Gorbatschow-Ära stammten, auf den neuen Ansatz der Politik vorzubereiten. Zu diesem Zweck wurden sie zusammen mit den Kandidaten des Zentralkomitees zu einer Plenarsitzung am 21. Oktober eingeladen.

Gorbatschow feilte während seines Urlaubs am Schwarzen Meer an seiner Festrede, als ihn am 12. September 1987 Jelzins Entlassungsgesuch erreichte. Nach seiner Rückkehr rief er den Rebellen an und sagte zu ihm, sie würden sich »später« zusammensetzen. Das war nicht gerade präzise. Für Gorbatschow handelte es sich offenbar dennoch um eine Absprache, weshalb der amerikanische Rußland-Experte Jerry Hough Jelzin den Vorwurf machte, es von vornherein darauf angelegt zu haben, den Konflikt nach außen zu tragen.[43] Diese Schlußfolgerung ergibt sich auch aus dem Entlassungsgesuch, in dem es hauptsächlich um die »Untragbarkeit« von Ligatschows Arbeitsstil und damit kaum verhüllt um die Frage ging: er oder ich. Außerdem betonte Jelzin in seinem Schlußsatz: »Ich glaube, daß es für mich nicht notwendig sein wird, mich direkt an das Plenum des ZK der KPdSU zu wenden.«[44]

Auf der ZK-Sitzung am 21. Oktober erläuterte der Generalsekretär den insgesamt mehr als 400 Repräsentanten der politischen Klasse die zentralen Punkte seiner Festansprache. Eine Diskussion war nicht vorgesehen. Vorschläge sollten schriftlich eingereicht werden. Gorbatschow war schon dabei, das Podium zu verlassen, als sich Boris Jelzin meldete. Gorbatschow: »Genosse Jelzin möchte eine Erklärung abgeben.« Jelzin informierte die Anwesenden über sein Rücktrittsgesuch, beklagte den fehlenden revolutionären Elan der Führung sowie deren falsche Versprechungen für die unmittelbare Zukunft. Dann griff er Ligatschow an, den er einen Intriganten nannte, ein Hindernis für die Perestrojka, mit dem er nicht weiter zusammenarbeiten könne. Gorbatschow werde von der Führungsspitze zuviel gelobt. Schon möglich, daß ihm selbst die Erfahrungen für seine hohen Ämter fehlten, schloß Jelzin, deswegen wolle er sie niederlegen.

Es waren zehn Minuten, die das Establishment erschütterten. Nach einem betretenen Schweigen wies Ligatschow alle Vorwürfe zurück. Weitere 23 Genossen ergriffen das Wort. Die meisten kritisierten, daß der Rundumschlag zur falschen Zeit und am falschen Ort erfolgt sei. Andere prangerten Jelzins Führungsstil und seine Neigung zum Populismus an. Einige hielten ihm Arroganz und persönliche Ambitionen vor. Michail Solomenzew, Vorsitzender der Parteikontrollkommission, desavouierte die Glasnost, als er sagte: Wenn der Westen Jelzin interessant finde, sei es an der Zeit, mißtrauisch zu werden. Der ideologische Feind stürze sich auf jeden Widerspruch zur Parteilinie. Warum habe Jelzin ausländischen Journalisten sogar verraten, wieviele Strafgefangene es in der Sowjetunion gebe?[45]

Nachdem sein Vorstoß einhellig mißbilligt worden war, durfte sich Jelzin immerhin rechtfertigen. Er akzeptierte die Kritik, bis auf wenige Formulierungen, blieb aber standhaft, als Gorbatschow einzulenken versuchte: Sein Entschluß zurückzutreten stehe fest. Vor dem Riesenfest wäre das ein Eklat gewesen. Schließlich gelang es Gorbatschow wenigstens, die Entscheidung zu vertagen. So erschien Boris Jelzin am 7. November gemeinsam mit der Führungsspitze auf der Empore des Lenin-Mausoleums auf dem Roten Platz.

Die Parade zeigte Symbole des Sieges, aber Armee und Polizei demonstrierten diesmal in reduzierter Mannschaftsstärke. Der Haupteindruck von der Prozession der Werktätigen ging nicht mehr von den Spruchbändern, sondern von übergroßen bunten Papierblumen aus. Am Abend leuchtete der Himmel über Moskau. Rote Sterne, goldene Kuppeln und im Lichterglanz erstrahlende monumentale Bauwerke warfen schimmernde Farben auf den klaren Horizont. Zwischen Himmel und Erde schwebte über einer von vier Suchscheinwerfern angestrahlten roten Fahne ein Zeppelin. Bei Temperaturen unter null Grad sorgten Kapellen für Stimmung. Als die Revolutionsfeier um 21 Uhr mit einem Feuerwerk endete, war in Moskau Groß und Klein auf der Straße.

Die revolutionäre Politik, die fortzuführen der Generalsekretär der KPdSU in seiner Festrede am 2. November der Nation versprach, wurde dadurch nicht populärer. Nicht nur die Bürokratie, auch die Bevölkerung lehnte die Politik der Umgestaltung ab. Ein führender Soziologe diagnostizierte damals: »Woran wir uns gewöhnt haben, das haben wir. Sei es überholt oder schlecht, wir mögen es. Ob wir mit dem Neuen besser fahren, das wissen wir hingegen nicht.« Gorbatschows grundsätzliche Schlußfolgerung lautete: »Heute ist es unbedingt notwendig, die Waffe der revolutionären Ausdauer vollkommen zu beherrschen.« Denn nicht nur »die konservativen Kräfte, die ihren Widerstand verstärkt haben« und »keine Gelegenheit versäumen, beliebige Schwierigkeiten zu benutzen, um die Umgestaltung in Mißkredit zu bringen«, blockierten den »revolutionären Weg«. Zu den Belastungen, so Gorbatschow, trügen auch die »übermäßig Eifrigen und Ungeduldigen« bei, die »versuchen, alles auf einen Streich zu erledigen«.[46]

Am 9. November einigte sich das Politbüro auf einen neuen Parteichef für Moskau – Lew Saikow sollte es werden, der bisherige ZK-Sekretär für Rüstungsindustrie, der nicht »ununterbrochen für Unruhe sorgen« würde, wie Jelzin es getan hatte. Der Entmachtete brach daraufhin physisch wie psychisch zusammen, bekannte sich schuldig und mußte mit starken Brust- und Kopfschmerzen ins Krankenhaus gebracht werden. Gerüchte sprachen von einem Selbstmordversuch. »Ich bin kein Mensch, der aufgibt«, dementierte Jelzin. Aber merkwürdigerweise verglich er sich später in einem Interview mit einem »tschechowschen Helden«, der sich auf die Eisenbahnschiene legt, um berühmt zu werden.

Die Ärzte verordneten Jelzin völlige Ruhe. Doch am Morgen des 11. November klingelte plötzlich das Telefon neben dem Krankenbett. Am Apparat war Gorbatschow: »Boris Nikolajewitsch, du müßtest mal kurz zu mir kommen. Danach halten wir vielleicht auch gleich das Plenum des Moskauer Stadtkomitees ab.« Seinen ›Aufzeichnungen eines Unbequemen‹ zufolge antwortete Jelzin, daß er nicht kommen könne; die Ärzte erlaubten ihm nicht aufzustehen. Gorbatschow aber insistierte: »Macht nichts, die Ärzte werden dir schon helfen.«[47]

In der mehr als vierstündigen Sitzung nahmen die von Jelzin erniedrigten oder verärgerten Mitarbeiter Rache an ihrem früheren Chef. Die Hauptstadtzeitung ›Moskowskaja Prawda‹ veröffentlichte die Beiträge – voll von Polemiken, Mutmaßungen und Haß, während von Jelzins Vorwürfen an die Adresse der Genossen im Politbüro nichts zu lesen war. Die Moskauer Bildungsschicht reagierte empört bis deprimiert. Ohne Kenntnisse der

Vorgeschichte gab es scharfe Urteile; manche sprachen von einer
»politischen Exekution«. Der »Fall Jelzin« machte eines der
größten Probleme der Umgestaltung offenkundig: Gorbatschow
berief aus der ohnehin nicht sehr langen Reihe von Reform-Befürwortern unter den Spitzenfunktionären oft die erstbesten auf
entscheidende Posten. Charakter und Kompetenz der neuen
Leute zeigten sich erst später.[48]

Auf dem regulären Plenum des Zentralkomitees im Februar
1988 verlor Jelzin seinen Status als Kandidat des Politbüros, blieb
aber Mitglied des ZK. Nach einer Weile meldete sich Gorbatschow im Krankenhaus und bot ihm einen Ministerposten als
Vizevorsitzender der Staatlichen Baubehörde an. Jelzin überlegte
nicht lange, nachdem er das Angebot der Frühpensionierung bereits abgelehnt hatte. Er sagte zu und bekam von Gorbatschow
noch zu hören: »Aber denk dran, in die Politik laß' ich dich nicht
rein!«[49]

Jelzin betrachtete die Baubehörde als einen Verbannungsort.
Dort hatte er wenig mit Menschen zu tun; der Papierkram war
ein Albtraum für ihn. Er war politisch geächtet, aber nicht gebrochen. »Kampf ist eben Kampf. Dabei gibt es Angriff und Verteidigung. Es gibt auch k. o.«, so kommentierte er seine Situation
westlichen Journalisten gegenüber[50]; sie waren die einzigen, die
sich weiterhin für ihn interessierten. Deren Berichte aus Moskau
erreichten über westliche Radiosender auch russische Hörer.
Doch das war unbefriedigend. Der Kämpfer brauchte ein richtiges, ein großes Publikum. Die bevorstehende 19. Parteikonferenz, die auch im Fernsehen übertragen werden sollte, war die
Chance. Aber es gab zwei Hürden. Er mußte einer der 5000 Delegierten werden und dann Rederecht bekommen. Obwohl Jelzin als Minister mit einem Mandat rechnen konnte und auch von
verschiedenen Parteiorganisationen nominiert worden war, fand
die letzte Entscheidung über die Auswahl der Kandidaten im
Parteiapparat statt. Vielleicht half ihm eine Streikdrohung in
Swerdlowsk, vielleicht lenkte Gorbatschow doch ein: In allerletzter Minute erhielt Jelzin jedenfalls ein Mandat im karelischen
Petrosawodsk.

Die 13köpfige Delegation der kleinen Autonomen Republik
Karelien wurde im großen Kongreß- und Opernsaal des Kreml

hoch oben auf der Empore plaziert, wo bei großen Parteiveranstaltungen Gäste und Hilfskräfte saßen. Von diesem Platz aus bombardierte Jelzin die Konferenzleitung mit schriftlichen Bitten, Redezeit zu bekommen. Es vergingen drei Tage. Die Hoffnung, die eigentlich nie bestanden hatte, zerschlug sich endgültig am vierten und letzten Tag. Am 1. Juli, kurz vor der Mittagspause, wurden die letzten drei Redner aufgerufen. Jelzin, innerlich auf die Situation vorbereitet, beriet sich kurz mit der karelischen Delegation, ging die Treppe hinunter ins Vestibül, verlangte von den Türwachen des KGB Einlaß in den Saal und schritt dann mit seinem Mandat in der Hand an allen Reihen vorbei und die drei Stufen hoch zum Präsidium. Es herrschte Totenstille. Er schaute Gorbatschow direkt an und sagte: »Ich fordere Sie auf, mir das Wort zu erteilen. Oder lassen Sie die Konferenz über diese Frage abstimmen.« Gorbatschow erwiderte: »Setzen Sie sich in die erste Reihe!« und startete mehrere Versuche, den Störenfried aus dem Saal zu komplimentieren. Jelzin ließ sich aber nicht austricksen und durfte schließlich reden.[51]

Dem Vorwurf, keinen konstruktiven Vorschlag zu haben, wollte er sich diesmal nicht aussetzen. Auch seine Kritik am politischen System war fundierter als im vergangenen Herbst. Zuerst rechtfertigte sich Jelzin jedoch für seine Interviews mit ausländischen Medien, die von einem Delegierten beanstandet worden waren, mit dem Hinweis, daß der Chefredakteur des populären Magazins ›Ogonjok‹ nach Rücksprache mit dem ZK das Gespräch mit ihm nicht gedruckt hatte. Außerdem hatten westliche Fernsehgesellschaften von der staatlichen sowjetischen Rundfunk- und Fernsehanstalt das Recht erhalten, ihn zu interviewen. »Unkorrekte Fragen, die unserem Staat, unserer Partei und ihrem Ansehen irgendwie hätten schaden können, wies ich energisch zurück. [...] Ich wurde auch gefragt: Glauben Sie, daß die Perestrojka schneller ginge, wenn ein anderer an Ligatschows Stelle säße? Ich sagte: Ja.« Danach habe Michail Solomenzew, der Vorsitzende der Parteikontrollkommission, ihn zu sich bestellt und eine Erklärung verlangt.[52]

Seine eigentliche Rede begann Jelzin mit dem Vorwurf, daß die Parteikonferenz zu spät angesetzt und »irgendwie überhastet« vorbereitet worden sei. Die Perestrojka hätte bei der Partei beginnen sollen. In Zukunft solle das Prinzip allgemeiner, direkter und geheimer Wahlen auch für die Wahl der ZK-Sekretäre gelten, einschließlich des Generalsekretärs. Wenn dieser abgewählt werde, müsse – wie in anderen Ländern auch – die gesamte Führungsriege abtreten. »Bei uns hat man sich daran gewöhnt, den Toten die Schuld an allem zu geben.« Es gebe auch solche »Tabuthemen« wie die Parteifinanzen: »So weiß ich zum Beispiel, wie viele Millionen Rubel dem ZK von der Moskauer Stadtpartei- und der Swerdlowsker Gebietsparteiorganisation überwiesen wurden. Doch wofür sie ausgegeben wurden, weiß ich nicht.« Anstatt luxuriöse Villen und Sanatorien zu bauen, sollte die Bezahlung der Funktionäre verbessert werden, damit ihre Anfälligkeit für Korruption vermindert würde. »Die Fäulnis geht tiefer als manche annehmen, und daß diese Mafia existiert, weiß ich aus Moskau.«

Des weiteren beklagte Jelzin – ähnlich wie Ludvik Vaculik auf dem Prager Schriftstellerkongreß im Jahre 1967[53] –, daß der Sozialismus keines der menschlichen Probleme gelöst habe. Er forderte, nicht nur auf das Jahr 2000 zu blicken, sondern konkrete Aufgaben für jeweils zwei bis drei Jahre zu formulieren. Nach ein paar Vorschlägen zum Abbau des Parteiapparates kam Jelzin zum Schluß: »Genossen Delegierte! Nun zu einem heiklen Punkt: Ich möchte mich wegen meiner politischen Rehabilitierung nach dem Oktoberplenum des ZK an Sie wenden. [...] Die Rehabilitierung nach fünfzig Jahren ist üblich geworden. [...] Aber ich persönlich bitte um Rehabilitierung zu Lebzeiten. [...] Ich glaube, der einzige Fehler in meiner Rede war, daß ich sie zur falschen Zeit gehalten habe, nämlich vor dem 70. Jahrestag der Oktoberrevolution. Offenbar müssen wir alle noch lernen, die Regeln der politischen Diskussion zu beherrschen und die Meinung des Gegners zu tolerieren.«[54]

Die Replik von Ligatschow war so giftig und verbissen, daß Gorbatschow darauf verzichtete, ihn zu verteidigen. Der Generalsekretär rollte die ganze Geschichte auf, die nicht nur für Jelzin, sondern für jeden im Politbüro und im Zentralkomitee »eine Lektion« sei. Das klang nach einem weisen Schiedsrichter, der allerdings dem Wunsch nach Rehabilitierung nicht entsprechen konnte. Die Lektion für Gorbatschow selbst bestand darin, Glasnost endlich auch in innerparteilichen Angelegenheiten gelten zu lassen. Im Februar 1989 wurden die Reden der ZK-Sitzung vom 21. Oktober 1987 in einer Dokumentations-Zeitschrift des ZK publiziert.

Jelzin war da schon auf dem Weg zurück in die Politik. Die Fernsehübertragung der 19. Parteikonferenz machte ihn im ganzen Land bekannt und populär. Er wurde zu einem Symbol für den Widerstand gegen den Parteiapparat.[55] Ende 1988 wurde er von Hunderten von Wähler- und Arbeiterkollektiven aufgefordert, sich als Kandidat für die Wahlen zum Volksdeputiertenkongreß der UdSSR aufstellen zu lassen. Den Beginn seines »Kampfes auf Leben und Tod« datierte Jelzin selbst auf Anfang 1989.[56] Gegen Versuche des Parteiapparates, ihn aus dem Wahlrennen zu werfen, sicherte er sich durch Mehrfachbewerbungen ab. Aber anstatt sich mit einem sicheren Sitz in Swerdlowsk oder in der Provinz Perm, wo er zur Schule gegangen war, zu begnügen, entschied er sich, die große Schlacht im Wahlkreis Nummer 1 zu führen: in Moskau, wo er am 26. März mit fast 90 Prozent der abgegebenen Stimmen einen triumphalen Sieg errang.[57] Im Wahlkampf zögerte er nicht, absolut widersprüchliche Ideen und Interessen aufzugreifen, wenn sie Beifall versprachen.[58]

Vor der Eröffnung des Volksdeputiertenkongresses im Mai 1989 trafen sich reformorientierte Abgeordnete aus Moskau, um die Frage zu diskutieren, wie verhindert werden könne, daß die Versammlung von 2 250 Deputierten zu einer »zeremoniellen Veranstaltung« verkam. Die »Moskauer Gruppe« einigte sich auf eine Liste von Forderungen wie nach einer direkten Fernsehübertragung und nach einer ausführlichen Diskussion über die Lage des Landes. Zur Unterstützung dieser Forderungen fanden Kundgebungen mit Jelzin statt.[59] Die mehrtägige Aussprache über die Lage des Landes brachte eine neue Dimension in das öffentliche Leben. Den Ersten Kongreß der Volksdeputierten der UdSSR nutzten populäre russische Schriftsteller für die Neudefinition der nationalen Interessen des größten Volkes in dem formal föderalistisch strukturierten Sowjetstaat. Die RSFSR, beklagte Wasilij Below, sei im Vergleich zu den anderen Unionsrepubliken grundsätzlich benachteiligt, da ihr eine Reihe wichtiger Institutionen versagt geblieben seien: eine eigene kommunistische Partei und damit auch ein eigenes Zentralkomitee sowie ein eigener Jugendverband, mehrere staatliche Behörden wie Innenministerium und KGB, eigene Fernsehkanäle, eine Dachorganisation der Gewerkschaften, eine Zentrale Akademie zur Koordinierung der Forschungsinstitute. Nach allgemeinem Verständnis erfüllten die Unionsorgane die entsprechenden Funktionen. »Ist das nicht der Grund dafür, daß alle Unionsorgane als russische wahrgenommen werden? Daß alle Fehler und Mängel des Systems den Russen zugeschoben werden?« Dabei trage die RSFSR die größte Last im Staatshaushalt.[60] Walentin Rasputin ging noch einen Schritt weiter und stellte den baltischen und kaukasischen Republiken die provozierende Frage, ob vielleicht die RSFSR aus der Union austreten solle? Vertreter der Provinzen, auch so ressourcenreicher wie Baschkirien oder Jakutien, unterstützten mit ihren Klagen über ungelöste soziale Probleme die Forderungen nach einer angemessenen Interessenvertretung. Die Fernsehübertragung aus dem Kreml verbreitete die Idee: RSFSR vor UdSSR.

Die Formulierung und Betonung russischer Interessen erreichten damit eine neue Stufe. Vorausgegangen waren Publikationen und Proteste von Schriftstellern und Wissenschaftlern, die seit Jahren die Auswirkungen der sowjetischen Industrialisierungspolitik auf Rußlands Ökologie mit Sorge betrachteten. Die größte Gefahr ging von dem sogenannten Jahrhundertprojekt aus, das zum Ziel hatte, die Wassermassen der sibirischen Flüsse Ob und Jennisej in Richtung Süden umzuleiten. Die Idee war alt und einfach: Mittelasien, eine der wasserärmsten Regionen der Welt, sollte durch die »Korrektur der Natur« in eine blühende Landschaft verwandelt werden. Aber erst Mitte der siebziger Jahre hatte der Druck auf die Moskauer Parteiführung so stark zugenommen, daß sie auf dem XXV. Parteitag (1976) die Parole ausgab, der Norden müsse dem Süden helfen. Zwei Mitglieder des Politbüros, Kunajew aus Kasachstan und Raschidow aus Usbekistan, hatten sich für die Umleitung vehement eingesetzt, da die beiden Flüsse ihrer Region, Amur-Darja und Syr-Darja, von den rasch ausgeweiteten Baumwollplantagen und von der schnell wachsenden Bevölkerung so stark beansprucht wurden, daß der Pegel des Aral-Sees, in den sie mündeten, ständig gesunken war. Eine ökonomische und ökologische Krise stand bevor, die ihre

Machtstellung hätte gefährden können. Die sowjetische Staats- und Parteiführung war herausgefordert, das Wasserproblem des Südens zu lösen und damit die Voraussetzungen für die Erhöhung der Lebensmittelproduktion zu schaffen. Das Ministerium für Melioration und Wasserwirtschaft witterte Morgenluft und stärkte die Parteilobby aus Zentralasien. Um mehrere Millionen Hektar Land im Süden durch den Ob und den Jennisej zu bewässern, hätte ein Kanal von 2500 Kilometer Länge, von 200 Meter Breite und 15 Meter Tiefe gebaut werden müssen. Die Kostenschätzungen lagen 1980 bei 100 Milliarden Rubel.[61]

Diese riesige Summe traf auf Kritik von Ökonomen, die für eine strenge Kosten-Nutzen-Kalkulation plädierten, wie auch von Schriftstellern, denen die Bewahrung des ökologischen Gleichgewichts und des kulturellen Erbes am Herzen lag. So erklärte Rasputin in einem Interview im April 1985: »Mit der Umleitung verlieren wir durch Überflutungen den russischen Norden. Das ist für die Russen ein besonderes Gebiet. Da gab es niemals Besatzungsrecht, niemals Ausländer. Dort befinden sich in den Städten und Siedlungen die uns teuersten Geschichts- und Kulturdenkmäler. Und alles das, über mehrere Jahrhunderte erhalten, kann sehr schnell verlorengehen.«[62]

Diese Kritik öffnete den Blick auf die doppelte Benachteiligung der RSFSR im Verhältnis zum »Süden«. Der russischen Föderation wären die finanziellen und ökologischen Folgekosten aufgebürdet worden, während die Nutznießer sich dem Zwang hätten entziehen können, den Ressourcenmangel mit moderner Technologie, effektiver Organisation und größerer Sparsamkeit auszugleichen. Der VI. Schriftstellerkongreß der RSFSR Ende 1985 hatte schließlich offenkundig gemacht, daß die Gleichsetzung des russischen Patriotismus mit dem Sowjetpatriotismus obsolet geworden war. Gorbatschow, der sich zu einer sowjetischen Identität bekannte, versuchte dieser Tendenz entgegenzuwirken. Den aufgeklärten Köpfen unter den russischen Nationalisten bot er Posten an, um sie an sich zu binden. Sergej Salygin, neben Rasputin einer der schärfsten Kritiker des Jahrhundertprojekts, wurde im Sommer 1986 Chefredakteur der Literaturzeitschrift ›Nowyj mir‹. Ein ZK-Beschluß vom 15. August 1986 stoppte schließlich alle Planungsarbeiten an dem Projekt.

Höchstwahrscheinlich spielte dabei der Finanzbedarf für Gorbatschows Wirtschaftsprogramm die entscheidende Rolle, aber die nationalistischen Schriftsteller konnten einen Sieg feiern und daraus publizistisches Kapital schlagen.

Einen zweiten Annäherungsversuch an die russischen Nationalisten unternahm Gorbatschow zwei Jahre später. Anläßlich der 1000-Jahrfeier der Christianisierung der Kiewer Rus empfing er als erster sowjetischer Parteichef den Patriarchen der Russischen Orthodoxen Kirche, Pimen, und weitere Kirchenführer. Den Gläubigen unter den russischen Nationalisten kam er entgegen, indem er die Wiedereröffnung von mehr als 500 Kirchen verfügte. Dies war eine große Geste, aber die historische Schuld des Sowjetsystems konnte er damit nicht tilgen. Zu viele Kirchen und Klöster Rußlands waren auf dem Altar der Sowjetideologie geopfert worden. Manche Ruinen blieben als Mahnmal erhalten, wie der Glockenturm der ehemaligen St.-Nikolaus-Kathedrale, der in Kaljasin an der Wolga aus dem Fluß ragt.

Gorbatschows symbolische Politik führte jedoch nicht zum gewünschten Erfolg. Die Wiedergeburt des russischen Nationalbewußtseins war nicht zu stoppen. Das alte Gefühl, im sowjetischen Staatsverband benachteiligt zu sein, brach sich jetzt Bahn. Die Sprachgesetze der Unionsrepubliken etwa hatten die dort ansässigen Russen diskriminiert. Die meisten hatten nie daran gedacht, die Sprache der Gastnation zu erlernen, und waren sich der Tatsache, »daß sie in ihrem riesigen, amorphen Reich Fremde sein konnten, nie völlig bewußt«.[63] Seit Ende 1988 war jedoch die Verbindung zwischen russischer Nationalität und sowjetischer Heimat brüchig geworden. Nicht nur die Sprachgesetze, sondern auch die immer lauter werdenden Vorwürfe wegen der »kolonialen Ausbeutung« riefen in der RSFSR heftige Empörung hervor. »Ist es denn gerecht«, fragte Ministerpräsident Alexander Wlasow, »daß die Energie- und Stromproduzenten nur Spottpreise erhalten und deswegen auf Subventionen angewiesen sind?« Auf der Basis von Weltmarktpreisen würde Rußland von den anderen Republiken 70 Milliarden Rubel mehr erhalten, sagte Wlasow und forderte vom Kreml, dem ungleichen Tausch mit einer Preisreform die Grundlage zu entziehen.[64]

Seit die Regierung Ryschkow 1987 den Außenhandel zu dezentralisieren begann, wurde deutlich, in welchem Umfang Rußland für die anderen Republiken zahlte. Legale – wie illegale – Exporte eröffneten eine früher nicht vorstellbare Alternative: für Rohstoffe viele US-Dollar statt wenig Rubel zu kassieren. Es lag nahe, von den undankbaren, auf Sezession sinnenden Sowjetrepubliken genausoviel zu verlangen, wie Westkunden zu zahlen hatten. Auch die Auswirkungen des Unternehmensgesetzes zeigten deutlich, daß Gorbatschows Taktik, die Preisreform zu verschieben, ein Kardinalfehler gewesen war. Nach dem Übergang zur Selbstfinanzierung konnten nämlich jene Unternehmen, die vom veralteten Preissystem besonders benachteiligt waren, also die Rohstofflieferanten, die Mittel für betriebliche Sozialleistungen kaum noch erwirtschaften. Ihre Inputs waren teuer, ihre Outputs billig. Der Spielraum für die Finanzierung von Wohnungen, Kindergärten, Kliniken u. ä. wurde enger, und weder die Kommunen noch freie Träger oder Privatunternehmen konnten diese klassischen Aufgaben sozialistischer Betriebe – übrigens auch frühkapitalistischer wie zum Beispiel Krupp – übernehmen. Bereits im Frühjahr 1989 beklagten russische Ökonomen fehlende Chancengleichheit unter anderem für sibirische Holzproduzenten.[65]

Das Paradox bestand darin, daß die Arbeiter in den Rohstoffbranchen, die immer zu den Bestverdienern gehörten, die Probleme der Perestrojka schneller und stärker zu spüren bekamen als die unterprivilegierten Schichten der Bevölkerung. Andererseits konnten gerade sie sich von weiteren Reformen – Weltmarktpreise, Konvertibilität und regionale Selbstverwaltung – Vorteile versprechen. Ausdruck dieser Spannung waren im Frühjahr 1989 erste Proteste der Bergarbeiter im westsibirischen Kusbass. Aber erst die Direktübertragungen der ersten Sitzungsperiode des Kongresses der Volksdeputierten vom 25. Mai bis 9. Juni öffneten der Arbeiteraristokratie die Augen. Soviel Glasnost war noch nie. In Meschduretschensk, einer sibirischen Stadt mit 100 000 Einwohnern, war die reformorientierte Wochenzeitung ›Moskowskie Nowosti‹ nicht einmal im Abonnement erhältlich und im Kioskverkauf sowieso nicht. Die Fernsehgeräte konnten die örtlichen Machthaber der trostlosen Betonstadt jedoch nicht so einfach ausschalten wie die Presseorgane der Perestrojka. Um so größer war der Schock, den die zweiwöchige Debatte über die Lage der Nation auslöste. »Das hat uns Mut gemacht«, erklärte Alexander Sergejew, ein 29jähriger Elektroschlosser, den Beginn einer in der sowjetischen Geschichte beispiellosen Streikbewegung. Am 10. Juli 1989 nahmen in Meschduretschensk 90 Bergleute die Arbeit nicht auf. Zu ihren Forderungen gehörten: mehr Seife und mehr Salat, Erhöhung des Ortszuschlags und das Verbot von Parteiversammlungen während der Arbeitszeit. Mit den letzten beiden Punkten reagierten die Bergleute auf den Rückgang der Produktivität in den Jahren zuvor, der zur drastischen Kürzung der Prämien geführt hatte. Moskauer Behörden beeilten sich, Fleisch und Zucker in die Stadt zu schicken, der auch 25 000 Einwegspritzen zugestanden wurden. Am 14. Juli nahmen die Bergleute die Arbeit wieder auf. Zu diesem Zeitpunkt hatte aber die Streikwelle schon den gesamten Kusbass erfaßt und auch andere Kohlereviere der Sowjetunion erreicht.[66]

Auch auf das benachbarte Prokopjewsk sprang der Funke über. Eine der Parolen der streikenden Bergleute lautete: »Der Kusbass ist keine Kolonie.« Diese Losung war mehr als berechtigt: Die 250 000 Einwohner mußten praktisch auf jede urbane Lebensqualität verzichten. Im Stadtzentrum gab es weder abgesteckte Gehwege noch Blumenbeete. Die wenigen Schaufenster verstärkten die Tristesse mit ihren dürftigen Angeboten. Das kulturelle Leben konzentrierte sich auf die beiden Großstädte des zweitgrößten Kohlereviers der Sowjetunion, Kemerowo und Nowokusnezk. Doch auch hier lebten zehn bis fünfzehn Prozent der Bevölkerung in eingemeindeten, jedoch nicht modernisierten Dörfern, ohne Komfort – aber immerhin nicht so beengt wie in den üblichen Wohnblocks. In beiden Städten warteten je 50 000 Familien auf eine eigene Wohnung, ihnen standen pro Kopf weniger als 8,5 Quadratmeter zur Verfügung. In der relativ attraktiven Verwaltungshauptstadt Kemerowo lebte jeder fünfte Bürger in einem Notquartier. Eine der Elendssiedlungen im Norden der Stadt war zwischen 1922 und 1926 von der Internationalen Kolonie unter deutscher Leitung gebaut worden. »Nur gut, daß es Deutsche waren«, sagte ein Rentner, »sonst wäre die Bude noch baufälliger.« In seiner Wohnung regnete es durch das

Dach herein. »Uns schenkt man so wenig Aufmerksamkeit, daß es nicht einmal das KGB interessiert, ob Sie uns hier besuchen.«[67] Dabei zählte der Kusbass zu den reichen Regionen. Die Bergleute verdienten nach fünf Arbeitsjahren soviel wie der Gebietsparteisekretär: 500 bis 600 Rubel. Das war der Grund dafür, daß unter den Bergleuten so viele Ärzte, Juristen und Lehrer zu finden waren. Den Traum von einem Auto konnten sich hier viele erfüllen. Allerdings: Garagen aus Wellblech verunstalteten das Stadtbild. In der reizvollen Landschaft am breiten Tomsk-Fluß gab es viele ansehnliche Wochenendhäuser, die den Bergleuten gehörten. Es war nicht die private, sondern die öffentliche Armut, die auf den Lebensstandard drückte. »Nachts wachen wir immer häufiger auf, weil uns der Smog den Atem nimmt«, sagte ein Bürger in Kemerowo. Chemiewerke schleuderten jährlich 140 000 Tonnen Schadstoffe in die Luft; im benachbarten Nowokusnezk waren es fast eine Million Tonnen. Drei Viertel der Krankenhäuser von Kusbass befanden sich in Behelfsgebäuden.[68] Boris Jelzin, der eine »Bewegung von unten« prophezeit hatte, sah denn auch einen der Hauptgründe für den Bergarbeiterstreik in der Benachteiligung des russischen Kernlandes: »So seltsam es klingt: Dort wird erheblich weniger gebaut als im Durchschnitt des ganzen Landes. Es mangelt an [...] Wohnungen, Kindergärten, Schulen, Krankenhäusern, Polikliniken, Schwimmhallen [...].«[69]

Das Dilemma der Streikführer bestand von Anfang an darin, daß sie zwar die Loslösung ihrer Unternehmen von den Moskauer Ministerien forderten, zugleich aber von diesen die Lösung lokaler Probleme erwarteten.[70] Die breite Unterstützung durch die Bevölkerung wurde bald zur Belastung. Die Streikkomitees bekamen Berge von Post. Hunderte Bürger luden ihren Kummer über Wohnungsnot, Gesundheitsprobleme und Streitigkeiten mit Behörden bei den neuen Volkshelden ab. Diese schoben die Verantwortung auf die lokalen Partei- und Kommunalverwaltungen und forderten baldige Neuwahlen. Zu einer eigenen Kandidatur waren aber nur wenige Streikführer bereit. Manche wechselten bald die Rollen: Aus Anwälten öffentlicher Angelegenheiten wurden private Kapitalisten, die versuchten, das Interesse westlicher Journalisten für die Aufnahme von Geschäftskontakten zu nutzen. Schließlich hatten sie nicht zuletzt dafür gekämpft, daß staatliche Aufträge höchstens noch 85 Prozent der Produktion beanspruchen sollten, während sie die restlichen 15 Prozent selbst verkaufen wollten – auch im Ausland.

Die Streikkomitees erreichten auf dem Papier eine ganze Menge. Die Vereinbarung mit der Regierungskommission unter dem Wirtschaftsfachmann und Politbüro-Mitglied Nikolaj Sljunkow umfaßte 35 Punkte.[71] Formal war der Übergang zur ökonomischen Selbstverwaltung des Gebiets Kemerowo das Wichtigste. Der erste Schritt dazu war allerdings völlig unbedeutend, nämlich die Erhöhung des Preises für eine Tonne Kusbass-Kohle von 12 auf 20 Rubel. Das war noch immer nur ein Bruchteil des Weltmarktpreises von mindestens 25 US-Dollar pro Tonne und eröffnete keine Aussicht darauf, aus eigener Kraft die Notlage überwinden zu können. Moskau behielt damit alle Karten in der Hand – und zeigte sich höchst spendabel. Zu einer ganzen Reihe finanzieller Zugeständnisse gehörte die Erhöhung des Ortszuschlages um 30 Prozent und die Herabsetzung des Rentenalters in 15 Berufsgruppen auf 55 Jahre. Außerdem kündigte Gorbatschow am 19. Juli 1989 im sowjetischen Fernsehen die Verdoppelung der Ausgaben in harter Währung für Konsumgüter-Importe an. Obwohl nicht alle zehn Milliarden Rubel den Kumpeln zugute kommen sollten, endete der Streik am darauffolgenden Tag.

Der verheerende Niedergang der Wirtschaft ließ für eine Umverteilung jedoch keinen Spielraum mehr. Selbst mit der Preisreform ließ sich Gorbatschow Zeit. Damit blieb die Verantwortung für die Versorgung der Bevölkerung beim Moskauer Machtapparat. Diese Grundlage des Systems hatten die Streikenden letztlich nicht in Frage gestellt. Ihr Hauptziel bestand in der Stabilisierung und Verbesserung der Versorgung. Die Protestbewegung aus der Provinz wurde nicht zum Träger eines neuen gesellschaftlichen Konsenses.[72] Von seinem politischen Standpunkt aus konnte der Staats- und Parteichef daher die Forderungen der Streikenden als berechtigt ansehen – was er auch tat. Welchem ökonomischen Kalkül er dabei folgte, ist schwer zu beurteilen; manches deutet jedoch darauf hin, daß er mit einer Dividende seiner Außenpolitik rechnete.

Gorbatschows Werbekampagnen für wirtschaftliche Kooperation trafen zwar in Washington nach wie vor auf wenig Gegenliebe. Anders lagen die Dinge in Bonn: Allein beim Besuch von Bundeskanzler Kohl Ende Oktober 1988 in Moskau wurde ein Drei-Milliarden-Darlehen vereinbart. Außenminister Genscher machte bald kein Hehl mehr daraus, daß Bonn bereit war, die Perestrojka weiter zu unterstützen, wenn Gorbatschow den Weg zur Überwindung der Teilung Deutschlands freigab. Den ersten Erfolg konnte die Bonner Regierung Mitte Juni 1989 verbuchen. Bei Gorbatschows Staatsbesuch in der Bundesrepublik wurde mit der Unterzeichnung der Gemeinsamen Erklärung der Grundstein für den Einigungsprozeß Deutschlands gelegt. Gorbatschow erhielt in Bonn auf seine Frage, ob der Kanzler »in der Lage und willens« sein würde, ihm sofortige Hilfe zu gewähren, wenn er ihn in einer bestimmten Situation dringend darum bitten müsse, ein uneingeschränktes »Ja« zur Antwort.[73] Das war fünf Wochen vor dem Bergarbeiterstreik.

Während Gorbatschow in Bonn eine neue Koalition suchte, drohte ihm sein Widersacher Jelzin in Moskau vor 100 000 Demonstranten eine Oppositionspartei an. Ende Juli 1989 war es soweit. 260 Abgeordnete – die Hälfte kam aus den baltischen Republiken – gründeten die »Interregionale Gruppe«, die erste Parlamentsfraktion seit den Anfängen des Sowjetstaates, die nicht hinter der offiziellen Politik stand. Den Streik der Bergarbeiter interpretierte Jelzin bei dieser Gelegenheit im Sinne seiner Forderungen nach der Übergabe der Macht an die lokalen Sowjets und an souveräne Unionsrepubliken. »Man muß nicht nur über den Pluralismus reden, sondern ihn auch verwirklichen«, hielt er Gorbatschow entgegen. Um ihn aber nicht direkt herauszufordern, wurde Jelzin in einen insgesamt fünfköpfigen Vorstand – neben Andrej Sacharow der estnische Rechtsprofessor Wiktor Palm, der Moskauer Ökonom Gawriil Popow und der Historiker Jurij Afanassjew – eingebunden. Afanassjews Polemik gegen Gorbatschow geriet dennoch zur Provokation: Er »verfügt über grenzenlose Macht. Er ist Präsident, Oberbefehlshaber und dazu noch Oberpriester«.[74]

Nach der Bildung der Interregionalen Gruppe wandte sich Gorbatschow von den Demokraten ab und näherte sich den konservativen Kommunisten an.⁷⁵ Jelzin hingegen kam in engeren Kontakt mit den Intellektuellen. Von Sacharow lernte der Populist, Probleme zu analysieren, von Popow, »sich nicht mehr ganz so grob auszudrücken«.⁷⁶ Einen weiteren Lernprozeß brachte Jelzins erster Besuch in den Vereinigten Staaten im September 1989 in Gang. »Alle meine Vorstellungen über den Kapitalismus, die Vereinigten Staaten und die Amerikaner [...] habe ich in den anderthalb Tagen meines Hierseins um hundertachtzig Grad revidiert«, sagte er auf seiner ersten Pressekonferenz in New York. Seine Begegnung mit dem Kapitalismus, vor allem der kurze Besuch in einem Houstoner Supermarkt, löste einen regelrechten Schock aus. Während der gut einwöchigen Reise wollte Jelzin auch Präsident Bush treffen, um dadurch als Oppositionsführer Anerkennung zu finden. Um Gorbatschow nicht weiter zu schwächen, verfolgte das Weiße Haus in Washington jedoch eine Hinhaltetaktik. Schließlich kam aber doch eine fünfzehnminütige Begegnung mit Bush zustande – inoffiziell, nicht im Oval Office und ohne Photographen.⁷⁷

Die US-Presse porträtierte Jelzin als russischen Bären, einfältig und trinkfreudig. Seine Kritik an der Perestrojka und an Gorbatschow fand allgemein weniger Beachtung. Einige bekannte Sowjetologen und Senatoren wie Bill Bradley nahmen Jelzin jedoch durchaus ernst. Der Senator opponierte in den USA seit 1987 gegen die Vergabe ungebundener Kredite an Moskau. Zusammen mit konservativen Republikanern kämpfte der Demokrat für die Beibehaltung der US-Doktrin gegenüber der Sowjetunion: Kredite sollten, so Bradley, nur im Gegenzug zu systemverändernden Reformen gegeben werden.

Die sowjetische Presse entfaltete eine großangelegte Kampagne gegen Jelzin, die auch nach seiner Rückkehr aus den USA anhielt. Negative Artikel über seine Reise wurden nachgedruckt, Berichte über sein angeblich inadäquates Verhalten verbreitet. Das Staatsfernsehen zeigte eine siebzigminütige »Dokumentation«, die mit manipulierten Tonaufnahmen den Eindruck erweckte, als ob Jelzin in Amerika stets angetrunken aufgetreten sei. Angesichts dieser Diffamierungskampagne erscheint die Annahme von John B. Dunlop berechtigt, Ende 1989 sei Jelzin klar geworden, daß sein Weg zur Macht nicht durch die Institutionen des Sowjetstaates, sondern durch die der Russischen Republik führen müsse. Die für März 1990 anberaumten Wahlen zum Deputiertenkongreß des RSFSR, die immer sichtbarere Schwäche des Kreml sowie die immer lauter werdenden Rufe nach echter Souveränität der Republiken wirkten dabei als Katalysatoren. Von Jelzins Entscheidung, die »russische Karte« zu spielen, ging für Gorbatschow eine doppelte Gefahr aus: Der Generalsekretär mußte um die Dominanz der KPdSU im politischen System und als Präsident der UdSSR um die Einheit des Landes fürchten.[78] Schon im Herbst 1989 versuchte er, mit der Wiederbelebung des 1966 abgeschafften Parteibüros für die RSFSR unter seinem Vorsitz dieser Gefahr zu begegnen. Außerdem tat er alles, um die Wahl Jelzins zum Vorsitzenden des neuen Obersten Sowjet der RSFSR zu verhindern.

Die »russische Frage« war nicht nur Anfang 1990 das beherrschende Wahlkampfthema, sie dominierte Mitte Mai auch die Programme der ersten beiden Kandidaten für den Vorsitz im Obersten Sowjet, Alexander Wlasow und Boris Jelzin. Der Ministerpräsident der RSFSR war allerdings vorsichtiger als Jelzin, der Rußlands Wiedergeburt und seine Unabhängigkeit vom Zentrum forderte. Jelzin plane eine Konterrevolution, wetterte Gorbatschow vor dem ersten Wahlgang und verlangte von den Kommunisten, für Wlasow zu stimmen. Die hatten es jedoch vorgezogen, den profillosen konservativen Provinzfunktionär Ivan Poloskow zu nominieren. Nachdem dieser in den ersten beiden Wahlgängen mit 473 zu 497 bzw. mit 458 zu 503 Stimmen Jelzin unterlegen war, nominierten die Pro-Gorbatschow-Kommunisten Wlasow für den nächsten Wahlgang. Erforderlich waren 531 Stimmen. Am 29. Mai, im dritten Wahlgang, erreichte Jelzin, nachdem er versprochen hatte, jeder Konfrontation mit der Zentralregierung aus dem Weg zu gehen, schließlich 535 Stimmen. Das knappe Ergebnis hinderte ihn nicht daran, am folgenden Tag auf seiner Pressekonferenz zu verkünden: »Die nächste Stufe ist, Rußlands Souveränität im weitesten Sinne des Wortes zu erreichen. Wir müssen uns dem Diktat des Zentrums entgegenstellen.«[79]

Gorbatschows Fehler trugen dazu bei, daß Jelzin die 50-Prozent-Marke erreicht hatte: Erstens trat er trotz aller Ratschläge seiner Vertrauten am 23. Mai vor dem Kongreß der russischen Abgeordneten als Gastredner auf, wobei er die Stimmung noch mehr gegen sich aufbrachte. Er bezeichnete Jelzins Absichten als unausgegoren und beschuldigte ihn, Rußland vom Sozialismus wegführen und von der Union trennen zu wollen. Die Abspaltung der einen oder anderen kleineren Republik von der Union sei zwar möglich, undenkbar hingegen bliebe eine Sowjetunion ohne Rußland. Zum Schluß äußerte Gorbatschow seine Zuversicht, daß die Delegierten bei der Wahl die »richtige Entscheidung« treffen würden.[80] Zweitens hatte Gorbatschow kurz vor der Wahl im Volksdeputierten-Kongreß der UdSSR ein Gesetz verabschieden lassen, das die autonomen Republiken der RSFSR direkt der Union unterstellte. Ohne Zustimmung der zuständigen russischen Gremien und darüber hinaus auch verfassungswidrig, sollten dadurch 15 Prozent der Bevölkerung und 28 Prozent des Territoriums von der RSFSR unabhängig werden. Dieser Vorstoß zeigte die Machtlosigkeit russischer Institutionen und verstärkte den Wunsch nach Selbstbestimmung.[81]

Schließlich gestattete Gorbatschow, daß die längst überfällige Erhöhung der Brotpreise gleichzeitig mit der Eröffnung des russischen Volksdeputierten-Kongresses angekündigt wurde. Vom 1. Juli 1990 an sollten Getreideprodukte das zwei- bis dreifache kosten. Unmittelbar nach dieser Ankündigung stürmten Millionen Sowjetbürger die Läden. Chaos und Hysterie brachen auch in Moskau aus, wo Hunderttausende binnen zwei Tagen die Lebensmittelbestände eines ganzen Monats abräumten. Unmengen von Brot wurden im häuslichen Backofen zu Zwieback getrocknet. Der Moskauer Stadtrat beschloß, eine Paßkontrolle einzuführen, um Ortsfremde am Einkauf zu hindern. Die Volksseele kochte, Jelzins Popularität stieg weiter. Der Kandidat für den Vorsitz des russischen Parlaments verurteilte in seiner Rede vor den Volksdeputierten am 25. Mai die Preiserhöhung in aller Schärfe und stellte sich demonstrativ auf die Seite des Volkes.

Ende Mai 1990 verlor Gorbatschow eine wichtige Schlacht. Jelzin wurde Vorsitzender des Obersten Sowjet der RSFSR. Auf diesem Posten wollte er aber höchstens ein Jahr bleiben. Sein Ziel war es, russischer Präsident zu werden – mit mehr Machtfülle und mit Gorbatschow auf der gleichen Rangstufe.[82] Die nächste

Etappe markierte am 12. Juni 1990 die »Deklaration über die staatliche Souveränität der Russischen Sozialistischen Föderativen Sowjetrepublik«, die das Recht auf die ausschließliche Verfügung über Rußlands Ressourcen proklamierte und allen Bürgern ein würdevolles Leben in Aussicht stellte. Um all dies zu erreichen, wurde der Vorrang russischer Gesetzesakte vor Bundesrecht verkündet, das Zentrum also dementsprechend degradiert. Damit konnte Jelzin die konservative Gruppe »Kommunisten für Rußland« – die mit einem knappen Drittel der 1062 Abgeordneten fast so stark war wie seine Anhänger – weitgehend hinter sich bringen und auch politisch weniger festgelegte Deputierte mobilisieren. Die Deklaration fand die Zustimmung von 907 Abgeordneten. In der Frage, wie die Souveränität konkret ausgestaltet werden sollte, gingen die Auffassungen im Parlament allerdings weit auseinander.[83]

Eine weitere politische Niederlage konnte Gorbatschow nur durch eine Kehrtwende in letzter Minute abwenden. Am 20. Juni 1990 wurde die Kommunistische Partei Rußlands gegründet. Der Generalsekretär hatte zuvor monatelang versucht, dies zu verhindern. Seit Lenins Zeiten galt eine eigenständige russische Kommunistische Partei als Gefahr für den Zusammenhalt der Sowjetunion. Nun pochten aber gerade orthodoxe Kommunisten, darunter viele Neo-Stalinisten, auf Eigenständigkeit, um Gorbatschows Reformen effektiver blockieren zu können. Sie wählten Iwan Poloskow zu ihrem Vorsitzenden. Gorbatschows Favorit Walentin Kupzow, ein moderater ZK-Sekretär, erlitt eine bittere Niederlage: »Erstmals waren Vorschläge, die vom Generalsekretär ausgingen und von den Delegationssprechern unterstützt wurden, abgelehnt worden.«[84]

Anatolij Tschernajew befürchtete, daß Gorbatschow sich vom Parteitag der Russischen Kommunisten zu sehr beeinflussen lassen und »Poloskow, Ligatschow & Co. nach dem Mund reden« könnte, um »die Partei an sich zu erhalten«, und daß dieser Weg sehr bald zu einem unrühmlichen Ende führen würde. Deshalb verfaßte er am 22. Juni mit zwei weiteren Beratern Gorbatschows eine Notiz, die Gorbatschow zum Rücktritt als Generalsekretär bewegen sollte: Der Verzicht auf das Parteiamt würde den Präsidenten aus der Abhängigkeit von der Partei befreien und ihn

»auch der endlosen und unverantwortlichen Kritik von ungebildeten Kommunisten entziehen«.[85] Doch auf der Politbürositzung am 28. Juni, drei Tage vor Eröffnung des XXVIII. Parteitages, kämpfte Gorbatschow gegen die Trennung der beiden Ämter, die auch Ligatschow gefordert hatte; der freilich mit dem Hintergedanken, dann als Mehrheitsführer der Konservativen das Amt des Generalsekretärs beanspruchen zu können.

Der XXVIII. Parteitag war eigentlich erst im Frühjahr 1991 fällig. Gorbatschow ließ ihn vorzeitig einberufen, weil er reformorientierte Funktionäre in das Zentralkomitee kooptieren und dadurch den eigenen Einfluß absichern wollte. Er glaubte offenbar auch, die Partei auf diese Weise zu einer großen homogenen Kraft machen zu können. Nach nur zehn Tagen wurde er jedoch eines Besseren belehrt. Unter den 4700 Delegierten stellten die Anhänger von Ligatschow und Poloskow mit Abstand die Mehrheit. Gorbatschow mußte deshalb Vorwürfe, Beschimpfungen und provokative Fragen über sich ergehen lassen. In den heftig geführten Debatten gab er – je nach Situation – einmal den Schulmeister, dann den Taktiker. Schließlich gelang es ihm sogar, als Generalsekretär im Sattel zu bleiben. 3411 Delegierte stimmten für ihn – »aber um das Pferd war es geschehen«.[86]

Ohne Rücksicht auf den Parteitag der KPdSU berief Jelzin das russische Parlament ein und trieb die Regierungsbildung voran. Auf einen Auftritt im Kremlpalast verzichtete er dennoch nicht. In seiner Rede am 6. Juli warf er Gorbatschow vor, die Konservativen nicht neutralisiert und reformorientierte Kommunisten diskreditiert zu haben. Einer nichtreformierten KPdSU drohe, so Jelzin, dasselbe Schicksal wie den gestürzten Kommunisten Osteuropas: die Nationalisierung des Parteivermögens und die Gefahr, sich für den Schaden, den sie dem Volk zugefügt hatten, vor Gericht verantworten zu müssen. »Ich kann hier nur einen Fall zitieren: den Schaden, der durch die Anti-Alkohol-Kampagne angerichtet wurde.« Auch für alles andere – für die Fehlschläge im Außenhandel, in der Landwirtschaft, in der Nationalitätenfrage – werde das Volk die Partei zur Verantwortung ziehen. Als Ausweg empfahl der russische Parlamentspräsident die Umwandlung der KPdSU in eine demokratische Partei. Doch diese Wende zeichnete sich auch in den folgenden Tagen nicht ab. Als

Jelzin am 12. Juli 1990 noch einmal ans Rednerpult trat, war das Spektakel perfekt inszeniert: Er trat aus der Partei aus.[87]

Sein Beispiel machte Schule. Auf die Wahl Poloskows zum Ersten Sekretär der KPR folgte eine Welle von Austrittserklärungen. Die KP Rußlands befand sich im Zerfall, ehe sie sich etablieren konnte. Vom Erosionsprozeß blieb auch die KPdSU nicht verschont. Nach dem XXVIII. Parteitag beschleunigte sich der Mitgliederschwund. Bis Ende 1990 traten 1,8 Millionen Mitglieder aus, etwa 14 Prozent. Viele machten sich nicht einmal die Mühe, das Parteibuch zurückzugeben; sie zahlten einfach ihre Beiträge nicht mehr. Die finanzielle Situation der Partei wurde deshalb immer prekärer, die Zahl der hauptamtlichen Funktionäre mußte reduziert werden.[88] Die Karrieristen wanderten schnell in die Sowjets ab oder widmeten sich mehr oder weniger legalen Geschäften. Jelzin erkannte diese Zeichen der Zeit frühzeitig und zog seine Konsequenzen. Gorbatschow tat dies nicht. Er blieb der Führer einer Partei, die sich ihm längst entfremdet hatte. Der Machtkampf zwischen Jelzin und Gorbatschow verlagerte sich von der Ebene der KP-Gremien auf die Gesetzgebung. Der Versuch, die Neuverteilung der Macht und der ökonomischen Ressourcen formell abzusichern, führte zum »Krieg der Gesetze«.

Mit Jelzin als Vorsitzendem entfaltete der Oberste Sowjet der RSFSR eine rege legislative Aktivität, um die deklarierte Souveränität zu demonstrieren und die geplante Einrichtung eines Präsidenten-Amtes zu legitimieren. In der zweiten Jahreshälfte 1990 wurden 124 Gesetze verabschiedet, denen allerdings mehr symbolische oder propagandistische als regulative Kraft zukam. Wirtschafts- und sozialpolitischen Beschlüssen fehlte die finanzielle Grundlage. Zahlreiche Gesetze widersprachen einander oder waren juristisch so schlecht formuliert, daß es unmöglich war, sie praktisch anzuwenden. Der Widerspruch zu geltenden sowjetischen Gesetzen war gewollt, was zu einer gesetzgeberischen Anarchie führte, die um so folgenschwerer war, als in der Sowjetunion weder Politiker noch Bürger dem Recht den nötigen Respekt entgegenbrachten.[89]

»Jelzins Vision sah eine fast vollständige Entmachtung der Zentralregierung vor.«[90] Effektiver als der »Krieg der Gesetze«

erwies sich dabei sein Vorgehen in der Frage der Wirtschaftsreformen. Eine eigene Zentralbank, die Liquidierung der Branchenministerien sowie neue Vereinbarungen mit anderen souveränen Republiken über Warenlieferungen sollten der Befehlswirtschaft den Boden entziehen. Jelzin und sein Regierungschef Silajew waren sich in diesen Punkten einig und beriefen junge Fachleute in Schlüsselpositionen der Regierung. Ihnen stand »ein brain trust aus Wirtschaftsexperten zur Seite, die zum Teil außerhalb der Sowjetunion lebten und im Bedarfsfall hinzugezogen werden konnten«.[91] Bezeichnenderweise blieben die Namen dieser Männer und deren Geldgeber der breiten Öffentlichkeit unbekannt. Um so mehr Aufmerksamkeit wurde dem ominösen 500-Tage-Plan für Privatisierung, finanzielle Stabilisierung und Wachstum sowie dessen Autoren, Grigorij Jawlinskij und Stanislaw Schatalin, zuteil. Jelzin präsentierte damit nicht nur eine radikale Alternative zum umständlichen und langsamen Reformprojekt von Gorbatschow und Ryschkow. Er versprach auch, daß seine Reformen im Unterschied zu den sowjetischen nicht zu einer Verschlechterung des Lebensstandards führen würden.

Auf der anderen Seite nötigte die wachsende Kluft zwischen Angebot und Nachfrage der marktwirtschaftlich orientierten Moskauer Führung Maßnahmen auf, die an sowjetische Traditionen erinnerten. Da Zucker und Zigaretten in Moskau knapp waren, beschloß das Stadtparlament Mossowjet Anfang September 1990, parallel zur Einführung von Bezugsscheinen die Zigarettenpreise anzuheben. Nach einem ausgeklügelten System sollten jedem Bürger über 16 Jahre fünf Päckchen zum alten Preis von zwanzig bis achtzig Kopeken zustehen. Für alles weitere mußte der Raucher »Marktpreise« bezahlen, drei oder gar fünf Rubel. Das klang ganz vernünftig. Es gab nur zwei Probleme: Die Bezugsscheine waren nicht rechtzeitig gedruckt worden, und das Preisamt der UdSSR protestierte. Für das erste Problem fanden die Stadtväter eine Lösung: Mit den Zucker-Scheinen für Dezember konnten im September Tabakwaren gekauft werden. Wer die Dezember-Marken nicht in Zigaretten umsetzte, sollte dafür ein Päckchen Neujahrs-Bonbons erhalten. Zur gleichen Zeit kostete ein Marmeladenglas voller Kippen an der U-Bahnstation »Rigaer Bahnhof« bis zu drei Rubel – soviel wie ein Kilo gutes Rindfleisch zum offiziellen staatlichen Preis, das freilich nur auf dem Kolchosmarkt zu haben war – dort aber für 25 Rubel.

Mit dem Preisamt war es schwieriger. Es rügte das Vorgehen der Moskauer Stadtverwaltung und berief sich dabei auf Beschlüsse des Obersten Sowjet der UdSSR, die Verbraucherpreise stabil zu halten. Die faktisch folgenlose Intervention des Preisamtes löste im russischen Parlament eine heftige Polemik aus, die im Vorwurf gipfelte, die Sowjetregierung wolle die Reformer in die Sackgasse treiben. Jelzin nutzte die Gelegenheit, um den Konflikt auf die Spitze zu treiben. Am 11. September behauptete er, es tobe ein gewaltiger Kampf um jeden Zentimeter Souveränität.

Nach einer weiteren Verschärfung der politischen Konfrontation warnte Gorbatschow Anfang Oktober 1990 vor einer »Libanisierung der Sowjetunion mit allen bekannten Konsequenzen«. Im In- und Ausland wurde immer vernehmlicher die bange Frage gestellt, ob der Zerfall der Sowjetunion zu einem Bürgerkrieg führen könnte. Zumindest was die soziale Lage betraf, herrschten zum Teil schon Zustände wie im Krieg: Die Läden waren leer, Hamsterkäufe verwandelten viele Moskauer Wohnungen in Warenlager, der Schwarzmarkt blühte, »normale« Lieferbeziehungen zwischen der legalen Produktion und dem legalen Handel existierten für viele Erzeugnisse gar nicht mehr.[92] Die Lobby der Schwarzhändler kämpfte für die Beibehaltung niedriger Preise, um Rohstoffe und Güter des täglichen Bedarfs billig beschaffen und dann auf den Rohstoffbörsen oder in den plötzlich aus dem Boden sprießenden Verkaufsbuden am Straßenrand zu Höchstpreisen anbieten zu können. Von diesen ersten Exzessen des entstehenden wilden Kapitalismus abgesehen, funktionierte der Warenverkehr weitgehend als Naturaltausch. Diese vormoderne Form des Handels hatte auch im Rahmen der Planwirtschaft eine erhebliche Rolle gespielt. Jetzt wurde sie zur Norm: Die autonomen Republiken Komi und Karelien im Norden hatten Holz, wollten es aber nur liefern, wenn sie aus anderen Gegenden zuverlässig mit Lebensmitteln beliefert würden. Rubel interessierten die meisten Vertragspartner nicht.[93]

Mit welchen Angeboten konnten Metropolen wie Moskau und Leningrad auf den neuen Märkten auftreten? Mit einem

Crash-Kurs zur Marktwirtschaft? Die konservativen Parteiblätter gaben in einer breit angelegten Kampagne gegen die Stadtväter und gegen das Parlament der RSFSR demagogische Antworten. Die ›Prawda‹ stellte am 4. Oktober 1990 den »großartigen Versprechungen der Deputierten vor der Wahl« die Schlangen vor den Brotgeschäften gegenüber. So hieß es etwa: Für die aufrechten Demokraten zählt in erster Linie die Befreiung von der Bevormundung des Zentrums. Aber wofür ist die Souveränität gut, wenn sie von Preiserhöhungen und Schlangen begleitet wird? Die Volksvertreter denken nicht an Brot, ehe nicht die allerwichtigsten Probleme erörtert sind, wie zum Beispiel die Frage, ob die Mitarbeiter der Staatsschutzorgane in der Partei bleiben sollen oder nicht. Was haben die Moskauer bekommen? Einen neuen Sonderausweis, der ihnen den Zutritt zu den Geschäften gestattet!

Ende September brachte die ›Moskowskaja Prawda‹ zwei kontrastierende Bilder auf der ersten Seite: ein Photo von der Massendemonstration gegen die Ryschkow-Regierung und eine Aufnahme von menschenleeren Äckern zur Erntezeit. Tags darauf zeigte das Blatt fleißiges Funktionärsvolk unter der Führung von Stadtparteichef Jurij Prokofjew auf den Feldern. Obendrein rühmte das Parteiorgan die 11 000 Soldaten, die rund um Moskau auf den Kartoffeläckern ihren Dienst am Vaterland versahen. Die im Frühjahr frei gewählten Stadtväter, erklärte Anhänger Jelzins, zogen nach. Am 6. Oktober zeigte das zentrale Nachrichtenprogramm Moskaus zweiten Bürgermeister, Sergej Stankiewitsch, mit Strickmütze und Gummistiefeln auf den durchgeweichten Äckern vor der Stadt. Der junge Historiker beteuerte einem Fernsehreporter, für den Winter sei leidlich gesorgt. Tatsache aber war: Die Hauptstadt hatte sich bis zu diesem Zeitpunkt erst zwei Drittel aller dringend notwendigen Lebensmittel sichern können.[94]

Die Katastrophenwarnungen wurden immer schriller, während die Argumente der marktorientierten Reformer verpufften. Auf die Verheißungen des 500-Tage-Plans für einen baldigen Aufschwung reagierten viele ältere Bürger nur mit Achselzukken. Auch Chruschtschow habe die USA in kürzester Zeit überflügeln wollen. »Wir wissen nicht, was das ist: Markt«, sagten deprimierte Menschen, die in den Medien zu Wort kamen. Der Markt war der Mehrheit der Bevölkerung im Grunde egal. Sie wollte Waren sehen – und sei es auf Bezugsschein. Wie sich bald herausstellte, war es gar nicht so einfach, ein funktionierendes System für die Rationierung von Lebensmitteln einzuführen. Auf der Bedarfsseite waren Alter und Beruf zu berücksichtigen, und das entsprechende Warenangebot mußte bereitgestellt werden. Der russische Handelsminister Alexander Chlystow beriet sich sogar mit Stalins einstigem Handelsminister Dmitrij Pawlow über die Erfahrungen zwischen 1941 und 1947, als es eine ganze Skala von Rationierungen gegeben hatte. Landwirtschaftsminister Gennadij Kulik schlug sogar die Rückkehr zur Naturalsteuer vor. Er wollte die Kolchosen und Sowchosen von Anfang 1991 an unter Androhung drastischer Strafen zwingen, bestimmte Mengen von Getreide, Zuckerrüben, Sonnenblumenkernen, Fleisch und Milch, »vielleicht auch Eier«, an den russischen Staat zu liefern, um die Versorgung von Kranken- und Waisenhäusern, großen Industriestädten und des hohen Nordens zu sichern.[95]

Anatolij Sobtschak, der Leningrader Oberbürgermeister, dessen Stadtsowjet Mitte November die Rationierung von Fleisch, Mehl und anderen Lebensmitteln beschlossen hatte, sagte im Obersten Sowjet der UdSSR in einer dramatischen Debatte über die Lage: »Wenn wir in Leningrad nicht einmal mehr die Normen garantieren können, die 1941 während der deutschen Blockade galten, dann nicht deswegen, weil es im Land nicht genug Lebensmittel gibt, sondern deshalb, weil wir keine Garantien für Lieferungen aus anderen Regionen haben.« Für die wertlosen Papierrubel, die kein Geld mehr seien, lohne es sich nicht mehr, Lebensmittel zu verkaufen, weshalb immer mehr Waren verrotteten, ergänzte der Vorsitzende des Ausschusses für Arbeit, Preise und Sozialpolitik, Alexander Schurawljow.[96]

Gegen Separatismus und Selbstversorgung, gegen Chaos und Lebensmittelkarten setzte die Sowjetführung auf ein Konzept des regulierten Übergangs zur Marktwirtschaft. Das »erste Gebot« sei, so Gorbatschow Mitte Oktober 1990, »davon zu leben, was man hat«. Nun sei eine Grenze erreicht, da die Sowjetunion nur noch dann soziale Sicherheit und soziale Gerechtigkeit gewährleisten könne, »wenn der Staat eine effektive Wirtschaft garantiere. Dies kann nur eine Marktwirtschaft sein.« Ideologische Vorbehalte gab es im sowjetischen Parlament kaum noch. Die kamen vor allem von der KP Rußlands. Gravierender waren institutionelle Hindernisse für den geregelten Systemwechsel. Es gab keine Regulierungsbehörden, weder Finanz- noch Arbeitsämter, von einem Bürgerlichen Gesetzbuch ganz zu schweigen. Juristen und Volkswirte bildeten unter den Staatsdienern nach wie vor eine winzige Minderheit, und wären Gorbatschows Glasnost und Perestrojka mit langfristigen Modernisierungsprogrammen verbunden gewesen, dann hätte er längst ein entsprechendes Bildungsprogramm in die Wege leiten müssen. Nicht zuletzt fehlte es an Zustimmung und Kompetenz der Bürger. »Nur wenn die Ökonomie zur Sache des Bürgers wird«, sagte ein politisch aktiver Unternehmer, »kann – und muß – sich der Staat aus der Wirtschaft zurückziehen.«[97]

Folgerichtig war das Reformprogramm der Regierung Ryschkow nicht auf 500 Tage wie das Jelzins und Silajews, sondern auf fünf bis zehn Jahre ausgerichtet. Es kam allerdings fünf Jahre zu spät. Das Vertrauen der Bevölkerung war verspielt, die finanzielle Stabilität untergraben. Die letzten Notmaßnahmen verschlimmerten die Lage nur noch. So hatte der Ministerrat der UdSSR im Sommer 1990 beschlossen, neue Sozialleistungen einzuführen, um die Folgen der Preiserhöhungen für die Ärmsten abzumildern sowie die staatlichen Ankaufpreise für Weizen und Fleisch mit dem Ziel zu erhöhen, die Produktion zu fördern. Die Großzügigkeit der Regierung machte es nötig, dreißig bis vierzig Milliarden Rubel zu drucken, obwohl die Notenpresse ohnehin schon die stärkste Quelle der Inflation war. Weitere 20 bis 25 Milliarden Rubel wollte Ryschkow durch die drastische Erhöhung der Preise für »Luxusgüter und andere Waren, die den Lebensstandard der Bevölkerung nicht wesentlich beeinflussen«, erzielen. Die Mitte November 1990 angekündigte Maßnahme galt dann aber nicht nur für teuren Schmuck und Pkws, sondern auch für Kühlschränke mit drei Kammern, bestimmte Möbelstücke und vieles mehr. In aller Eile versuchten viele Sowjetbürger für ihr Geld noch irgend etwas zu den alten Preisen zu ergattern, fanden aber geschlossene Sparkassen und Geschäfte vor.

Die russische Führung sah in der preispolitischen Offensive der Unionsregierung eine Attacke auf die Souveränität Rußlands. Sie wollte Preiserhöhungen nach eigenem Ermessen vornehmen und vor allem die daraus resultierenden Mehreinnahmen nicht mit der Zentralregierung teilen.[98] Dem Streben nach vollständiger Kontrolle über die Finanzen kam der 500-Tage-Plan entgegen. Nicht nur die Steuerhoheit, sondern praktisch alle Macht sollte der Union von den Republiken genommen werden. Das war der Grund, warum Jelzin dieses Reformkonzept favorisierte – und Gorbatschow es schließlich Mitte November 1990 definitiv ablehnte. Der Präsident der UdSSR und die ärmeren Unionsrepubliken hielten im eigenen Interesse am System des Finanzausgleichs fest. Nach der Föderalisierung der KPdSU, der partiellen Entmachung der Repressionsorgane sowie der Dezentralisierung der Wirtschaft konnte die Sowjetunion nur noch durch Transferleistungen zusammengehalten werden. Die Frage, wer wieviel zahlt und wer wieviel erhält, führte zum offenen Streit. Eine schnelle Lösung des Konflikts konnte niemand erwarten: Die Interessengegensätze waren zu groß, die zentralen Institutionen zu schwach. Ein ehrlicher Makler hätte vielleicht ein für alle akzeptables Ergebnis erzielen können. Gorbatschow war das nicht. Mit seinem juristisch fragwürdigen Schachzug, die 21 autonomen Republiken der RSFSR aufzuwerten und in die Verhandlungen als gleichwertige Partner der Unionsrepubliken einzubeziehen, wollte er neue Verbündete gegen die russische Führung gewinnen. Die viel größere Runde machte die Verhandlungen nicht einfacher. Der Versuch, das Blatt zu seinen Gunsten zu wenden, mißlang.[99]

Zwischen November 1990 und August 1991 gab es vier offizielle Entwürfe für einen Unionsvertrag. Aber schon am 24. November 1990, als der erste Entwurf publiziert wurde, existierte die Sowjetunion wirtschaftspolitisch nur noch auf dem Papier. Die RSFSR hatte nicht nur Ryschkows Preispolitik abgelehnt. Sie begann damit, die wichtigsten Exportgüter der Sowjetunion – Erdöl, Erdgas, Gold, Diamanten u. a. – selbst zu vermarkten. Die zweitgrößte Republik, die Ukraine, setzte am 1. November den Rubel partiell außer Kraft, indem sie 70 Prozent der Löhne und Gehälter in Coupons, einer Übergangswährung, auszahlte. Estland stellte an den Grenzübergängen zu Rußland und Lettland nach der Verdreifachung der Preise für Fleisch und Milchprodukte 800 Zöllner auf, um den »estnischen Markt« zu schützen.[100]

Gorbatschow intensivierte daraufhin seine Versuche, die Union durch die »Festigung der Staatsgewalt« zu erhalten. Dem Obersten Sowjet der UdSSR präsentierte er ein Acht-Punkte-Programm, das die aktualisierte Variante eines lange vorbereiteten Plans war, die Exekutive nach US-Vorbild in die Administration des Präsidenten zu verlagern. Mit den rasanten Verfassungsänderungen überrumpelte Gorbatschow die Vertreter jener Unionsrepubliken, die ihre Souveränität nicht nur als Symbol der Emanzipation ihrer Eliten, sondern als Signal ihres entschlossenen Kampfes gegen die alten Machtstrukturen der Zentrale verstanden hatten. Die Separatisten lehnten Gorbatschows Vorgriff auf die politischen Strukturen der künftigen Union rundweg ab. Die schärfste Reaktion kam erwartungsgemäß von Boris Jelzin, der aus Kiew – wo er mit dem Parlamentspräsidenten der Ukraine ein bilaterales Abkommen zur Koordinierung ihrer Interessen unterzeichnet hatte – erklärte: »Gorbatschow hat sein Paket mit mir nicht besprochen. Er hat offensichtlich die Vorschläge aller Republikführer über Bord geworfen. Rußland wird das nicht hinnehmen.«[101]

Die Ukraine auf Konfrontationskurs

Im Gegensatz zu den baltischen Republiken gehörte die Ukraine nicht zu den Vorreitern der Perestrojka. Parteichef Wladimir Schtscherbitzkij regierte in Kiew zwischen 1972 und 1989 mit harter Hand. Dem konservativen Verbündeten Breschnews gelang es, die Erneuerung der Elite zu verhindern. Lediglich 100 der 5200 Nomenklatura-Stellen wurden neu besetzt.[102]

Die ukrainische Nationalbewegung blieb bis Ende 1989 zersplittert und zögerlich. Sprache und Religion markierten politische Trennlinien. Von den 51,5 Millionen Menschen, die 1989 in der Ukrainischen Sozialistischen Sowjetrepublik lebten, waren mehr als elf Millionen Russen. Sie stellten die Bevölkerungsmehrheit in fast allen größeren Städten und Industriezentren. Ukrainisch-nationalistische Vorstellungen, die vor allem im katholischen Westen – mit 7,5 Millionen Menschen – ihren Nährboden hatten, waren den Russen fremd. Für mehr als 30 Millionen Ukrainer gab es keinen Zweifel an der historischen Verwurzelung ihrer Republik im russischen Staat. Die Ukraine war in ihren Augen die Wiege der russischen Kirche und Kultur, auch wenn sie andererseits eine eigene nationale und kirchliche Identität beanspruchte.

Die Konsolidierung einer nationalen Bewegung stieß in der Ukraine auch wegen der Größe des Landes auf erheblich größere Schwierigkeiten als in den baltischen Republiken. Die sechs Teilregionen wiesen ganz unterschiedliche historische Traditionen und sozioethnische Strukturen auf: der Westen mit dem ehemaligen habsburgischen Kronland Galizien und der Bukowina; die Karpato-Ukraine, die jahrhundertelang zu Ungarn gehört hatte und nach dem Friedensvertrag von Trianon 1920 bis zum Ende des Zweiten Weltkrieges an die Tschechoslowakei gefallen war; das russisch geprägte Zentrum um Kiew; das sogenannte Neurußland im Süden mit den Städten Odessa, Cherson und Dnepropetrowsk; die Industriegebiete des Ostens mit dem Donezbecken und Charkow sowie der Krim, die Chruschtschow 1954 zum 300jährigen Jubiläum des Vertrags mit den ukrainischen Kosaken aus der russischen in die ukrainische Unionsrepublik eingegliedert hatte.

Die ersten Vertreter der neuen ukrainischen Nationalbewegung ignorierten die religiöse und politische Spaltung der Gesellschaft. Der im Januar 1918 unternommene Versuch, einen unabhängigen ukrainischen Staat zu gründen, wurde von Literaten und Dissidenten zu einer historischen Leistung verklärt, an die sie die Forderung knüpften, die »geraubte Staatlichkeit« wiederzuerlangen.[103] Dabei war die Ukrainische Volksrepublik des antibolschewistischen Bauernführers Semen Petljura eine ephemere Erscheinung geblieben, da sie außer von den Mittelmächten von keinem anderen Staat anerkannt worden war und deren Organe zu keinem Zeitpunkt auf dem gesamten Territorium Autorität beanspruchen konnten.[104] Daß die Ukrainische Volksrepublik zu den Verlierern des Bürgerkrieges gehörte, war auf die

Niederlage von Petljuras Truppen gegen die Rote Armee im Jahre 1920 zurückzuführen. Aber zu den Tatsachen gehörte auch, daß es Petljura nicht gelang, ein ukrainisches Identitätsbewußtsein zu stiften, selbst antijüdische Pogrome brachten seine Sache nicht voran.

Der Sieg der Roten Armee bereitete zwar den ukrainischen Unabhängigkeitsbestrebungen ein Ende, doch nach dem Zusammenschluß der RSFSR, der Weißrussischen und der Ukrainischen Sozialistischen Sowjetrepublik sowie der Transkaukasischen Sozialistischen Föderativen Sowjetrepublik zur UdSSR im Dezember 1922 konnten die Nationalkommunisten zunächst noch eine Ukrainisierungskampagne führen. Die relativ autonome Innenpolitik der in Charkow regierenden Bolschewiken dauerte allerdings nur so lange, wie Stalin mit internen Machtkämpfen beschäftigt war. Als er seine Macht konsolidiert hatte, ging der Diktator daran, der größten nichtrussischen Nation des Imperiums alle Eigenständigkeit zu nehmen. Die 1929 begonnene Zwangskollektivierung gipfelte in der Ostukraine durch eine gezielt herbeigeführte Hungersnot von 1932 bis 1934 in einem beispiellosen Massenmord. »Stalins Holocaust«, hat der britische Historiker Robert Conquest die Vernichtung von vier bis sechs Millionen Ukrainern genannt. Nach den Bauern ließ der Tyrann die ukrainische Intelligenz liquidieren. Zehntausende wurden zwischen 1934 und 1940 erschossen oder deportiert.

Nach dem Ausbruch des Zweiten Weltkrieges und als Folge des Hitler-Stalin-Paktes wurden Ostgalizien, Wolhynien und die Nordbukowina in die Ukrainische SSR eingegliedert und damit die Ukrainer erstmals vereinigt. Im Juni 1941 rückten deutsche und rumänische Armeen ein, die von der Bevölkerung zunächst als Befreier begrüßt wurden. Die Hoffnung wich schnell der Verzweiflung, denn die deutsche Besatzungszeit brachte nichts als wirtschaftliche Ausbeutung, Zwangsrekrutierungen und Massenmord. Die Eroberungs- und Vernichtungspolitik von Hitlers Reichskommissar Erich Koch forderte fünf Millionen Todesopfer und führte zur fast vollständigen Zerstörung des »goldenen Kiew«. Über eine Million Zwangsarbeiter wurden ins »Reich« deportiert.[105]

Nach Kriegsende löschte Stalin zunächst die während der

deutschen Okkupationszeit entstandene nationalukrainische Partisanenbewegung aus. Das bereits ausgeblutete Land wurde aber auch dafür bestraft, daß 1941 viele Ukrainer den einmarschierenden Deutschen zugejubelt hatten, weil sie sich ein Ende des sowjetischen Terrors erhofften. Vor allem die ehemals polnischen, nun der Ukraine zugeschlagenen Gebiete hatten unter mörderischen Säuberungsaktionen zu leiden. Stalin ließ die unierte katholische Kirche auslöschen und vermachte deren Gotteshäuser dem russisch-orthodoxen Synod. Nicht die christlich-orthodoxe Bruderkirche, sondern der Kommunist Chruschtschow gab den Ukrainern einen Teil ihrer Kulturschätze, ihrer Autonomie, ihrer Geschichte zurück. Doch nach einem Jahrzehnt der Erleichterung schränkte Leonid Breschnew die Rechte der Ukrainer von neuem ein. Die ukrainische KPU ging dabei voran: Ihr Zentralkomitee diskutierte nur in russischer Sprache.

Der GAU im Kernkraftwerk Tschernobyl traf im April 1986 zwar Weißrußland und das Gebiet um Brjansk noch härter, doch auch weite Teile der Ukraine mußten zu Katastrophengebieten erklärt werden. Über 130 000 Menschen wurden kurz nach dem Reaktorunfall in Landkreise südlich von Kiew umgesiedelt. Noch 1989 lebten über 200 000 Menschen in Gebieten mit einer Belastung von über 5 Curie und 60 000 mit einer Belastung von über 15 Curie pro Quadratkilometer. Selbst zu Beginn der neunziger Jahre kam es noch zu verordneten oder freiwilligen Umzügen. Gleichzeitig kehrten verzweifelte Menschen in die alte Heimat zurück, wo 3400 Quadratkilometer Agrarland und Wald praktisch bis in alle Ewigkeit radioaktiv belastet sind.[106]

Die Reaktorkatastrophe hinterließ nicht nur tiefe wirtschaftliche und soziale Wunden, sondern auch eine ohnmächtige Wut auf die Moskauer Ministerien, die Atomkraftwerke in der Ukraine gebaut hätten, »um Strom nach Osteuropa exportieren zu können«. Empörung und Verbitterung löste insbesondere die Vertuschungs- und Desinformationspolitik aus. »Tschernobyl begann mit gewaltigen Lügen. Sie kamen von ganz oben«, klagte der Abgeordnete Wolodimir Jaworiwskij im Sommer 1990, der auch schwere Vorwürfe gegen die Internationale Atomenergiebehörde erhob: »Vor allem möchte ich Herrn Hans Blix erwähnen, der aus Wien zu uns gekommen war. Er flog um den Reaktor herum und versicherte uns, daß alles normal sei, es wirbele nur irgend ein rotes Staubwölkchen. Dann wandte sich Michail Gorbatschow an uns, den wir damals weit mehr achteten, und wir glaubten ihm ebenso, als er sagte, die Situation sei unter Kontrolle.«[107]

Diese Reaktion des Parteichefs kam allerdings erst zwei Wochen später. In den ersten Tagen war in Moskau niemand in der Lage, »das Vorgefallene adäquat wahrzunehmen und zu analysieren«, versichert Gorbatschow in seinen ›Erinnerungen‹. Gleich nach dem Unglück hätten Anatolij Alexandrow (Jahrgang 1903), der Direktor des Kurtschatow-Instituts für Atomenergie, und Jefim Slawskij (Jahrgang 1898), der für die Atomkraftwerke zuständige Minister, vor dem Politbüro beteuert, es sei nichts Schlimmes passiert. Dergleichen sei an Industriereaktoren wiederholt vorgekommen. Man brauche nur ein paar Gläser Wodka hinunterzukippen, ordentlich zu essen, sich auszuschlafen, und es werde keinerlei Auswirkungen geben.[108]

Die Geheimhaltung ging nach Gorbatschows Darstellung von den beiden greisen »Scharlatanen« aus. Den Vertrauensverlust bekam jedoch der Generalsekretär zu spüren, als er im Februar 1989 erstmals Tschernobyl besuchte. Er wurde mit Pfiffen und Protestdemonstrationen empfangen, obwohl seine Politik auch den Ukrainern neue Freiheiten gebracht hatte. Nach Gorbatschows Amnestie von 1987 konnten viele politische Gefangene des Schtscherbitzkij-Regimes wieder in die Heimat zurückkehren. Die überlebenden Dissidenten nahmen ihren Kampf für eine eigenständige Kirche, Kultur und Umweltpolitik sofort wieder auf. Gruppen und Institutionen der kulturpolitischen Szene verbanden sich mit einer Menschenrechtsbewegung, die international organisiert war. So konnte beispielsweise die Helsinki-Union sowohl die Aufmerksamkeit der internationalen Öffentlichkeit wie auch die Unterstützung der ukrainischen Diaspora gewinnen.[109] Bereits im Juni 1988 fand in Lwow eine Koordinierungskonferenz baltischer, kaukasischer und ukrainischer Oppositioneller statt. Dutzende neugegründete Blätter sorgten für die Verbreitung von Informationen und Aufrufen der oppositionellen Gruppen. Deren Basis befand sich in der Westukraine, wo der

Kampf um die Wiederzulassung der mit Rom unierten ukrainischen griechisch-katholischen Kirche seit 1987 die Massen mobilisiert hatte. Kulturpolitische und demokratische Zielsetzungen fanden aber auch unter Kiewer Intellektuellen wachsende Unterstützung. Bei den unionsweiten Wahlen zum Volksdeputierten-Kongreß der UdSSR im März 1989 erlitten die Kandidaten der KPdSU in Kiew eine schwere Niederlage. Von ihrem Triumph beflügelt, organisierten Schriftsteller, Historiker und grüne Aktivisten zum dritten Jahrestag der Tschernobyl-Katastrophe im Kiewer Dynamo-Stadion eine große Demonstration mit Transparenten wie: »Tschernobyl – Verantwortungslosigkeit der Führung, Mißachtung der Menschen, Abwesenheit von Glasnost, Warnungen an die künftigen Generationen«.[110]

Trotz Behinderungen durch die Behörden entstand im September 1989 eine Dachorganisation verschiedener informeller Gruppen, unter ihnen die »Schewtschenko-Gesellschaft für die ukrainische Sprache« und die »Volksbewegung der Ukraine für die Perestrojka«. Am 8. September organisierte die »Ruch« (Bewegung) einen Kongreß mit dem Polen Adam Michnik als Hauptredner. Michnik, einer der intellektuellen Köpfe der Solidarność, sprach von Polen und der Ukraine als postkommunistischen Nationen. Polen hatte allerdings bereits einen nichtkommunistischen Regierungschef. 1000 Delegierte der Ruch forderten den Rücktritt von Parteichef Schtscherbitzkij, die Umwandlung der UdSSR in eine Konföderation und einen neuen Unionsvertrag für eine politisch und ökonomisch souveräne Ukraine. Drei Wochen später trat Schtscherbitzkij zurück. Nachdem er am 19. September auf dem ZK-Plenum der KPdSU aus dem Politbüro ausgeschlossen worden war, hatte er auch keine andere Wahl mehr. Seinen Platz nahm Wladimir Iwaschko ein, der eine weichere Linie verfolgte.

Als wichtigen Erfolg verbuchte die Ruch ein Gesetz, das am 1. Januar 1990 die Einführung des Ukrainischen als Staatssprache vorsah. Das vom Obersten Sowjet der Ukrainischen SSR im Oktober 1989 erlassene Sprachgesetz folgte scheinbar dem Beschluß des Septemberplenums des ZK der KPdSU. In der »Nationalitätenplattform« wurde die Sprache der jeweiligen Titularnation einer Unionsrepublik als Staatssprache anerkannt – sofern dies nicht vorher schon der Fall gewesen war. Russisch sollte als gleichberechtigte Verkehrssprache beibehalten werden. Die Anerkennung des Ukrainischen als Staatssprache konnte das Russische als Verständigungssprache ohnehin nicht verdrängen. In der Hauptstadt sowie vor allem in den großen Städten der Ostukraine wurde seit Jahrhunderten überwiegend Russisch gesprochen. Katharina die Große hatte die Ansiedlung russischer Einwanderer in ukrainischen Städten gefördert und ukrainischen Bauern den Zuzug verboten. Zwischen 1804 und 1917 war die ukrainische Sprache aus dem Schulsystem verbannt gewesen. Erst die Nationalitätenpolitik in den zwanziger Jahren, insbesondere die systematische Besetzung von Führungsposten mit einheimischen Kräften sowie die Ukrainisierung des Schulwesens, hatte eine breite Entfaltung der ukrainischen Kultur erlaubt. Das Ukrainische war damals erstmals offiziell als Schrift- und Amtssprache anerkannt worden.

1989 besuchten in den ländlichen Gebieten Galiziens fast alle Kinder ukrainischsprachige Schulen, während es in Kiew sowie in der Ost- und Südukraine nur ein Viertel waren. In Donezk gab es nur russische Schulen. In der gesamten Ukraine sprachen 1989 nur 54 Prozent der Stadtbevölkerung Ukrainisch als Muttersprache, in den großen Städten zum Teil noch erheblich weniger.[111] Das Gesetz zur Einführung des Ukrainischen als Staatssprache ignorierte die Realitäten – ganz bewußt, wie es scheint. Bohdan Krawchenko von der Universität Alberta, der in Kiew den späteren Regierungschef Witold Fokin beriet, räumte bereits Anfang 1991 ein, daß die Sprachenfrage von Anfang an für das Ziel der politischen und ökonomischen Souveränität der Ukraine instrumentalisiert worden sei.[112]

Bei den Wahlen zum Obersten Sowjet der Ukraine im März 1990 errang das von der Ruch angeführte Bündnis 117 von 450 Mandaten, die meisten in der Westukraine und in Kiew. Bei den gleichzeitig abgehaltenen Regional- und Kommunalwahlen eroberten einige Ruch-Kandidaten sogar Spitzenpositionen. Zu ihnen gehörte der ehemalige politische Häftling Wjatscheslaw Tschornowil im Gebiet Lwow, dem ukrainischen Lvív.[113] Als erste Amtshandlung holten die Räte, in denen die Ruch die Mehrheit besaß, die roten Fahnen von den öffentlichen Gebäuden ein und zogen die blaugelbe Flagge der Ukraine auf. Der regionale Sowjet von Lwow proklamierte: »Hiermit ist die Region Lwow zum Ort geworden, an dem die Prinzipien und Mechanismen eines unabhängigen ukrainischen Staates entwickelt werden.«[114]

Das Recht auf eine eigene Armee wurde, neben dem Recht auf eine eigene Staatsbürgerschaft, zu einem Kernpunkt in der ›Deklaration über die Staatliche Souveränität der Ukraine, angenommen vom Obersten Sowjet der Ukrainischen SSR am 16. Juli 1990‹. Bei der Abstimmung im Parlament, die mit 355 zu 4 Stimmen überaus deutlich ausfiel, demonstrierten die kommunistischen Abgeordneten, die immer noch die Mehrheit besaßen, nur scheinbar einen Sinneswandel. Ihnen ging es nicht um die Beschleunigung von Reformen, sie paßten sich nur dem neuen patriotischen Trend an, um ihre Machtpositionen zu erhalten. Inzwischen hatten sich schon acht der fünfzehn Unionsrepubliken für souverän erklärt. Dennoch mußte das ukrainische Parlament die Verabschiedung der Deklaration um eine Woche vertagen. Das Hohe Haus war nicht beschlußfähig. Die übliche Abwesenheitsquote hatte sich drastisch erhöht: Von den rund 450 Abgeordneten besuchten 60 den XXVIII. Parteitag der KPdSU in Moskau.

Die KP in Kiew versuchte zwar, die Machtstrukturen intakt zu halten, aber nach den empfindlichen Wahlniederlagen im März 1989 und im März 1990 erkannten einige kommunistische »Realpolitiker«, daß sie die Unterstützung der Ruch brauchten, um sich weiterhin an der Macht halten zu können. Sie schwenkten rasch und vollständig auf den Kurs der Opposition ein. Dies war vor allem das Werk von Leonid Krawtschuk, der als Leiter der Abteilung Ideologie im Zentralkomitee der KP der Ukraine die Gründung der Ruch zu verhindern versucht hatte. Er nahm nun offen Kurs auf die Unabhängigkeit der Ukraine. Ende Juli 1990, nachdem Michail Gorbatschow den gerade fünf Wochen zuvor zum Parlamentspräsidenten gewählten Wladimir Iwaschko als stellvertretenden Parteichef nach Moskau geholt hatte, nahm Krawtschuk den vakanten Posten ein.

Im Juli 1990 verabschiedeten die Volksvertreter ein Gesetz über die wirtschaftliche Eigenständigkeit der Republik und eine Resolution an das sowjetische Verteidigungsministerium. In dieser wurde die Rückkehr aller Wehrpflichtigen der Ukraine aus den ethnischen Konfliktgebieten wie Armenien, Aserbaidschan und Kirgistan bis zum 1. Oktober verlangt. Diese Resolution sahen die Ruch-Abgeordneten als den ersten Schritt zur Bildung einer nationalen Armee an. Das Gefühl, auf dem Vormarsch zu sein, war allerdings nur von kurzer Dauer. Bei den Abstimmungen über die Ernennung des neuen Kabinetts verlor die Ruch »die ganze Schlacht«. Wie die Ruch in dieser politischen Konstellation weiter verfahren wollte, sagte einer ihrer Abgeordneten aus Lwow: »Im radikalsten Fall mit dem Mittel des Streiks. Die Bergleute vom Donbass haben schon gezeigt, daß sie dazu bereit sind.«[115]

Der Donbass war seit Juli 1989, dem Beginn unionsweiter Bergarbeiterstreiks, der unruhigste Teil der Ukraine. Im südukrainischen Kohlenpott, wo mehr Menschen lebten als in den drei baltischen Republiken zusammen, verband sich die Krise der Montanindustrie mit den Defiziten der Mangelwirtschaft und den existenzbedrohenden Umweltschäden zu einem explosiven Gemisch. Die meisten der 230 Minen waren veraltet. Der technische Standard entsprach dem der dreißiger Jahre. Die Förderbedingungen waren extrem schlecht. Die Kumpel mußten die dünnen Flözschichten in 700 bis über 1000 Meter Tiefe häufig bei Temperaturen über 35 Grad, hoher Luftfeuchtigkeit und schlechter Sicht abbauen. Die Produktivität war niedrig, die Gefahr für Leben und Gesundheit um so höher. Die Lage verschlechterte sich noch weiter, als die sibirischen Holzproduzenten in Moskau durchsetzen konnten, daß bis zu 30 Prozent ihres Holzschlages nicht mehr in das staatliche Zuteilungssystem fließen mußten, sondern zu freien Preisen verkauft werden konnten. Die Donbass-Gruben hatten nicht genug Geld für teures Holz. Die Bergwerke erhielten vom Staat im Schnitt 54 Rubel für eine Tonne Kohle. Die Selbstkosten waren doppelt so hoch. Die Differenz glich die sowjetische Staatskasse aus. Das »schwarze Brot« der Ukraine kostete Millionen an Subventionen aus Moskau und täglich mindestens ein Menschenleben im Donbass. Die Gesundheitsschäden waren immens, die medizinische Versorgung hingegen desaströs. Für die 1,2 Millionen Einwohner der Stadt Donezk gab es beispielsweise nur ein einziges Beatmungsgerät. Die zuständige Behörde, das Ministerium für Bergbau in

Moskau, hatte in den achtziger Jahren immer weniger Geld, um Krankenhäuser, Kindertagesstätten und Wohnungen zu bauen. Umzug oder Arbeitsplatzwechsel kamen nur selten in Frage, denn wer seit Jahren in seinem Bergbaubetrieb auf der Warteliste für eine Wohnung stand, mußte in einem anderen Betrieb als letzter auf einer analogen Liste wieder von vorn anfangen.

Wegen der Verschmutzung der Flüsse und Seen glich das Trinkwasser häufig einem Chemiecocktail oder war immer wieder mit Viren und Bakterien kontaminiert. Bei einem gewaltigen Chemieunglück am 2. Dezember 1989 gelangten 80 Kilometer von Donezk entfernt Giftstoffe ins Grundwasser. In der Bergbaustadt Gorlowka mit rund 300000 Einwohnern wurde das Grubenwasser verseucht. Das eigentliche Problem bestand darin, so Konstantin Fesenko, der Vorsitzende des Streikkomitees in Gorlowka, daß niemand wußte, welche chemischen Verbindungen entstanden waren und welche Folgen sie haben konnten. Die Bergleute hatten nicht nur Gorbatschow zur Hilfe aufgerufen, sondern auch Greenpeace. Fesenko philosophierte damals über die neue Weltlage nach dem Fall der Berliner Mauer: »Kommunismus und Kapitalismus haben als Wasserscheide ausgedient. Die Menschheit lebt von der einen Natur. Das Sterben der Natur ist unser Sterben. Wir sterben im Elend und Sie drüben [im Westen] im Wohlstand. Was ist der Unterschied? Ihnen wird es um Ihr schöneres Leben wohl noch etwas mehr leid tun.«[116]

Wie sollte eine solche Region saniert werden? Auf diese Frage fand auch die neue Streikbewegung im Sommer 1990 keine Antwort. Gorbatschow hielt die ökonomischen Forderungen der Bergleute (Verdopplung der Löhne und Verbesserung der täglichen, auch medizinischen Versorgung) zwar für berechtigt, aber nicht für erfüllbar und appellierte an den Westen, der Perestrojka nun mit Kapital und Know-how auf die Sprünge zu helfen. Für die politischen Forderungen (Auflösung der Parteiorganisationen in den Betrieben, Nationalisierung des Parteieigentums, Entpolitisierung von Armee, Sicherheits- und Rechtsschutzorganen) wäre der XXVIII. Parteitag der KPdSU zuständig gewesen. Solche Reformen lehnte aber die Mehrheit der rund 5000 Delegierten Anfang Juli 1990 als Angriff auf die Grundfeste des Systems ab. »Das Beste, was wir erwarten konnten«, sagte Jurij Boldyrew, der Vorsitzende des Streikkomitees in Donezk, »war der Zerfall der Partei«. Doch Gorbatschow und das Sekretariat des Kongresses konnten dies mit geschickter Regie verhindern. Gorbatschow wollte alle organisatorischen Strukturen der Partei konservieren. Er sprach sich für die Beibehaltung der Parteiorganisationen in Armee, KGB und Industriebetrieben aus. Damit trug er objektiv dazu bei, die Chance zur Transformation der KPdSU in eine Parlamentspartei zu verspielen. Für die Bergleute aber war die Auflösung der Parteiorganisationen in den Betrieben ein zentraler Punkt. Denn in jeder Zeche waren zwei oder drei Parteifunktionäre untergebracht: Kostgänger der Kumpel. So blieb nur die Selbsthilfe. In einigen Bergwerksbetrieben besetzten die Streikkomitees die Büroräume der hauptamtlichen Funktionäre. Immer mehr Kumpel weigerten sich, drei Prozent ihres hart verdienten Lohnes als Mitgliedsbeitrag an die Partei abzuführen.[117]

Ende Juli 1990 trafen sich in dem verschlafenen Donbass-Städtchen Dneprodzershinsk 140 Abgeordnete aus 39 Städten. Sie gründeten die »Vereinigung der demokratischen Räte und Blöcke in der Sowjetukraine«. Die Volksvertreter diskutierten über schnelle Privatisierungsmaßnahmen, ausländische Investitionen, die Verwendung von Kapital aus ukrainischen Exilgemeinden in den USA und in Kanada. Mit dabei waren auch Ruch-Politiker aus der Westukraine. Sie erschienen 1990 überhaupt häufig bei den Streikkomitees und Demonstrationen im Osten. Technische und organisatorische Unterstützung der Streikenden von außen konnte durchaus entscheidend sein – ähnlich wie ein Jahrzehnt zuvor bei der polnischen Solidarność-Bewegung, zu deren früheren Aktivisten die Ruch Kontakt hielt. Doch im Gegensatz zu Polen war die Unterstützung der Streikenden im Donbass in der Bevölkerung gering. Viele Bürger beschimpften die Streikführer als »Bande«. Deren Forderung nach dem Rücktritt der Regierung Ryschkow in Moskau interessierte die Mehrheit der Ostukrainer wenig. Sie ärgerte sich darüber, daß Spekulanten eine Schachtel Zigaretten für zwei Rubel statt für 20 Kopeken verkauften und daß es in den oberen Stockwerken der Miethäuser kein Wasser gab. Das Volk verlangte behördliche Maßnahmen: kontrollieren, bestrafen, verordnen.[118]

Bei der Lösung der erdrückenden Strukturprobleme konnten die Ruch-Politiker den Streikführern nicht helfen. Zu Hause, in der Westukraine, hatten sie selbst gegen die soziale und ökologische Krise zu kämpfen. Die Lage in Lwow charakterisierte einer der neuen Stadträte mit dem Satz: »Wir sind nackte Könige.«[119] Diese Selbsteinschätzung wurde bald von außen korrigiert. Die Deutsche Bank publizierte am 1. Oktober 1990 eine Übersicht über die wirtschaftlichen Aussichten der einzelnen Sowjetrepubliken[120], wobei die Autoren deren Souvränitätserklärungen zu »Unabhängigkeitserklärungen« umdefinierten. Ob dabei Unkenntnis oder Wunschdenken ausschlaggebend waren, muß hier offen bleiben. Aufgrund eines 12-Punkte-Systems stuften die forschen Juniorexperten der Deutschen Bank die Ukraine – noch vor den baltischen Staaten und der »politisch dominierenden Russischen Föderation RSFSR« – als wirtschaftlich stärkste Sowjetrepublik ein.

Es dauerte nicht lange, bis die Politiker der Ruch und der KPU dieses schmeichelhafte Ergebnis zur Kenntnis nahmen. Es gab ihren Ambitionen weiteren Auftrieb. Die Dürftigkeit und die Fehler der Studie stellten für die Selbstüberschätzung offenbar kein Hindernis dar. So waren nach Meinung der deutschen Volkswirte »Energieträger wie Steinkohle, Braunkohle, Erdöl und -gas (!) ausreichend vorhanden«; sie kamen »aufgrund der eher geringen internationalen Konkurrenzfähigkeit der Fahrzeug-, Konsumgüter- und Bekleidungsindustrie« auf die Liste der ukrainischen Devisenbringer. Elementare Probleme der Bevölkerung wie Wassermangel wurden dagegen gar nicht erst in Betracht gezogen. Dabei war dieses Problem nicht auf den Donbass beschränkt, wo jede zweite Großstadt nur noch die Hälfte der notwendigen Wassermenge bekam. In der gesamten Ukraine erreichte die Wasserversorgung pro Kopf gerade ein Fünftel des europäischen Teils der Sowjetunion. In Tausenden Dörfern und Siedlungen gab es außerdem keine Kanalisation. Dennoch wurde die Infrastruktur der Ukraine in der Studie der Deutschen Bank mit acht (von zehn) Punkten bewertet, die Landwirtschaft sogar mit zehn.

Die Botschaft fiel auf fruchtbaren Boden, und zwar in jenem denkwürdigen Herbst, als sich der chronische Versorgungsmangel wegen der Lieferblockaden von Republiken und Regionen in einigen russischen Großstädten in eine akute Versorgungskrise verwandelte. »Rußland hungert«, lauteten die Schlagzeilen in den westlichen Medien – oft wider besseres Wissen. Das Echo in Kiew war entsprechend: Man wollte sich vor Rußland retten. Die Ukraine führte Einkaufsscheine für Lebensmittel und wichtige Konsumgüter ein. Nationalistische Gruppierungen am rechten Rand gewannen an Stärke. »Sie verlangten die uneingeschränkte Unabhängigkeit der Ukraine, betrachteten sich teils als Anhänger diverser Exilregierungen und fanden vor allem aus den Reihen der Jugend- und Studentenorganisationen einen regen Zulauf.«[121] Eine militante Studentendemonstration in Kiew – deren Hintermänner unbekannt blieben – richtete sich ganz im Sinne der radikalen Rechten gegen einen neuen Unionsvertrag und erzwang im Oktober 1990 den Rücktritt von Moskaus Mann an der Spitze der ukrainischen Regierung, Witalij Massol. Seinen Nachfolger Witold Fokin hatte dessen Berater aus Kanada, Bohdan Krawchenko, schon vorher als einen »Befürworter der wirtschaftlichen Unabhängigkeit« öffentlich gelobt.

Die neue ukrainische Regierung vereinbarte am 13. Oktober die Aufnahme diplomatischer Beziehungen mit Polen, wo der polnisch-kanadische Geschäftsmann Stanislaw Tyminski den Solidarność-Helden Lech Wałesa bei den Präsidentschaftswahlen herausforderte. Am 2. November 1990 sprach sich das ukrainische Parlament für die wirtschaftspolitische Konzeption des neuen Ministerpräsidenten Fokin aus. Der Übergang zur Marktwirtschaft sollte auf der Basis der vollen ökonomischen und politischen Souveränität erfolgen, mit einer eigenen Währung und autonomer Preispolitik. Gegen die postulierte wirtschaftliche Freiheit hatten die einflußreichsten KP- und Wirtschaftsfunktionäre grundsätzlich nichts einzuwenden. Von deren Vorteilen konnten sie sich persönlich bereits überzeugen: Im schönen Stadtzentrum von Kiew vermietete die örtliche Führungsclique die attraktivsten Parteiimmobilien. Westliche Firmen und Banken zahlten stolze Preise, verschenkten Luxuslimousinen und verwöhnten ihre willigen Geschäftspartner mit Westreisen.

Im Hauptquartier der sowjetischen Schwarzmeerflotte in Sewastopol drehte sich der Streit um die Flotte ebenfalls ums Geld.

Denn militärisch waren die überalterten Kriegsschiffe nicht mehr viel wert. Ihr symbolisches und vor allem ökonomisches Potential wollte Kiew jedoch nutzen. Als Schrott waren die Zerstörer und U-Boote nämlich eine Goldgrube. Zuständig dafür war die Firma Newikon, die als sogenannte Aktiengesellschaft ein Monopol auf den Verkauf von Besitzständen der Marine ergattert hatte. Newikon erhielt, so erzählten ihre Vertreter auf einer PR-Veranstaltung in Sewastopol, vom Verteidigungsministerium Schiffe, Transportfahrzeuge, Baukräne und andere Oldtimer, die von der Buchhaltung bereits abgeschrieben waren, zum staatlich festgelegten Metallwert, also praktisch umsonst. Pensionierte Konteradmiräle und KGB-Offiziere verkauften dann den kostbaren Schrott ins Ausland. Daß die Verträge wasserdicht waren, garantierte der zum Kapitalismus konvertierte Generalmajor Alexander Hudurjenko, der zuvor Vorsitzender des Militärtribunals zur Disziplinierung der Schwarzmeerflotte gewesen war.

Die neuen Unternehmer kannten kein Geschäftsrisiko, konnten bald eine Bank gründen und Besitz erwerben. Ohne Einmischung Moskaus waren die Aussichten der spontanen Privatisierung noch rosiger. Im Kiewer Parlament saßen an die hundert mächtige Wirtschaftsfunktionäre. Sie wollten die über kurz oder lang beginnende offizielle Privatisierung selbstverständlich in die eigenen Hände nehmen und sich riesige Vorteile sichern. Dazu mußten sämtliche Behörden und Betriebe, die bis dahin Moskau unterstanden, in die eigene Jurisdiktion übernommen werden. Genau dieses beschloß der Oberste Sowjet der Ukraine am 7. Juni 1991 mit 330 Stimmen; es gab nur eine Gegenstimme. Die Volksvertreter entsprachen damit nicht zuletzt den Forderungen des Streikkomitees. Nachdem die Hoffnungen der radikalen Kumpel im Donbass auf wirksame Unterstützung durch das Ministerium für Bergbau in Moskau enttäuscht worden waren, änderten sie das Ziel der Proteste und verlangten kategorisch, Kiew unterstellt zu werden. Bei der darauffolgenden Pressekonferenz von Walentin Pawlow in Moskau versicherte der sowjetische Regierungschef auf direkte Nachfrage, daß er nicht nur keine Einwände habe, sondern seinen Kollegen Fokin in Kiew angerufen habe, um sich nach dessen Lieblingskognak zu erkundigen: »Ich halte die beste Flasche für ihn bereit.« Hinter dieser Äußerung steckte Kalkül. Denn mit den Besitzrechten entfielen auch die riesigen Subventionspflichten. Pawlow, ein Finanzprofi, wußte das, während sein ukrainischer Kollege Witold Fokin, von Haus aus Bergbauingenieur, zwar fast zwei Jahrzehnte an der Spitze der Kiewer Planungsbehörde gestanden hatte, bevor er Ministerpräsident wurde, doch in Fragen der Staatsfinanzen ebenso unerfahren war wie das politische Oberhaupt der Ukraine, Leonid Krawtschuk, der seit seinem sechsundzwanzigsten Lebensjahr Karriere in der Partei gemacht hatte.

Krawtschuk wollte nun – wie der russische Parlamentspräsident Boris Jelzin – Staatspräsident werden. Außerdem wollte er als Hauptakteur bei der Zerschlagung der Sowjetunion in die Geschichte eingehen, bekannte er Anfang 1992 in einem Interview. Dieser persönlichen Strategie folgend, trat er für eine »neue Union von freien und unabhängigen sozialistischen Staaten« ein. Auf dem Plenum des Zentralkomitees der KPdSU im November 1990 forderte er nachdrücklich die Revision des Entwurfs für einen neuen Unionsvertrag: Wer was bekommen würde, sollte in den Republiken und nicht in der Moskauer Zentrale entschieden werden. Den von Gorbatschow favorisierten Text kritisierte der Wende-Kommunist als undemokratisch. Die nationaldemokratische Opposition lehnte im März 1991 auch den neuesten Entwurf für den Unionsvertrag und das bevorstehende unionsweite Referendum ab, mit dem Gorbatschow ein Mandat für den Erhalt der Union anstrebte. Mit einem »klugen politischen Manöver«, so ein Kommentar aus Kanada[122], fand Krawtschuk den Ausweg aus der verfahrenen Situation. Er ließ beim unionsweiten Referendum eine zweite Frage stellen: »Sind Sie dafür, daß die Ukraine Bestandteil einer Union souveräner Staaten nach den Prinzipien der Deklaration über die Staatliche Souveränität der Ukraine werden soll?« Diese Frage erhielt 80 Prozent Zustimmung, die von Gorbatschow vorgelegte Frage nur 70 Prozent. Das für ihn günstige Ergebnis legte Krawtschuk fortan als eine Absage der Bevölkerung an eine erneuerte Sowjetunion aus.

Im Mai 1991 fand Krawtschuks Vorschlag, den Präsidenten der Republik vom Volk direkt zu wählen, im Parlament die nötige Mehrheit. Die Präsidentschaftswahl wurde für den 1. Dezember 1991 angesetzt. Krawtschuk zog alle Register, um seine

Kandidatur mit einem Erfolg zu krönen. Unter seiner Leitung vertagte das Parlament am 27. Juni 1991 die Diskussion über den Entwurf des neuen Unionsvertrages bis zum September. Für Gorbatschow war diese Entscheidung so kurz vor dem Wirtschaftsgipfel der sieben führenden Industrieländer in London ein schwerer Schlag, da er die potentiellen Kreditgeber nun nicht einmal davon überzeugen konnte, daß die Sowjetunion noch stabil und damit kreditwürdig sei.[123]

Kapitel 5

Michail Gorbatschow zwischen Versagen und Verrat

Der erste Putschversuch: Premier Pawlow mobilisiert das Parlament

Michail Gorbatschow war für einen Moment zufrieden: »Der Putsch ist vorbei«, scherzte der Präsident mit Journalisten, die ihn nach der Abstimmung im Kreml umlagerten. Der Oberste Sowjet hatte kurz vorher mit 262 zu 24 Stimmen den Antrag seiner konservativen Gegner verworfen, besondere Machtbefugnisse des Präsidenten auf den Premierminister zu übertragen. Damit bestätigte das Parlament am 21. Juni 1991 seine neun Monate zuvor getroffene Entscheidung, Gorbatschow für eine unbestimmte Übergangszeit das Recht zuzugestehen, mit Notstandserlassen für Recht und Ordnung zu sorgen. Die Verständigungsgrundlage für diese Ermächtigung war Gorbatschows Absage an eine Schocktherapie nach polnischem Vorbild im Mai 1990.

In der Zwischenzeit hatte sich die politische Lage gründlich verändert. Wassilij Seljunin, der angesehene Wirtschaftspublizist, hatte den Präsidenten bereits im Herbst 1990 mit dem englischen König John Lackland verglichen, dem Herrscher ohne Land. Seljunins damalige Bilanz lautete: »Es gibt keine Sowjetunion mehr [...]. Der Tatbestand ist ganz einfach: Alles findet einmal sein natürliches Ende. Der Zerfall der Union kann sich noch relativ glimpflich vollziehen, wenn wir die Realitäten akzeptieren und sensibel handeln.«[1]

Nach dem »Blutsonntag« von Vilnius demonstrierten über hunderttausend Menschen gegen Gewalt und gegen Gorbatschow. Die Demokraten sprachen im Namen der Bevölkerungsmehrheit: »Die Menschen haben genug vom rigiden, unfähigen, trostlosen, boshaften und ausweglosen Regime.« Jelzin verlangte am 19. Februar 1991 in einem schwer erkämpften Fernsehinterview Gorbatschows Rücktritt. Im März kam es erneut zu einem Streik der Bergarbeiter. Zu ihren politischen Forderungen gehörte der Rücktritt des Präsidenten und der Regierung. Die Zentristen sprachen von der Notwendigkeit, den Notstand auszurufen, um den Zerfall der Staatsmacht zu verhindern. Im Juni 1991 erreichten Polarisierung und Radikalisierung einen weiteren Höhepunkt.

Mit 57 Prozent der Stimmen für den erklärten Gegner der Kommunisten, Boris Jelzin, und nur 17 Prozent für den Hauptkandidaten der Partei, Nikolaj Ryschkow, bereiteten Rußlands Wähler am 12. Juni der KPdSU die schwerste Niederlage seit dem Amtsantritt Gorbatschows. Gleichzeitig wurden in Moskau und Leningrad die Oberbürgermeister direkt gewählt. Mit Gawriil Popow und Anatolij Sobtschak gingen zwei entschiedene Reformer als deutliche Sieger aus den Wahlen hervor. Das Ergebnis erschreckte die führenden Funktionäre der KPdSU und erschütterte alle Säulen des bisherigen Staates: Partei- und Sicherheitsapparat, Armee und militärisch-industriellen Komplex. Rußlands frei gewählter Präsident Jelzin und die Führungselite in anderen Sowjetrepubliken wollten ihre Bodenschätze und Betriebe in eigene Regie übernehmen und scherten sich nicht mehr um die Weltmachtrolle des maroden Imperiums.

In Nowo-Ogarjowo verhandelten Gorbatschow, Jelzin und die Repräsentanten von – außer der RSFSR – weiteren acht Republiken seit April 1991 über einen neuen Unionsvertrag. Der Neun-plus-eins-Kompromiß war ein Pakt Jelzins und der Republiken mit dem Zentrum, vertreten durch Gorbatschow. Er sah eine neue Verfassung und freie Wahlen vor. Regierung und Parlament der UdSSR fühlten sich ausgeschlossen und versuchten mit allen Mitteln, das Ruder wieder an sich zu reißen und Politik für den Gesamtstaat zu machen. Die konservativen Wortführer im Parlament warfen Gorbatschow vor, er habe mit einem samtenen Staatsstreich den Kapitalismus an die Macht bringen wollen. Ausgerechnet diejenigen, die während der Putschversuche im Baltikum die illegalen Rettungskomitees gedeckt hatten, argumentierten jetzt, durch die Neun-plus-eins-Abmachung habe Gorbatschow das Recht verloren, sich Präsident der UdSSR zu nennen, denn die UdSSR bestehe aus 15 Republiken und nicht aus neun. Deshalb sei diese Vereinbarung eine Kapitulation vor den Separatisten.[2]

Die Versorgungs- und Haushaltskrisen ließen den Präsidenten als letzten Ausweg Unterstützung im Westen suchen. Nach der Gewaltanwendung im Baltikum hatte die EG die zugesagte Lebensmittelhilfe im Wert von einer Milliarde US-Dollar zurückgezogen. Die Pause, die dann auch noch die Vereinigten Staaten und die Weltbank bei den Kreditverhandlungen eingelegt hatten, löste im Kreml Panik aus: 1990 hatte das Leistungsbilanzdefizit 7 bis 10 Milliarden US-Dollar erreicht. Die Schuldenlast hatte sich seit Gorbatschows Amtsantritt verdoppelt. Die sinkenden Exporteinnahmen mußte die Regierung nunmehr mit den Republiken teilen. Wegen Devisenmangels war die Einfuhr in der ersten Jahreshälfte 1991 um die Hälfte gesunken.

Die Suche nach alternativen Geldquellen im Fernen Osten blieb erfolglos. Einer Partnerschaft mit Japan stand der Streit um die vier südlichen Kurileninseln im Wege, die Stalin im August 1945 besetzt und im Februar 1946 formell annektiert hatte. Im Friedensvertrag von San Francisco hatten die Japaner auf die zwei größten Inseln, Kunashiri und Etorufu, verzichtet. Die Rückgabe von Shikotan und der Inselgruppe Habomai hatte die Sowjetunion 1956 nach Abschluß eines Friedensvertrages regeln wollen, daraus war freilich nichts geworden.[3] Über das Schicksal dieser Inseln war in den Monaten vor Gorbatschows viertägigem Besuch in Tokio im April 1991 viel spekuliert worden. Die Logik des Neuen Denkens schien eine baldige Rückgabe der Inseln nahezulegen. Doch Gorbatschows Verhandlungsspielraum war aufgrund seiner schwindenden innenpolitischen Macht äußerst begrenzt. Ein Zugeständnis an Tokio kam daher nicht einmal unter der Bedingung in Frage, daß die Japaner im Gegenzug Milliarden in die sanierungsbedürftige sowjetische Großindustrie investierten. Zum einen war Gorbatschow, der 1986 in Wladiwostok visionäre Hoffnungen auf eine ökonomische und politische Integration der Sowjetunion in den asiatisch-pazifischen Raum geweckt hatte, vom Militär und Machtapparat inzwischen massiv angeklagt worden, Osteuropa »verloren« und die DDR »verkauft« zu haben. Verteidigungsminister Jasow machte öffentlich klar, daß die Rückgabe der militärisch bedeutsamen Inseln nicht zu verantworten sei.[4] Zum anderen hätte eine Lösung »Inseln gegen Investitionen« – von 200 Milliarden US-Dollar war sogar die Rede – »größte innenpolitische Folgen gehabt«, wie sich der Vorsitzende im außenpolitischen Ausschuß des russischen Parlaments, Wladimir Lukin, ausdrückte: Nach der Souveränitätserklärung Rußlands seien Grenzänderungen nur nach einem Referendum möglich, und die Öffnung zum Osten könne nur schrittweise in Absprache zwischen Rußland und dem Zentrum erfolgen.[5]

Der Besuch Gorbatschows in Japan brachte nichts anderes als die bittere Lehre, daß mit einer Notlage allein keine weiteren Milliarden locker zu machen waren. Die Mahnungen des Präsidenten, daß der Zerfall der Sowjetunion sich auf die ganze Welt negativ auswirken werde, blieben wirkungslos. Vertreter der japanischen Wirtschaft erklärten ausländischen Korrespondenten unverblümt: »Wir haben jedes Vertrauen verloren. Heute in die Sowjetunion zu investieren heißt, sein Geld in eine Müllgrube zu werfen.«[6]

Gorbatschows letzte Hoffnung war der G 7-Gipfel vom 15. bis 17. Juli 1991 in London. Bereits im Vorfeld bat er die sieben großen Industriestaaten um »aktive Teilnahme« am Neuaufbau der Sowjetunion und bot ihnen dabei Mitsprache an. Er griff auf die vorher von ihm abgewiesenen marktwirtschaftlich orientierten Reformer zurück und schickte sie nach Washington. Die Amerikaner hatten ihren Führungsanspruch bei der »Abwicklung« der Sowjetunion seit Monaten diplomatisch und publizistisch geltend gemacht. Als Verhandlungsführer für Gorbatschow agierte der Mitschöpfer des 500-Tage-Plans, Grigorij Jawlinskij. Der junge Reformer aus Moskau arbeitete gemeinsam mit Wirtschaftsprofessoren der Harvard-Universität die Vorstellungen des Internationalen Währungsfonds (IWF) und der Weltbank in ein »umfassendes Programm« ein. Privatisierung, Handelsliberalisierung und Geldreform waren zentrale Stichwörter des »Grand-Bargains«: westliche Hilfe im Austausch gegen radikale Reformen. Für den Bereich politischer Reformen nannte das Papier unter anderem einen neuen Unionsvertrag, eine neue Verfassung, Unabhängigkeit für die baltischen Republiken, Reduzierung der Militärausgaben und Streichung der Hilfe für Kuba.

Anatolij Lukjanow, der konservative Präsident des sowjetischen Parlaments, mäkelte während einer Plenarsitzung am »Wunderkind« herum: Jawlinskij solle sich bloß nicht einbilden, daß sein Plan der einzige oder auch nur der wichtigste sei. Die Alternative, auf die Lukjanow anspielte, war vor allem das Regierungsprogramm der harten Hand und der minimalen Marktwirtschaft, das Premier Pawlow in der letzten Aprilwoche ohne große Mühe durch das Parlament gebracht hatte. Die achtwöchigen Aufstände der Kumpel wollte Pawlow unter Androhung von Gewalt brechen. Weitere Kernpunkte seines Krisenmanagements waren die Ausrufung des Ausnahmezustandes in einigen Republiken und Regionen, Kriegsrecht im Energie- und Transportsektor, staatliche Preiskontrolle, Zensur, Beschränkung der Privatisierung auf Kleinunternehmen beziehungsweise auf die Gründung neuer Gesellschaften durch Bank- und Betriebsdirektoren. Um Lukjanows Kommentaren zu Jawlinskij Nachdruck zu verleihen, forderte das Parlament Pawlow auf, einen Bericht zur Lage der Nation zu geben. Der Regierungschef schlug sofort harte Töne an: Sein Anti-Krisen-Programm und sogar die Existenz seiner Regierung stünden auf dem Spiel, falls Gorbatschow als Gegenleistung für westliche Hilfe radikale Reformen einleite. Die Regierung sei kein willenloses Instrument des Präsidenten. »Wer da westliche Hilfe erhalten möchte, muß sich hinter Israel und Nicaragua in die Schlange einreihen. Wer will, kann das tun – aber ohne mich.«[7]

Das wollte die Mehrheit des Parlaments hören. Der Taxifahrer Leonid Suchow schrie in den Kremlsaal: »Nieder mit Gorbatschow und seinen Mafiosi!« Mehrere Redner ermutigten Pawlow, die Rechte des Präsidenten zu übernehmen und die Wirtschaft mit Dekreten zu konsolidieren, sonst werde die Regierungsarbeit weiterhin durch die Autonomiebestrebungen der Unionsrepubliken und durch das eigenmächtige Vorgehen des Präsidenten blockiert. In diesem Sinne verlangte der Premierminister vom Obersten Sowjet der UdSSR außerordentliche Vollmachten für das Kabinett, darunter auch legislative Kompetenzen. Falls notwendig, sollte der Notstand in einzelnen Regionen des Landes erklärt werden. Die militante Sojus-Fraktion forderte schließlich die Vertreter der drei Machtsäulen Armee, KGB und

Innenministerium – offenbar verabredet – zu Stellungnahmen auf. Daraufhin wurde die Öffentlichkeit am 17. Juni von der Nachmittagssitzung ausgeschlossen. Verteidigungsminister Jasow, KGB-Chef Krjutschkow und Innenminister Pugo verlangten in ihren vorbereiteten Reden außerordentliche Maßnahmen, sonst sei die Existenz des Landes gefährdet.

Jasow, Pugo und Krjutschkow bildeten drei Monate später den harten Kern einer Junta, die versuchte, Gorbatschow zu entmachten und den Status quo zu erhalten. Worum es ihnen ging, machten sie im Obersten Sowjet deutlich.[8] Sie wollten Pawlow und Lukjanow bei der Konservierung der bisherigen Verhältnisse unterstützen. Pawlows Programm war jedoch weniger gegen Gorbatschow, als vielmehr gegen Jelzin gerichtet, der zum Präsidenten der RSFSR gewählt worden war. Daher war es nicht so überraschend, wie es zunächst schien, daß Gorbatschow nach dem parlamentarischen Putschversuch erklärt hatte, zwischen ihm und dem Ministerpräsidenten gebe es keine Unstimmigkeiten.

Der zweite Anlauf unter KGB-Chef Krjutschkow

London wurde zum Waterloo. »Ein Traum ist ein Traum und das Leben ist das Leben«, so kommentierte die ›Prawda‹ das Treffen Gorbatschows mit den Repräsentanten der G 7-Staaten. Statt massiver Finanzhilfe sagte der Westen lediglich einige Handelserleichterungen, Beratung für den Transformationsprozeß sowie eine Kooperation bei Energie- und Nahrungsmittelprojekten zu. Angesichts des Energiebedarfs des Westens und der Agrarüberschüsse der Europäischen Gemeinschaft konnte sich bezüglich der Interessenlage niemand der Illusion hingeben, es gehe um die Bedürfnisse des Sowjetstaates. »So kann man doch mit einem Land wie der Sowjetunion nicht umspringen«, entrüsteten sich in Moskau selbst als reformorientiert geltende Politiker und Publizisten.

Die militanten Gegner des Reformkurses von Gorbatschow brachten ihre Empörung in einem offenbar schon länger vorbereiteten Aufruf zum Ausdruck. Am 23. Juli veröffentlichten die konservativen Tageszeitungen das »Wort an das Volk«.[9] In dem Appell forderten der stellvertretende Verteidigungsminister Warennikow und der Afghanistan-Held Generaloberst Gromow zusammen mit nationalistischen Schriftstellern die Armee und die KPdSU zur Rettung des Landes auf. Der geistige Vater dieses Aufrufs war der nationalistische Schriftsteller Alexander Prochanow. Er hatte bereits Anfang Mai 1991 mit Oleg Baklanow, dem ersten stellvertretenden Vorsitzenden des Verteidigungsrates, und zwei hohen Offizieren über die Möglichkeit eines Staatsstreiches diskutiert. Für die erklärten Gegner der Rüstungskonversion lag der Erhalt der UdSSR als Großmacht »im grundlegenden Interesse aller Völker und Nationen des Landes«. Daher war die bevorstehende Unterzeichnung des START-Vertrages über den Abbau von strategischen Atomwaffen am 31. Juli nicht im Sinne dieser patriotischen Garde; aber verhindern konnte sie ihn nicht.

Der Entwurf des Unionsvertrages war am 2. August fertiggestellt und sollte am 20. August unterschrieben werden. Um allen Diskussionen aus dem Weg zu gehen, ordnete Gorbatschow an, den Vertragsentwurf erst am 5. August an die Mitglieder des Sicherheitsrates zu verteilen. Er selbst flog am 4. August auf die Krim, wo er in seiner Ferienresidenz Foros zusammen mit seiner Familie bis zum 19. August Urlaub machen wollte. Sein Kalkül war, daß niemand es wagen würde, den Präsidenten dort wegen des Unionsvertrages zu stören. Seine Abwesenheit allein, so glaubte er, werde den Widerstand seitens der Regierung, der Armee und des KGB dämpfen. Das Gegenteil war aber der Fall.

Als am Vormittag des 5. August der Entwurf des Unionsvertrages auf den Schreibtischen der Sicherheitsratsmitglieder lag, waren sie schockiert: Die vorliegende Endfassung war weder in den Komitees und Ausschüssen des Obersten Sowjet, noch in denen der Republiken erörtert worden. Krjutschkow wollte nun die seit langem bestehenden Pläne, einen Notstand auszurufen, verwirklichen, da das Land politisch und wirtschaftlich zu zerfallen drohte und der neue Unionsvertrag keine Gegenmaßnahmen enthielt. »Man ließ uns keine Zeit, anders zu handeln«, rechtfertigte sich der KGB-Chef später. So rief er noch am selben Abend gleichgesinnte Spitzenpolitiker zu einem Treffen im »Objekt

ABC« – einem Gebäude der Staatssicherheit – zusammen. Alle waren sich einig, daß der Notstand unverzüglich verkündet werden müsse, aber möglichst unter der Mitwirkung Gorbatschows. Krjutschkow und Jasow sollten die Folgen dieser Maßnahme analysieren. Beim nächsten Treffen gab es den Auftrag, Entwürfe und Dokumente mit »politischen, wirtschaftlichen und rechtlichen Maßnahmen« auszuarbeiten, welche die Führung im Falle des Ausnahmezustandes ergreifen müßte. Krjutschkow verlangte, das »Gesetz über das Notstandsregime« und die Verfassung seien einzuhalten. Am Morgen des 16. August lagen die fertigen Dokumente auf seinem Schreibtisch.[10]

Am Sonnabend, dem 17. August, rief Walentin Pawlow die Mitglieder des Regierungspräsidiums zusammen, um mit ihnen über den Unionsvertrag zu diskutieren. Als der Premier nach der Sitzung aus seinem Büro zu einem privaten Fest aufbrechen wollte, klingelte das Telefon. Krjutschkow bat Pawlow, ins »Objekt ABC« zu kommen; ein Wagen sei schon unterwegs, um ihn abzuholen. Als der Ministerpräsident eintraf, waren die Verbündeten von Krjutschkow bereits versammelt. Ein kleiner Imbiß stand bereit – und natürlich Wodka und Whisky. Nachdem alle Platz genommen hatten, sprach als erster Krjutschkow über die Lage im Land. Der Staat sei in Gefahr, in der Wirtschaft herrsche Chaos. Die Versammelten hätten die heilige Pflicht, dem Volk und dem Präsidenten der UdSSR zu Hilfe zu eilen. Alle Anwesenden stimmten darin überein, daß die Zeit reif sei, den Notstand auszurufen. Krjutschkow schlug als ersten konkreten Schritt vor, eine Abordnung zu Gorbatschow auf die Krim zu entsenden, um ihn von der Notwendigkeit der Maßnahme zu überzeugen. Sollte er dazu nicht bereit sein, wollten sie ihm vorschlagen, seine Vollmachten zeitweilig an seinen Stellvertreter Janajew abzutreten.

Am 18. August, um 14.57 Uhr, landete die Maschine mit der Delegation aus Moskau auf dem Militärflughafen Belbek auf der Krim. Die Prominenz der ersten Klasse begab sich in aller Ruhe erst einmal zu einem Mittagessen in das Flughafengebäude. Als sich die Delegation um 16.30 Uhr dem festungsähnlichen Anwesen Gorbatschows näherte, schalteten die Ingenieure – wie die Sicherheitsdienste es befohlen hatten – die Telefone ab, und die

Wachmannschaft öffnete die Tore der Residenz. Zu dieser Zeit waren auch schon alle Garagen und die darin befindlichen Fahrzeuge abgeschlossen worden. Den Hubschrauberlandeplatz blockierten Lastwagen. Vor den Toren des Anwesens fuhren Geländewagen des Grenzschutzes auf und versperrten die Einfahrt. Für die Bewachung des Grundstücks von der Meeresseite her war ebenfalls der Grenzschutz zuständig, der sich nunmehr nach den Vorschriften für Staatsbesuche richten mußte.[11] Die undankbare Aufgabe, den unerwarteten Besuch beim Präsidenten zu melden, fiel Medwedew, dem Chef der Leibwache, zu: »Entschuldigen Sie, Michail Sergejewitsch, eine Gruppe ist eingetroffen und will zu Ihnen.« Er nannte die Namen der Besucher und sagte, daß sie empfangen werden wollten. Gorbatschow fragte aufgebracht: »Was wollen sie? Wie sind die hineingekommen, ohne daß ich davon Kenntnis habe?« Eine Antwort konnte Medwedew darauf nicht geben. Er sagte nur: »Plechanow und Boldin sind dabei ...«

Gorbatschow meinte, er müsse dringend deren Vorgesetzten Krjutschkow anrufen, und nahm den Hörer des Regierungsapparates ab. Die Leitung war tot. Er überlegte kurz. Dann sagte er: »Sie sollen warten!« und begab sich in das Zimmer seiner Frau Raissa Maximowna. Dort hielt er Familienrat, den er später so beschrieb: »Ich ging zu Raissa Maximowna und erklärte ihr die Lage. Ja, ergänzen möchte ich, daß Medwedew die Namen der Angekommenen genannt hatte: Mir waren die Zusammensetzung und die Zusammenhänge sofort klar. Ich begriff, daß etwas vorgefallen war. Das sagte ich zu Raissa Maximowna: ›Die Sache ist ernst – entweder eine Verschwörung oder ein Umsturz [...]‹«.[12]

Als Gorbatschow aus dem Zimmer seiner Frau kam, standen die Eindringlinge vor seinem Arbeitszimmer und forderten Gorbatschow auf, einen »Erlaß über die Ausrufung des Notstandes« zu unterschreiben. Der Präsident lehnte ohne Umschweife ab. Dann solle er die Amtsgeschäfte an Janajew übergeben, verlangten die Unterhändler der Putschisten. Und: »Wenn Sie das alles nicht tun wollen, dann treten Sie von Ihrem Posten zurück.«[13] Nun konnte sich Gorbatschow nicht mehr beherrschen. Er jagte die Besucher »zum Teufel«. Die Abgesandten Krjutschkows waren ebenso verblüfft wie verärgert. Aus Gorbatschows diversen – aber wie üblich vagen – Überlegungen, wie dem drohenden Wirtschaftskollaps mit Notmaßnahmen zu begegnen sei, und aus seinen Haßtiraden gegen Jelzin gewannen die Chefs der Sicherheitsorgane den Eindruck, der Präsident ermächtige sie zu einer Aktion in Moskau, zu der er sich selbst zuvor nicht hatte durchringen können.[14]

Die von Gorbatschow davongejagte Delegation landete um 21.20 Uhr in Moskau und raste auf dem schnellsten Weg in den Kreml. Dort versammelten sich seit 20 Uhr ihre Kollegen bei Pawlow. Inzwischen war auch Innenminister Pugo aus dem Urlaub nach Moskau zurückgekehrt und von Jasow und Krjutschkow ins Bild gesetzt worden. Vizepräsident Janajew, formell die Hauptfigur, hielt sich bei Freunden auf und hatte keine Eile, zu dem Treffen zu fahren. Die Offiziere des KGB versuchten, ihn über das Autotelefon zu erreichen. Ihr Kollege, der im Wagen des Vizepräsidenten Dienst hatte, erschien nach jedem Anruf in der Wohnung der Gastgeber und meldete Janajew, daß nach ihm gefragt werde. Janajew nahm jedesmal einen kräftigen Schluck aus seinem Glas, stand auf, ging zum Wagen und hörte sich die Ermahnungen der im Kreml versammelten Kollegen an. Dann kehrte er an den Tisch zurück und setzte seelenruhig das Gelage fort. Irgendwann wurden ihm die Anrufe zu lästig und er reagierte gar nicht mehr darauf. Plötzlich tauchten aber zwei Offiziere in der Tür auf: »Wladimir Alexandrowitsch Krjutschkow ist am Apparat! Es sind alle versammelt und warten auf Sie!« Nun mußte Janajew doch gehen. Widerwillig verließ er die fröhliche Runde und fuhr zum Kreml.

Nach Janajew erschien schließlich auch der aus dem Urlaub zurückgeholte Lukjanow im Kreml. Er mahnte, das Vorhaben müßte organisatorisch und propagandistisch besser vorbereitet sein. Die Rückkehr der Delegation von der Krim hatte die Ratlosigkeit noch verstärkt. Jemand riskierte sogar den Vorschlag, das Unternehmen abzublasen, stieß damit aber nur auf Widerstand: »Wir haben uns schon zu sehr vorgewagt. Wenn wir dem jetzt zustimmen und einfach auseinandergehen, dann hätten wir unser Todesurteil unterschrieben.«[15] Danach wandten sich die Anwesenden unvermittelt an Janajew: »Du hast jetzt die Macht, nun schaff Ordnung in allen Bereichen!« Von diesem Auftrag keineswegs begeistert, schlug dieser vor, noch einmal mit Gorbatschow zu reden, was aber ebenfalls keine Zustimmung fand.

Nach längerer Überzeugungsarbeit setzte Janajew schließlich seine Unterschrift unter die Dokumente, die Krjutschkow hatte ausarbeiten lassen. Da aber nur der Präsident oder der Oberste Sowjet den Notstand verkünden durfte, beschlossen die Anwesenden, die Dokumente am 26. August dem Parlament zur Bestätigung vorzulegen. Lukjanow kündigte an, auf der Sitzung eine Erklärung über die Verfassungswidrigkeit des Unionsvertrages abzugeben.

Kurz vor Mitternacht erschien endlich auch Alexander Bessmertnych. Der Außenminister war noch in Urlaubskleidung und wußte von nichts. Krjutschkow erläuterte ihm die Lage und forderte ihn auf, seine Unterschrift unter die Dokumente zu setzen. Bessmertnych lehnte dies mit formalen Begründungen ab, bot sich aber als Berater an und versprach, Telegramme an alle führenden Staatsmänner der westlichen Welt zu schicken. Um 2.30 Uhr verließ er den Kreml. Eine halbe Stunde später wurde die Sitzung aufgehoben. Einige Verschwörer blieben aber noch im Kreml, um weitere Maßnahmen vorzubereiten. In dieser Nacht wurden zahllose Tassen Kaffee und, so Pawlow später, »wohl auch etwas Cognac« konsumiert. Gegen vier Uhr morgens wurde dem Ministerpräsidenten schlecht, er verlor das Bewußtsein. Sein Leibwächter und sein Fahrer brachten ihn auf die Datscha nach Archangelskoje.

Die Militärs entschieden, das Fernsehzentrum Ostankino zu bewachen, damit die Verkündung des Notstandes über Funk und Fernsehen sichergestellt werden konnte. Am 19. August um 6.00 Uhr Moskauer Zeit hörten die Sowjetbürger folgende Nachricht: »Da es Michail Sergejewitsch Gorbatschow aufgrund seines Gesundheitszustandes unmöglich ist, seine Amtspflichten als Präsident der UdSSR zu erfüllen, habe ich auf Grundlage von Artikel 127(7) der Verfassung der UdSSR die Erfüllung der Amtspflichten des Präsidenten der UdSSR ab dem 19. August 1991 übernommen.

Der Vizepräsident der UdSSR G. I. Janajew am 18. August 1991.«[16]

Drei Tage im August[17]

Wiktor Karpuchin, der Kommandeur der Antiterroreinheit Alpha des KGB fährt mit 60 Leuten in kleinen Mannschaftsbussen bis auf drei Kilometer an jene Siedlung heran, in der sich die Datscha Boris Jelzins befindet. Es ist Montag, der 19. August 1991, Morgengrauen. Der Generalmajor hat einen persönlichen Befehl vom KGB-Chef Wladimir Krjutschkow, in Archangelskoje Position zu beziehen. Weitere Befehle gibt es nicht. Um 6.00 Uhr erfahren die Männer in den Bussen aus dem Radio vom Ausnahmezustand. Zur gleichen Zeit beginnt im Verteidigungsministerium eine kurze Besprechung. Dmitrij Jasow gibt Anweisungen an die Führer der Militärbezirke: Die Hauptaufgabe sei es, die Ordnung zu erhalten. Niemand dürfe sich provozieren lassen. Alles andere würden die Soldaten aus den Radiomeldungen erfahren.

Kurz nach sechs klingelt in Jelzins Schlafzimmer das Telefon. Ein Leibwächter informiert den Präsidenten über den angelaufenen Staatsstreich. Jelzin läßt sich mit dem Präsidenten Kasachstans verbinden, den er am Vortag besucht hatte. Er versucht auch Gorbatschow anzurufen, aber die Leitung nach Foros ist tot. Als nächstes will der russische Präsident Janajew erreichen. Der, so erfährt Jelzin, dürfe nicht geweckt werden, weil er die ganze Nacht gearbeitet habe. Der Kommandant der Luftlandetruppen aus Tula, General Gratschow, den Jelzin ebenfalls kontaktiert, verspricht nach einigem Zögern, zusätzliche Wachen zu schicken. Der Regierungschef der RSFSR, Silajew, Staatsminister Burbulis, der Parlamentsvorsitzende Chasbulatow und andere russische Politiker treffen innerhalb kürzester Zeit in Jelzins Datscha ein, wo sie einen Aufruf an das russische Volk verfassen, in dem es heißt: »In der Nacht vom 18. auf den 19. August 1991 ist der gesetzmäßig gewählte Präsident des Landes entmachtet worden. Gleichgültig, mit welchen Gründen diese Absetzung gerechtfertigt wird, haben wir es mit einem rechten, reaktionären und verfassungswidrigen Umsturz zu tun. [...] Entsprechend erklären wir alle Entschließungen und Anordnungen des Komitees für illegal.«

Dann diskutiert Jelzin mit dem loyalen General Konstantin Kobez, dem Chef des erst Ende Juni geschaffenen russischen

Verteidigungskomitees und früheren stellvertretenden Generalstabschef der UdSSR, ob der Weg nach Moskau sicher sei oder ob das Stabsquartier der russischen Führung besser in Jelzins Datscha errichtet werden solle. Sie entscheiden sich für das Weiße Haus, da es zum einen als Sitz des russischen Parlaments große Symbolkraft besitzt und zum anderen im Zentrum der Ereignisse liegt. Jelzin lehnt den Vorschlag ab, aus Sicherheitsgründen inkognito nach Moskau zu fahren, und besteht auf seinen präsidialen Insignien. »Sollen die doch versuchen, auf den rechtmäßig gewählten Präsidenten zu schießen!« Die Wache legt ihm eine kugelsichere Weste an. Zwei Leibwächter nehmen Jelzin in die Mitte. Die russische Regierungsspitze und ihre Sicherheitsbeamten fahren in fünfzehn Limousinen zu ihrem Amtssitz. Niemand schießt auf den Präsidenten.

Doch die Lage ist ernst. Seit 9 Uhr rollen Militärkolonnen nach Moskau. Die Armee beginnt, das Stadtzentrum abzuriegeln. Panzer beziehen vor wichtigen Gebäuden, wie dem zentralen Fernsehen, dem Sitz der Nachrichtenagentur TASS sowie dem Weißen Haus Stellung. In den Seitenstraßen fahren ebenfalls Panzer auf. Passanten versuchen, mit den Soldaten zu sprechen. Die Soldaten sind kaum über 20 Jahre alt und haben keine Ahnung. Sie seien letzte Nacht geweckt worden, sagen sie, und dann eben losgefahren. Im Weißen Haus ist die Organisation der Verteidigung bereits im Gange. Über 100 Maschinenpistolen und auch andere Handfeuerwaffen werden ausgegeben. General Kobez, ein Spezialist für militärische Kommunikationssysteme, teilt das Gebäude und das Gelände rundherum in Sektoren ein. Zu seinem ständig wachsenden Stab gehören Generäle, Berufssoldaten sowie Afghanistankämpfer, unter ihnen auch einige Fallschirmjäger. Freiwillige Helfer organisieren Ausrüstung und Versorgungsgüter sowie Platten aus Stahlbeton für den Bau von Barrikaden. Entgegen den Befürchtungen funktionieren alle Telefonleitungen weiterhin, was die Organisation der Verteidigung erleichtert.

Auf einer Pressekonferenz um 11 Uhr bekräftigt Jelzin die feste Entschlossenheit der russischen Führung, sich dem Notstandskomitee nicht zu beugen. Er selbst habe noch am 16. August mit Gorbatschow gesprochen, dessen Gesundheit zu dem

Zeitpunkt in keiner Weise beeinträchtigt gewesen zu sein schien. Der russische Präsident appelliert an die führenden Politiker der Welt, den Staatsstreich zu verurteilen. Dabei vertraut er darauf, daß die anwesenden ausländischen Journalisten, die dank ihrer Satellitentelefone die Verbindung zur westlichen Welt aufrechterhalten, die öffentliche Meinung gegen die Putschisten mobilisieren. Zur gleichen Stunde trifft der russische Außenminister Andrej Kosyrew die Botschafter der wichtigsten westlicher Länder. Dem Vertreter der USA übergibt er einen handgeschriebenen Brief Jelzins an George Bush. Der amerikanische Präsident reagiert innerhalb weniger Stunden: Er verurteilt den Umsturzversuch und kündigt an, ökonomische Hilfsprogramme nicht zu befürworten, bis die verfassungsmäßige Ordnung wiederhergestellt sei. Der deutsche Wirtschaftsminister Jürgen Möllemann unterstreicht in seiner Stellungnahme, daß die Hilfeleistungen des Westens nicht für die Rückkehr zum alten totalitären Regime mißbraucht werden dürfen. Otto-Wolf von Amerongen, der Vorsitzende des Ostausschusses der deutschen Wirtschaft, vertritt hingegen die Auffassung, daß die deutsche Wirtschaft und Politik trotz der veränderten Lage in Moskau keine Anstrengungen scheuen dürften, um die Kontinuität der deutsch-sowjetischen Wirtschafts- und Handelsbeziehungen zu bewahren.

Vor dem Weißen Haus in Moskau wächst im Laufe des Vormittags die Menschenmenge. Putschgegner versuchen, junge Soldaten aus einem Panzer zu zerren. Von einer nahen Baustelle schleppen engagierte Bürger Röhren, Platten und Steine heran. Blumenkübel aus Beton verstärken die Barrikaden. Ein fahrbarer Kran erscheint auf der Szene. Die Spannung nimmt spürbar zu. Es kommt zu ersten Handgreiflichkeiten, als junge Männer einen Panzer aufhalten wollen. Gegen 12 Uhr tritt Jelzin mit einigen Ministern und Leibwächtern aus dem Weißen Haus, um sich demonstrativ an die Spitze des Widerstandes zu stellen. Die Militäreinheiten hindern ihn nicht. Er steigt auf einen Panzer. Seine Leibwächter halten ihm eine kugelsichere Schutzplatte vor den Körper. Jelzin ruft vor dem halbleeren Platz in die aufgestellten Mikrophone: »Auch wenn Fernsehen und Radio im Moment nicht berichten dürfen, ich sage es hier: In der Nacht vom 18. auf den 19. August wurde der gesetzlich gewählte Präsident des Landes gestürzt. Dieser Umsturz ist durch nichts zu rechtfertigen.« Er ruft zu einem Generalstreik auf und bekräftigt seine Unterstützung für Gorbatschow.

Inzwischen hat das Notstandskomitee den Ausnahmezustand über Moskau verhängt. Wichtige Tageszeitungen, wie zum Beispiel ›Trud‹, ›Prawda‹, ›Iswestija‹, dürfen »vorübergehend« nicht erscheinen. Vor den Zeitungsredaktionen sind Schützenpanzer aufgefahren, »um Exzesse zu vermeiden«, wie ein Hauptmann auf die Frage eines Redakteurs sagt. »Wir werden nicht auf das Volk schießen«, versichert ein Soldat an einer anderen Stelle. Nur das offizielle Fernsehen und das erste Radioprogramm strahlen noch aus, alle anderen Sender sind abgeschaltet. Per Flugblatt werden Jelzins Erklärungen und Erlasse verbreitet. Auf dem Manege-Platz am Kreml versammeln sich trotz Ausnahmezustand und Absperrungen Demonstranten.

Die Putschisten stellen sich erst um 17 Uhr der Öffentlichkeit. Im Pressezentrum des sowjetischen Außenministeriums, das für die Olympischen Spiele im Jahre 1980 errichtet worden war, erscheinen mit dem selbsternannten Präsidenten Janajew vier weitere Mitglieder der Verschwörergruppe: Innenminister Boris Pugo, der Erste Stellvertreter des Staatskomitees der UdSSR für Verteidigung, Oleg Baklanow, der Repräsentant der Rüstungsindustrie, Alexander Tisjakow, und der Vorsitzende des Agrarverbandes, Wassilij Starodubzew. Die drei Prominentesten, KGB-Chef Krjutschkow, Ministerpräsident Pawlow und Verteidigungsminister Jasow, fehlen. Janajew wiederholt den Aufruf »An das sowjetische Volk«, der ohnehin ständig über Rundfunk und Fernsehen verbreitet wird. Diesem weiß er wenig hinzuzufügen. Die Perestrojka solle fortgesetzt werden, nur besser, mit mehr Rücksicht auf die Bedürfnisse der Bevölkerung. Die Journalisten interessieren sich vor allem für das Schicksal Gorbatschows. Sein Stellvertreter antwortet, der Präsident sei vom Arbeitspensum der vergangenen Jahre »sehr erschöpft und brauche eine gewisse Zeit, um seine Gesundheit wiederherzustellen«. Janajews Hände zittern. Seine gewundenen Antworten lösen respektloses Gelächter aus. Mit einem gezwungenen Lächeln geht er schließlich auf die Stimmung im Saal ein und versichert, daß er hoffe, mit seinem Freund Gorbatschow bald wieder zusammenarbeiten zu können. Die Skeptiker nehmen dies mit höhnischer Begeisterung auf.

Um 17.10 Uhr wendet sich Boris Jelzin über die Stunden zuvor eingerichtete Radiostation des Obersten Sowjet der RSFSR an die bewaffneten Streitkräfte der UdSSR: »Soldaten und Offiziere Rußlands! In diesen für Rußland, für das ganze Land tragischen Minuten wende ich mich an Euch, laßt Euch nicht in einem Netz aus verlogenen Versprechungen und demagogischen Behauptungen über militärische Pflichten fangen, denkt an Eure Verwandten, Freunde, an Euer Volk, vergeßt nicht, daß Ihr dem Volk Treue geschworen habt [...] Es wird keine Rückkehr zur Vergangenheit geben. Die Tage der Verschwörer sind gezählt. [...]«

Die KPdSU, die trotz Mitgliederschwunds und Autoritätsverlusts immer noch die Staatspartei ist, spielt in diesen Tagen fast keine Rolle. Den Putschisten ist sie nicht eine einzige Bemerkung wert, obwohl ihre Anführer Mitglieder des Zentralkomitees sind und Michail Gorbatschow immer noch Generalsekretär ist. Seitdem die 15 Ersten Sekretäre der Unionsrepubliken den Kern des Politbüros bilden, existiert das Politbüro als zentrales Machtorgan im alten Sinne nicht mehr. Das Sekretariat der KPdSU verschickt seit dem Vormittag Telegramme an die regionalen Organisationen mit der Aufforderung, Maßnahmen zur Unterstützung des Notstandskomitees zu ergreifen. Einige ZK-Sekretäre kommen am späten Nachmittag in der Zentrale am Alten Platz zusammen und diskutieren über die Situation. Die Mehrheit spricht sich für den Putsch aus. Nur zwei Genossen ergreifen Partei für Gorbatschow.

Ministerpräsident Pawlow, der den Zerfall der Sowjetunion hatte verhindern wollen, kämpft unterdessen noch mit den Folgen des übermäßigen Alkoholkonsums der vorangegangenen Tage. Nach der offiziellen Version ist er wegen hohen Blutdrucks in Behandlung. Für 18 Uhr beruft Pawlow dann aber doch eine außerordentliche Regierungssitzung ein. Einleitend spricht er von einem angeblich geplanten Militärputsch und davon, daß einige aus der Runde verhaftet werden sollten. Damit stellt der Regierungschef die Ausrufung des Ausnahmezustands als eine vorbeugende Maßnahme dar. Eine aktive Unterstützung des Notstandskomitees verlangt er nicht. Die Minister stimmen darin überein, daß ein Unionsvertrag an sich nötig sei, um die Lage im Land zu stabilisieren, aber der von Gorbatschow vorgelegte Entwurf müsse noch ergänzt werden, um einseitige und eigenmächtige Interpretationen zu verhindern und elementare Fragen der Wirtschaftsordnung zu klären. Die Minister, die mit Wirtschaftsaufgaben betraut sind, sehen in der Verhängung des Ausnahmezustandes den einzigen Ausweg, um den Kollaps der Wirtschaftsbeziehungen zwischen den Regionen zu vermeiden. Seit Generationen hatte die Regierung nur zwei Aufgaben: die Wirtschaft mit Energie und die Bevölkerung mit Lebensmitteln und Medikamenten zu versorgen. Wer sich mit Politik beschäftigen wollte, suchte sich einen anderen Posten. Die Leiter der politischen Ressorts Innen- und Verteidigungspolitik sowie des KGB haben es deshalb meist nicht für nötig gehalten, an Kabinettssitzungen teilzunehmen. Selbst an diesem Tag fehlt außer den drei genannten unter anderem auch noch der Justizminister.

Die Anwesenden kennen die Maßnahmen des Notstandskomitees nicht im einzelnen. Der stellvertretende Ministerpräsident Jurij Masljukow, der für die Wirtschaftsplanung verantwortlich ist, sagt, daß er in den Verlautbarungen keinen Ausweg aus der Krise erkennen könne. Einige Ressortminister hoffen, durch die Verhängung des Ausnahmezustandes ihre Branchen funktionsfähig halten zu können. Am Ende der dreistündigen Sitzung wird keine Entscheidung getroffen, was wohl auch am Zustand des Ministerpräsidenten liegt, den sein Erster Stellvertreter Witalij Doguschijew für »volltrunken« hält.

Die Öffentlichkeit erfährt zwar nichts von den Bedenken Masljukows, aber zwei bekannte Ökonomen veröffentlichen sofort ihre kritischen Kommentare. Oleg Bogomolow, Volksdeputierter der UdSSR und Direktor des Instituts für Sozialistische Weltwirtschaft, prophezeit den Putschisten eine Niederlage und wirft ihnen vor, die Spaltung der Sowjetunion nicht, wie sie selbst behaupten, verhindert, sondern noch beschleunigt zu haben. Der junge Wirtschaftsliberale Grigorij Jawlinskij sagt der Junta ebenfalls ein kurzes Leben voraus. Das von ihm geleitete Zentrum für ökonomische und politische Forschung macht nicht allein die Putschisten für den Staatsstreich verantwortlich: »Der Staatsstreich ist in vielem erst durch das inkonsequente, halbherzige und ständig schwankende Verhalten Michail Gorbatschows, seines mangelnden Willens, sich auf die wirklich progressiven Kräfte zu stützen, möglich geworden.«

In der anbrechenden Dunkelheit verstärken einige tausend Jelzin-Anhänger die Barrikaden um das Weiße Haus. Autobusse bilden eine Verteidigungslinie. Einige Moskauer bringen Essen, Stühle und Matratzen. Neue Panzer rollen heran. Es dauert einige Zeit, bis sich herausstellt, daß ihre Besatzung mit Jelzin sympathisiert und das Weiße Haus zwar verteidigen will, aber keine Munition hat. Doch allein die Nachricht, daß auf den Panzern der Tamaner Division die russische Trikolore statt der roten Sowjetfahne weht, hat bereits Signalwirkung. Nicht nur die Streitkräfte, auch die Medien sind nicht vollständig unter der Kontrolle des Notstandskomitees. Das Staatsfernsehen bringt in den Hauptnachrichten ›Wremja‹ überraschend einen Bericht über den Barrikadenbau. Das Weiße Haus hat bereits einen eigenen Sender. Zwei russische Journalisten, die für Radio Liberty arbeiten, übermitteln seit dem Vormittag aus dem 11. Stock des Weißen Hauses über Prag per Satellit ihre Beiträge nach München, von wo aus sie in die ganze Sowjetunion ausgestrahlt werden.

Jelzin bleibt mit etwa 100 Abgeordneten die Nacht über im Weißen Haus. 25 Minister und Offiziere, die unter dem stellvertretenden Vorsitzenden des Ministerrates der RSFSR, Oleg Lobow, eine Ersatzregierung für den Notfall gebildet haben, wollen in Jelzins Heimatstadt Swerdlowsk fliegen. Wie der russische Präsident aus seiner Zeit als Gebietsparteisekretär weiß, gibt es dort einen Bunker, der wenige Jahre zuvor als Zuflucht für die Sowjetführung ausgebaut worden war. Um Mitternacht ruft ein Vertreter von Jelzins Untergrund-Regierung den Luftfahrtminister der UdSSR, Boris Panjukow, zu Hause an und bittet ihn, eine Sondermaschine bereitstellen zu lassen. Der Minister verspricht dies zwar, tut es aber nicht und geht auch nicht mehr ans Telefon. Die Gruppe kann erst am nächsten Vormittag mit einer Linienmaschine in den Ural fliegen.

Am 20. August regnet es stark, sonst tut sich vorerst wenig. Die Gefahr ist jedoch nach wie vor groß. Das Notstandskomitee könnte Jelzin und seine Leute beseitigen – wenn auch nicht mehr so »einfach« wie am Vortag. Nach dem Frontenwechsel einiger Elitedivisionen in der vergangenen Nacht können die Putschisten nicht mehr damit rechnen, die Macht ohne Kampf und Blutvergießen zu erhalten. Am Vormittag kommen immer mehr Moskauer, um die Verteidiger des Weißen Hauses zu unterstützen. Frauen versorgen sowohl die durchnäßten Putschgegner als auch die Soldaten, die zu den Puschisten halten, mit Lebensmitteln. Sie bleiben. Sie diskutieren. Im Weißen Haus funktioniert trotz aller Befürchtungen weiterhin alles: die Telefonverbindungen, die Wasser- und Elektrizitätsversorgung, sogar die Kantinen. Die informellen Kontakte zu den Kommandierenden der bewaffneten Kräfte reißen nicht ab. Die meisten Akteure der dramatischen August-Tage kennen sich: von der Ausbildung, von gemeinsamer Gremienarbeit oder von früherem Dienst. Aber noch ist offen, in welche Richtung das Pendel ausschlagen wird.

Um 9.30 Uhr brechen der russische Vizepräsident Ruzkoj, Parlamentsvorsitzender Chasbulatow und Regierungschef Silajew in den Kreml auf, um dem Vorsitzenden des Obersten Sowjet der UdSSR, Anatolij Lukjanow, einen Forderungskatalog zu übergeben. Er ist offiziell kein Mitglied des Notstandskomitees und damit ein legitimer Adressat der Ansprüche. Die russische Führung fordert ultimativ ein Treffen mit Gorbatschow, die Nichtanerkennung des Notstandskomitees durch den Obersten Sowjet der UdSSR, die Aufhebung aller Beschränkungen der russischen Massenmedien sowie den Rückzug der Truppen in ihre Kasernen.

Die Rundfunkstation Echo Moskwy sendet weiter. Engagierte Redakteure der elf verbotenen Tageszeitungen bringen ad hoc eine gemeinsame Zeitung, ›Obschtschaja Gaseta‹, heraus, die an zentralen Plätzen in Moskau verteilt wird. Die kulturelle Elite ist mittlerweile dabei, Stellungnahmen gegen den Putsch zu verfassen, die aber meist nur Worthülsen enthalten. Ihre Wirkung ist ebenso beschränkt wie die der episch langen Erklärungen des Notstandskomitees vom Vortag. Der in der sowjetischen Bevölkerung geschätzte Regisseur Elem Klimow, dessen Film ›Agonie‹ über das Ende des Zarenreiches unter Breschnew lange verboten war, gibt sich gelassen: »Als Regisseur bin ich sicher, daß dieser Umsturz von sehr kurzer Dauer sein wird.«

Die Mehrheit der Moskauer interessiert sich nicht für den Putsch und geht ungerührt ihren alltäglichen Geschäften nach. Doch die Stimmung in den Läden ist gereizt. »Natürlich kaufen wir mehr ein, wer weiß denn, was passiert«, so die Kunden. Und die genervten Verkäufer: »Das ist doch ein einziger Beschiß. Erst sperrt die Armee alles ab, und dann versprechen sie, daß alles besser wird. So ein Schwachsinn. Das ist alles eine unglaubliche Unverschämtheit. Die versuchen uns weiszumachen, daß sich etwas zum Besseren verändern wird. Quatsch ist das. Und überhaupt, diese ganzen Politiker vom Notstandskomitee, die sind sowieso Flaschen.«

Die Putschisten versuchen derweil herauszufinden, ob sie Lebensmittel unter die Leute bringen können. Sie kommen zu keinem Ergebnis, weil die Lager so gut wie leer sind und weil es Janajew nicht gelingt, zu der Regierungsspitze Kontakt aufzunehmen. Er erreicht nur den Ersten Vizepremier Doguschijew. Nach einigen Bedenken begibt sich dieser zu einem Treffen mit Mitgliedern des Notstandskomitees. Auf deren Frage »Wo ist Pawlow?« kann oder will er keine Antwort geben. Den Vorschlag, in einer Kommission für die operative Steuerung der Wirtschaft mitzuarbeiten, lehnt er ab. Kaum jemand weiß besser als er, wie aussichtslos der Versuch ist, Reserven aufzutreiben. Die für 11 Uhr geplante Sitzung des Präsidiums der Regierung kommt nicht zustande. Ministerpräsident Pawlow ist für niemanden zu sprechen. Zwei seiner ranghöchsten Stellvertreter, Jurij Masljukow und Wladimir Schtscherbakow, sehen ihre Zweifel an der Vorgehensweise des Notstandskomitees bestätigt, als sie in den Zeitungen die mit aller juristischen Umsicht formulierte Stellungnahme des von Gorbatschow eingerichteten Komitees für Verfassungsaufsicht lesen. Dort heißt es, daß der Ausnahmezustand im ganzen Land nur durch den Obersten Sowjet der UdSSR verhängt werden könne. Trotzdem wollen sie die Regierung nicht verlassen. Schtscherbakow möchte deren Ehre trotz Pawlows Verstrickung in die Verschwörung retten und fährt deswegen zum Premierminister, mit dem er sich gut versteht, auf dessen Datscha. Die beiden einigen sich auf eine offizielle Mitteilung, daß der Premier krank sei und seine Amtsgeschäfte an seinen Stellvertreter Doguschijew übergeben habe. Damit fällt ihre

Wahl auf einen Vertreter des militärisch-industriellen Komplexes, der auch über Erfahrungen im Management nationaler Krisensituationen wie zum Beispiel der Reaktorkatastrophe in Tschernobyl verfügt. Doguschijew weiß bis zum Abend nichts von Pawlows Entscheidung. Die Putschisten versuchen mittlerweile ein zweites Mal, ihn und Masljukow ganz auf ihre Seite zu ziehen, aber die erfahrenen Wirtschaftsfachleute haben für die nebulösen Ideen einer »hochstaplerischen Politik« nichts übrig. Außerdem kennen sie bereits die koordinierte Drohung westlicher Zentralbanken, dem neuen Regime die finanzielle Unterstützung zu entziehen. Nach ihrer Berechnung würde in diesem Falle die Außenwirtschaftsbank der Sowjetunion innerhalb von zehn Tagen zahlungsunfähig sein, was zu katastrophalen Verhältnissen führen müßte, da 30 Prozent der Lebensmittel und Medikamente importiert werden.[18]

Boris Jelzin steht im regelmäßigen telefonischen Kontakt mit dem amerikanischen Präsidenten George Bush und dem britischen Premierminister John Major. Der russische Präsident schickt außerdem einen Bevollmächtigten in die USA, der mit Bush über die Lage in der Sowjetunion sprechen soll. Außenminister Kosyrew fliegt nach Paris, um im Notfall eine Exilregierung im Ausland zu bilden und die UNO zu informieren.

Eine Gruppe von Abgeordneten versucht am Nachmittag des 20. August, die Offiziere, die den Zugang zum Kreml bewachen, zu überzeugen, den gewählten Präsidenten und nicht die Putschisten zu unterstützen. Die folgenden Auszüge aus Gesprächen mit Journalisten zeigen, daß die Soldaten von Gewalt gegen ihre Mitbürger nichts wissen wollen. Andrej, 20 Jahre: »Wir sind nicht zusammengekommen, um zu schießen. Ich selbst werde keinen Menschen umbringen. Wir sorgen für Ordnung. Natürlich ist all das lästig. Ich möchte nach Hause! Man sagt uns, daß wir hier nur eine Woche bleiben. Russen werden nicht damit beginnen, auf Russen zu schießen, aber auf Soldaten anderer Nationalitäten sicher ungeniert.« Sascha, 18 Jahre: »Man hat uns nicht besonders vorbereitet. Ich weiß nichts und unterstütze niemanden. Wir unterhalten uns nicht darüber. Die Leute sind äußerst gereizt; mal gibt man uns Blumen, mal spuckt man uns ins Gesicht. Es ist beschämend.« Ein Obersergeant, 21 Jahre: »Wir unterstützen die neue Regierung. Ich glaube, das hätte schon lange geschehen sollen. Aber da war ja die Perestrojka. Unter Breschnew lebte man gut, aber jetzt ist alles schlechter. Das Feuer werden wir nicht eröffnen. Und es wird einen solchen Befehl gar nicht erst geben. Aber im allgemeinen wären wir zu Hause besser aufgehoben.« Dies ist gut nachzuvollziehen, denn in der Hauptstadt herrschen für die Soldaten unzumutbare sanitäre Zustände. Der Kommandant von Moskau wendet sich an den Verteidigungsminister mit der dringenden Bitte um Verbesserung der Lage. Auf dem Manege-Platz und Umgebung finden die Soldaten keine Toiletten. Der Marschall der Sowjetunion, den im Moment wichtigere Sorgen drücken, antwortet nur: »Schauen Sie doch selbst nach, überprüfen Sie die Innenhöfe.«

Schon seit zwei Tagen stehen Panzer in Moskau, ahnungslose Soldaten diskutieren mit ahnungslosen Mütterchen. Am frühen Nachmittag des 20. August erörtert der Verteidigungsminister mit Marschall Achromejew, Gorbatschows persönlichem Militärberater, die Lage. Dieser hatte sofort seinen Urlaub abgebrochen und war nach Moskau zurückgeflogen, als er von der Existenz des Notstandskomitees erfahren hatte, um Janajew seine Dienste anzubieten. Nach dem Gespräch bei Jasow geht Achromejew mit Baklanow zum Stellvertretenden Verteidigungsminister General Atschalow, um die Pläne zur Besetzung des Weißen Hauses zu koordinieren. Dem Alpha-Kommandanten Karpuchin werden zu diesem Zweck weitere Sondertruppen unterstellt. Die Aufgabe lautet: das Weiße Haus einzunehmen und die Regierung Rußlands zu internieren. Die Stunde X wird auf den 21. August 1 Uhr festgelegt. Später am Nachmittag wird sie auf 3 Uhr verschoben.

Seit dem Mittag des 20. August strömen immer mehr Moskauer trotz Demonstrationsverbots zum Weißen Haus. Pater Gleb Jakunin, ein lange Jahre verfolgter Priester und seit einem Jahr Abgeordneter des russischen Parlaments, spricht zu ihnen: »Jetzt sehen wir, was für einen standhaften Präsidenten wir gewählt haben.« Die Menge ruft: »Jelzin, Jelzin, Jelzin« und »Rossija, Rossija«. Das Militär hält sich zurück. Eliteeinheiten, die sich zu Jelzin und zur Verfassung bekennen, schützen die Demonstranten.

»Die Armee fürchten wir nicht. Sie wird nicht mehr gegen das Volk vorgehen«, sagt Jelzin einem skandinavischen Reporter. Um 17 Uhr übernimmt er für die Zeit der Abwesenheit Gorbatschows den Oberbefehl über die auf dem Gebiet der RSFSR befindlichen Streitkräfte, einschließlich der Truppen des Innenministeriums und des KGB. Als erstes befiehlt er, alle Soldaten aus Moskau abzuziehen, dann erklärt er Verteidigungsminister Jasow für abgesetzt und beschuldigt ihn des Staatsverbrechens. Unterdessen verstärkt der Vorsitzende des Staatskomitees der RSFSR für Verteidigungsfragen, General Konstantin Kobez, die Vorbereitungen zur Abwehr des erwarteten Angriffs auf das Weiße Haus. Mit Bussen und Lkws werden die Barrikaden verstärkt. Aus schätzungsweise 1500 Zivilisten werden Gruppen gebildet, die jeweils einem Soldaten unterstellt sind. Sie erhalten Gasmasken, Atemgeräte und Molotowcocktails. Es regnet weiter. Frauen stellen sich mit einem Plakat vor den Panzern auf: »Soldaten, schießt nicht auf eure Mütter!«

Schießen oder nicht schießen? Das wird zur entscheidenden Frage für die beiden Kommandanten der Alpha-Gruppe, Oberstleutnant Michail Golowatow und seinen Stellvertreter Sergej Gontscharow, als ihr Chef, Wiktor Karpuchin, ihnen den Befehl zur Erstürmung des Weißen Hauses erteilt. »Von wem kommt der Befehl?« fragen sie. »Ein Befehl der Regierung«, ist die Antwort. Sie stutzen, schauen sich an: Kein Name wird genannt; nicht einmal vom Notstandskomitee ist die Rede. Den Befehl auszuführen wäre nicht schwer: eine Sache von 15 bis 30 Minuten, glauben sie. Trotzdem zögern sie und bestellen ihre Offiziere zu sich. Diese sollen ihren Männern Bericht erstatten, sie über den Befehl informieren und sie dann nach ihrer Meinung über die weitere Vorgehensweise befragen. Die Rückmeldung fällt einhellig aus: »Wir werden dort nicht hingehen und Menschen erschlagen.« Golowatow und Gontscharow bestätigen: »Und wir werden euch dort nicht hinschicken.« Die Kämpfer sollen aber weiter auf ihren Plätzen bleiben.

Der Abend bricht an. Auf den Straßen wird es ruhiger. Damit es auch so bleibt, verhängt der Militärkommandant der Hauptstadt eine Ausgangssperre ab 23 Uhr. Aber wer bereits draußen ist, läßt sich davon nicht beeindrucken – jedenfalls nicht die Jelzin-Anhänger vor dem Parlamentsgebäude. Sie befürchten, daß es zu einem Sturm auf das Weiße Haus kommt, obwohl der Stadtkommandant im Fernsehen verbreitet, das sei nur ein Gerücht. Aber der Stellvertretende Bürgermeister von Moskau, Sergej Stankewitsch, widerspricht dem und verkündet im Sender des Weißen Hauses, daß der Sturm unmittelbar bevorstehe. Er bittet daher alle Frauen, das Gebäude und die Umgebung zu verlassen. Männer gruppieren sich an den Zufahrten, bilden eine Phalanx gegen Panzer. Ärztinnen kommen mit Medikamenten und belegten Brötchen. In der Menge werden Thermosflaschen mit Kaffee herumgereicht. In den Krankenhäusern Moskaus bereiten sich die Intensivstationen auf den Ernstfall vor.

Im Inneren des Weißen Hauses halten sich nicht wenige prominente Geschäftsleute und Künstler auf, um ihren Einsatz für die Freiheit Rußlands zu demonstrieren. Unter ihnen ist der unter Breschnew ausgebürgerte weltberühmte Cellist und Dirigent Mstislaw Rostropowitsch. Mit kämpferischem Pathos sagt er in einem Interview: »Als ich von Paris nach Moskau flog, habe ich mein Cello nicht mitgenommen. Ich sagte mir, wenn ich von einem Panzer überrollt werde, dann soll wenigstens mein Cello erhalten bleiben.«

Zwei junge Moskauer ereilt in dieser Nacht dieses Schicksal, als kurz vor Mitternacht eine Panzerkolonne anrückt: Zwei Dutzend Taxis und eine Menschenkette aus einigen hundert Moskauern stören ihre Fahrt zum Weißen Haus. Die Panzerkommandanten lassen Warnschüsse über die Köpfe der Menschen hinweg abfeuern, sie wollen sich freie Fahrt zur Unterführung Ecke Kalininprospekt und Gartenring erzwingen. Der erste Kampfwagen, er trägt die Nummer 536, donnert durch die Menschenmenge. Ein junger Mann springt hoch, reißt die Luke auf, er will offenbar mit der Besatzung reden. Die Antwort ist ein tödlicher Schuß. Ilja Kritschewskij, der bei einer Panzereinheit seinen Militärdienst absolviert hatte, stürzt blutend zu Boden. Zwei junge Männer, Wladimir Komar und Wladimir Usow, versuchen ihn zu retten, und verlieren dabei unter den Panzerketten selbst ihr Leben. Komar, ein Arbeiter, hatte in Afghanistan für sein Vaterland gekämpft. Usow arbeitete für ein Gemeinschaftsunternehmen. Das dritte Opfer, Ilja Kritschewskij, war Architekt und hatte einmal in einem Gedicht die Zeile geschrieben: »Sterben wirst du anders, als du denkst.«

Pater Gleb Jakunin eilt sofort zur Unglücksstelle, um den drei Toten seinen Segen zu erteilen. Die aufgebrachte Menge setzt den Panzer in Brand. Mit Benzin gefüllte Flaschen und Steine treffen auch andere Fahrzeuge. Die Gewalt droht zu eskalieren. Die Panzer scheitern an einer Barrikade aus umgekippten Trolleybussen und ziehen sich zurück. Damit ist die Gefahr noch nicht gebannt. Der russische Verteidigungsausschuß rechnet mit einem Angriff durch Fallschirmjäger. General Kobez hat Informationen, daß drei Hubschrauber auf dem Dach des Weißen Hauses landen sollen. Doch ein heftiger Regenschauer, der die Sicht behindert, macht die Landung der Spezialeinheiten unmöglich.

Scheiterte der Sturm auf das Weiße Haus an der mangelnden Koordination zwischen den Truppen der Armee, des KGB und des Innenministeriums? An Gehorsamsverweigerung? Oder gab es keine präzisen Befehle? Im nachhinein wählte sich jeder der Hauptakteure die ihm passende Variante aus.

In den frühen Morgenstunden des 21. August wird die Ankunft der Witebsker Luftlandedivision in Moskau gemeldet, aber bereits um 5 Uhr erläßt der Moskauer Militärkommandant Kalinin den Befehl, daß alle ortsfremden Truppen die Stadt zu verlassen haben. Die Menge vor dem Weißen Haus zerstreut sich langsam. Alle sind erschöpft und durchnäßt. Um 8 Uhr ruft der Verteidigungsstab die Moskauer erneut auf, sich vor dem Weißen Haus zu versammeln. Offenbar traut man der offiziellen Entwarnung nicht.

Um 9 Uhr verfügt auch das Verteidigungsministerium, die Truppen aus Moskau abzuziehen. Der Rückzug der Militäreinheiten wird von Pfiffen und Jubel der Moskauer begleitet. Drei verspätete Helden versuchen auf dem Leningrader Prospekt ein Panzerfahrzeug aufzuhalten. Die Erste Hilfe muß sie mit Prellungen und Hautabschürfungen auflesen. Sie sind ebenso alkoholisiert wie sechs andere Verletzte der letzten beiden Tage, die im Rausch von den Barrikaden gefallen sind. Ernsthafte Verletzungen dagegen erleiden einige Soldaten, deren Panzer von Moskauer Passanten aufgehalten oder angegriffen werden. Es gibt auch Simulanten, die von dem Hilfsfonds für die verletzten Verteidiger des Weißen Hauses profitieren wollen. Einige Soldaten, die nicht leer ausgehen wollen, verkaufen in der Nacht Dieselöl; sie verlangen drei Flaschen Wodka für 200 Liter.

Mit einer Schweigeminute für die drei Todesopfer der letzten Nacht beginnt am 21. August 1991 um 11 Uhr vormittags eine außerordentliche Sitzung des Obersten Sowjet der RSFSR. Nach einem Bericht über seine Aktivitäten seit Beginn des Putsches erklärt Jelzin, daß es zwischen ihm und dem Präsidenten der Union eine Vereinbarung gegeben habe, wonach Gorbatschow mit einem Erlaß alle Unternehmen auf dem Territorium der RSFSR unter die Jurisdiktion Rußlands stellen sollte. »Aufgrund der Tatsache, daß es am 20. August durch die Schuld dieser verfassungswidrigen Gruppe nicht zur Unterzeichnung des Unionsvertrages kam, [...] habe ich einen Erlaß über die Sicherstellung der wirtschaftlichen Souveränität der RSFSR unterschrieben, nach dem alles Eigentum auf dem Territorium Rußlands unter die russische Jurisdiktion fällt.« Auf der Sitzung erhält Jelzin vom Obersten Sowjet der RSFSR zusätzliche Sondervollmachten, um unter anderem in den Republiken und Regionen neue Verwaltungschefs einzusetzen. Noch am gleichen Tag entläßt Jelzin die Vorsitzenden der Gebietsexekutivkomitees in Krasnodarsk, Rostow, Samara und Lipezk »wegen Unterstützung der verfassungswidrigen Tätigkeit des sogenannten Notstandskomitees und der Nichtbefolgung der Verordnungen des Präsidenten der RSFSR«. Ferner berichtet Jelzin, daß KGB-Chef Krjutschkow nach schwierigen Verhandlungen gegen 3 Uhr nachts die Vorbereitungen zum Sturm auf das Weiße Haus gestoppt habe.

Jelzin will dann nach Foros fliegen, um Michail Gorbatschow nach Moskau zu holen. Die Abgeordneten lassen ihn jedoch aus Sicherheitsgründen nicht fort. An seiner Stelle soll sich eine Delegation unter Vizepräsident Ruzkoj und Ministerpräsident Silajew nach Foros begeben. Dann überschlagen sich die Ereignisse erneut. Denn auch einige Mitglieder des Notstandskomitees mit Krjutschkow und Jasow an der Spitze haben sich auf den Weg zu Gorbatschow gemacht. Gegen 17.30 Uhr treffen sie in Foros ein, aber der sowjetische Präsident empfängt die Putschisten nicht. Auf sein Verlangen hin werden aber die Telefonleitungen wieder freigeschaltet. Er ruft Jelzin an, der ihm mitteilt, daß in Kürze eine Delegation des russischen Parlaments eintreffen werde. Diese Gäste erwartet Gorbatschow mit Tee und lädt sie ein, auf der Datscha zu übernachten. Ruzkoj will jedoch sofort nach Moskau zurück. Sein Flugzeug startet um 23 Uhr, die Familie Gorbatschow ist mit an Bord.

Das Zentrum begeht Selbstmord

Am Donnerstag, dem 22. August, gegen halb drei nachts, landet Ruzkojs Flugzeug in Wnukowo-2. Michail Gorbatschow steigt mit einem müden Lächeln und in Urlaubskleidung aus der Maschine, hinter ihm seine Frau Raissa Maximowna. Außenminister Bessmertnych begrüßt den Präsidenten. Gorbatschow dankt dem sowjetischen Volk und dem russischen Präsidenten für ihre Treue zur Verfassung. Das Scheitern des Putsches nennt er einen großen Sieg für die Perestrojka.

KGB-Chef Krjutschkow, Verteidigungsminister Jasow und Industriekapitän Tisjakow werden bei ihrer Rückkehr sofort verhaftet. Am frühen Vormittag werden Vizepräsident Janajew und Ministerpräsident Pawlow im Kreml festgenommen. Innenminister Pugo ist nicht zu finden. Spezialisten des KGB, des Innenministeriums und der Staatsanwaltschaft suchen ihn, haben zunächst aber keinen Erfolg. Einer von ihnen kommt schließlich auf den Telefontrick, der unter Freunden gang und gäbe ist: zweimal läuten, auflegen, wieder anrufen. Der Trick funktioniert. Pugo ist in seiner Wohnung. Der Suchtrupp findet ihn wenig später tot auf dem Boden. Er hat sich und seine Frau, die – wie es im Abschiedsbrief an die Kinder hieß – ohne ihn nicht weiterleben wollte, wenige Minuten zuvor erschossen.

Mittlerweile haben sich vor dem Weißen Haus Zehntausende versammelt. Es sind viel mehr, als an den Tagen zuvor. In Moskau verbreitet sich Siegesstimmung. Als Jelzin persönlich auftritt, jubelt die Menge. »In der vergangenen Nacht hat ein außerordentlich wichtiges Ereignis stattgefunden«, sagt der russische Präsident. »Die Gruppe von Abenteurern ist verhaftet worden. Der Versuch, die Entwicklung unseres Landes einschneidend zu verändern, der Versuch, sich durch Gewalt und Willkür zu behaupten, ist gescheitert. Am dritten Tag ist der gegen Volk und Verfassung gerichtete Aufstand niedergeschlagen worden.« Der Platz vor dem Weißen Haus soll fortan »Platz des Freien Rußlands« heißen und Rußlands Fahne wieder die alte weiß-blau-rote Trikolore sein.

Gorbatschow versucht am 22. August herauszufinden, wer ihm gegenüber loyal geblieben war und wer ihn verraten hatte. Die Sitzung des Präsidiums des Obersten Sowjet erschüttert ihn, denn es zeigt sich, daß sein einstiger Studienfreund, Anatolij Lukjanow, den er zuerst zu seinem Stellvertreter erhoben und 1990 als seinen Nachfolger für das Amt des Vorsitzenden vorgeschlagen hatte, auf »zwei Tore« spielte. Der Vorsitzende des Obersten Sowjet räumt in der Sitzung jedoch lediglich ein, »möglicherweise« nicht scharf genug auf die Absetzung Gorbatschows als rechtmäßiger Präsident der Sowjetunion reagiert zu haben, sagt dann aber: »Nun gibt es kritische Stellungnahmen, in denen das Präsidium des Obersten Sowjet der Beihilfe für die Putschisten und ich als sein Vorsitzender der ideologischen Inszenierung des Umsturzes bezichtigt werden. Ich will klipp und klar sagen, daß dies nicht im geringsten der Wahrheit entspricht.«

Am Abend des 22. August kündigt Gorbatschow im Rundfunk und im Fernsehen an, daß er in den nächsten Tagen seine Amtsgeschäfte in vollem Maße wieder aufnehmen werde. Er habe die Situation unter Kontrolle. Der Eindruck, den er auf einer Pressekonferenz um 18 Uhr hinterläßt, ruft aber Skepsis hervor. Gorbatschow räumt zwar gewisse Fehler ein, so zum Beispiel, daß er Jasow, Krjutschkow und Janajew vertraut habe. Zur KPdSU, deren Führung drei Tage lang keinen Finger für ihn gerührt hatte, steht er aber nach wie vor: Er werde bis zum Ende »für die Erneuerung der Partei kämpfen«, sagt der Generalsekretär und warnt vor einer pauschalen Verurteilung der Partei.

In das ZK-Gebäude am Alten Platz sind bereits am Vortag Demonstranten eingedrungen, es ist nun zum Teil versiegelt. Am Eingang hängt statt der roten Fahne die russische Trikolore; die KGB-Wache ist von der Moskauer Miliz abgelöst worden. Auf dem Lubjanka-Platz hat ein Kran gemäß einer Anweisung von

Bürgermeister Popow in der Nacht das tonnenschwere Denkmal für den ersten Geheimdienstchef Felix Dzerschinskij vom Sockel gehoben. Moskauer Bürger malen am Morgen auf den zurückgebliebenen Stumpf mit blutroter Farbe SS-Runen. Gegen Mittag eilt Jelzin auf den Lubjanka-Platz, um die erregten Gemüter vor dem KGB-Gebäude zu beruhigen: Wadim Bakatin, der angesehene Ex-Innenminister, werde das KGB übernehmen und alle Akten vor der Vernichtung durch die Geheimdienstmitarbeiter schützen. Die Demonstranten sollten das Gebäude deshalb nicht länger belagern. Jelzins Wachmannschaften, die bereits das Parlament geschützt hatten, stehen bereit, um nötigenfalls einen Sturm auf das Gebäude zu verhindern.

Am 23. August zwischen 15 und 16.45 Uhr wird das Weiße Haus erneut zum Hauptschauplatz der Ereignisse, die das Fernsehen live ausstrahlt. Jelzin nutzt die Sitzung des russischen Parlaments, um vor laufenden Kameras die politische Hinrichtung Gorbatschows, mit dem er vormittags noch ein 90minütiges Verständigungsgespräch geführt hatte, effektvoll zu inszenieren. Kaum hat der sowjetische Präsident seinen Dank für den Widerstand gegen die Putschisten zum Ausdruck gebracht, zwingt Jelzin ihn, das Protokoll der Unionskabinettssitzung vom 19. August 1991 laut vorzulesen. Gorbatschow sagt zunächst: »Boris Nikolajewitsch hat mir, als wir uns vorher trafen, eine kurze Darstellung der Sitzung des Kabinetts gegeben, aber ich habe sie noch nicht gelesen.« Jelzin, noch am Pult, hebt den Finger: »Dann lesen Sie jetzt!« Die Aufforderung löst im Saal Gelächter und Beifall aus. »Lesen Sie bitte das Dokument vor! Das ist eine kurze Mitschrift der Sitzung des Unionskabinetts am 19. August um 18 Uhr.« Gorbatschow ist konsterniert: »Ja, einen Augenblick, gleich tue ich das. Ich habe es selbst noch nicht gelesen. Zuerst werde ich meine Gedanken zu Ende bringen und dann vorlesen. Ich habe Informationen, unterschiedliche Informationen über das Verhalten des Außenministers erhalten. Heute morgen habe ich dann nähere Informationen darüber erhalten, daß der Außenminister zumindest lavierte oder keinen deutlichen Standpunkt bezogen hat, deshalb habe ich ihn seines Amtes enthoben.«

Nach diesen Worten beginnt Gorbatschow die Aufzeichnungen vorzulesen und muß dabei sichtlich überrascht und betroffen die mangelnde Loyalität seiner Minister feststellen. Er versucht, das Ansehen einzelner zu retten, indem er aus deren Äußerungen Anzeichen von Widerstand herauszulesen versucht. Auf die Fragen von Abgeordneten antwortet Gorbatschow wie üblich weit ausschweifend, bis Jelzin ihn unterbricht: »Genossen, gestatten Sie mir, zur Entspannung einen Erlaß über die Einstellung aller Aktivitäten der Kommunistischen Partei in der RSFSR zu unterzeichnen.« Dies wird von den Abgeordneten mit stürmischem Beifall bedacht. Gorbatschow kann nur noch stammeln: »Boris Nikolajewitsch, Boris Nikolajewitsch ... bitte ...«

In der Stunde der Rache nützt kein »Bitte«. Jelzins Revanche gilt nicht nur Gorbatschows erbarmungslosem Vorgehen im November 1987, als er Jelzin aus dem Krankenhaus holen ließ, um ihn als Moskauer Parteichef abzusetzen, sondern auch dessen diffamierender Bemerkung vom April 1990, Jelzin sei »als Politiker gescheitert« – wobei Gorbatschow dies ausgerechnet in Swerdlowsk erklärte, wo Jelzin kurz zuvor ein Mandat für das Parlament der RSFSR errungen hatte. Jetzt kann der russische Präsident demonstrieren, wer gescheitert ist. Er hebt mit Siegermiene eine blaue Mappe in die Höhe und weist damit wie mit einem Schlagstock auf den am Rednerpult stehenden, verblüfften Präsidenten. Dann dreht Jelzin die Mappe zum Saal, wo russische Abgeordnete und prominente Gäste in gespannter Unruhe sitzen, wie eine Trophäe nach rechts, nach links. Unter stürmischem Beifall setzt er seine Unterschrift auf das Dokument in der Mappe. Gorbatschow steht wie versteinert am Rednerpult. In seinen ›Erinnerungen‹ notiert er später: »Jelzin handelte mit sadistischer Lust. Und es schien mir, daß einige meiner Mitstreiter, die im Saal saßen, einen kaum geringeren Genuß empfanden; Alexander Jakowlew sagte kein einziges Wort.«[19]

Am 24. August 1991 erklären die Führungen der zentralasiatischen Republiken ihren Austritt aus der KPdSU. In den baltischen Republiken und in Moldawien, die ihren Widerstand gegen den Putsch sofort und unmißverständlich kundgetan hatten, wird die KP verboten. Angesichts dieses Zerfalls kapituliert Gorbatschow vor der Realität und gibt das Amt des Generalsekretärs auf. Er bleibt zwar noch Präsident der Sowjetunion, doch ist diese ebenfalls dem Untergang geweiht; denn Boris Jelzin hatte jene Territorien bereits aus der Hand gegeben, auf die Rußland am allerwenigsten Anspruch erheben konnte: die baltischen Republiken. Die formale Bestätigung sollte nach der Trauerfeier für die drei Opfer des Putsches erfolgen. Gorbatschow wirkt schwer gezeichnet, als er am Vormittag des 24. Augusts auf dem Manege-Platz im Zentrum Moskaus eine kurze Ansprache vor mehreren tausend Bürgern hält. Er ernennt die drei jungen Männer zu Helden der Sowjetunion. Sie hätten sich jenen entgegengestellt, die das Land rückwärts führen wollten.

Zu letzteren gehörte auch sein persönlicher militärischer Berater Marschall Achromejew, der bis 1988 den Generalstab der Streitkräfte leitete. Obwohl dieser zierliche Militär mit seinen korrekten Umgangsformen, den auch seine politischen Gegner wie Schewardnadse respektierten, nicht Mitglied des Notstandskomitees gewesen war, zählte sich der 68jährige selbst zu den Überzeugungstätern und zog seine Konsequenzen: »Ich kann nicht leben, wenn mein Vaterland zugrunde geht und alles vernichtet wird, was ich als den Sinn meines Lebens betrachtet habe. Mein Alter und mein Lebensweg geben mir das Recht, ein Ende zu setzen. Ich habe bis zum Schluß gekämpft.« Achromejews Leiche wird am 24. August um 21.50 Uhr im Dienstzimmer 19a im Haus 1 des Kreml entdeckt. Der Marschall, der keine Dienstpistole mehr hatte, erhängte sich. Der Schluß des Briefes an Gorbatschow, den Achromejew bereits am 22. August geschrieben hatte, lautet: »Warum bin ich aus eigener Initiative nach Moskau gekommen und habe im Komitee die Arbeit aufgenommen? Es ist so, daß ich seit 1990 überzeugt war, wie ich auch heute überzeugt bin, daß unser Land dem Untergang entgegengeht. Bald wird es zerstückelt sein. Ich suchte einen Weg, um dies vernehmlich zu äußern. Ich war der Ansicht, daß meine Teilnahme an der Arbeit des Komitees und die darauf folgenden Untersuchungen mir die Möglichkeit bieten würden, darüber direkt zu reden. Das klingt wahrscheinlich nicht überzeugend und naiv, aber es ist so. Eigennützige Motive gab es bei dieser Entscheidung nicht.«

Vor der Eröffnung der Parlamentssitzung am Montag, dem 26. August, schied ein weiterer Volksdeputierter aus dem Leben. Um 5.25 Uhr stürzte Nikolaj Krutschina vom Balkon seiner

Wohnung auf die Straße. Der Leiter der Geschäftsstelle des Zentralkomitees verabschiedete sich völlig anders als Achromejew: »Ich bin kein Verschwörer, aber ich bin ein Feigling.« Es war Gorbatschow, der diesen »rechtschaffenen, sehr gescheiten, initiativreichen und gleichzeitig äußerst umsichtigen Mann« 1983 bei dem damaligen Generalsekretär Jurij Andropow durchgesetzt hatte: »Der Inhaber dieses Postens war eine der einflußreichsten Figuren im inneren Leben des Parteiapparates, weil er die Kontrolle über alle materiellen Güter hatte«, so kommentiert Gorbatschow in den ›Erinnerungen‹ seine damalige Entscheidung, ohne auf Krutschinas dubioses Ende einzugehen. Die Nachricht über Krutschinas Tod verbreiteten seine Kollegen aus dem Zentralkomitee: Er habe sich selbst das Leben genommen. Viele in Moskau fragten sich, ob er das freiwillig getan hatte.

Im Obersten Sowjet der UdSSR ging es danach noch tagelang um Schuld und Rechtfertigung: »Wo waren Sie während des Putsches? Warum sind Sie nicht sofort nach Moskau geeilt?« fuhr Gorbatschow die Abgeordneten des Parlaments an. Das höchste Gremium, der Kongreß der Volksdeputierten, sollte eigentlich am 2. September zusammentreten, um Verfassungsänderungen zu diskutieren. Doch nach der Demontage der KPdSU, die Gorbatschow nicht hatte reformieren können, ließ auch die Demontage des ersten durch halbwegs demokratische Wahlen legitimierten Parlaments in der Geschichte der Sowjetunion nicht lange auf sich warten. Anatolij Lukjanow mußte als Vorsitzender zurücktreten und verlor außerdem seine parlamentarische Immunität. Jelzin bezeichnete ihn als »Ideologen des Putsches« und verhinderte danach auch die Wahl eines neuen Vorsitzenden. »Nach dem Putsch gibt es kein Vertrauen mehr zu diesem Staat«, sagte der gemäßigt nationalistische Präsident Armeniens, Lew Ter-Petrosjan, vor dem Obersten Sowjet: »Das Zentrum ist klinisch tot. Es hat mit dem Putsch Selbstmord verübt.« Achromejew, Krutschina und Pugo – die Repräsentanten von Militär, KPdSU und Innenministerium – hatten diese letzte Konsequenz gezogen.

Ein halber Putsch und eine halbe Revolution

Als Gorbatschow nach seiner dreitägigen Gefangenschaft in Foros nach Moskau zurückkehrte, war er für viele Demokraten der »Dewjatyj«, der Neunte, der die acht Verschwörer in ihre hohen Staatsämter gebracht und sich von ihnen auch nach ihren zweifelhaften Aktionen im Baltikum und im sowjetischen Parlament nicht getrennt hatte. Der Generalsekretär der KPdSU und der Präsident der UdSSR sprach von Fehlern und von Verrat. Indem er die Vorwürfe akzeptierte, seine Menschenkenntnis habe versagt und sein Vertrauen sei mißbraucht worden, verteidigte er sich geschickt gegen den Verdacht der stillen Teilhaberschaft an dem Komplott, der sich aber nicht so einfach ausräumen ließ. Die Analyse seines Charakters verstärkt zumindest den Verdacht, der Präsident habe – im übrigen bereits durch seinen Urlaubsantritt zur »Unzeit« – das Heft aus der Hand gegeben, in der stillen Hoffnung, dadurch Aktionen zu provozieren, die ihm dann einen Ausweg aus der Sackgasse seiner Politik hätten eröffnen können. Auch Jerry Hough schließt nicht aus, daß Gorbatschow die Augustkrise in Foros »aussitzen« wollte, um sich später auf die Seite des Siegers zu stellen.[20]

Der Putschversuch vom August 1991 zählt zu den wichtigsten Wendepunkten in der Geschichte des 20. Jahrhunderts. Dessen Ablauf und Scheitern erklären zu wollen, führt den Zeithistoriker allerdings entweder in einen Sumpf oder auf ein Minenfeld, bemerkt Dunlop, der sich wie kaum ein anderer Wissenschaftler in die Materie vertieft hat. Die »Materie« ist ebenso umfangreich wie weich: Augenzeugenberichte, halbkompetente Kommentare sowie Aussagen und Memoiren sowohl einiger Drahtzieher des Putsches als auch von Verteidigern des Weißen Hauses. Dabei hat die Unzuverlässigkeit nicht einmal Methode. Die Stellungnahmen der Verräter müssen nicht allein deshalb falsch sein, weil sie der Selbstverteidigung dienten. Und umgekehrt muß keineswegs alles richtig sein, was die Verteidiger des Weißen Hauses gesagt oder geschrieben haben. Eine entscheidende Rolle bei dem Umsturzversuch spielte außerdem das, was sich hinter den Kulissen zugetragen hat. Was diese »Geheimnisse« betrifft, so rutschte Gorbatschow auf der ersten Pressekonferenz nach seiner Rückkehr aus Foros die Bemerkung heraus, er werde niemals sagen, was er wisse.[21] Das hat er – trotz seiner vielen Bücher – wohl bis heute nicht getan.

Selbst auf die Ergebnisse der insgesamt sechs Untersuchungskommissionen könne sich der Historiker nicht verlassen, meint John Dunlop: Der Bericht über die Aktivitäten des KGB stammt von diesem selbst. Die Studie von Konstantin Kobez über die Armeeführung ist nicht publiziert worden. Der Verteidigungs- und Sicherheitsausschuß des russischen Parlaments, der die Ursachen des Putsches untersuchen sollte, gab nur wenige Informationen an die Öffentlichkeit weiter, und selbst diese gelten nicht als unparteiisch. Der Untersuchungsausschuß des Obersten Sowjet der UdSSR verteidigte seinen Vorsitzenden Anatolij Lukjanow. Die einzige Kommission, die ernsthaft versuchte, die Gründe für den Putsch herauszufinden, war der Untersuchungsausschuß des Obersten Sowjet der RSFSR unter dem demokratischen Abgeordneten Lew Ponomarjow. Allerdings wurde sie aufgelöst, ehe die Arbeit abgeschlossen war. Im Zuge des Prozesses gegen die Putschisten produzierte die russische Staatsanwaltschaft zwar 140 Aktenbände mit je 300 Seiten, von denen aber vier als »streng geheim« sogar den Verteidigern der Angeklagten vorenthalten wurden. Ansonsten war es nicht immer klar, »ob die Staatsanwaltschaft auf der Suche nach Fakten und nach der Wahrheit war oder sich geschickt an der vorherrschenden politischen Windrichtung orientierte«.[22] Erhebliches Mißtrauen provozierten die Leiter der Ermittlungen, Walentin Stepankow und sein Stellvertreter Jewgenij Lissow, als sie Auszüge aus den Untersuchungsprotokollen in einem Buch publizierten, noch bevor der Prozeß auch nur anberaumt war. Welche »Rechtskultur« die schon »reformierten« russischen Justizorgane hatten, zeigte nicht zuletzt diese Veröffentlichung.[23]

Der »vorherrschenden politischen Windrichtung« passten sich auch wissenschaftliche Publikationen an. Viele Autoren reproduzierten die Perspektive Jelzins, der den Putschversuch so interpretierte: Der Unionsvertrag hätte jeden der Organisatoren des Putsches seines Amtes enthoben. Darin liege das Geheimnis der Verschwörung, und darin bestehe das Hauptmotiv für das Agieren seiner Teilnehmer. Am dritten Tag sei der gegen Volk und Verfassung gerichtete Aufstand »niedergeschlagen« worden. Die Verschwörung sei vor allem gegen das Parlament, gegen die Regierung und gegen den Präsidenten Rußlands gerichtet gewesen. Aber »ganz Rußland« habe sich zu seiner Verteidigung erhoben. Diese und weitere Feststellungen Jelzins dienten von Anfang an der Legitimation des entstehenden neuen Regimes. Sie paßten außerdem gut in das Denkschema des Kalten Krieges und beflügelten nach dessen Ende optimistische Erwartungen im Westen, daß die UdSSR durch demokratische Nachfolgestaaten abgelöst werde und der Entfaltung der Marktwirtschaft nichts mehr im Wege stehe.

Vor diesem Hintergrund entstanden Mythen und Simplifizierungen: Die Putschisten seien am mutigen Widerstand der Demokraten im Weißen Haus, auf den Straßen Moskaus und in vielen Regionen des Landes gescheitert. Die Bilder von den Ereignissen vor dem Weißen Haus, vom Fernsehen immer wieder gezeigt, festigten diesen Eindruck. Viele Zuschauer hatten dabei noch die »samtene Revolution« in ihrer tschechischen und ostdeutschen Variante knapp zwei Jahre zuvor in Erinnerung. Einem Vergleich mit den Massendemonstrationen für Freiheit wie in Ostberlin, Leipzig und Prag hielt im August jedoch allein Leningrad stand. In der alten Hauptstadt des russischen Imperiums, St. Petersburg, die seit ihrer Gründung als Rußlands Fenster zum Westen gilt, gingen am 20. August ungefähr 130 000 bis 180 000 Putschgegner auf die Straße. In Jelzins Heimatstadt Swerdlowsk (heute Jekaterinburg) und in der alten Handelsstadt Nischnij Nowgorod fanden nennenswerte Demonstrationen gegen die Putschisten statt. Die Gebietssowjets in Kemerowo, Wolgograd und Süd-Sachalinsk stellten sich ebenfalls hinter Jelzin. Einzelne Streikaktionen und kleinere Demonstrationen wurden auch aus anderen Regionen gemeldet. Aber das Gesamtbild sprach eher für die Putschisten: Im Oktober 1991 kam die Kontrollverwaltung des russischen Präsidenten zu dem Ergebnis, daß über 70 Prozent der Gebiete, Kreise und alle autonomen Republiken in der RSFSR den Widerstand der russischen Führung gegen den versuchten Staatsstreich nicht unterstützten, sondern direkt oder indirekt für die Putschisten eintraten. Von den fünfzehn Unionsrepubliken lehnten nur Estland, Lettland, Litauen und Moldawien den Versuch der Konservativen ab, die Macht zu übernehmen. Die Führungen Armeniens und der Ukraine distanzierten sich mit einiger Verzögerung und vorsichtig von den Putschisten; in Aserbaidschan und Georgien schwieg man.

Vor dem Weißen Haus in Moskau hatten sich zu keiner Zeit mehr als 50 000 bis 70 000 Demonstranten versammelt. Eine breite Massenbasis hatte der Widerstand also nicht. Nur eine kleine Minderheit war bereit, der bedrängten russischen Führung zu Hilfe zu kommen. Den entscheidenden organisatorischen und finanziellen Beitrag leisteten die »neuen Russen«, die von der »spontanen« Privatisierung, von Geschäften in einem faktisch rechtsfreien Raum und von der globalen Ökonomie bereits erheblich profitiert hatten. Die Mehrheit der Bevölkerung sehnte sich nach einer »starken Hand«. So waren die ersten Passanten, die sich von ausländischen Korrespondenten gleich am Morgen des 19. August in Moskau befragen ließen, durchaus »froh« über den Machtwechsel. Gorbatschow hätte man schon lange absetzen müssen. Seitdem er das Land führe, gebe es nur Aufstände und Unruhe.

Die westlichen Journalisten konzentrierten sich nur Stunden später dennoch fast ausschließlich auf jene Gruppen, die keine Angst vor den Panzern gehabt hatten. Dies waren vor allem mutige Jugendliche, die Kinder der Perestrojka. Sie hielten von der Politik der »Mumien« rein gar nichts. Sie hatten ebenso eine Zukunft zu verlieren wie die »unabhängigen« Journalisten, deren Berufsethos von der Rückkehr der Zensur bedroht war. Tatjana Mitkowa, die bekannte Fernsehjournalistin, die bereits im Januar nach der blutigen »Generalprobe« der sowjetischen Sicherheitsorgane in Vilnius mit ihren spitzen Kurzkommentaren den Zorn der Obrigkeit herausgefordert und sich jetzt im August einen Handkuß von Jelzin verdient hatte, kann als eine unbestechliche Beobachterin des Umsturzversuchs gelten: »Viele hatten den Eindruck, daß die Stimme unserer Intelligenzija während der Putschtage um vieles schwächer klang, als man hätte erwarten können. Es gab wenig öffentliche Erklärungen oder Auftritte und Kundgebungen. Niemand übernahm die Rolle einer Glocke, wie es der Tradition der wahren russischen Intelligenzija entsprochen hätte. Nicht auf den Barrikaden war Gubenko, der

Kulturminister, von Beruf Schauspieler und Regisseur, wie auch viele von denen fehlten, die uns jahrelang in Sachen Perestrojka mit Worten wie Demokratie, Pluralismus, Konsens etc. belehrt hatten. Es gab sie dort im Weißen Haus, Schriftsteller und Schauspieler, doch sie waren die Ausnahme.«[24] Der Künstler Nikolaj Karatschenzow konnte also nur von wenigen sprechen, als er später philosophierte: »Auch wenn es lästerlich klingt: Dieses Ereignis hat uns alle richtig wachgerüttelt. Bisher haben wir vor uns hingelebt, wir haben rumgequatscht und uns nicht mit dem eigentlich Wichtigen befaßt. Wir haben uns unserer Sache [des Kampfes für die Demokratie] nicht professionell angenommen, und wir können von Glück sprechen, daß diejenigen, die den Umsturz angezettelt haben, dabei wenig professionell vorgegangen sind.«[25]

Die gleich nach Ankündigung der Machtübernahme aufgefahrenen Panzer suggerierten zwar ein professionelles Vorgehen der Putschisten. Tatsächlich agierten die fünf Mitglieder des Sicherheitsrates – Janajew, Jasow, Krjutschkow, Pawlow und Pugo –, die Gorbatschows Unentschlossenheit nicht mehr tatenlos hinnehmen wollten, jedoch letztlich genauso unentschlossen wie der Präsident. Ihre Analyse der Ausgangslage war mangelhaft, die Zielsetzung voluntaristisch. In der Hoffnung, daß es schon gutgehen werde, improvisierten sie unter Zeitdruck. Innenminister Pugo, seit November 1990 Dienstherr der Polizei, der operativen Truppen und der 10 000 Mann starken Antiterror-Einheit (Omon), wurde erst am letzten Tag der Vorbereitung aus dem Urlaub geholt und informiert. Janajew erfuhr von seiner »Beförderung« in letzter Minute, wie schon im November 1990, als Gorbatschow ihm genau zwei Stunden vor der Sitzung des Obersten Sowjet mitgeteilt hatte, er werde ihn als Kandidaten für den Posten des Vizepräsidenten vorschlagen. Ministerpräsident Pawlow fiel am ersten Putschtag wegen Trunkenheit aus und war auch in den folgenden Tagen nicht fähig oder nicht willens, auf das Geschehen einzuwirken. Baklanow und Tisjakow erklärten auf der Abendsitzung des Notstandskomitees am 20. August ihren Austritt aus der »Schwatzbude«. »Ein richtiger Putsch gelingt manchmal, ein halber nie«, so kommentierte die Zeitung des Russischen Parlaments ›Rossija‹ die putschähnlichen Interventionen der sowjetischen Sicherheitsorgane im Baltikum Anfang 1991.

Als Putscherfolg Nr. 1 zählt in der jüngeren Geschichte die Machtübernahme in Chile am 11. September 1973 durch das Militär. Nach dem Vorbild Francos und der Militärdiktatur in Brasilien errichtete General Augusto Pinochet ein autoritäres Herrschaftssystem, das auf der Mißachtung der Menschenrechte und der Liquidierung Oppositioneller beruhte. Die CIA, Richard Nixon und Henry Kissinger gewährten operative Hilfe beziehungsweise politische Rückendeckung. Pinochets Terror gegen die sozialistische Alternative, die der demokratisch gewählte Präsident Salvador Allende – sehr zum Mißfallen der USA – verfolgt hatte, forderte über 3000 Todesopfer.

Mit Blick auf die Ereignisse in Chile fragte ein Journalist auf der Pressekonferenz der Putschisten am 19. August den »amtierenden Präsidenten der UdSSR«, ob er von General Pinochet Anregungen oder Ratschläge eingeholt habe. In Anbetracht der zitternden Hände des übernächtigten Janajew konnte die Frage auch ironisch verstanden werden, sie löste im Saal jedenfalls Gelächter aus. Zum Zeitpunkt der Pressekonferenz war der entscheidende Unterschied zwischen Pinochet und den Moskauer Putschisten bereits klar. Der chilenische General ließ den Präsidentenpalast bombardieren und hatte für Allendes Liquidierung einen genauen Plan: ihn ausfliegen und abstürzen zu lassen – was aber nicht geschah, weil Allende in der auswegslosen Lage den Selbstmord vorzog. Jelzin hingegen, der russische Präsident, konnte noch vier Stunden nach Ausrufung des Ausnahmezustandes praktisch ungehindert aus Archangelskoje zu seinem Amtssitz in Moskau fahren und dort unbehindert schalten und walten. Die vom KGB-Chef Krjutschkow am Morgen des 19. August angeblich abgesegnete Verhaftungsliste mit 70 Namen, angeführt von Jelzin, hat bislang niemand gesehen. Sie soll vernichtet und nachträglich rekonstruiert worden sein.

Eine letzte Möglichkeit, Jelzin zu ergreifen und auszuschalten, wäre die Erstürmung des Weißen Hauses gewesen. Im Verteidigungsministerium erörterte Jasow mit seinem Stellvertreter und mit KGB-Offizieren am Nachmittag des 20. August diesen Plan, obwohl ihm das doppelte Spiel einiger Generäle nicht entgangen war. Die Generäle Gratschow und Gromow informierten Jelzin umgehend über die Einsatzpläne des Militärs.[26] Als Pawel Gratschow, dessen Luftlandetruppen das Weiße Haus abriegeln sollten, dafür Verstärkung forderte, tauchten Bedenken auf. Es werde ein riesiges Blutbad geben, befürchteten auch die Kommandeure, die in Zivil die Lage vor Ort geprüft hatten. Die operative Vorbereitung für den Einsatz ging dennoch weiter, aber gegen Mitternacht gab es noch immer keine Entscheidung. Schließlich setzten Krjutschkow und Jasow aus Rücksicht auf die Zivilbevölkerung wie auch wegen der Weigerung einiger KGB-Kommandeure den Plan zur Besetzung des Weißen Hauses schließlich aus.

Diesen Ablauf rekonstruierte jedenfalls Wjatscheslaw Keworkow, ein KGB-Generalmajor, anhand der für Außenstehende nur schwer zugänglichen Verhörprotokolle in seinem Buch ›Moskauer Operette‹. Keworkow war im August 1991 stellvertretender Generaldirektor der sowjetischen Nachrichtenagentur TASS und von 1992 bis 1997 Chef des TASS-Büros in Bonn. Sein »Politthriller« (so der Untertitel) macht keinen Hehl daraus, auf welcher Seite der Autor stand. Das Fazit seiner mit schriftstellerischen Einschüben aufgelockerten Chronik ist, daß Krjutschkow und Jasow ernsthaft und entschlossen versucht hätten, den drohenden Zerfall des Landes abzuwenden. Als diese Rettungsaktion jedoch massive Gewaltanwendung unvermeidbar machte, habe das »Menschliche« gesiegt. Der Hintergedanke dieser Aussage ist eindeutig: Der Geheimdienst, das Militär und die Streitkräfte des Innenministeriums blieben auch weiter geeignet, der Staatsmacht wie früher zu dienen. Zwei Jahre später, Anfang Oktober 1993, brauchte Jelzin ihre aktive Hilfe, um das Weiße Haus stürmen zu lassen, weil sich die Mehrheit der russischen Parlamentarier seiner wirtschaftlichen Schocktherapie und seinem Verfassungsentwurf – der dem Präsidenten fast unbegrenzte Vollmachten zusicherte – widersetzt hatte.

Kapitel 6

Teile und herrsche

Das Ende der Sowjetunion

Der Auflösungsprozeß der UdSSR verlief parallel zur Desintegration Jugoslawiens. Für die maßgeblichen Akteure im Westen ergab sich daraus automatisch so etwas wie ein Synergieeffekt. Sie hatten nicht nur führende Persönlichkeiten, sondern auch die wirtschaftlichen Probleme beider multiethnischen Föderationen kennengelernt. Diese Erfahrungen konnten sie für ihre Interessen nutzbar machen. Eine Schlüsselfigur war dabei zweifellos Hans-Dietrich Genscher. Der deutsche Außenminister konnte wie kein anderer die Fäden ziehen, denn ihm waren die Schwächen und Nöte Michail Gorbatschows schon in den Verhandlungen über die deutsche Wiedervereinigung nicht verborgen geblieben. Von den Aktivitäten des deutschen Vizekanzlers gingen wichtige Signale an die Mitgliedstaaten beider Föderationen aus. Trotz aller Abspaltungstendenzen gab es für ihre Unabhängigkeit erst dann eine reale Chance, wenn ihre Führungen mit internationaler Anerkennung rechnen konnten. Neben einigen formalen Kriterien spielten dabei zwei externe Faktoren eine wichtige Rolle: die Interessenlage potentieller Fürsprecher im Westen und die internationalen Machtverhältnisse.

Genschers frühe Bereitschaft, die Abspaltung Sloweniens und Kroatiens anzuerkennen, ergab sich nicht zuletzt aus seiner Zugehörigkeit zur FDP, die freie Hand für die Interessen der Wirtschaft forderte. Die deutsche Exportindustrie suchte dringend neue Absatzmärkte in Osteuropa; doch vorerst waren die alten stark gefährdet. Auf die Wirtschaftskrise Jugoslawiens folgten erste kriegerische Auseinandersetzungen zwischen den Verbänden der serbisch dominierten jugoslawischen Armee und den beiden westlich-marktwirtschaftlich orientierten Republiken.

Slowenien und Kroatien konnten in Deutschland aus historischen und religiösen Gründen mit Sympathien rechnen. Zudem hatten sie eine Public-Relations-Kampagne lanciert, die ihre Aktionen als »Kampf für Freiheit und Demokratie« darstellte. Beim Koalitionspartner der FDP, der CDU/CSU, erfreuten sich die Kroaten auch wegen ihrer engen Beziehungen zu Bayern und zum Vatikan besonderen Wohlwollens. Bundeskanzler Kohl argumentierte, daß nach der Wiedervereinigung auch andere Völker ein Recht auf Selbstbestimmung haben müßten. Die Slowenen und Kroaten hatten diesen Willen in einem Referendum zum Ausdruck gebracht.

Die oppositionelle SPD, die von der deutschen Vereinigung hilflos überrollt worden war, versuchte sich neu zu positionieren. Ihr außenpolitischer Sprecher, Karsten Voigt, gab Anfang 1991 seinen Mitarbeitern den Auftrag, die Konflikte in Jugoslawien zu analysieren und daraus Schlußfolgerungen für die mögliche Entwicklung in der Sowjetunion zu ziehen. Aus der Studie ging hervor, daß Jugoslawien nicht zu retten sei. Voigt startete daraufhin eine Initiative im Deutschen Bundestag: Mit der Anerkennung Sloweniens und Kroatiens durch die Bundesrepublik sollte Gorbatschow signalisiert werden, daß Deutschland von ihm mehr Entgegenkommen gegenüber den baltischen Republiken und der Ukraine erwartete. Osteuropa-Spezialisten hatten schon zuvor Parallelen gesehen zwischen den Rollen, die Slowenien und Estland beziehungsweise Kroatien und die Ukraine spielten. Während die beiden westlichen Vorposten ihren Sonderweg fortgesetzt hatten, waren Kroatien und die Ukraine für den Bestand der jeweiligen Föderation lebenswichtig. Jugoslawien erschien ohne Kroatien ebenso wenig denkbar wie die Sowjetunion ohne die Ukraine.[1]

Bis in die zweite Augusthälfte 1991 hinein hielten die meisten westeuropäischen Politiker zumindest offiziell an der Einheit Jugoslawiens fest. Die Furcht, die sowjetische Militärmacht könnte der jugoslawischen Bundesarmee gegen die abtrünnigen Republiken zu Hilfe kommen, ließ diese Zurückhaltung opportun erscheinen. Doch nach dem gescheiterten Putschversuch im August 1991 saß der sowjetische Verteidigungsminister ebenso in Haft wie der KGB-Chef. Von ihren Truppen ging keine Gefahr mehr aus. Am 22. August 1991 richtete der kroatische Präsident, Franjo Tudjman, ein Ultimatum an die jugoslawische Armee, Kroatien zu verlassen, sonst würde man sie als eine Okkupationstruppe betrachten. Die Drohung kam einer Kriegserklärung gleich. Zwei Tage später ließ der deutsche Außenminister den jugoslawischen Botschafter in Bonn wissen, die Bundesrepublik werde Slowenien und Kroatien anerkennen, wenn Belgrad seine militärischen Angriffe gegen diese Republiken fortsetzen sollte. Am Tag darauf begann die serbische Offensive in Ostslawonien. Sie forderte allein in Vukovar mehr als 2300 Tote und Tausende von Verletzten. Die Eskalation, die auf sein Ultimatum folgte, konnte Tudjman durch sein Treffen mit dem jugoslawischen Verteidigungsminister am 27. August nicht mehr abwenden. Auf die veränderten internationalen Machtverhältnisse reagierte auch der österreichische Vizekanzler entschieden. Erhard Busek erklärte sofort nach dem gescheiterten Putschversuch in Moskau, nach dem Kollaps des Kommunismus in der UdSSR gebe es keinen Grund mehr, Slowenien und Kroatien die Anerkennung als souveräne Staaten zu verweigern.[2]

Estland, Lettland und Litauen waren bereits am 24. August 1991 von der Europäischen Gemeinschaft als souveräne Staaten anerkannt worden. Washington folgte eine gute Woche später. Die nach dem gescheiterten Putschversuch weiter geschwächte sowjetische Führung konnte den nach dem Hitler-Stalin-Pakt von der UdSSR annektierten baltischen Staaten die Zustimmung zur Unabhängigkeit nicht mehr verweigern. Seitdem haben liberal denkende russische Intellektuelle die aparte These entwickelt, an der Auflösung der Sowjetunion sei niemand anders als Stalin schuld. Hätte der Diktator die baltischen Staaten nicht annektiert, wäre eine Revision der Geschichte nicht notwendig gewesen und die UdSSR nicht zerfallen. Mit dieser vordergründig einleuchtenden und daher populären Erklärung klammerten die liberalen Reformer die Verantwortung ihres Präsidenten, Boris Jelzin, ebenso aus wie diejenige des ukrainischen Präsidenten Leonid Krawtschuk. Nach dem Putschversuch suchten beide nur zum Schein nach einem neuen Modell für die künftige Kooperation der Unionsrepubliken, die wirtschaftlich weitaus stärker verflochten waren als die Mitgliedstaaten der Europäischen

Gemeinschaft³ und daher ihre volle Souveränität nur um den Preis hoher ökonomischer Verluste erlangen konnten. Mehrere bekannte Wirtschaftsfachleute mahnten, eine gemeinsame Währungs- und Wirtschaftspolitik würde allen Republiken zu einem größeren Vorteil gereichen als jeder Alleingang. Doch die Desintegration war nicht mehr zu stoppen.

Jelzin, dessen öffentliche Auftritte seit Anfang 1991 konkrete Regieanweisungen westlicher PR-Berater erkennen ließen, bekräftigte zunächst demonstrativ, daß er »eine wirklich freiwillige Union souveräner und gleichberechtigter Staaten« befürworte. Seine engsten Gesinnungsgenossen streuten aber gleichzeitig Pläne für die Revision von Grenzen aus, was vor allem die Ukraine und Kasachstan in Alarmbereitschaft versetzte. Und aus dem Schnupperkurs in internationalen Beziehungen zogen russische Reformpolitiker wie Anatolij Sobtschak die Lehre, Rußlands Machtpotential begründe die Majorisierung der neuen Gremien, die über die Geld- und Währungspolitik der anvisierten neuen Wirtschaftsunion zu befinden hätten. Die Dominanz der USA im Internationalen Währungsfonds verleitete sie zu der Annahme, Rußland könne die Bedingungen für die anderen Republiken diktieren. Im Stimmengewirr des heißen Herbstes 1991 erweckten viele Redner den Eindruck, daß die russische Führungselite eine Ablehnung der Pläne für eine neue Föderation provozieren wollte, um nicht allein für deren Scheitern verantwortlich zu sein. Boris Jelzin widersetzte sich zum Beispiel sowohl der Idee einer Unionsverfassung als auch der Direktwahl des Präsidenten.⁴

Zwischen dem 25. August und dem 23. September 1991 erklärten sieben Unionsrepubliken – Weißrußland, Moldawien, Aserbaidschan, Kirgistan, Usbekistan, Tadschikistan und schließlich Armenien – ihre Unabhängigkeit. Die Reihe wurde am 24. August von der Ukraine eröffnet. Leonid Krawtschuk, der den Putsch erst nach dem Scheitern verurteilt hatte, trat an diesem Tag zugleich aus der KPdSU aus. Die Erklärung der staatlichen Unabhängigkeit durch den Obersten Sowjet in Kiew und die Absicht der Ukraine, eine eigene Armee aufzustellen, alarmierte den nach dem Putsch defensiv agierenden Präsidenten der UdSSR: »Ohne Ukraine kann es keine Union geben, und es kann keine Ukraine ohne die Union geben«, appellierte Gorbatschow an die abtrünnigen Brüder. »Diese beiden slawischen Staaten waren für Jahrhunderte die Achse, an der sich ein riesiger multinationaler Staat entwickelte. So wird es auch bleiben.«

Doch die ukrainische Führung ließ sich nicht mehr bremsen. Sie war entschlossen, die Achse zu zerstören. Der Oberste Sowjet erließ ein Gesetz über den Schutz ausländischer Investitionen; offenbar glaubte man, dieses Stück Papier würde reichen, um im Westen auf Wohlwollen und Wirtschaftshilfe rechnen zu können. Mit der gleichen Leichtigkeit regelten die Gesetzgeber die Frage nach dem Eigentum an den vorhandenen Produktionskapazitäten. Die »Nationalisierung« von Unionsbesitz und -behörden erfolgte ohne jegliche juristische Skrupel. Nur eine Entscheidung Moskaus stellten die ukrainischen Patrioten nicht in Frage. Die Krim – das der Ukraine von Chruschtschow abgetretene und für sowjetische Verhältnisse luxuriöse Ferienparadies – galt als unantastbar. Forderungen russischer Politiker nach Grenzkorrekturen wies Kiew empört zurück.

Vor dem Referendum über den Unabhängigkeitsbeschluß des Obersten Sowjet der Ukraine räumte die Führung in Kiew der Versorgung der eigenen Bevölkerung absoluten Vorrang ein. Die Ausfuhr von Lebensmitteln nach Rußland wurde verboten. Hohe Ablieferungsquoten an den Staat ergänzten die Versorgungspolitik ganz im sowjetischen Stil. In den »Richtlinien für die Wirtschaftspolitik« ging es der Regierung nicht um ökonomische Reformen, sondern um Strategien für die Sicherung der wirtschaftlichen Unabhängigkeit. Großen Beifall fand damals im Westen die Absicht, künftig Erdöl und Erdgas nicht mehr von Rußland, sondern aus Kasachstan, Turkmenistan und dem Iran zu beziehen. Woher das Geld für den Bau einer Leitung kommen sollte, fragten sich allerdings nur wenige. Unisono aber verdammte die deutsche Presse später den »imperialen Druck« Moskaus, als die russischen Energielieferanten nach marktwirtschaftlichen Gepflogenheiten auch Geld für die von ihnen erbrachten Leistungen sehen wollten. Im Herbst 1991 glaubten Vertreter des Kiewer Außenwirtschaftsministeriums daran, daß die Ukraine westliche Firmen als Rußlands Getreidelieferanten ablösen und damit die Importe selbst bezahlen könnte.

Noch einfacher erschien es, Souveränität in der Geldpolitik zu erlangen. Eine eigene Nationalbank zu gründen und eine eigene Währung einzuführen, waren Aufgaben, für die Kiew kaum eine Handvoll Fachleute hatte. Frankfurter Banker positionierten sich, um beim Aufbau des ukrainischen Zentralbanksystems entscheidend mitzuwirken. Eine einseitige Orientierung wollte die Kiewer Führung allerdings vermeiden. Im September 1991 reiste Leonid Krawtschuk nach Kanada und vereinbarte mit einem dortigen Unternehmen den Druck von Geldscheinen. Die dortige Regierung sagte 50 Millionen kanadischer Dollar an Unterstützung für das Projekt zu. Aus Kiewer Sicht wurde mit diesem Kredit die »Valutablockade« der Ukraine durchbrochen – noch vor der Regelung der Schuldenfrage zwischen der G 7 und Moskau.[5] Die Einführung der eigenen Währung, des Griwna – genannt nach den Goldbarren, welche zwischen dem 9. und 14. Jahrhundert gültig waren –, war für Mitte 1992 geplant. Als Vorstufe zur eigenen Währung wurden in Großbritannien die sogenannten Karbowanzy gedruckt. Das Ersatzgeld war überlebenswichtig, da nur Rußland im Besitz der Notenpresse der alten Sowjetunion war und schon seit Monaten nur noch einen Bruchteil der für Renten und andere Zahlungen benötigten Rubelscheine geliefert hatte.

Unter den Bedingungen der Finanzmisere und der existentiellen Not erwartete die Mehrheit der Bevölkerung von der Unabhängigkeit die Lösung aller wirtschaftlichen Probleme und die Verbesserung des Lebensstandards. In einer repräsentativen Umfrage von Ende September 1991 sprachen sich 61,6 Prozent der Befragten dafür aus, daß Wohlstand das wichtigste Ziel der Unabhängigkeit sein sollte. Während 70 Prozent den Rückzug aus der Union unterstützten, war der explizite Wunsch nach einem Systemwechsel kaum vorhanden. Eine effektive Gewaltenteilung sahen nur 20 Prozent der Befragten als Priorität des neuen Staates an. Garantien für ein Mehrparteiensystem und für die Meinungsfreiheit hielt nur jeder zehnte für erforderlich. Die nationale Wiedergeburt und eine eigene Armee wünschten sich 13 Prozent.[6] Von einem demokratischen Aufbruch konnte in der Ukraine keine Rede sein.

Der Oberste Sowjet begründete die »Fortsetzung der 1000jährigen Tradition der Staatsbildung in der Ukraine« durch die Verkündung der Unabhängigkeit am 24. August mit der »tödlichen Gefahr«, die vom »staatlichen Umsturz in der UdSSR« ausging. Die Erklärung postulierte das Selbstbestimmungsrecht und die Unteilbarkeit des Territoriums – nicht aber Demokratie und Rechtsstaatlichkeit. Der Text wurde auf den Stimmzetteln des Referendums am 1. Dezember 1991 nachgedruckt.

Vier Tage vor dem Referendum versprach US-Präsident Bush die sofortige Anerkennung des ukrainischen Staates durch die Vereinigten Staaten, falls die Sowjetrepublik aufgrund der Befragung mit der UdSSR brechen würde.[7] Mit dieser massiven Entscheidungshilfe trat er zu Beginn des amerikanischen Wahlkampfes Vorwürfen der mehrheitlich nationalistisch eingestellten ukrainischen Diaspora (sie zählt über eine Million) entgegen, die Unabhängigkeitsbestrebungen Kiews nicht energisch genug unterstützt zu haben. Kritik hatte vor allem sein Besuch in der ukrainischen Hauptstadt im Juli 1991 herausgefordert. Bush hatte damals vor einem selbstmörderischen Nationalismus gewarnt und gedroht, Amerika werde jene nicht unterstützen, die eine von außen gesteuerte Tyrannei durch einen lokalen Despotismus ersetzen wollten.

Obwohl Bush nach Auskunft seines Chefdiplomaten Strobe Talbott diese Bemerkung an die Adresse des im Mai 1991 mit 87 Prozent der Stimmen gewählten georgischen Präsidenten Swiad Gamsachurdia gerichtet hatte, der gegen ethnische Minderheiten und gegen die demokratische Opposition mit Brachialgewalt vorgegangen war, muß sie in der Fachliteratur unentwegt als Beweis dafür herhalten, daß der Westen bis zum letzten Moment bemüht gewesen sei, die Sowjetunion zu stabilisieren. Auf der Ebene der offiziellen Politik fand Michail Gorbatschow in der Tat die verbale Unterstützung der westlichen Staatsmänner. Der Einfluß zahlreicher anderer Akteure (von der Wirtschaft bis zu privaten Organisationen) ist jedoch nach wie vor nicht gründlich untersucht. Die Frage, ob und wieviel materielle und logistische Unterstützung den Protagonisten der ukrainischen Unabhängigkeit aus westlichen Quellen zukam, wird von den Autoren, die sich außerdem nur affirmativ mit der Entwicklung befaßt haben, nie gestellt.

Als Politiker war Leonid Krawtschuk erfahren genug, um nicht ähnliche Fehler zu begehen wie der nationalistische Dichtersohn und frühere Dissident Gamsachurdia in Georgien, der sich dafür die Kritik Bushs eingehandelt hatte. Krawtschuk sah die Chance und die Notwendigkeit, Unterstützung aus dem Ausland zu mobilisieren. Innenpolitisch sicherte ihm die Deklaration vom 1. November 1991, die allen Nationalitäten einen gleichberechtigten Status und insbesondere das Recht auf die eigene Sprache garantierte, breite Zustimmung. Am 1. Dezember wurde Krawtschuk mit 61,6 Prozent der Stimmen zum ersten Präsidenten der Ukraine gewählt und ließ den Spitzenkandidaten der Ruch, Wjatscheslaw Tschornowil, deutlich hinter sich; dieser erreichte nur in drei westukrainischen Wahlkreisen die absolute Mehrheit und belegte im ganzen mit 23,3 Prozent den zweiten Platz. Trotzdem war Krawtschuks Sieg nicht ganz so überwältigend, wie es im allgemeinen dargestellt wurde. Bei einer Beteiligung von 84 Prozent hieß das Ergebnis doch auch, daß nur wenig mehr als die Hälfte der knapp 38 Millionen Wahlberechtigten für ihn gestimmt hatte. Überzeugender fiel mit 90 Prozent das Ergebnis des Referendums aus. In allen 27 Wahlkreisen gab es eine absolute Mehrheit für die Unabhängigkeit, einschließlich der Krim (54 Prozent) und Sewastopols (57 Prozent) mit ihrer russischen Bevölkerungsmehrheit. Einen Tag später erkannte Rußlands Präsident Boris Jelzin die Ukraine an. Am 5. Dezember 1991 beschloß der Oberste Sowjet in Kiew, den Vertrag zur Gründung der Sowjetunion aus dem Jahre 1922 zu kündigen.

»Was ist die Union ohne Ukraine?« Jelzin stellte diese Frage bereits vor der entscheidenden Abstimmung. Es klang so, als ob Rußland auf die Entwicklung in der Ukraine notgedrungen reagieren müßte. Als einzige Republik neben Kasachstan verzichtete Rußland in der Tat auf eine Unabhängigkeitserklärung. Jelzins Zurückhaltung war nicht zuletzt in der Sorge begründet, insgesamt 25 Millionen Russen in den ehemaligen Sowjetrepubliken im Stich zu lassen. Sein Wirtschaftsminister Jewgenij Saburow befürchtete einen weiteren wirtschaftlichen und sozialen Rückschlag und suchte den Ausweg aus der Versorgungskrise in neuen Verträgen. Die meisten Republiken lehnten aber Saburows Entwurf ebenso ab wie den von Grigorij Jawlinskij. Der junge Reformpolitiker bemühte sich als Mitglied der von Gorbatschow einberufenen Interimskommission für die operative Leitung der Sowjetwirtschaft, den freien Verkehr von Kapital, Arbeitskräften und Waren durch Vereinbarungen zu sichern. Das Problem dabei war, daß die Hoffnung der Republiken auf Geschenke und Kredite aus dem Westen deren Interesse an gemeinsamen Wirtschaftsreformen beträchtlich minderte. Jawlinskijs Glaube, daß die Vernunft die Republiken zu einem ökonomischen Konsens zwingen werde, war illusorisch. Den Führern der Republiken ging es nicht um Marktwirtschaft, sondern um Machtsicherung. Und die Versorgungskrise förderte den Egoismus – nicht zuletzt in Rußland selbst und in seinen Regionen.[8]

Jelzins neuer Wirtschaftsberater, Jegor Gajdar, ein verwöhnter Nomenklatura-Sprößling, der als junger Wirtschaftsredakteur der ›Prawda‹ und der KP-Zeitschrift ›Kommunist‹ kaum praktische Lebenserfahrung hatte, war überzeugt, daß Rußland die ökonomische Transformation im Alleingang unternehmen sollte. Gajdar war dem russischen Präsidenten von Gennadij Burbulis empfohlen worden, einem Dozenten für Marxismus-Leninismus, der ebenfalls auf die sofortige und vollständige Unabhängigkeit Rußlands drängte. Am 28. Oktober 1991 kündigte Boris Jelzin mit seiner Rede vor dem Obersten Sowjet der RSFSR einen radikalen Reformkurs nach neoliberalem Konzept an. Bedenken der Abgeordneten gegen die sofortige Preisliberalisierung und die drastische Kürzung der Staatsausgaben wurden von Jelzin mit Hinweisen auf die baldige Besserung der Wirtschaftslage zerstreut. Die überwältigende Zustimmung des Obersten Sowjet zu der Schocktherapie ging nicht zuletzt auf die Mitwirkung und auf die in Aussicht gestellte Unterstützung des Internationalen Währungsfonds zurück, der für die Mehrheit im Obersten Sowjet so etwas wie ein Gütesiegel war. Die wenigen Ökonomen im kleinen Kreis um Jelzin hatten die Vertreter des IWF im Oktober mit offenen Armen empfangen. Ihren ideologischen Denkstrukturen kamen die einfach klingenden Rezepte aus Washington durchaus entgegen.[9]

Der Schock wirkte, ehe die Therapie auch nur einsetzen konnte. Die zunächst für Dezember 1991 angekündigte Freigabe der Preise, von der nur wenige Grundnahrungsmittel, einige öffentliche Güter sowie Erdöl, Erdgas und Kohle ausgenommen waren, mußte automatisch die Lebenshaltungskosten erhöhen. Die rationale Begründung interessierte die ohnehin verarmte Bevölkerung nicht. Am Tag nach Jelzins Rede stürmten die Bürger wieder die Läden. Verzweiflung und kaum noch kontrollierte Aggressionen entluden sich im Nahkampf um Brot und Butter, Speiseöl und Zucker. Panik beherrschte den Alltag. Als Sinnbild für das Ende der Sowjetunion mag das Schicksal eines 29 Jahre jungen Mannes gelten, dem auf einer Moskauer Metrostation die mühsam erworbene Wurst aus der Hand gefallen war. Als er versuchte, das wertvolle Stück von den Schienen wieder aufzuheben, wurde er von dem einfahrenden Zug überrollt.[10]

»Mir ist klar, daß die nächsten Monate die allerschwierigsten für mich sein werden«, erklärte Jelzin am 28. Oktober 1991. Mehr noch als der Alleingang bei der Preisfreigabe signalisierte seine Ankündigung, vom 1. November an alle russischen Überweisungen an die Unionsministerien mit Ausnahme der Ressorts Verteidigung, Transport und Energie zu streichen, das Ende seiner Bereitschaft, am Erhalt der Sowjetunion mitzuwirken.[11] Auf Geheiß von Burbulis und Gajdar lehnte der Oberste Sowjet Rußlands am selben Tag den Nachtragshaushalt der Union über 90 Milliarden Rubel für den Rest des Jahres ebenso ab wie die Finanzierung durch die Notenpresse. Einen Monat später eröffnete der Chef der sowjetischen Staatsbank, Wiktor Geraschtschenko, den Fernsehzuschauern, sein Institut sei bankrott. Der Bargeldbestand von rund drei Milliarden Rubel reichte nur noch für zwei Tage. Damit war klar: Millionen Renter, Lehrer, Ärzte, Müllmänner und Militärangehörige standen vor einer Katastrophe. Schuld an der Liquiditätskrise war nicht nur die Weigerung der Parlamentsabgeordneten Rußlands, den Bankrott der Zentrale abzuwenden. Die russische Regierung trieb die Staatsbank der UdSSR zielstrebig in die Pleite. Die Zentralbank Rußlands, die Jelzins Regierung unterstellt war, hatte schon seit einiger Zeit Rubel gehortet. Die Scheine kamen säckeweise aus den anderen Republiken, die eine eigene Währung angekündigt hatten. An Rubeln fehlte es also eigentlich nicht – sie fehlten nur der sowjetischen Staatsbank. Jelzin spielte in diesem Moment den Retter in der Not: Sowjetbürger und Sowjetarmee erhalten ihr Geld und ihren

Sold, verkündete der russische Präsident, »Rußland garantiert das.« Die Zusammenlegung des russischen und sowjetischen Haushalts sicherte zwar vorerst die Zahlungsfähigkeit, aber die Union war klinisch tot.[12]

Parallel zu seiner Strategie, den Fortbestand der Union zu untergraben, war der russische Präsident erkennbar bemüht, sein Land dem Westen als Nachfolgestaat der UdSSR zu präsentieren. Vor seiner ersten Auslandsreise nach dem Putschversuch sagte er Mitte November 1991 in einem Interview mit der ›Zeit‹, daß Rußland die Bezahlung der Auslandsschulden der Union garantiere. »Wenn sich zwei, drei Republiken der ehemaligen Sowjetunion weigern sollten, ihren Anteil zu begleichen, will Rußland bereit sein, deren Verpflichtungen zu übernehmen.« In dem Schulden-Moratorium, das zwölf Noch-Sowjetrepubliken mit den Vertretern der sieben führenden Industrieländer (G 7) Ende Oktober 1991 abgeschlossen hatten, war noch von der gemeinsamen Begleichung der 68 Milliarden US-Dollar Auslandsschulden der Sowjetunion die Rede gewesen. In Bonn fielen Jelzins Kommentare noch deutlicher aus. Nach Unterzeichnung einer Gemeinsamen Erklärung im Bundeskanzleramt sagte er mit Blick auf die Zukunft: »Hiermit haben wir die Schaffung einer vertragsrechtlichen Grundlage für die russisch-deutschen Beziehungen eingeleitet.« Mit seiner Prognose räumte Jelzin alle Zweifel aus: »Eine künftige Konföderation ehemaliger sowjetischer Republiken wird keine Verfassung erhalten. Deshalb wird Rußland zu einem Subjekt des Völkerrechts werden.«[13]

Gut zwei Wochen nach Jelzins Deutschlandreise, am 8. Dezember 1991, proklamierten die Führer der drei slawischen Republiken Rußland, Weißrußland und Ukraine ein östliches Commonwealth. In der Präambel der Vereinbarung stellten Boris Jelzin, der weißrussische Parlamentspräsident Stanislaw Schuschkjewitsch und der gerade gewählte ukrainische Präsident Leonid Krawtschuk fest, daß die UdSSR als Subjekt des Völkerrechts und als geopolitische Realität zu existieren aufgehört habe. Der sowjetische Präsident wurde mit keinem Wort erwähnt. Gorbatschows enger Ratgeber, Georgij Schachnasarow, nannte die Vereinbarung einen »Staatsstreich«. Die Absichtserklärungen des slawischen Dreibundes entsprachen zumindest auf dem

Papier genau dem, was der Westen als Willenskundgebung gegen Krieg und Chaos erwartete: Unverletzbarkeit der Grenzen und militärische wie wirtschaftliche Zusammenarbeit. »Die Teilnehmerstaaten«, hieß es in der Vereinbarung, »werden unter einem vereinigten Kommando den gemeinsamen militärischen Raum erhalten«.

Nationalistische Abgeordnete sorgten in Kiew dafür, daß das ukrainische Parlament den integrativen Charakter des Dreibundes nachträglich abschwächte. Von einer ukrainischen Armee war im Originaltext der Vereinbarung mit keinem Wort die Rede gewesen, obwohl das Parlament bereits im Oktober fünf Gesetze »im Prinzip«, also ohne Einzelheiten festzulegen, angenommen hatte, die den Weg für die Bildung einer unabhängigen Armee, Luftwaffe und Flotte ebnen sollten. Leonid Krawtschuk unterstellte danach die in der Ukraine stationierten 1,2 Millionen Sowjetsoldaten mit ihren Tausenden von Panzern und Kampfflugzeugen sowie die Schwarzmeerflotte seiner Republik und ernannte sich selber zum Oberbefehlshaber. Dem zentralen Kommando überließ er nur die atomaren Waffen. Das ukrainische Vorgehen war offenbar mit dem Verteidigungsminister der UdSSR, Jewgenij Schaposchnikow, abgesprochen, der dem russischen Präsidenten versicherte, das Militär werde sich in den Staatsstreit nicht einmischen. Am 16. Dezember war Schaposchnikow an der Seite Jelzins bei der Begegnung mit US-Außenminister James Baker dabei – noch bevor dieser den Präsidenten der UdSSR, Michail Gorbatschow, gesehen hatte.[14]

Am 21. Dezember unterzeichneten die Führer von elf Sowjetrepubliken in Alma Ata, der damaligen Hauptstadt von Kasachstan, das Gründungsdokument der »Gemeinschaft Unabhängiger Staaten« (GUS) und besiegelten damit das Ende der Sowjetunion. Vier Tage später, am Mittwoch, dem 25. Dezember, trat Michail Gorbatschow im zentralen Fernsehen vor die Öffentlichkeit und gab seinen Rücktritt vom Amt des Präsidenten der UdSSR bekannt:

»Liebe Landsleute, Mitbürger!

Aufgrund der durch die Bildung der Gemeinschaft Unabhängiger Staaten entstandenen Situation beende ich meine Tätigkeit als Präsident der UdSSR. [...] Ich bin immer entschlossen für die

Selbständigkeit und Unabhängigkeit der Völker sowie für die Souveränität der Republiken eingetreten, zugleich aber auch für die Erhaltung des Unionsstaates und die Ganzheit des Landes. Aber die Entwicklung hat einen anderen Weg genommen. Der Kurs auf die Zerstückelung des Landes und auf die Trennung des Staates hat sich durchgesetzt. Dem kann ich nicht zustimmen. [...] Außerdem bin ich überzeugt, daß Entscheidungen von solcher Tragweite durch eine Willensäußerung des Volkes hätten gefällt werden müssen. [...]«[15]

Es war die kurze Ansprache zu einem langen bitteren Abschied von der Macht. Michail Gorbatschow hatte seine Position als Generalsekretär seit seinem Amtsantritt am 11. März 1985 zum Erstaunen der ganzen, und zur Faszination der westlichen, Welt genutzt, um die Alleinherrschaft der KPdSU abzubauen. Mit Ausnahme der drei baltischen Republiken und der beiden Metropolen Moskau und Leningrad war das Ergebnis überall gleich: Nicht die Bürger gewannen, sondern jene Vertreter der Nomenklatura, die sich der neuen Lage anpassen konnten. Ein Elitenwechsel fand nur auf wenigen Positionen statt. Auch die Wahlen brachten nur in Ausnahmefällen Außenseiter wie Levon Ter-Petrosjan in Armenien und Askar Akajew in Kirgistan in die höchsten Staatsämter. Es waren ehemalige Spitzenfunktionäre der KPdSU wie Boris Jelzin, die Gorbatschows Plan vereitelten, die Desintegration durch einen neuen Unionsvertrag zu bremsen. Ihre rhetorischen Bekenntnisse zur nationalen Autonomie dienten vornehmlich dem Zweck, mehr Macht, größeres internationales Prestige und möglichst viel Besitz zu erlangen. Unter der Führung von Exkommunisten etablierten sich in der GUS Scheindemokratien – präsidentielle Regierungssysteme ohne wirksame Opposition, mit schwachen rechtsstaatlichen Institutionen und mit starken Einschränkungen der Meinungs- und Pressefreiheit.

Das Feuerwerk zur Zeitenwende kam aus dem wiedervereinigten Deutschland. Die ARD inszenierte zum Jahreswechsel 1991/92 für 100 000 DM Silvesterstimmung auf dem Roten Platz. Um die Feuerwerkskörper rechtzeitig durch das Zoll-Labyrinth zu bringen, hatten sich die Regisseure einen einfachen Trick ausgedacht. Der Leipziger Lkw mit Anhänger hatte im vorderen Ladebereich »Winterhilfe« gestapelt, während hinten die Knallkörper lagen. Der Fahrer, der hinter der Basilikus-Kathedrale parkte, zählte die mitgebrachten milden Gaben bereitwillig auf: neun Paletten Würstchen, zwei Paletten Stollen, zwei Paletten Wendland-Brot sowie zwei Paletten Haferflocken.[16]

So sah in der Neujahrsnacht unterhalb der Kremlmauern das Ende einer Weltmacht aus. Der Westen frohlockte, ein paar Kinder der russischen Elite posierten feiernd für die deutschen Kameras. Die Moskowiter aber blieben dem Spektakel fern. Das letzte große Volksfest mit Aufbruchstimmung, das Moskau erlebt hatte, war der 70. Jahrestag der Oktoberrevolution 1987 gewesen. In den vier Jahren danach traten die meisten Russen sowohl für einen eigenen Nationalstaat als auch für den Erhalt der Union ein. Nur der erste Wunsch ging in Erfüllung. Als die Militärmacht Sowjetunion in 15 neue Völkerrechtssubjekte zerfiel, wurden 25 Millionen Russen zu Ausländern. Neue Grenzen und die plötzlich am Profit orientierten Flugtarife rissen Millionen von Familien auseinander. Der neue Begriff »nahes Ausland« machte die Trennung nicht leichter.

In der Silvesternacht sagte auf dem Roten Platz ein junger deutscher Diplomat, der die große Wende des Jahres mit dem Ende der Sowjetunion im amtlichen Auftrag nachvollzogen hatte: »Ich habe in den vergangenen Stunden schnell noch sieben Staaten anerkannt.« Der spätere Botschafter Deutschlands in Georgien setzte noch hinzu: »Dieser Tag wird der protokollarische Höhepunkt meines Lebens bleiben.«

Der Westen – dein Freund und Helfer

Zum fünften Jahrestag der Gründung des slawischen Dreibundes fand am Runden Tisch der Moskauer Gorbatschow-Stiftung eine Diskussion statt. In der halb-kommerziell und halb-wissenschaftlich ausgerichteten Institution, die vor allem für Gorbatschows altes Team sorgt, erörterten aktive und abgetretene Politiker Gründe für den Zerfall der UdSSR und dessen Folgen. Aus dem ausführlichen Bericht der ›Nesawissimaja Gaseta‹ vom 16. Januar 1997 lassen sich zwei dominante Positionen ablesen:

Fatalismus und Vorwürfe. Einige angesehene Demokraten der Gorbatschow-Ära hielten die Auflösung der Sowjetunion für unvermeidbar. Sie teilten die im Westen populäre Auffassung, wonach – wie alle Imperien in der Geschichte – auch das letzte Vielvölkerreich untergehen mußte. Jüngere Demokraten stellten auf die »zivilisatorischen Unterschiede« ab, die in einer multiethnischen Föderation zum Sprengsatz werden mußten. Alexej Arbatow, ein außenpolitisch profilierter Duma-Abgeordneter der sozial-liberalen Jabloko-Partei, sagte in der Diskussion: »Länder wie Litauen und Turkmenistan konnten nur in einer hochgradig zentralisierten und militarisierten Kommando-Wirtschaft in einem Staatsverband leben. Als Michail Gorbatschow begann, die Ketten zu lockern und die Sowjetunion zu demokratisieren, machte sich die Kluft sowohl zwischen den Unionsrepubliken als auch innerhalb der ethnisch und regional heterogenen Republiken verhängnisvoll bemerkbar.«

Andere Diskussionsteilnehmer wandten sich gegen einen wie auch immer gearteten Determinismus. Sie argumentierten nach dem Motto: »Männer machen Geschichte« – und tragen die Verantwortung. Diese Position war nicht nur von Nostalgikern zu hören, sondern auch von bekannten Reformern aus der Gorbatschow-Ära wie Gawriil Popow. Der frühere Oberbürgermeister Moskaus sprach den Vorwurf aus, der Westen habe den Zerfall der UdSSR gewollt. Er nannte die Handvoll Männer, die den Sowjetstaat zerstörten, Agenten des Westens. Zu diesem Faktor seien Gorbatschows Fehler wie die Anti-Alkohol-Kampagne und die Glasnost hinzugekommen, die in kürzester Zeit alle Tabus beseitigt habe.

Männer wie Popow bezeichneten die Konsequenzen des Zerfalls mit einem Wort: Katastrophe. Die Auflösung der Sowjetunion verlief in der Tat keineswegs so friedlich, wie westliche Kommentatoren immer wieder betonten. Bürgerkriege und ethnische Konflikte forderten in Zentralasien und im Kaukasus insgesamt mehr als 100 000 Todesopfer und trieben noch weit mehr Flüchtlinge ins Elend. Die globale Bilanz der Gorbatschow-Runde lautete: In der Weltpolitik wurde die Machtbalance zerstört. Die Vereinigten Staaten konnten im Süden der ehemaligen Sowjetunion geopolitische Gewinne erzielen. Der Einfluß Rußlands wurde so weit zurückgedrängt, daß seine sicherheitspolitischen Interessen ernsthaft in Gefahr gerieten.

Im Westen sind die militärische Überlastung, die zentralistische Bürokratie und der technologische Rückstand immer wieder als Hauptgründe des Zusammenbruchs angeführt worden. Manche Autoren preisen schlicht den Siegeszug von Demokratie und Globalisierung. Ein konzeptionell überzeugendes Erklärungsmodell steht noch aus. Walter Laqueur meinte bereits im Jahre 1993, daß ähnlich wie im Falle des Römischen Reiches sich der Zerfall nicht zwingend erklären lasse. Daher werde jeder Versuch, die Ursachen in einer bestimmten Krise zu sehen – wie zum Beispiel in der Wirtschaft oder in der Nationalitätenpolitik –, mit gewichtigen Gegenargumenten zu kämpfen haben.[17]

An Laqueurs Einschätzung ändert sich auch wenig, wenn andere Imperien wie das Osmanische oder das Habsburgische Reich als Vergleichsobjekte herangezogen werden. Solche Parallelen unterstellen eine historische Logik: »Die Beherrschung eines Vielvölkerimperiums von einem starken, in Jahrhunderten gewachsenen traditionellen Zentrum aus hat sich in der neueren europäischen Geschichte nirgendwo durchhalten lassen. Volkssouveränität und nationale Selbstbestimmung waren die stärkeren Kräfte.«[18] Von diesem Standpunkt aus müssen »nur« noch der Zeitpunkt der Auflösung und die konkreten Umstände erklärt werden. Gerhard und Nadja Simon messen dabei mit einigem Recht der Herausbildung eigener Bildungsschichten der Völker eine zentrale Bedeutung bei. Sie wurden Träger eines neuen Bewußtseins und drängten überall in die Führungspositionen ihrer Republiken. So vollzog sich infolge der gezielten sowjetischen Bildungspolitik schon seit Jahrzehnten »ein anfangs eher schleichender Prozeß der Entkolonialisierung, der erst in den achtziger Jahren in eine militante und politische Phase eingetreten« war. Der Rückgang des Lebensstandards verstärkte den Ethno-Nationalismus bis zu nationalen Ressentiments, die schließlich in offene Feindseligkeiten mündeten. Glasnost hat die Konflikte sichtbar gemacht und damit ihre politische Wirksamkeit vergrößert.[19] In einem solchen strukturellen Niedergangsszenario gibt es allerdings keinen Platz für Fragen nach Fehlern und äußerer Einmischung.

Gorbatschow startete nach seinem Amtsantritt eine Kampagne gegen den regionalen Egoismus, er geißelte Vetternwirtschaft und Verantwortungslosigkeit, pompöse Selbstdarstellung und faktische Informationsblockade durch Schönfärberei. Letztlich aber unterschätzte er das destruktive Potential der Funktionärsclique auf Republiks- und Gebietsebene, weil er deren Machtbasis und kulturelle Hintergründe nicht verstand. Hinter der Fassade der zentralen Lenkung konnten die regionalen Machteliten jahrzehntelang eine quasi-autonome Interessenpolitik betreiben. Die leitenden Partei- und Wirtschaftsfunktionäre bildeten auf regionaler Ebene eine Art »Groß-Familie«, ein Netzwerk, das es nicht für nötig hielt, sich um gesamtstaatliche Angelegenheiten zu kümmern.[20]

Das Problem begann, als die Fassade der zentralen Lenkung zusammenbrach, weil Michail Gorbatschow mit der Entmilitarisierung von Wirtschaft und Gesellschaft ernst machte. Es war nicht mehr nötig – und nicht mehr möglich –, ein hierarchisches System aufrechtzuerhalten, das nur auf ein Ziel ausgerichtet war: auf den Rüstungswettbewerb mit den USA. Die politische und ökonomische Zersplitterung nahm ihren Lauf. Gorbatschow konnte die Interessengruppen nicht mehr auf das staatliche Gesamtinteresse verpflichten. Er vermochte nicht einmal, die Minister seiner Regierung und die Führungselite der Republiken von der Notwendigkeit seines Handelns zu überzeugen. Allerdings versuchte er es auch nicht ernsthaft. Viele hochrangige Funktionäre beklagten noch Jahre später, daß der Staats- und Parteichef nur in einem kleinen Kreis – und im Westen – Rat und Unterstützung gesucht habe. Der Präsident seinerseits klagte, wie Tschernajew berichtet, in der zweiten Hälfte seiner Amtszeit mehrfach über den Egoismus der Partei- und Provinzfunktionäre, deren Verhalten er allerdings nicht in sein Machtkalkül einbezog. Als er einige Monate nach seinem Rücktritt als Präsident der UdSSR den international bekannten Moskauer Minderheiten-Experten Walerij Tischkow fragte, was er falsch gemacht habe, bekam Gorbatschow folgende Antwort: Er hätte die »Wyjezdnaja Kommissija«, die Paß-Abteilung des Zentralkomitees, auflösen und den Republikfürsten erlauben sollen, für ihre Geschäftsreisen ins Ausland Privatjets zu benutzen. Tischkow fügte noch seine Beobachtung hinzu, welche Genugtuung die früheren Parteichefs der Unionsrepubliken empfanden, in Moskau nunmehr als Staatsgäste und nicht mehr als kleine Funktionäre empfangen zu werden.[21]

Die Desintegration ist nicht nur auf Gorbatschows Versäumnisse zurückzuführen. Die Kombination aus Glasnost und wirtschaftlichem Niedergang zerstörte das Mythen-, Glaubens- und Wertesystem und damit das Fundament, das jede Gesellschaft zusammenhält. In der Sowjetunion vollzog sich unter dem Mythos des Plans die Mobilisierung der Ressourcen zum Zwecke der staatlichen Herrschaft. Dabei war Wachstum das Hauptziel, nicht Verteilung. Als dann 1989/1990 vor den Wachstumsraten ein Minuszeichen stand und die Versorgung schlechter wurde, brach der Verteilungskampf um so heftiger aus. Ethnische Bevölkerungsgruppen suchten nach Sündenböcken für die Misere und wollten ihren Status im vertikalen föderativen System verbessern.[22] Alte Ressentiments gegen andere Nationalitäten brachen auf. Haß, Hysterie und Hybris bestimmten das Verhältnis der Nachbarvölker in Armenien und Aserbaidschan. Die Georgier kämpften um Autonomie von der UdSSR und gegen die Autonomie ihrer Minderheiten, der Abchasen und Osseten. Die Völker der Sowjetunion versuchten, ihr Schicksal in die Hand zu nehmen. Doch ihr Weg in die Unabhängigkeit folgte verschiedenen Pfaden: rationale, legitimierte Programme im Norden; Pogrome, Blockaden und Bürgerkriege im Süden.[23] Die nationalistische Propaganda stellte die tatsächlichen und vermeintlichen Diskriminierungen in den Vordergrund. Jede Republik und jede Region fühlte sich im Nachteil – und vom Zentrum ungerecht behandelt.

In den Republiken formierte sich eine merkwürdige Interessengemeinschaft aus Opportunisten in der kommunistischen Führung und gebildeten Aufsteigern aus der breiteren Bevölkerung. Diese »neue Klasse« profilierte sich in nationalen Bewegungen, in militanten Aktionen und in legalen Wahlkämpfen. Sie nutzte die Unzufriedenheit der Bevölkerung im eigenen Machtinteresse. Glasnost steigerte den Unmut breiter Schichten. In der zweiten Jahreshälfte 1989 schwenkte das staatliche Fernsehen auf eine positive Berichterstattung über die Lebensverhältnisse im

Westen um. Wurden die Sowjetbürger zuvor nur über die Schattenseiten des Kapitalismus ausführlich unterrichtet, bekamen sie nun ebenso ausführlich volle Läden und scheinbar zufriedene Menschen zu sehen. Zunächst waren die meisten Fernsehzuschauer fassungslos. Als dann aber auch viele Abgeordnete des im Frühjahr 1989 gewählten Volksdeputiertenkongresses, die mit einer parlamentarischen Delegation in den Westen reisen konnten, von den westlichen Konsumtempeln berichteten, schlug der Demonstrationseffekt voll durch. Viele, die vorher mit ihrem Lebensstandard relativ zufrieden gewesen waren, verglichen jetzt ihre Lebenschancen mit denen im Westen. Der Mythos von der Überlegenheit des sozialistischen Systems platzte wie eine Seifenblase. An seine Stelle trat der Mythos des Marktes.

Die Unionsrepubliken machten sich ein eigenes Bild über ihre Chancen, schnell zu Wohlstand zu kommen. Oft war es ein Trugbild, wie das Beispiel der Ukraine zeigt. Auch andere Republiken entwickelten viel Phantasie und malten sich eine strahlende Zukunft aus. In Vilnius setzte man auf das freie Litauen als Vermittler zwischen Westeuropa und dem russischen Markt. In Baku sahen junge Nationalisten ihre Stadt als Drehscheibe zwischen Orient und Okzident im Handel mit Erdöl und Trinkwasser. Alle wollten über Bodenschätze, Transportwege und Westkontakte souverän verfügen, niemand wollte aber seine Gewinne mit den Nachbarn oder mit einer zentralen Macht teilen, vor allem die reichen Republiken nicht. Die neuen sozialpolitischen Maßnahmen der Unionsregierung sollten den einkommensschwachen und kinderreichen Familien zugute kommen. In den zentralasiatischen Republiken und in Aserbaidschan gehörte die Mehrheit der Bevölkerung in diese Kategorie, in den drei slawischen Republiken hingegen nur eine Minderheit. Es war ebenso klar, welche Völker von den Kompensationszahlungen profitieren würden, die im Zusammenhang mit der Preiserhöhung für Grundnahrungsmittel 1990 angekündigt worden waren. Alexander Solschenizyn, der mit dem Nobelpreis ausgezeichnete nationalistische Schriftsteller, forderte aus seinem Exil in den USA den möglichst schnellen Verzicht auf Zentralasien und den Kaukasus. Boris Jelzin sorgte für die schnelle Verbreitung des Appells. Der mit Abstand wichtigste Nettozahler der Föderation, die RSFSR, kündigte dann auch den Finanzausgleich auf.

Das Zentrum war nicht in der Lage, die brüchig gewordene Solidarität zwischen Arm und Reich zu kitten und die zentrifugalen Kräfte zu bändigen. Für einen Kohäsionsfonds nach EU-Beispiel fehlten Moskau die Mittel. Derweil verschärften sich infolge der eingeleiteten Deregulierung die sozialen und regionalen Differenzen erheblich. Auf diese Konflikte und Konsequenzen war Gorbatschow nicht vorbereitet. Die Perestrojka zielte einseitig auf die ökonomische Autonomie von Betrieben und Regionen. Dieser schon unter seinen Vorgängern gereiften Idee stellte Gorbatschow keine innovative Ordnungspolitik zur Seite. Die überfällige Dezentralisierung führte zur überstürzten Desintegration, da Gorbatschow sich geweigert hatte, dem Rat gemäßigter Reformer zu folgen und die Entwicklung institutioneller Integrationsmechanismen von Anfang an zur vorrangigen Aufgabe zu erheben. Nachdem die Polarisierung zwischen Sowjetpatrioten und Separatisten sich dramatisch zugespitzt hatte, versuchte Gorbatschow die Situation mit einer Doppelstrategie zu meistern: In seiner Innenpolitik näherte er sich den Konservativen an; in seiner Außenpolitik den kapitalistischen Mächten. Aber er war weder ein Machiavellist noch mit der Geschichte des Kalten Krieges hinreichend vertraut. Sowohl die Konservativen in Moskau als auch die strategischen Gegenspieler in Washington konnten diese Schwächen ausnutzen.

Gorbatschow hoffte, daß seine Ankündigung vor der UNO Ende 1988, die Rote Armee um eine halbe Million Mann zu reduzieren und einen Teil der Truppen aus der DDR, der Tschechoslowakei und aus Ungarn abzuziehen, den Westen bewegen würde, die Demilitarisierung und Transformation der Sowjetwirtschaft zu unterstützen. Aber weder mit einseitigen Gesten noch mit internationalen Abrüstungsvereinbarungen konnte er die amerikanische Roll-back-Politik überwinden. Von der CIA wurde jeder sowjetische Vorschlag als hinterhältig abgetan. Nach Auffassung des stellvertretenden und geschäftsführenden CIA-Direktors, Robert Michael Gates, nutzte Moskau das Thema Abrüstung nur aus, um den Westen zu schwächen.[24] Das US-Außenministerium neigte zwar dazu, Moskaus Interesse an der Abrüstung zu akzeptieren, aber das Verteidigungsministerium beharrte auf seiner Interpretation, daß Gorbatschows Entgegenkommen schlicht der wirtschaftlichen Not entsprang. Es gebe daher gar keinen Grund, warum der Westen helfen sollte, die sowjetische Wirtschaft zu retten. Gorbatschows Verhandlungsbasis schrumpfte noch weiter, als in Osteuropa ein Regime nach dem anderen stürzte. Im Westen rechnete man damit, daß die nationalistischen Bewegungen innerhalb der Sowjetunion einen großen Auftrieb erhielten.[25]

Als Gorbatschows Alliierte aus dem sowjetischen Sicherheitsapparat versucht hatten, den nationalistischen Bestrebungen im Baltikum mit Gewalt ein Ende zu setzen, gab es einen neuen Grund für den Westen, der UdSSR materielle Hilfen zu verweigern. Der US-Senat forderte Präsident George Bush umgehend auf, alle ökonomischen Vergünstigungen für die Sowjetunion zu überprüfen. Die Pläne für eine Mitgliedschaft Moskaus im Internationalen Währungsfonds, in der Weltbank und im GATT sollten überdacht und die europäischen Verbündeten für Sanktionen gewonnen werden.[26]

Seit dem Herbst 1990 ging es Gorbatschow weniger um den Erfolg von Reformen als um die Erschließung neuer Kreditquellen zur Abwendung der drohenden Zahlungsunfähigkeit und des Zerfalls der UdSSR. Er sondierte bei verschiedenen potentiellen Geberländern, doch letztlich führten alle Wege nach Washington. Die USA hatten ihren Führungsanspruch im Umgang mit der UdSSR auf der ganzen Front bekräftigt und in der Regel durchgesetzt. Während Bush bemüht war, Gorbatschow nicht jede Aussicht auf Kredite zu nehmen, taktierten seine Regierung und der Senat zwischen Abwarten und Ablehnen. Bis auf die Bewilligung neuer Kredite für Getreideimporte aus den USA unterschied sich die Politik Washingtons gegenüber Moskaus Kreditwünschen am Ende des Kalten Krieges nicht grundlegend von jener der Truman-Administration zu dessen Beginn.

Worauf es Washington vor allem ankam, hielten zwei prominente Harvard-Professoren mit Blick auf den Weltwirtschaftsgipfel in London Mitte Juli 1991 fest: Was auch immer Gorbatschow zwischen 1985 und 1991 im Interesse des Westens geleistet haben mochte, die aktuelle Politik der USA gegenüber der

Sowjetunion könne nicht mit Moskaus früheren Verdiensten begründet werden. Sie müsse sich vielmehr an der Frage orientieren, welche wichtigen US-Interessen betroffen seien. Als Grundregel postulierten Allison und Blackwill: Die amerikanische Politik gegenüber der UdSSR habe künftig ebenso hart und subtil zu sein wie während des Kalten Krieges.[27]

Zu Gorbatschows Verdiensten, die schon im Sommer 1991 nicht mehr zählen sollten, gehörte auch seine Bereitschaft zur Kooperation in der Golfkrise. Als Bush im August–September 1990 die Zustimmung des sowjetischen Präsidenten zu einer militärischen Strafaktion gegen Saddam Hussein gewinnen wollte, lockte Washington mit ökonomischen Anreizen. Auf dem Gipfel in Helsinki am 9. September 1990 versprach Bush, »so entgegenkommend wie möglich« zu sein. Doch während Gorbatschow auf große Summen – wie nach seiner Zustimmung zur deutschen Einheit und zum Abzug der Roten Armee aus Ostdeutschland – hoffte, beschränkte sich die amerikanische »Belohnung« auf die Bereitschaft zum Ausbau der Handelsbeziehungen. Dabei blieb der UdSSR sogar die Meistbegünstigungsklausel weiter versagt.[28]

Folglich blieb Gorbatschow gar nichts anderes übrig, als zu versuchen, Geld dort zu holen, wo Dankbarkeit etwas galt. Im Frühjahr 1991 bat er den deutschen Bundeskanzler mehrmals um weitere Finanzhilfen. Helmut Kohl war durchaus bereit, zur Stabilisierung der Sowjetunion einen Beitrag zu leisten, da dieser auch im Interesse der deutschen Wirtschaft lag. Doch als er im April ein Schreiben des sowjetischen Präsidenten erhielt, in dem dieser um 30 Milliarden DM in Form von bilateraler Hilfe und deutscher Beteiligung an multilateralen Unterstützungsaktionen bat, war die Grenze der Belastbarkeit erreicht. Die Kosten für den Abzug der sowjetischen Truppen summierten sich auf mehr als 15 Milliarden DM; die Kreditgarantien beliefen sich auf fast 27 Milliarden DM. Im Jahre 1991 brauchte die Sowjetunion rund 18 Milliarden US-Dollar, um ihre Altschulden bedienen und wichtigste Einfuhren bezahlen zu können. Kohl bemühte sich um eine internationale Lastenteilung. Schließlich, so hieß es in Bonn, profitierten auch andere Staaten von der sowjetischen Außenpolitik.

Für Gorbatschow wurde damit der G 7-Gipfel in London am 17. Juli 1991 zur Endstation Hoffnung. Seit Mai konfrontierte er fast alle ausländischen Gesprächspartner mit der Frage, warum der Westen für den Golfkrieg 100 Milliarden US-Dollar aufbringen könne, bei der Unterstützung seiner Reformpolitik hingegen so geizig sei. Polen und Ägypten erließ die internationale Gemeinschaft großzügig Schulden. In Washington warb der deutsche Wirtschaftsminister Möllemann für eine massive Finanzhilfe des Westens an die Sowjetunion, doch er stieß auf taube Ohren. Bush bekannte im engsten Beraterkreis, er könne Gorbatschows ständiges Drängen auf Wirtschaftshilfe nicht mehr hören: »The guy doesn't seem to get it.«[29] Am Vorabend des Londoner G 7-Gipfels schrieb der verzweifelte »Kerl« sogar einen Brief an die sieben westlichen Staatsmänner. Mit 23 Seiten plus Anlage war das Schriftstück wesentlich länger als der berühmte Brief Tatjanas an Onegin in Alexander Puschkins gleichnamigem Roman, doch der Tenor ähnlich:

»Ich schreib an Sie – muß ich's begründen?
Sagt dies nicht mehr, als Worte tun?
Sie dürfen, wenn Sie's richtig finden,
Mich strafen mit Verachtung nun.
Doch wenn Sie etwas mitempfinden
Mit meinem traurigen Geschick,
So stoßen Sie mich nicht zurück. […]
Laß mich auf Deinen Schutz nur bauen …
Bedenke: Ich bin hier allein,
Kein Mensch ist da, der mich verstünde,
Und wenn ich keine Lösung finde,
Wird es mein stummes Ende sein. […]«[30]

Gorbatschows Brief wurde der Presse zugespielt – und die Antwort der G 7 im ›Wall Street Journal‹ am 17. Juli 1991 vorweggenommen: »Just Say No.« Wenn der Westen dem Kreml keine Hilfe gewähre, wußte der junge Chefökonom der ukrainischen Nationalbewegung Ruch, würden Gorbatschow und seine Genossen Ende des Jahres kaum noch an der Macht sein. Oleksander Savchenko, dessen Beitrag im neoliberalen Weltblatt amerikanischer Wirtschaftskreise auf einem Vortrag basierte, den er kurz zuvor im rechtskonservativen Cato Institute in Washington gehalten hatte, plädierte im Namen der Freiheit gegen einen Marshall-Plan der G 7 für die Sowjetunion: »Während Gorbatschow für massive westliche Hilfe wirbt, um die UdSSR zusammenzuhalten, treiben die demokratischen Führungen mehrerer Sowjetrepubliken die Wirtschaftsreformen voran. Deren Pläne werden die Steuerzahler im Westen nicht 250 Milliarden US-Dollar kosten – im Gegensatz zum Rettungsprojekt Gorbatschows.« Der Jungliberale aus Kiew machte sich die amerikanischen Vorbehalte gegen Gorbatschows Stabilisierungs- und Reformpläne geschickt zunutze. Denn trotz aller Konkurrenz zwischen den amerikanischen außenpolitischen Akteuren herrschte in Washington Konsens darüber, Hilfe zwar nicht schroff zu verweigern, aber auf »Beratung« zu reduzieren und von der Annäherung an das amerikanische Marktwirtschaftsmodell abhängig zu machen.

Als das kommunistische System zusammenbrach, wußte niemand, wie die hochgradig politisierte und weitgehend entmonetarisierte Wirtschaft der Sowjetunion auf ökonomische Steuerungsmechanismen umgeschaltet werden konnte. Von Gorbatschow »ein schlüssiges Konzept« zu erwarten, war daher heuchlerisch, aber politisch opportun. Die USA, Japan, Großbritannien und Kanada standen finanziellen Hilfen für Moskau grundsätzlich skeptisch gegenüber. Die Argumente des Weißen Hauses änderten sich auch nach der Auflösung des Rates für Gegenseitige Wirtschaftshilfe (Anfang Januar 1991) und der Warschauer-Pakt-Organisation (Ende Februar 1991) nicht. Das Mißtrauen gegenüber »den Sowjets« blieb ungebrochen. Diese Grundhaltung wurde nun rationalisiert, da die USA selbst Finanzbedarf hatten. Ihr Haushaltsdefizit erreichte 1990/91 die Rekordmarke von über 300 Milliarden Dollar. Aber auch Großbritannien und Kanada waren von einer wirtschaftlichen Rezession betroffen. Die Hauptsorge der Gipfelteilnehmer galt dementsprechend der Wachstumsschwäche der westlichen Industrieländer. Abhilfe versprachen sie sich von einer weiteren Liberalisierung des Welthandels.

Auf der Londoner Gipfel-Show ging es also darum, Zugänge

zu einem potentiell riesigen Markt zu erschließen. Doch Gorbatschows Angebote an westliche Investoren, sich zusammen mit sowjetischen Unternehmen an Energieprojekten und an der Konversion von Rüstungsbetrieben zu beteiligen, erfüllten die hochgeschraubten Erwartungen nicht. Weltfremd klang sein Appell an die G 7, die sozialen Kosten der Umstellung auf die Marktwirtschaft und der Integration der UdSSR in die Weltwirtschaft mit westlicher Hilfe gering zu halten. Sein Beharren, beim »Übergang zur gemischten sozialen Marktwirtschaft« jeden Schritt sorgfältig abzuwägen, um »unbegründete Risiken« zu vermeiden, hätte außer in Bonn allenfalls noch in Paris und Rom Verständnis finden können. Die schriftliche Antwort von George Bush kam jedoch, noch bevor Gorbatschow den Staats- und Regierungschefs der G 7 seine Politik persönlich erläutern konnte: »Wenn Sie überzeugt sind, daß die Marktwirtschaft die Lösung Ihrer Probleme bedeutet, dann werden wir Ihnen bei dem Aufbau eines marktwirtschaftlichen Systems in der Sowjetunion helfen. Wenn Sie jedoch immer noch den Eindruck haben, daß ein rascher Übergang zur Marktwirtschaft zu riskant ist und es aus diesem Grunde notwendig erscheint, für eine bestimmte Zeit die administrative Kontrolle weiter aufrechtzuerhalten, dann wird es uns schwerfallen, Ihnen Hilfe zukommen zu lassen.«[31] Auf das Attribut »sozial« ging Bush gar nicht erst ein. Für den Fall, daß Gorbatschow sich »vorbehaltlos für die Einführung der Marktwirtschaft entscheide«, sah er den besten Weg zu diesem Ziel in einer »unmittelbaren Zusammenarbeit mit dem IWF und der Weltbank«. Das Treffen der Großen Sieben endete folgerichtig mit dem Vorschlag, der Sowjetunion einen besonderen, assoziierten Status im IWF und in der Weltbank zu verleihen. Mit dieser organisatorischen Innovation konnte die US-Regierung alle aus einer Vollmitgliedschaft der Sowjetunion resultierenden Ansprüche auf Beistandsleistungen abwehren. Für die angebotene Beratungs- und Expertenhilfe mußte die kranke Supermacht allerdings ihre Wirtschaftsdaten offenlegen.

Das magere Resultat stand von vornherein fest. Der stellvertretende US-Finanzminister David Mulford pries schon vor dem Londoner Gipfel die Tatsache, daß die Sowjetunion Zugang zu »Tausenden von Stunden an Expertenwissen« erhalten werde, als ein unglaubliches Entgegenkommen, das mehr als jede Finanzspritze helfen würde, die Erblast von 70 Jahren Kommandowirtschaft zu überwinden.[32] Dabei ging völlig unter, daß die Zahl an kompetenten und verfügbaren Fachleuten sehr gering war. Die »Marktlücke« zog vor allem alte »Goldsucher« und junge Hochschulabsolventen ohne Berufserfahrung an, die in einem Raum ohne Kontrolle und Verantwortung operieren konnten, weil der »Zeitgeist« auf ihrer Seite war.

»Bitte geben Sie der Freiheit eine Chance«, appellierte Savchenko im Namen der ukrainischen Nationalisten an die zivilisierte Welt. Sie dürfe den Unterdrückern nicht zu Hilfe kommen. Der Leitartikler des ›Wall Street Journal‹ sekundierte mit der Forderung, der Westen solle auf Gorbatschows Brief mit Höflichkeit, aber nicht mit Hilfe reagieren: »Der Westen muß nichts anderes tun, als die Naturkräfte zu unterstützen, die in Richtung weiterer Desintegration der Macht weisen.«[33] Allerdings hatte die »rapide Desintegration der Sowjetunion«, so Allison und Blackwill, für die USA »keine überragende Priorität«. Das Autoren-Duo aus der John F. Kennedy School argumentierte: Die amerikanischen Sicherheitsinteressen dürften durch eine »unkontrollierte Destabilisierung und Desintegration der Region« nicht aufs Spiel gesetzt werden. Ihr Vorschlag, in den Sowjetrepubliken wie im Zentrum für die Führungskräfte Anreize zu schaffen, um »einen Weg einzuschlagen, der im Einklang mit unseren gemeinsamen Interessen steht«[34], deutete an, wie die Strategie der »kontrollierten« Destabilisierung und Desintegration aussah.

Die Autoren schwiegen sich allerdings über Art und Umfang der »Anreize« aus, und sie ließen auch offen, ob die amerikanischen Geheimdienste dazu beitragen sollten. Robert Gates von der CIA saß seit 1989 im National Security Council, in dem bis September 1990 auch Robert Blackwill als UdSSR-Experte gearbeitet hatte. Das akademische Netzwerk der CIA konnte Interessenten aus dem Osten unauffällig mit Einladungen, Stipendien (für Kinder und Enkelkinder) und Aufträgen versorgen. Vom Netzwerk der Universitäten und Stiftungen war es nur ein Schritt zu den »Naturkräften«, für die das Wirtschaftsblatt ›Wall Street Journal‹ warb.

Die »Naturkräfte«, die am Werk waren, hatten verschiedene Gesichter. Zu ihnen gehörte die kapitalistische Koalition unter den sowjetischen Reformern, Ölmultis, Nichtregierungsorganisationen und Privatpersonen aus dem Westen. Sie bildeten keine verschworene Gemeinschaft und handelten nicht nach dem Motto: Profiteure aller Länder vereinigt euch gegen das Sowjetimperium. Aber sie schafften massive Anreize für die Demontage des zentralisierten Produktions- und Finanzsystems, indem sie nicht zuletzt den Opportunismus von Sowjetfunktionären instrumentalisierten.

In den bürokratischen Institutionen des Imperiums wurde vieles nach privaten Nützlichkeitserwägungen entschieden – oder liegengelassen. Als Gorbatschows Perestrojka die Repressionen und Restriktionen nach und nach beseitigt hatte, waren die Schleusen geöffnet. Steven L. Solnick zeigt in seiner überzeugenden Untersuchung, wie das Streben nach privatem Vorteil die Grundlagen gesellschaftlicher wie staatlicher Institutionen untergrub. Nach seinem Urteil spielte beim Einsturz des Sowjetsystems weder das Fiasko der Führung noch die Revolution von unten die entscheidende Rolle, sondern die Funktionärsgarde. Diese habe zunächst die Ressourcen des Staates gestohlen, dann den Staat selbst.[35]

Wie jedoch ließ sich das Gestohlene versilbern? Wie war es möglich, daß am großen Diebstahl so viele Hände beteiligt waren? Unternehmertalente wie Boris Beresowskij und Wladimir Gussinski – später als mächtige Oligarchen in den Schlagzeilen – wußten die interne Kaufkraft für sich abzuschöpfen, die Phase der »spontanen Privatisierung« auszunutzen und sich schließlich nach Frankreich beziehungsweise Spanien abzusetzen. Die Masse der Funktionärsgarde war jedoch weniger begabt oder objektiv ungünstiger positioniert. Aus ihr rekrutierten sich die »Ansprechpartner« ausländischer Organisationen, Stiftungen, Privatpersonen. Dieser Teil der neuen Ost-West-Kooperation blieb weitgehend im verborgenen. Außenstehende bekamen nur durch Zufall hier und da die Spitze des Eisberges zu sehen.

In Moskau versorgte beispielsweise ein bekanntes amerikanisches Institut Mitglieder der Stadtverwaltung und Möchtegern-Neureiche mit Hinweisen auf Gesetzeslücken. Auf Seminaren wurden Wege aufgezeigt, wie sich aus dem legislativen Chaos politisches und unternehmerisches Kapital schlagen ließ. Ebenfalls aus den USA kamen ehemalige Sowjetbürger, die in den siebziger Jahren emigriert waren, mit Angeboten etwa zu Schulungen für Manager in den USA. Die saftigen Dollar-Rechnungen dafür zahlten die sowjetischen Staatsbetriebe, deren Direktoren privat profitierten: durch Aufenthalte in den USA und in Form von Bargeld in harter Währung. Goldgräberstimmung erfaßte auch manche Mitarbeiter westlicher Firmen und sogar Ehefrauen von Diplomaten. Alles war ja erlaubt, was nicht verboten war: die Beteiligung an der Ausfuhr von Aluminium ebenso wie von Schrottmetall und Spurenelementen. Die kostbaren Schätze stammten allerdings aus den Beständen sowjetischer Fabriken, Labors und Lager.

Einen legalen Rahmen für den privaten Zugriff auf staatliches Eigentum schufen die Gesetze über »joint ventures«. Bei der Gründung von Gemeinschaftsunternehmen wurde der sowjetische Anteil – Immobilien, Ressourcen und lokales Know how – auf der Basis von Weltmarktpreisen hochgerechnet. Diese Praxis machte die faktischen Besitzer, die örtlichen Partei- und Wirtschaftsfunktionäre, auf einen Schlag potentiell reich und wichtig. Gab es trotzdem Widerstände, so wurden sie von westlicher Seite nicht selten durch »Geschenke« überwunden. Zunächst liefen joint ventures nur langsam an, da die soliden Interessenten aus dem Westen vorsichtig waren. Erst im Jahre 1989, nachdem günstigere Steuer- und Statusvorschriften in Kraft getreten waren, wuchs die Zahl der registrierten Gemeinschaftsunternehmen auf 1000, fast die Hälfte davon in Moskau. Die meisten produzierten nichts und zielten darauf ab, Gesetzeslücken gewinnbringend auszunutzen. Seit Anfang 1991 wurde die Zulassung von Gemeinschaftsunternehmen den Behörden der Republiken und Regionen übertragen. Immer mehr westliche Firmen richteten deshalb Filialen in den Hauptstädten von Unionsrepubliken ein.[36]

Die »Naturkräfte« bewegten sich zwischen Deregulierung und Diebstahl. Wo es reiche Erdölvorkommen gab, mußten die gemeinsamen Interessen nicht erst mühsam abgesteckt werden. Der Energiehunger des Westens und die Aussicht auf Petrodollars führten Vertreter der Ölmultis und lokale Eliten schnell an den Verhandlungstisch. Den Weg bahnten in vielen Fällen Randfiguren der Geschäftswelt. Diesen »Pionieren« fehlte zwar das nötige Kapital für Investitionen, sie waren aber selbstbewußt und entschlossen, endlich das große Geld zu machen. Von Repräsentanten des Öl-Establishments wurden sie wenige Jahre später verächtlich Hasardeure genannt – und ausgebootet. Einer der schillerndsten Glücksritter, der keineswegs ins Elend stürzte, war Steve Remp aus Aberdeen. Der aus einer kalifornischen Ölfamilie stammende Remp versuchte seit 1986 im westsibirischen Ölgebiet ohne Erfolg in das Geschäft mit Förderrechten einzusteigen. Tjumen wurde aber schnell ein Tummelplatz der Hasardeure. Auf Vorschlag seines aus Aserbaidschan stammenden Dolmetschers flog Remp im Mai 1989 nach Baku. In der Ölmetropole der Jahrhundertwende war er konkurrenzlos. Die Kenntnis darüber, welche Schätze unter dem Kaspischen Meer lagen, war damals im Westen noch nicht weit verbreitet. Ein Mann vor Ort wußte jedoch bestens Bescheid: Kurban Abasow, Direktor des Staatsunternehmens KasMorNefteGas, besaß sogar die Dokumente über die nach dem Zweiten Weltkrieg von sowjetischen Geologen entdeckten Offshore-Felder. Sie waren kaum angetastet, da die Sowjetunion seit den sechziger Jahren auf den Abbau der leichter zugänglichen sibirischen Ölvorkommen gesetzt hatte. Die Aseris, die von Glasnost und Perestrojka nichts hielten, aber die Flutwellen gegen den Sowjetföderalismus zu spüren bekamen, fingen langsam Feuer, genährt von der Hoffnung auf ihre vernachlässigten Ressourcen. Irgend jemand – vielleicht sogar der Dolmetscher – brachte Remp und Abasow zusammen, die schnell Freunde wurden. Nach fünf oder sechs Visiten in Baku konnte Remp den Rückflug im Besitz der kostbaren Daten über die Offshore-Funde antreten.[37]

Remp brachte die Seekarten zu British Petroleum. Wenige Tage später flog er im Firmenjet des Ölmultis nach Baku. Nordöstlich vom Kaspischen Meer kämpfte gleichzeitig der US-Ölmulti Chevron um einen 50prozentigen Anteil am kasachischen Ölfeld Tengis. Der Vertrag sollte Anfang Juni 1990 anläßlich des Gipfeltreffens zwischen Bush und Gorbatschow in Washington unterschrieben werden. Die Verhandlungen gerieten jedoch mehrfach ins Stocken. Da luden die Chevron-Chefs den Ersten

Sekretär der KP Kasachstans, Nursultan Nasarbajew in die USA ein und verwöhnten ihn eine Woche lang in San Francisco. Die Investition erwies sich als zukunftsträchtig.[38] Ein Jahrzehnt später mußte sich allerdings ein »Kollege« von Steve Remp, der in Kalifornien geborene Jurist James Giffen, gegen den Vorwurf amerikanischer und schweizerischer Ermittlungsbehörden verteidigen, als Vermittler Dutzende Millionen US-Dollar von amerikanischen Ölfirmen auf Privatkonten kasachischer Spitzenpolitiker, auch des Präsidenten Nursultan Nasarbajew, geleitet zu haben.[39]

Nachdem British Petroleum und Chevron die kaspischen Öl- und Gasreserven auf Quantität und Gewinnpotential geprüft hatten, konstatierten Großbritannien und die USA, daß es ihren nationalen Interessen entspräche, wenn die Region sich mit ihrer Unterstützung zur dritten Energiequelle des Weltmarktes entwickeln würde.[40] Mit der Schwäche der Sowjetunion war endlich jene neue Weltordnung in greifbare Nähe gerückt, die bereits 1944 bei der Gründung der Bretton Woods-Institutionen, IWF und Weltbank, ins Auge gefaßt worden war und den ungehinderten Zugang zu Rohstoffen und Absatzmärkten garantieren sollte. Ein einflußreicher Vertreter des US-Außenministeriums hatte damals erklärt: »Unsere Metalle gehen zur Neige, und so kann es uns irgendwann auch mit dem Öl gehen [...]. Andere Rohstoffe kommen aus dem Ausland, und in fünfzig Jahren werden wir, wie die Briten, exportieren müssen, um die Dinge zu bezahlen, die wir für unseren Lebensunterhalt brauchen.«[41]

Genau fünfzig Jahre später, im September 1994, konnten nach einigen Turbulenzen zehn westliche Ölfirmen und Gejdar Alijew, seit einem Jahr Präsident Aserbaidschans, in Baku den sogenannten Jahrhundertvertrag zur Erschließung von drei vielversprechenden Offshore-Feldern unterzeichnen. Die Federführung im Konsortium sicherte sich British Petroleum mit einem Anteil von 17,13 Prozent; Remps Firma Ramco bekam 2,08 Prozent, was einem Wert von 240 Millionen US-Dollar entsprach. Die einheimische Ölfirma Socar und die russische Lukoil, mit einem Aseri, Wagit Alekperow, an der Spitze, beteiligten sich mit jeweils zehn Prozent. Der Anteil von US-Firmen am profitablen Geschäft betrug zu jenem Zeitpunkt 44 Prozent. Den Iran booteten die Amerikaner mit massivem Druck aus; die ursprünglich für ihn reservierten fünf Prozent erhielt Exxon mit dem ehemaligen US-Außenminister James Baker im Vorstand. Wie Multis und Mächtige in den USA in dieser Sache Hand in Hand arbeiteten, brachte der Washingtoner Berater von Amoco – mit 17 Prozent die zweitstärkste Kraft in der Gruppe – zum Ausdruck: »Öl aus Aserbaidschan zu pumpen, das ist eine direkte Chance, westliche Interessen in das Staatensystem der früheren Sowjetunion auszudehnen.«[42] Da Rußland genau dies zu verhindern versucht hatte, forderte der Vorsitzende der Petroleum Finance Co., Robinson West, die Industrieländer und die internationalen Banken auf, finanzielle Hebel gegen die »Hegemonie-Ansprüche Moskaus« einzusetzen.[43] Der Altkommunist Alijew gestattete amerikanischen Politikern und westlichen Konzernchefs, in Baku auf Pressekonferenzen und vor seinem Parlament, für den Vertrag zu werben. Nicht umsonst, versteht sich: Die Vertragsprämie von mehreren hundert Millionen US-Dollar half dem von Clan-Kämpfen und Korruptionsskandalen gebeutelten Präsidenten vermutlich sogar dabei, im Sattel zu bleiben. Außerdem gewährte der IWF Aserbaidschan nur wenige Stunden nach der pompösen Zeremonie im Gulistan-Palast 46 Millionen US-Dollar an Unterstützung, obwohl die Regierung keinen Reformeifer an den Tag legte.

Die Offensive amerikanischer Energiepolitiker und Ölkonzerne begann also, bevor der Zerfall der Sowjetunion offen zutage trat – und endete erst recht nicht nach der Gründung der GUS. Im Frühjahr 1995 nannte Bill Clintons republikanischer Gegenspieler Robert Dole in seiner ersten großen Rede zur Außenpolitik den Golfkrieg als ein Symbol für die Sorge der Amerikaner um die Sicherung der Öl- und Gasreserven: »Die Grenzen dieser Sorge rücken mehr nach Norden, schließen den Kaukasus, Sibirien und Kasachstan ein.«[44] Amerikas militärische Präsenz und Diplomatie hätten sich dem anzupassen. Der russische Einfluß in der Region solle begrenzt werden.

Am Ende des 20. Jahrhunderts triumphierte Zbigniew Brzezinski: »Zum ersten Mal in der Geschichte trat ein außereurasischer Staat nicht nur als *der* Schiedsrichter eurasischer Machtverhältnisse, sondern als die überragende Weltmacht schlechthin hervor. Mit dem Scheitern und dem Zusammenbruch der Sowjetunion stieg ein Land der westlichen Hemisphäre, nämlich die Vereinigten Staaten, zur einzigen und im Grunde ersten wirklichen Weltmacht auf. […] Inwieweit die USA ihre globale Vormachtstellung geltend machen können, hängt aber davon ab, wie ein weltweit engagiertes Amerika mit den komplexen Machtverhältnissen auf dem eurasischen Kontinent fertig wird – und ob es dort das Aufkommen einer dominierenden, gegnerischen Macht verhindern kann.«[45]

Anmerkungen

Moskau, 11. März 1985
1 Christian Schmidt-Häuer, Michail Gorbatschow. München 1985, S. 27.
2 Michail Gorbatschow, Erinnerungen. München 1996, S. 256.
3 Iswestija, 8. März 1985.
4 Iswestija, 10. März 1985.
5 Hanns-Dieter Jacobsen, Die Ost-West-Wirtschaftsbeziehungen als deutsch-amerikanisches Problem. Baden-Baden 1986, S. 165–203, 270 ff.
6 Iswestija, 11. März 1985.
7 Archie Brown, The Gorbachev Factor. New York 1996, S. 83 f., S. 153 ff.; Der Spiegel 12/1985.
8 Zhores Medwedjew, Der Generalsekretär. Darmstadt 1986, S. 34.
9 Michail Gorbatschow, Erinnerungen, S. 256.
10 Zhores Medwedjew, Der Generalsekretär, S. 29 f.
11 Christian Schmidt-Häuer, Michail Gorbatschow. München 1988, S. 166.
12 Christian Schmidt-Häuer, Michail Gorbatschow. München 1985, S. 123.
13 Ebd., S. 9 ff.
14 Michail Gorbatschow, Erinnerungen, S. 248.
15 Christian Schmidt-Häuer, Michail Gorbatschow, 1988, S. 14 f.; Zhores Medwedjew, Der Generalsekretär, S. 228.
16 Michail Gorbatschow, Erinnerungen, S. 250.
17 Christian Schmidt-Häuer, Michail Gorbatschow, 1988, S. 314.
18 Pierre Allan/Dieter Kläy, Zwischen Bürokratie und Ideologie. Bern 1999, S. 207 ff.
19 Zhores Medwedjew, Der Generalsekretär, S. 229.
20 Vgl. Ilja Semzow, Krach epochi. Bd. 2, Gorbatschow ... brosok tscheres propast. Moskau 1999, S. 22 f.
21 Michail Gorbatschow, Erinnerungen, S. 256.
22 Ilja Semzow, Krach epochi, S. 23 f.
23 Dmitrij Wolkogonow, Sem Woshdej. Bd. 2: Leonid Breschnew, Jurij Andropow, Konstantin Tschernenko, Michail Gorbatschow. Moskau 1995, S. 287.
24 Ilja Semzow, Krach epochi, S. 23.
25 Archie Brown, The Gorbachev Factor, S. 85.
26 Walerij Boldin, Kruschenije pjedestala. Moskau 1995, S. 88 f.; Jerry F. Hough, Democratization and Revolution in the USSR 1985–1991. Washington, D.C. 1997, S. 75.
27 Michail Gorbatschow, Erinnerungen, S. 255.
28 Ebd.
29 Vgl. Boris Meissner, Die Sowjetunion im Umbruch. Stuttgart 1988, S. 91;

Zhores Medwedjew, Der Generalsekretär, S. 33 ff.; Christian Schmidt-Häuer, Michail Gorbatschow, S. 158 ff.; Anatoli Tschernajew, Die letzten Jahre einer Weltmacht. Stuttgart 1993, S. 31 f.; Alexander Rahr, Der neue Mann. In: Nikolai Poljanski/Alexander Rahr, Gorbatschow. München 1986, S. 142.
[30] Michail Gorbatschow, Erinnerungen, S. 257.
[31] Ilja Semzow, Krach epochi, S. 24.
[32] Michail Gorbatschow, Erinnerungen, S. 256.
[33] Ebd.
[34] Christian Schmidt-Häuer, Michail Gorbatschow, S. 159.
[35] Michail Gorbatschow, Erinnerungen, S. 258.
[36] Zitate ausgewählt aus: Gorbatschow, Erinnerungen, S. 258 ff.; Dmitrij Wolkogonow, Sem woshdej, S. 288.
[37] Dmitrij Wolkogonow, Sem woshdej, S. 290 f.
[38] Walerij Boldin, Kruschenije pjedestala, S. 88 f.
[39] Ebd., S. 89 f.; Zhores Medwedjew, Der Generalsekretär, S. 35 ff.; Alexander Rahr, Der neue Mann, S. 142 ff.; Christian Schmidt-Häuer, Michail Gorbatschow, S. 159 f.; Ilja Semzow, Krach epochi, S. 25; Anatoli Tschernajew, Die letzten Jahre einer Weltmacht, Stuttgart 1993, S. 31 f.
[40] Michail Gorbatschow, Erinnerungen, S. 260, 262.
[41] Christian Schmidt-Häuer, Michail Gorbatschow, S. 160.
[42] Offene Worte. Sämtliche Beiträge und Reden der 19. Gesamtsowjetischen Konferenz der KPdSU in Moskau. Nördlingen 1988, S. 463.
[43] Zhores Medwedjew, Der Generalsekretär, S. 20, 29 ff.
[44] Andrej Gromyko, Erinnerungen, Düsseldorf 1989, S. 467.
[45] Christian Schmidt-Häuer, Michail Gorbatschow, 1988, S. 257 ff.
[46] Michail Gorbatschow, Erinnerungen, S. 262.

Kapitel 1
[1] Zhores Medwedjew, Der Generalsekretär. Darmstadt 1986, S. 230.
[2] Vgl. Claus D. Kernig, Lenins Reich in Trümmern. Stuttgart, München 2000, S. 244 ff.
[3] W. Ward Kingkade, Health. In: Michael Ellman/Vladimir Kontorovich (Hg.), The Disintegration of the Soviet Economic System. London, New York 1992, S. 255.
[4] Archie Brown, The Gorbachev Factor. Oxford 1996, S. 62 f.
[5] Vgl. Christian Schmidt-Häuer, Michail Gorbatschow. München 1988, S. 115 ff.
[6] Ebd., S. 94 f. passim und Zhores Medwedjew, Der Generalsekretär, S. 199.
[7] Zhores Medwedjew, Der Generalsekretär, S. 199; Christian Schmidt-Häuer, Michail Gorbatschow, 1988, S. 124 ff.
[8] Christian Schmidt-Häuer, Michail Gorbatschow, 1988, S. 124 ff.

9 Archie Brown, The Gorbachev Factor, S. 67f., S. 132 und passim. David Remnick, Lenin's Tomb. New York 1993, S. 192.
10 Christian Schmidt-Häuer, Michail Gorbatschow, 1988, S. 132 und passim. Ders: Die alte Garde läßt nicht locker. In: Die Zeit, 30. November 1984.
11 Christian Schmidt-Häuer, Michail Gorbatschow, 1988, S. 134.
12 Zitat nach: Der Spiegel, Nr. 12, 18. März 1985, S. 142.
13 Archie Brown, The Gorbachev Factor, S. 69.
14 Michail Gorbatschow, Erinnerungen, S. 254f.
15 Archie Brown, The Gorbachev Factor, S. 73.
16 Vitali Tretjakow, Philanthropie in der sowjetischen Gesellschaft. Moskau 1989, S. 46f.
17 Iswestija, 11. März 1985.
18 Albrecht Martiny, Bauen und Wohnen in der Sowjetunion nach dem Zweiten Weltkrieg. Berlin 1983, S. 112ff.
19 Dagestanskaja Prawda, 15. März 1985.
20 Kasachstanskaja Prawda, 15. März 1985.
21 Christian Schmidt-Häuer, 1988, S. 134.
22 Iswestija, 14. 05. 1996; Russijskie Westi, 9. April 1996.
23 Michail Gorbatschow, Erinnerungen, S. 201.
24 Michail Gorbatschow, Der Staatsstreich. München 1991, S. 114.
25 Christian Schmidt-Häuer, Michail Gorbatschow, 1988, S. 237.
26 Anatoli Tschernajew, Die letzten Jahre einer Weltmacht. Stuttgart 1993, S. 37.
27 Zbigniew Brzezinski, Die einzige Weltmacht. Weinheim 1997, S. 15–22.
28 Raymond L. Garthoff, Detente and Confrontation. Washington, D.C. 1985, S. 895ff.
29 Diego Cordovez/Selig S. Harrison, Out of Afghanistan. New York 1995, S. 36f.; Pierre Allen/Dieter Kläy, Zwischen Bürokratie und Ideologie. Bern 1999, S. 134ff.
30 Diego Cordovez/Selig S. Harrison, Out of Afghanistan, S. 32ff.
31 Pierre Allan/Dieter Kläy, Zwischen Bürokratie und Ideologie, S. 181ff.
32 Diego Cordovez/Selig S. Harrison, Out of Afghanistan, S. 43ff.
33 Ebd., S. 47ff.
34 Raymond L. Garthoff, Detente and Confrontation, S. 912f.
35 Diego Cordovez/Selig S. Harrison, Out of Afghanistan, S. 53ff.
36 Ebd., S. 187f., S. 206.
37 Christian Schmidt-Häuer, Michail Gorbatschow, S. 263, S. 294.
38 Ebd., S. 223ff.
39 Geir Lundestadt, East, West, North, South. Major Developments in International Politics 1945–1986. Oslo 1986, S. 144ff.; Mervin A. Goodman, Ending the CIA's Cold War Legacy. In: Foreign Policy, Spring 1997, S. 138.

40 Christian Schmidt-Häuer, Michail Gorbatschow, S. 288.
41 Raymond L. Garthoff, The Great Transition. American-Soviet Relations and the End of the Cold War. Washington, D.C. 1994, S. 234 ff.
42 Christian Schmidt-Häuer, Michail Gorbatschow, S. 306.
43 Ebd., S. 277.
44 Anatoli Tschernajew, Die letzten Jahre einer Weltmacht, S. 51.
45 Diego Cordovez/Selig S. Harrison, Out of Afghanistan, S. 384, S. 227.

Kapitel 2
1 David Kotz/Fred Weir, Revolution from Above. The Demise of the Soviet System. London 1997, S. 43.
2 Vgl. Georg von Rauch, Geschichte der Sowjetunion. Stuttgart 1969, S. 106 ff.
3 Walentin Pawlow, Upuschtschen-li schans? Moskau 1995, S. 36.
4 Boris Meissner, Das Parteiprogramm der KPdSU, 1903–1961. Köln 1962, S. 190, 197.
5 Henry Rowen, CIA-Report on the Basic Strength and Weaknesses of the Soviet Economy. In: Margaret Chapman/Carl Marcy, Common Sense in U.S.-Soviet Trade. Washington, D.C. 1983, Nr. 13, S. 68.
6 Klaus von Beyme, Reformpolitik und sozialer Wandel in der Sowjetunion 1970–1988. Baden-Baden 1988.
7 Claus D. Kernig, Lenins Reich in Trümmern. Stuttgart 2000, S. 234.
8 Charles A. Kupchan, Defense Spending and Economic Performance. In: Survival. Sept./Okt. 1989, S. 447 ff.
9 Paul Kennedy, Aufstieg und Fall der großen Mächte. Frankfurt a. M. 1989, S. 729 ff.
10 Michael Checinski, Die sowjetische Kriegswirtschaft und die wirtschaftliche Entwicklung. In: Hans-Joachim Veen (Hg.), Wohin entwickelt sich die Sowjetunion? Melle 1984, S. 56–65.
11 Christian Schmidt-Häuer, Die Rüstung verschlingt das Imperium. In: Die Zeit, 1. Januar 1982.
12 Stanley H. Cohn, Economic Burden of Soviet Defense Expenditures. Constraints on Productivity. In: Studies in Comparative Communism XX, 3, Summer 1987.
13 Julian Cooper. The Soviet Defense Industry. Conversion and Reform. London 1991.
14 Mária Huber, Zündstoff in Swerdlowsk 44. In: Die Zeit, 29. Juli 1994.
15 Richard Pipes, Misinterpreting the Cold War. The Hard-Liners Had it Right. In: Foreign Affairs, January/February 1995.
16 Claus D. Kernig, Lenins Reich in Trümmern, S. 240 ff.
17 Henry Rowen, CIA-Report on the Basic Strength and Weaknesses of the Soviet Economy. In: Margaret Chapman/Carl Marcy, Common Sense in U.S.-Soviet Trade, S. 69 ff.

18 Vgl. die Beiträge von Hermann Clement und Galina Pospelowa in: Hellmuth G. Bütow (Hg.), Länderbericht Sowjetunion. Schriftenreihe der Bundeszentrale für Politische Bildung. Bonn 1986, S. 245 f. und S. 322 ff.
19 David W. Carey/Joseph F. Havelka, Soviet Agriculture. Progress and Problems. In: Soviet Economy in a Time of Change. A Compendium of Papers submitted to the Joint Economic Committee. Congress of the United States. Washington, D.C. 1979, S. 56.
20 Henry A. Kissinger, Memoiren, 1968–1973. München 1979, S. 1345 ff.
21 Hertha W. Heiss et al., United States-Soviet Commercial Relations since 1972. In: Soviet Economy in a Time of Change; Hellmuth Bütow (Hg.), Länderbericht Sowjetunion, S. 192.
22 Henry A. Kissinger, a.a.O., S. 169 und S. 171.
23 http://galenet.galegroup.com/serv... Scoop+Jackson etc.
24 Hertha W. Heiss, United States-Soviet Commercial Relations Since 1972, S. 200 f.
25 Morris Bornstein, The Transfer of Western Technology to the USSR. Paris 1985, S. 44 f.
26 Michael R. Dohan, Export Specialisation and Import Dependence in the Soviet Economy, 1970–1977. In: Soviet Economy in a Time of Change, S. 368.
27 Adlai E. Stevenson/Alton Frye, Trading with the Communist. In: Foreign Affairs, Spring 1989, S. 54 ff.
28 Hanns-Dieter Jacobsen, Die Ost-West-Wirtschaftsbeziehungen als deutsch-amerikanisches Problem. Baden-Baden 1986, S. 314; Galina Pospelowa in: Hellmuth G. Bütow, Länderbericht Sowjetunion, S. 324.
29 William C. Norris, Transfer of Commercial Technology: Harmful or Helpful? In: Margaret Chapman/Carl Marcy, Common Sense in U.S.-Soviet Trade, S. 87 ff.
30 Simon Chilewich, Why Trade with the Russian? In: Margaret Chapman/Carl Marcy, Common Sense in U.S.-Soviet Trade, S. 47.
31 Richard Pipes, Misinterpreting the Cold War, S. 157.
32 Vgl. Raymond L. Garthoff, The Great Transition. Washington, D.C., 1994, S. 31 f.
33 Marshall I. Goldman, Will a Stronger Soviet Economy Hurt the U.S.? In: Margaret Chapman/Carl Marcy, Common Sense in U.S.-Soviet Trade, S. 58.
34 Gary R. Teske, Poland's Trade with the Industrialized West. In: East European Economic Assessment. Part 1 – Country Studies, 1980. A Compendium of Papers submitted to the Joint Economic Committee. Congress of the United States. Washington, D.C. 1981, S. 72 ff.
35 Klaus Schröder, Die Kredit- und Verschuldungspolitik der Sowjetunion gegenüber dem Westen. Baden-Baden 1987, S. 108 ff.

[36] Christian Schmidt-Häuer, Neue Weltsicht aus dem Kreml? In: Die Zeit, 19. September 1986.
[37] Richard Pipes, Misinterpreting the Cold War, S. 159.
[38] Klaus Schröder, Die Kredit- und Verschuldungspolitik der Sowjetunion gegenüber dem Westen, S. 115.
[39] Christian Schmidt-Häuer, Neue Weltsicht aus dem Kreml?
[40] Vgl. Christian Schmidt-Häuer, Rußland in Aufruhr. Innenansichten aus einem rechtlosen Reich. München 1993.
[41] Anatoli Tschernajew, Die letzten Jahre einer Weltmacht, S. 39.
[42] Stephen White, Russia Goes Dry. Cambridge 1996. S. 48–55.
[43] Christian Schmidt-Häuer, Michail Gorbatschow, S. 185f.
[44] Stephen White, Russia Goes Dry, S. 59f.
[45] Christian Schmidt-Häuer, Michail Gorbatschow, S. 179ff.; Stephen White, Russia Goes Dry, S. 79ff.
[46] Christian Schmidt-Häuer, Michail Gorbatschow, S. 212ff.
[47] Ebd., S. 230.
[48] Jerry F. Hough, Democratization and Revolution in the USSR, 1985–1991, S. 103ff.
[49] Walentin Pawlow, Upuschtschen-li schans?, S. 58.
[50] Jerry F. Hough, Democratization and Revolution in the USSR, S. 123ff.
[51] Vgl. Mária Huber, Der Kampf zwischen Alt und Neu. In: Die Zeit, 21. Februar 1986.
[52] Anders Åslund, Gorbachev's Struggle for Economic Reform. London 1991, S. 80ff.
[53] Boris Meissner, Die Sowjetunion im Umbruch. Stuttgart 1988, S. 212–228.
[54] Anders Åslund, S. 191ff.; Michael Ellman, Money in the 1980s. In: Michael Ellman/Vladimir Kontorovich (Hg.), The Disintegration of the Soviet Economic System. London, New York 1992.
[55] Anders Åslund, Gorbachev's Struggle for Economic Reform, S. 84ff.
[56] Ebd., S. 187ff.
[57] Stephen White, Russia Goes Dry, S. 148.
[58] Mária Huber, Des schlechten Lebens überdrüssig. In: Die Zeit, 21. Oktober 1988.
[59] Stephen White, Russia Goes Dry, S. 137ff.
[60] Ebd., S. 151.

Kapitel 3

[1] Christian Schmidt-Häuer, Neuer Sturm auf alte Bastionen. In: Die Zeit, 29. August 1986.
[2] Ebd.
[3] Christian Schmidt-Häuer, Statt der Feste ein steiniger Acker. In: Die Zeit, 22. August 1986.

4 Christian Schmidt-Häuer/Mária Huber, Rußlands zweite Revolution. Chancen und Risiken der Reformpolitik Gorbatschows. München 1987, S. 65.
5 Der Spiegel, 10. 12. 1984; Der Spiegel, 17. 12. 1984.
6 Yves Marignac, Ein Sarkophag für die Atomindustrie. In: Le monde diplomatique/die Tageszeitung, Juli 2000; Taschenbuch der Internationalen Organisationen, 1994, S. 144.
7 Vgl. Gerhard und Nadja Simon, Verfall und Untergang des sowjetischen Imperiums. München 1993, S. 51, 65 ff.
8 Christian Schmidt-Häuer/Mária Huber, Rußlands zweite Revolution, S. 24 ff.
9 Anatoli Tschernajew, Die letzten Jahre einer Weltmacht, S. 178.
10 Ebd., S. 239, 241.
11 Christian Schmidt-Häuer, »Wir dürfen keine Angst haben, etwas zu riskieren.« In: Die Zeit, 15. August 1986.
12 Christian Schmidt-Häuer, Unter dem Diktat der Vernunft. In: Die Zeit, 11. Dezember 1987.
13 Christian Schmidt-Häuer, Die neue Stufe. In: Die Zeit, 18. Dezember 1987.
14 David Remnick, Lenin's Tomb. New York 1993, S. 73 ff.
15 Archie Brown, The Gorbachev Factor. Oxford 1996, S. 172 ff.; Anatoli Tschernajew, Die letzten Jahre einer Weltmacht, S. 453.
16 Michail Gorbatschow, Erinnerungen, S. 375.
17 Christian Schmidt-Häuer, Wind säen, Sturm ernten. In: Die Zeit, 15. April 1988.
18 Christian Schmidt-Häuer, Glasnost war die Heldin im Kreml. In: Die Zeit, 8. Juli 1988.
19 Anatoli Tschernajew, Die letzten Jahre einer Weltmacht, S. 187 f.
20 Christian Schmidt-Häuer, Reform säen, Sturm ernten. In: Die Zeit, 2. Dezember 1988.
21 Christian Schmidt-Häuer, Der Schritt über den Rubikon, In: Die Zeit, 25. November 1988.
22 Jürgen Gerber, Die politische Entwicklung in Georgien. In: Boris Meissner/Alfred Eisfeld (Hg.), Die GUS-Staaten in Europa und Asien. Baden-Baden 1995, S. 109.
23 Michail Gorbatschow, Erinnerungen, S. 496 f.
24 Elizabeth Fuller, Transcaucasia. In: Vera Tolz/Iain Elliot (Hg.), The Demise of the USSR. London 1995, S. 166.
25 Tadeusz Swietochowski, Der Streit um Berg-Karabach. Geographische, ethnische Gliederung und Kolonialismus. In: Uwe Halbach/Andreas Kappeler (Hg.), Krisenherd Kaukasus. Baden-Baden 1995, S. 161 ff.
26 Ebd.; Audrey L. Altstat, O Patria Mia: National Conflict in Mountainous

Karabagh. In: Raymond Duncan/G. Paul Holman (Hg.), Ethnic Nationalism and Regional Conflict. Oxford, Boulder 1994, S. 108 ff.
[27] Christian Schmidt-Häuer, Die schrecklichen Tage von Sumgait. In: Die Zeit, 18. März 1988.
[28] Audrey L. Altstat, O Patria Mia, S. 113 ff.
[29] Vgl. Jörg Stadelbauer, Arzach – Völker und Verwaltungsgrenzen in Sowjet-Kaukasien. In: Hermann Grees/Gerd Kohlhepp (Hg.), Ostmittel- und Osteuropa. Beiträge zur Landeskunde. Tübingen 1989, S. 427 ff.
[30] Audrey L. Altstat, O Patria Mia, S. 111; S. 131.
[31] Tadeusz Swietochowski, Russia and Azerbaijan. New York 1995, S. 194.
[32] Michail Gorbatschow, Erinnerungen, S. 484 ff.
[33] Mária Huber, Vom Baltikum bis zum Kaukasus Wut und Mißtrauen. In: Die Weltwoche, 1. Dezember 1988.
[34] Christian Schmidt-Häuer, Reform säen, Sturm ernten. In: Die Zeit, 2. Dezember 1988.
[35] Prawda, 14. 12. 1988 und weitere Ausgaben nach dem Erdbeben.
[36] Christian Schmidt-Häuer, Vom Triumph in die Tragödie. In: Die Zeit, 16. Dezember 1988. Im Gegensatz zur ›Washington Post‹ kommentierte William Safire Gorbatschows Rede in der ›New York Times‹: »Mischung aus Dreistigkeit und Verlogenheit«. Vgl.: »Worte der Woche« in der gleichen Ausgabe der Zeit.
[37] Reuters-Meldung vom 8. Dezember 1988. Zahlreichen weiteren Informationen liegen in diesem Abschnitt ebenfalls Meldungen der Reuters-Korrespondenten zugrunde.
[38] Christian-Schmidt-Häuer, Das Leiden, die Hilfe und der Haß. In: Die Zeit, 23. Dezember 1988.
[39] Alexander Lebed, Sa derzawy obidno ... Moskau 1995, S. 255 f.
[40] Time Magazine, Nr. 52, 26. Dezember 1988.
[41] Reuters-Meldung vom 12. Dezember 1988.
[42] Time Magazine, Nr. 52, 26. Dezember 1988.
[43] Vgl. 83. Bergedorfer Gesprächskreis am 5. und 6. Oktober 1987 in Budapest. Protokoll, S. 61.
[44] http://www.booknotes.org/transcripts/10029.htm, C-SPAN (Cable Satellite Public Affairs Network), »ist the U.S. House (of Representatives) and much more«, http://www.c-span.org.
[45] Vgl. http://www.pir.org/gw/americar.txt.
[46] Auskunft von Robert Holzweiss, Archivar des George Bush Presidential Library and Museum an Sabine Schmidt, Doktorandin an der Universität Leipzig, vom 14. 12. 2000.
[47] Vgl. Anatoli Tschernajew, Die letzten Jahre einer Weltmacht, S. 242–245.
[48] FAZ-Magazin, Notizbuch Johannes Gross.

49 Roland Götz/Uwe Halbach, Politisches Lexikon GUS. Dritte, neubearbeitete Auflage, München 1996, S. 142 f.
50 Jürgen Gerber, Die politische Entwicklung in Georgien, S. 108.
51 Ebd., S. 110.
52 Jürgen Gerber, Georgien. Nationale Opposition und kommunistische Herrschaft seit 1956. Baden-Baden 1997.
53 Mária Huber, War Tiflis eine Hauptprobe? In: Die Weltwoche, 25. Mai 1989.
54 Christian Schmidt-Häuer, Die Wahrheit bricht sich Bahn. In: Die Zeit, 9. Juni 1989.
55 Anatoli Sobtschak, Für ein neues Rußland! Bergisch Gladbach 1991, S. 116 ff.
56 Ebd., S. 111-148.
57 Foreign Affairs, Chronology 1989, S. 229.
58 Michail Gorbatschow, Erinnerungen, S. 414–419.
59 Christian Schmidt-Häuer, Der Präsident und sein Parlament. In: Die Zeit, 2. Juni 1989.
60 Moscow News, Nr. 7, Juli 1989.
61 James Critchlow, Prelude to »Independence«. How the Uzbek Party Apparatus Broke Moscow's Grip on Elite Recruitment. In: William Fierman (Hg.), Soviet Central Asia. The Failed Transformation. Boulder 1991, S. 147 f.
62 Christian Schmidt-Häuer, Die Wahrheit bricht sich Bahn.
63 Michail Gorbatschow, Erinnerungen, S. 441 f.
64 Tadeusz Swietochowski, Russia and Azerbaijan, S. 191 f.
65 Eva-Maria Auch, Die politische Entwicklung in Aserbaidschan. In: Boris Meissner/Alfred Eisfeld (Hg.), Die GUS-Staaten in Europa und Asien, S. 160.
66 Ebd., S. 159 ff.; ergänzt durch demographische Angaben von Lee Schwartz, USSR Nationality Redistribution by Republic, 1979–1989. In: Soviet Geography, April 1991, S. 231 ff.
67 Tadeusz Swietochowski, Russia and Azerbaijan, S. 201 ff.
68 Foreign Affairs, Chronology 1990, S. 213.
69 Michail Gorbatschow, Erinnerungen, S. 501.

Kapitel 4
1 Persönliches Interview mit Nikolaj Nejland, den ich seit 1989 als Abgeordneten des Kongresses der Volksdeputierten kenne, anläßlich einer Tagung der Bertelsmann-Stiftung in St. Peterburg im März 2000.
2 Mária Huber, Blick nach Westen. Litauen bereitet sich auf die wirtschaftliche Selbständigkeit vor. In: Die Zeit, 23. Februar 1990.
3 Christian Schmidt-Häuer, Brüche an den Rändern des Imperiums. In: Die Zeit, 19. Januar 1990.

4 Anatoli Tschernajew, Die letzten Jahre einer Weltmacht, S. 276 f.
5 Christian Schmidt-Häuer, Brüche an den Rändern des Imperiums. In: Die Zeit, 19. Januar 1990.
6 Alfred Erich Senn, Gorbachev's Failure in Lithuania. New York 1995, S. 85.
7 David Remnick, Lenin's Tomb, S. 236 f.
8 V. Stanley Vardys/Judith B. Sedaitis, Lithuania. The Rebel Nation. Boulder 1997, S. 103 ff.
9 Vgl. Alfred Erich Senn, Gorbachev's Failure in Lithuania, S. 93; Vardys/Sedaitis, Lithuania, S. 199; Kazimiera Prunskiene, Leben für Litauen. Berlin 1992, S. 132.
10 Christian Schmidt-Häuer, Alle Macht dem Präsidenten. In: Die Zeit, 16. März 1990.
11 Alfred Erich Senn, Gorbachev's Failure in Lithuania, S. 93 f.
12 Vardys/Sedaitis, Lithuania, S. 155 ff.
13 Milica Z. Bookman, The Economics of Secession. In: Metta Spencer (Hg.), Separatism, Democracy and Disintegration. Lanham, Oxford 1998, S. 73.
14 Mária Huber, a.a.O.; dies., Hoffentlich fließt kein Blut. In: Die Zeit, 30. März 1990.
15 Anatoli Tschernajew, Die letzten Jahre einer Weltmacht, S. 282–287.
16 Alfred Erich Senn, Gorbachev's Failure in Lithuania, S. 99 ff.
17 Mária Huber, Hoffentlich fließt kein Blut. In: Die Zeit, 30. März 1990.
18 Christian Schmidt-Häuer, Ein Kampf an drei Fronten. In: Die Zeit, 20. April 1990.
19 Grigorij Kroschin, Wlasti–mordasti. Moskau 1999, S. 18.
20 Mária Huber, Hungern für die Freiheit? In: Die Zeit, 4. Mai 1990.
21 Vardys/Sedaitis, Lithuania, S. 171 f.
22 Kazimiera Prunskiene, Leben für Litauen, S. 149 ff.
23 Zbigniew Brzezinski, Post-Communist Nationalism. In: Foreign Affairs, Winter 1989/90, S. 20 ff.
24 Friedrich Freiherr Waitz von Eschen, Lage und Chancen der baltischen Unabhängigkeitsbewegungen. In: Osteuropa 1990, S. 1029.
25 Vgl. Anwara Begum, Inter-Republican Cooperation of the Russian Republic. Aldershot 1997, S. 31–52.
26 Christian Schmidt-Häuer, Ein halber Putsch? In: Die Zeit, 1. Februar 1991.
27 Gerhard und Nadja Simon, Verfall und Untergang des sowjetischen Imperiums. München 1993, S. 145 f.
28 Kazimiera Prunskiene, Leben für Litauen, S. 176.
29 Alfred Erich Senn, Gorbachev's Failure in Lithuania, S. 128 ff.
30 Mária Huber, Machtlos gegen Moskaus Panzer. In: Die Zeit, 18. Januar 1991.

31 Christian Schmidt-Häuer, Die verlorene Ehre des Michail Gorbatschow. In: Die Zeit, 18. Januar 1991.
32 Anatoli Tschernajew, Die letzten Jahre einer Weltmacht, S. 307.
33 Alfred Erich Senn, Gorbachev's Failure in Lithuania, S. 144.
34 Christian Schmidt-Häuer, Die verlorene Ehre des Michail Gorbatschow. In: Die Zeit, 18. Januar 1991.
35 James Ferguson, Grenada. Karibik-Insel am US-Tropf. Frankfurt a.M. 1995, S. 11–13.
36 Lothar Brock, Latein-Amerika Politik. In: Länderbericht USA, Bonn 1992.
37 Boris Jelzin, Sapiski presidenta. Moskau 1994, S. 33 f.
38 Boris Jelzin, Aufzeichnungen eines Unbequemen. München 1990, S. 26–31.
39 Jerry F. Hough, Democratization and Revolution in the USSR 1985–1991. Washington, D.C. 1997, S. 319.
40 Christian Schmidt-Häuer, Der Coup der Contras im Kreml. In: Die Zeit, 20. November 1987.
41 John Morrison, Boris Jelzin. Berlin 1991, S. 81–86.
42 Seweryn Bialer, The Yeltsin Affair. In: Ders. (Hg.), Inside Gorbachev's Russia. Boulder 1989, S. 91–110; John Morrison, Boris Jelzin, S. 83–97.
43 Jerry F. Hough, Democratization and Revolution in the USSR, S. 317-325.
44 Boris Jelzin, Aufzeichnungen eines Unbequemen, S. 12 ff.
45 Seweryn Bialer, The Yeltsin Affair, S. 93 ff.; John Morrison, Boris Jelzin, S. 91 ff.
46 Mária Huber, Gorbatschow holt Leichen aus dem Keller. In: Die Weltwoche, 5. November 1987; dies., Von Bolschewiken, Brautpaaren und Blumenpracht. In: Die Weltwoche, 12. November 1987.
47 Boris Jelzin, Aufzeichnungen eines Unbequemen, S. 226 ff.
48 Mária Huber, Der Triumph der alten Garde. In: Die Weltwoche, 19. November 1987.
49 Boris Jelzin, Aufzeichnungen eines Unbequemen, S. 229.
50 Wladimir Solowjow/Jelena Klepikowa, Boris Jelzin. Moskau 1992, S. 121.
51 Boris Jelzin, Aufzeichnungen eines Unbequemen, S. 249 f.
52 Ebd., S. 251 f.
53 Christian Schmidt-Häuer/Adolf Müller, Viva Dubček. Reform und Okkupation in der ČSSR. Berlin 1968, S. 29.
54 Boris Jelzin, Aufzeichnungen eines Unbequemen, S. 252–263.
55 John Morrison, Boris Jelzin, S. 123.
56 John B. Dunlop, The Rise of Russia and the Fall of the Soviet Empire. Princeton 1993, S. 43.
57 John Morrison, Boris Jelzin, S. 128 ff.

58 Vgl. Jerry F. Hough, Democratization and Revolution in the USSR, S. 332.
59 John Morrison, Boris Jelzin, S. 137f.
60 Iswestija, 2. Juni 1989.
61 Thane Gustafson, Reform in Soviet Politics. Cambridge 1981, S. 71 ff.; Nicolai N. Petro, The Project of the Century. In: Studies in Comparative Communism XX, No 3/4, 1987, S. 235–252.
62 Der Spiegel, 15/1985, S. 129.
63 Richard Pipes, zitiert nach John Morrison, Boris Jelzin, S. 187.
64 Iswestija, 1. September 1989.
65 Jerry F. Hough, Democratization and Revolution in the USSR, S. 243f.
66 Peter Rutland, Labor Unrest and Movements in 1989 and 1990. In: Soviet Economy, 1990, 6, 3, S. 353 ff.
67 Mária Huber, In der Notgrube von Kemerowo. In: Die Zeit, 28. Juli 1989.
68 Mária Huber, Die kalte Wut der Kumpel. In: Die Zeit, 4. August 1989.
69 »So viele Brandherde gab es noch nie.« Ein Gespräch mit Boris Jelzin. In: Die Zeit, 21. Juli 1989.
70 Christian Schmidt-Häuer, Das alte Imperium erlebt den jüngsten Tag. In: Die Zeit, 29. Juli 1989.
71 Peter Rutland, Labor Unrest and Movements in 1989 and 1990, S. 357.
72 Peter Rutland, Labor Unrest and Movements in 1989 and 1990 , S. 374–383.
73 Stephan G. Bierling, Wirtschaftshilfe für Moskau. Paderborn 1998, S. 66 und passim; Die Zeit, 28. Oktober 1988; Anatoli Tschernajew, Die letzten Jahre einer Weltmacht, S. 259; Hans-Dietrich Genscher, On the Way to a United Europe. In: Moscow News, 25/1989.
74 Christian Schmidt-Häuer, Wider den Staat im Staate. In: Die Zeit, 4. August 1989.
75 John B. Dunlop, The Rise of Russia and the Fall of the Soviet Empire, S. 23.
76 John Morrison, Boris Jelzin, S. 157 ff.
77 John Morrison, Boris Jelzin, S. 145 ff.; Wladimir Solowjow/Jelena Klepikowa, Boris Jelzin, S. 220 ff.
78 Vgl. John B. Dunlop, The Rise of Russia and the Fall of the Soviet Empire, S. 54 passim.
79 John B. Dunlop, The Rise of Russia and the Fall of the Soviet Empire, S. 24 ff.; John Morrison, Boris Jelzin, S. 196–205.
80 John Morrison, Boris Jelzin, S. 201 f.
81 Jerry F. Hough, Democratization and Revolution in the USSR, S. 330.
82 Ebd., S. 338.
83 Mária Huber, Rußland ja, Reformen nein. In: Die Zeit, 22. Juni 1990.
84 Michail Gorbatschow, Erinnerungen, S. 519.
85 Anatoli Tschernajew, Die letzten Jahre einer Weltmacht, S. 299 ff.

86 Christian Schmidt-Häuer, Das Zögern vor der bitteren Wahrheit. In: Die Zeit, 6. Juli 1990; ders., Sieg nach der Standpauke. In: Die Zeit, 13. Juli 1990; Anatoli Tschernajew, Die letzten Jahre einer Weltmacht, S. 302 ff.
87 John Morrison, Boris Jelzin, S. 170 ff.; Michail Gorbatschow, Erinnerungen, S. 530 und 541.
88 Graeme Gill, The Collapse of a Single-Party System. Cambridge 1994, S. 144 ff.
89 Jerry F. Hough, Democratization and Revolution in the USSR, S. 335 ff.; Christian Schmidt-Häuer, Rußland im Aufruhr. München 1993.
90 John Morrison, Boris Jelzin, S. 217.
91 Ebd., S. 215.
92 Christian Schmidt-Häuer, Alle hamstern und horten. In: Die Zeit, 12. Oktober 1990.
93 Weitgehend nach: Christian Schmidt-Häuer, ebd.
94 Mária Huber, Auf sumpfigem Acker. In: Die Zeit, 12. Oktober 1990.
95 Ebd. und Sowjetskaja Rossija, 17. November 1990.
96 Mária Huber, Rußland gegen die Sowjetunion. In: Die Zeit, 23. November 1990.
97 Mária Huber, Reform mit Stolpersteinen. In: Die Zeit, 26. Oktober 1990.
98 Mária Huber, Rußland gegen die Sowjetunion. In: Die Zeit, 23. November 1990.
99 Jerry F. Hough, Democratization and Revolution in the USSR, S. 390–394.
100 Christian Schmidt-Häuer, Es gibt keine Sowjetunion mehr. In: Die Zeit, 9. November 1990, sowie Iswestija, 11. August 1990.
101 Christian Schmidt-Häuer, »Wir werden uns nicht teilen können.« In: Die Zeit, 23. November 1990.
102 Johanna Haiduk, Die Besonderheiten der politischen Transformation in der Ukraine (1985–1993). In: Rußland und die Ukraine nach dem Zerfall der Sowjetunion. Berlin 1996, S. 185 f.; Andreas Kappeler, Kleine Geschichte der Ukraine. München 1994, S. 245 ff.
103 Vgl. Ernst Lüdemann, Ukraine. München 1995, S. 195.
104 Vgl. die Beiträge von Rudolf A. Mark und Bernhard Schalhorn in: Hans-Joachim Torke (Hg.), Historisches Lexikon der Sowjetunion 1917/22 bis 1991. München 1993, S. 244, S. 346 f.
105 Andreas Kappeler, Kleine Geschichte der Ukraine, S. 216 ff.
106 Ulrich Weißenburger, Umweltprobleme in der UdSSR. In: Sowjetunion 1991. Hg. vom Bundesinstitut für ostwissenschaftliche und internationale Studien. München 1991, S. 210.
107 Christian Schmidt-Häuer, Und nun erwacht die Ukraine. In: Die Zeit, 31. August 1990.
108 Michail Gorbatschow, Erinnerungen, S. 292.

[109] Rudolf A. Mark, Die politische Entwicklung in der Ukraine und in Weißrußland. In: Boris Meissner/Alfred Eisfeld (Hg.), Die GUS-Staaten in Europa und Asien. Baden-Baden 1995, S. 44.
[110] Jonathan Steele, Eternal Russia. London 1994, S. 221.
[111] Jerry F. Hough, Democratization and Revolution in the USSR 1985–1991. Washington, D.C. 1997, S. 230.
[112] Bohdan Krawchenko, Economic Reform, Democracy and National Movements in the USSR. In: Regional Politics and Policy, No 2, 1991, S. 187.
[113] Andreas Kappeler, Kleine Geschichte der Ukraine, S. 249f.
[114] Christian Schmidt-Häuer, Ein Kampf an drei Fronten. In: Die Zeit, 20. April 1990.
[115] Christian Schmidt-Häuer, Und nun erwacht die Ukraine. In: Die Zeit, 31. August 1990.
[116] Mária Huber, Eine kaputte Welt. In: Die Zeit, 27. Juli 1990.
[117] Mária Huber, Schuld ist das System. In: Die Zeit, 13. Juli 1990; Christian Schmidt-Häuer, Das Zögern vor der Wahrheit. Parteitag der sowjetischen KP. In: Die Zeit, 6. Juli 1990.
[118] Mária Huber, in: Die Zeit, 13. und 27. Juli 1990.
[119] Christian Schmidt-Häuer, Und nun erwacht die Ukraine. In: Die Zeit, 31. August 1990.
[120] Deutsche Bank. Die Sowjetunion im Umbruch. Fakten zu den Sowjetrepubliken. Frankfurt a. M. 1990.
[121] Rudolf A. Mark, Die politische Entwicklung in der Ukraine und in Weißrußland, S. 48.
[122] Roman Solchanyk, Ukraine. In: Vera Tolz/Iain Elliot (Hg.), The Demise of the USSR. London 1995, S. 122.
[123] Jonathan Steele, Eternal Russia, S. 226.

Kapitel 5

[1] Christian Schmidt-Häuer, Es gibt keine Sowjetunion mehr. In: Die Zeit, 9. November 1990.
[2] Ders., Kraftwerk der Reformen? In: Die Zeit, 21. Juni 1991. Zum Unionsvertrag grundsätzlich: Jerry F. Hough, Democratization and Revolution in the USSR, 1985–1991. Washington, D.C. 1997, S. 376 ff.
[3] Thomas Sauerland, Der russisch-japanische Territorialstreit in völkerrechtlicher Hinsicht. Berichte des Bundesinstituts für ostwissenschaftliche und internationale Studien 10, 1998.
[4] Christian Schmidt-Häuer, Alles dreht sich um die Inseln. In: Die Zeit, 19. April 1991.
[5] Mária Huber, Wie in Chile? In: Die Zeit, 8. Februar 1991.
[6] Christian Schmidt-Häuer, Alles dreht sich um die Inseln. In: Die Zeit, 19. April 1991.

7 Christian Schmidt-Häuer, Kraftwerk der Reformen? In: Die Zeit, 21. Juni 1991.
8 Die Reden sind dokumentiert in: Tina Delavre (Hg.), Der Putsch in Moskau. Berichte und Dokumente. Frankfurt a. M. 1992, S. 27 ff.
9 Ebd.
10 Vgl. Wjatscheslaw Keworkow, Moskauer Operette. Berlin 1997, S. 72 ff.
11 Vgl. ebd., S. 107–116.
12 Ebd., S. 119; Gorbatschows Variante: Erinnerungen, S. 1069 f.
13 Vgl. Wjatscheslaw Keworkow, Moskauer Operette, S. 123.
14 Jerry F. Hough, Democratization and Revolution in the USSR, S. 436.
15 Vgl. Wjatscheslaw Keworkow, Moskauer Operette, S. 141.
16 Alle Dokumente zitiert nach Tina Delavre (Hg.), Der Putsch, S. 39 ff.
17 Chronik nach: Gerd Ruge/Thomas Roth u. a., Der Putsch. Reportagen aus dem ARD-Studio Moskau. Frankfurt a. M. 1991; Tina Delavre (Hg.), Der Putsch; Berichte in: Die Zeit und FAZ; Werchowyj Sowet SSSR, Bjulletin No 8, 28. awgusta 1991 goda, S. 4–14.
18 Werchowyj Sowet SSSR, Bjulletin No 8, S. 7.
19 Michail Gorbatschow, Erinnerungen, S. 1089.
20 Jerry F. Hough, Democratization and Revolution in the USSR, S. 433.
21 Christian Schmidt-Häuer, Das Schattenreich schlägt zurück. In: Die Zeit, 8. November 1991.
22 John B. Dunlop, The Rise of Russia and the Fall of the Soviet Empire. Princeton 1993, S. 190; 206.
23 Christian Schmidt-Häuer, Rußland im Aufruhr, S. 200.
24 Vgl. Gerd Ruge, Der Putsch. Vier Tage, die die Welt veränderten. 1991. S. 254.
25 Ebd., S. 193.
26 Ilja Semzow, Krach epochi, Bd. 2, Moskau 1999, S. 268.

Kapitel 6
1 Vgl. Susan L. Woodward, Balkan Tragedy. Washington, D.C. 1995, S. 177–186; bes. Fußnote 84 auf S. 465.
2 Ebd.
3 Vgl. Bert van Selm, The Economics of Soviet Break up. Groningen 1995.
4 Andrei S. Grachev, Final Days. The Inside Story of the Collapse of the Soviet Union. Boulder 1995, S. 9.
5 Jewhen I. Chmelewskyj, Die Ukraine auf dem Weg zur wirtschaftlichen Unabhängigkeit. In: Manfred Hausmann/Andreas Kappeler, Ukraine. Baden-Baden 1993, S. 324.
6 Igor Burow, The Results of the Public Opinion Poll carried out with Reference to the Clue National Referendum and Presidential Elections in Ukraine. Manuskript.

7 Foreign Affairs Chronology 1991, S. 204.
8 Vgl. Mária Huber, Kampf gegen den Kollaps. In: Die Zeit, 19. September 1991.
9 David Kotz/Fred Weir, Revolution from Above. The Demise of the Soviet System. New York 1997, S. 166f.
10 Mária Huber, Hamsterfahrt mit Aeroflot. In: Die Zeit, 22. November 1991.
11 Christian Schmidt-Häuer, Die Stunde der Exekution. In: Die Zeit, 1. November 1991.
12 Mária Huber, Machtkampf um den Rubel. In: Die Zeit, 6. Dezember 1991.
13 Die Zeit, 15. November 1991 und Christian Schmidt-Häuer, »Erobern Sie unseren Markt«. In: Die Zeit, 29. November 1991.
14 Christian Schmidt-Häuer, Die Totengräber als Geburtshelfer. In: Die Zeit, 13. Dezember 1991; ders., Vereint im Mißtrauen gegen Moskau. In: Die Zeit, 20. Dezember 1991 sowie: rhg., Anspruch der Ukraine auf eigene Streitkräfte. In: Neue Zürcher Zeitung, 24. Oktober 1991.
15 Michail Gorbatschow, Der Zerfall der Sowjetunion. München 1992, S. 144f.
16 Christian Schmidt-Häuer, Ein Ritt über dünnes Eis. In: Die Zeit, 10. Januar 1992.
17 Walter Laqueur, Gorbachev and Epimetheus. The Origins of the Russian Crisis. In: Journal of Contemporary History, 28, 1993, S. 387–419.
18 Gerhard und Nadja Simon, Verfall und Untergang des sowjetischen Imperiums. München 1993, S. 128.
19 Ebd., S. 128–133.
20 Graeme Gill, The Collapse of a Single-Party System. Cambridge 1994, S. 19ff.
21 Valery Tishkov, Ethnicity, Nationalism and Conflict in and after the Soviet Union. London u.a. 1997, S. 44f.
22 Ronald J. Hill, The Soviet Union. From »Federation« to »Commonwealth«. In: Regional Politics and Policy 3, No 1, Spring 1993, S. 107.
23 Christian Schmidt-Häuer, Brüche an den Rändern des Imperiums. In: Die Zeit, 19. Januar 1990.
24 Melvin A. Goodman, Ending the CIA's Cold War Legacy. In: Foreign Policy, Spring 1997, S. 140.
25 Harold Elletson, The General against the Kremlin. London 1998, S. 102–104.
26 Stephan G. Bierling, Wirtschaftshilfe für Moskau. Paderborn 1998, S. 115.
27 Graham Allison/Robert Blackwill, America's Stake in the Soviet Future. In: Foreign Affairs 70, No 3, 1991, S. 77f., 90.
28 Vgl. Stephan G. Bierling, Wirtschaftshilfe für Moskau, S. 102–106.
29 Ebd., S. 117–127.

[30] Alexander Puschkin, Jewgeni Onegin. Roman in Versen. Aus dem Russischen von Rolf-Dietrich Keil, München 1987.
[31] Michail Gorbatschow, Erinnerungen, S. 820–822.
[32] Peter Norman, A table piled high with Problems. In: Financial Times, 12. Juli 1991.
[33] Wall Street Journal Europe, 17. Juli 1991.
[34] Graham Allison/Robert Blackwill, America's Stake in the Soviet Future, S. 95.
[35] Steven L. Solnick, Stealing the State. Cambridge 1998.
[36] Michael J. Bradshow, Foreign Trade and Soviet Regional Development. In: Ders. (Hg.), The Soviet Union. A New Regional Geography? London 1991, S. 179–185.
[37] Central European Economic Review, Februar 1998, S. 13 f.
[38] International Herald Tribune, 7. Oktober 1998, S. 2.
[39] International Herald Tribune, 6./7. Januar 2001.
[40] Robert V. Barylski, Russia, the West and the Caspian Energy Hub. In: Middle East Journal 49, No 2, Spring 1995, S. 218.
[41] Zitiert nach Susann George/Fabrizio Sabelli, Kredit und Dogma. Hamburg 1995, S. 26.
[42] Central European Economic Review, Spring 1994.
[43] Moscow Times, 4. August 1994.
[44] Christian Schmidt-Häuer, Kalter Krieg ums Öl. In: Die Zeit, 16. Juni 1995.
[45] Zbigniew Brzezinski, Die einzige Weltmacht. Weinheim, Berlin 1997, S. 15.

Literaturauswahl

Åslund, Anders: Gorbachev's Struggle for Economic Reform. London 1991.

Begum, Anwara: Inter-Republican Cooperation of the Russian Republic. Aldershot 1997.

von Beyme, Klaus: Reformpolitik und sozialer Wandel in der Sowjetunion 1970–1988. Baden-Baden 1988.

Bierling, Stephan G.: Wirtschaftshilfe für Moskau. Paderborn 1998.

Brown, Archie: The Gorbachev Factor. New York 1996.

Brzezinski, Zbigniew: Die einzige Weltmacht. Weinheim 1997.

Bütow, Hellmuth G. (Hg.): Länderbericht Sowjetunion. Schriftenreihe der Bundeszentrale für Politische Bildung. Bonn 1986.

Chapman, Margaret; Carl Marcy: Common Sense in U.S.-Soviet Trade. Washington, D.C. 1983.

Congress of the United States (Hg.): East European Economic Assessment. Part 1 – Country Studies, 1980. A Compendium of Papers submitted to the Joint Economic Committee. Washington, D.C. 1981.

Congress of the United States (Hg.): Soviet Economy in a Time of Change. A Compendium of Papers submitted to the Joint Economic Committee. Washington, D.C. 1979.

Cordovez, Diego; Selig S. Harrison: Out of Afghanistan. New York 1995.

Delavre, Tina (Hg.): Der Putsch in Moskau. Berichte und Dokumente. Frankfurt a.M. 1992.

Duncan, Raymond; G. Paul Holman (Hg.): Ethnic Nationalism and Regional Conflict. Oxford, Boulder 1994.

Dunlop, John B.: The Rise of Russia and the Fall of the Soviet Empire. Princeton 1993.

Ellman, Michael; Vladimir Kontorovich (Hg.): The disintegration of the Soviet economic system. London, New York 1992.

Fierman, William (Hg.): Soviet Central Asia. The Failed Transformation. Boulder 1991.

Garthoff, Raymond L.: Detente and Confrontation. Washington, D.C.: 1985.

Garthoff, Raymond L.: The Great Transition. Washington, D.C. 1994.

Gill, Graeme: The Collapse of a Single-Party System. Cambridge 1994.

Gorbatschow, Michail: Erinnerungen. München 1996.

Götz, Roland; Uwe Halbach: Politisches Lexikon GUS. 3. neubearb. Aufl. München 1996.

Gustafson, Thane: Reform in Soviet Politics. Cambridge 1981.

Halbach, Uwe; Andreas Kappeler (Hg.): Krisenherd Kaukasus. Baden-Baden 1995.

Hough, Jerry F.: Democratization and Revolution in the USSR 1985–1991. Washington, D.C. 1997.

Jacobsen, Hanns-Dieter: Die Ost-West-Wirtschaftsbeziehungen als deutsch-amerikanisches Problem. Baden-Baden 1986.

Jelzin, Boris: Aufzeichnungen eines Unbequemen. München 1990.

Kappeler, Andreas: Kleine Geschichte der Ukraine. München 1994.

Kennedy, Paul: Aufstieg und Fall der großen Mächte. Frankfurt a.M. 1989.

Kernig, Claus D.: Lenins Reich in Trümmern. Stuttgart, München 2000.

Keworkow, Wjatscheslaw: Moskauer Operette. Berlin 1997.

Kissinger, Henry A.: Memoiren, 1968–1973. München 1979.

Kotz, David; Fred Weir: Revolution from above. The demise of the Soviet system. London 1997.

Medwedjew, Zhores: Der Generalsekretär. Darmstadt 1986.

Meissner, Boris: Die Sowjetunion im Umbruch. Stuttgart 1988.

Meissner, Boris; Alfred Eisfeld (Hg.): Die GUS-Staaten in Europa und Asien. Baden-Baden 1995.

Morrison, John: Boris Jelzin. Berlin 1991.

Pawlow, Walentin: Upuschtschen-li schans? Moskau 1995.

Poljanski, Nikolai; Alexander Rahr (Hg.): Gorbatschow. München 1986.

Prunskiene, Kazimiera: Leben für Litauen. Berlin 1992.

von Rauch, Georg: Geschichte der Sowjetunion. Stuttgart 1969.

Rußland und die Ukraine nach dem Zerfall der Sowjetunion. Berlin 1996.

Schmidt-Häuer, Christian: Michail Gorbatschow. 3. Aufl. München, Zürich 1988.

Schmidt-Häuer, Christian: Rußland in Aufruhr. Innenansichten aus einem rechtlosen Reich. München 1993.

Schmidt-Häuer, Christian; Mária Huber: Rußlands zweite Revolution. München, Zürich 1987.

Schröder, Klaus: Die Kredit- und Verschuldungspolitik der Sowjetunion gegenüber dem Westen. Baden-Baden 1987.

van Selm, Bert: The Economics of Soviet Break up. Groningen 1995.

Semzow, Ilja: Krach epochi. Bd. 2. Gorbatschow ... brosok tscheres propast. Moskau 1999.

Senn, Alfred Erich: Gorbachev's Failure in Lithuania. New York 1995.

Simon, Gerhard und Nadja: Verfall und Untergang des sowjetischen Imperiums. München 1993.

Sobtschak, Anatoli: Für ein neues Rußland! Bergisch Gladbach 1991.

Solnick, Steven L.: Stealing the State. Cambridge 1998.

Tolz, Vera; Iain Elliot (Hg.): The Demise of the USSR. From Communism to Independence. Basingstoke u.a. 1995.

Torke, Hans-Joachim (Hg.): Historisches Lexikon der Sowjetunion 1917/22 bis 1991. München 1993.

Tschernajew, Anatoli: Die letzten Jahre einer Weltmacht. Stuttgart 1993.
Vardys, Stanley V.; Judith B. Sedaitis: Lithuania. The Rebel Nation. Boulder 1997.
Veen, Hans-Joachim (Hg.): Wohin entwickelt sich die Sowjetunion? Melle 1984.
White, Stephen: Russia goes dry. Cambridge 1996.

Dank

Mein erster Dank gilt dem Verlag und den Herausgebern. Frau Dr. Andrea Wörle, Herr Prof. Dr. Norbert Frei und Herr Dr. Hans Woller haben mit Nachsicht auf eingetretene Verzögerungen reagiert und das Manuskript betreut.

Meine studentischen Hilfskräfte Rita Ehrhardt, Claudia Kohte und Irena Rudolph-Kokot übernahmen den Löwenanteil der Schreibarbeiten und Textüberarbeitungen. Heiko Fürst, Jörg Kahlmeier, Cornelia Plagge, Sabine Schmidt und Andreas Wust steuerten einzelne Recherchen und manche Korrekturen bei. Frau Ellen Gangloff und Frau Kerstin Helbig haben mich in der Anfangszeit bei den Schreibarbeiten unterstützt. Ihnen allen sage ich herzlichen Dank.

Frau Dr. Dorothea Ernst hat sich freundlicherweise die Mühe gemacht, die erste Version des Manuskripts durchzusehen. Die erste Reinschrift ist die große Leistung von Frau Bärbel Nöldner, die letzte von Frau Nora Richter.

Besonders möchte ich meinem Mann Christian Schmidt-Häuer danken, von dem ich vor allem während unserer Moskauer Zusammenarbeit viel gelernt und mit dem ich über die Jahre viele Diskussionen geführt habe, die mir beim Schreiben dieses Buches zugute gekommen sind. Bei der Durchsicht des Manuskripts hat er die Unebenheiten meiner deutschen Ausdrucksweise mit Geduld geglättet.

Personenregister

Abasow, Kurban 287
Abuladse, Tengis 112
Achromejew 241, 250f.
Adleyba, Boris 134
Afanassjew, Jurij 191
Aganbegjan, Abel 84
Akajew, Askar 271
Alekperow, Wagit 288
Alexandrow, Anatolij 208
Alijew, Gejdar 115, 288f.
Allende, Salvador 257
Allison, Graham 280, 284
Amerongen, Otto-Wolf von 233
Amin, Hafizullah 47, 50ff.
Andrejewa, Nina 106ff.
Andropow, Jurij 8, 12, 14f., 18, 22, 28, 30–34, 45, 48, 51, 87f., 143, 251
Antanavicius, Kazimieras 156
Arbatow, Alexej 273
Arbatow, Georgij 151
Atschalow, Wladislaw 168, 241
Auch, Eva-Maria 145

Bagirow, Kjamran 115
Bajbakow, Nikolaj 83
Bakatin, Wadim 157, 248
Baker, James 139, 270, 289
Baklanow, Oleg 226, 234, 241, 256
Balajan, Sori 118
Below, Wasilij 183
Beresowskij, Boris 285
Berija, Lawrentij 66, 132
Bessmertnych, Alexander 230
Bhutto, Ali 49
Bialer, Seweryn 64
Blackwill, Robert 280, 284
Blix, Hans 207

Bogomolow, Oleg 84, 236
Boldin, Walerij 19, 24, 228
Boldyrew, Jurij 214
Bondarew, Jurij 107
Bonner, Jelena 116
Borissenko 45
Bradley, Bill 192
Brasaukas, Algirdas 151, 153, 160ff.
Breschnew, Leonid 8, 11, 13f., 16, 28, 30ff., 34, 36, 51, 61, 70f., 73, 86, 126, 138, 174, 204, 207, 238, 241, 243
Brown, Archie 18, 36
Brzezinski, Zbigniew 34, 47, 49f., 77, 130, 289
Bucharin, Nikita 58
Burbulis, Gennadij 231, 267f.
Busek, Erhard 261
Bush, George 28, 130, 155, 161, 171f., 192, 233, 240, 265f., 279ff., 283, 287
Bush, Jeb 130
Bush, Prescot S. 130
Butkevicius, Audrius 158
Butz, Earl 71f.
Bykow, Wassilij 99

Carter, Jimmy 2, 9, 34, 49, 76
Casey, William 54, 77, 79
Castro, Fidel 18
Ceauçescu, Nicolae 139
Chasbulatow, Ruslan 231, 238
Checinski, Michael Moshe 64
Chilewich, Simon 76
Chlystow, Alexander 201
Chomeini Ajatollah 49, 119, 146
Chruschtschow, Nikita 11f. 32, 34, 41, 59f., 70, 98, 101f., 142, 176 200, 205, 207, 263

Churchill, Winston 131
Clinton, Bill 289
Conquest, Robert 206
Cordovez, Diego 55
Doguschijew, Witalij 236, 239f.
Dole, Robert 289
Dost, Mohammad Khan 55
Dumas, Roland 22
Dunlop, John B. 192, 252f.
Durrell, Lawrence 131
Dzerschinskij, Felix 248

Falin, Walentin 151
Fedortschuk, Witalij 31
Fesenko, Konstantin 213
Fokin, Witold 210, 216ff.
Ford, Gerald 74
Franco, F. Bahamonde 257

Gajdar, Jegor 267f.
Gamkrelidse, Tamaz 132
Gamsachurdia, Swiad 133, 135, 166, 265f.
Gates, Robert Michael 54, 278, 284
Genscher, Hans-Dietrich 191, 259
Gierek, Edward 77
Giffen, James 288
Gladkow, A. 38
Gluschkow, Nikolaj 87
Goebbels, Joseph 99
Goldman, Marshall 77f.
Golowatow, Michail 168, 242
Gontscharow, Sergej 242
Gorbatschow, Michail 7f., 10–21, 23–28, 30, 32–37, 45f., 53ff. 57, 65ff., 78–85, 87–91, 93, 98–113, 119–122, 126f., 130f., 134, 136–142, 144, 148–155, 157–165, 168–171, 173f., 176–182, 185ff., 190–199, 201–204, 208, 211, 213f., 218–230, 232, 234–239, 241f., 245–252, 255f., 259f., 263, 265, 267, 269–273, 275f., 278–285, 287
Gorbatschowa, Raissa Maximowna 21, 32, 127, 228, 246
Gorbunow, Anatolis 170
Gratschow, Pawel 231, 258
Grischin, Wiktor 13f., 18ff., 23, 27f., 34f., 174
Gromow, Boris 56, 258
Gromyko, Anatolij 17
Gromyko, Andrej 9, 12, 16–20, 22–28, 51, 53, 107
Grosz, Károly 138
Gubenko, Nikolai 255
Gussinski, Wladimir 285

Hardt, John P. 78
Havel, Václav 138
Hekmatyar, Gulbuddin 52
Hitler, Adolf 14, 41, 58, 110, 150f., 153, 206, 261
Hough, Jerry 177, 252
Hudurjenko, Alexander 217
Hussein, Saddam 166, 171, 280

Iksander, Fasil 132
Ilja II. 133, 135
Iwaschko, Wladimir 209, 211

Jackson, Henry Martin 74
Jakowlew, Alexander 17, 102, 108, 140, 151, 157, 249
Jakunin, Gleb 241, 244
Janajew, G. 227–231, 241, 246f., 256f.
Jasow, Dmitrij 121, 124, 128, 138, 167, 172, 222, 225, 227, 229, 231, 234, 241f., 245ff., 256ff.
Jawlinskij, Grigorij 198, 223f., 236, 266f.
Jaworiwskij, Wolodimir 207
Jelzin, Boris 45, 103, 136, 140f.,

162, 164f., 170, 173–183, 189, 191–200, 202ff., 218, 220f., 225, 229, 231–235, 237, 240ff., 245f., 249ff., 253ff., 257f., 261f., 266f., 269ff., 277
Johannes Paul II. 77

Kalinin 244
Kaputikjan, Silva 118
Karatschenzow, Nikolaj 256
Karmal, Babrak 47, 52, 55f.
Karpuchin, Wiktor 231, 241f.
Kasannick, Aleksej 141
Keworkow, Wjatscheslaw 258
Kissinger, Henry 73, 130, 257
Klimow, Elem 238
Kobez, Konstantin 231f. 242, 244, 253
Koch, Erich 206
Kohl, Helmut 28, 99, 162, 191, 260, 280
Kolbin, Gennadij 87
Kolpakow, W. 111
Komar, Wladimir 243
Kornijenki, Grigorij 51
Kossygin, Alexej 48, 51
Kosyrew, Andrej 233, 240
Krawchenko, Bohdan 210, 216
Krawtschuk, Leonid 211, 218, 261f., 264, 266, 269f.
Kritschewskij, Ilja 243
Krjutschkow, Wladimir 51, 168, 225–231, 234, 245ff., 256ff.
Krutschina, Nikolaj 250f.
Kulik, Gennadij 201
Kunajew, Dinmuchamed 17f., 23, 34, 87, 184
Kupzow, Waltenin 195

Landsbergis, Vytautas 153, 155f., 160–163, 165, 168ff.
Laqueur, Walter 274

Lenin, Wladimir Iljitsch 36f., 45, 85, 112
Ligatschow, Jegor 19, 21, 24, 26, 32, 80f., 96, 102, 104–107, 137f., 174–177, 181f., 195f.
Lissow, Jewgenij 253
Lobow, Oleg 237
Losoratis, Stasys 154f.
Lukin, Wladimir 223
Lukjanow, Anatolij 107, 224f., 229f., 238, 247, 251, 253

Major, John 240
Masljukow, Jurij 152, 236, 239f.
Massol, Witalij 216
Matlock, Jack 155
Medwedew, Wadim 157, 228
Medwedjew, Zhores 27
Meissner, Boris 164
Menagaraschwili, Irakli 136
Michnik, Adam 209
Miller, Henry 131
Miskins, Liudvikas 161
Mitkowa, Tatjana 255
Mitterrand, François 162
Möllemann, Jürgen 233, 281
Morosow, Sawwa 60
Motieka, Kazimieras 150
Mulford, David 283
Muradjan, Igor 117

Nakasone, Yasuhiro 28
Nasarbajew, Nursultan 288
Nejland, Nikolaj 150
Nikolaus II. 174
Nischanow, Rafik 144
Nixon, Richard 72ff., 257
Norris, William C. 76

Ogarkow, Nikolaj 50
Olekas, Juozas 160
Osama bin Laden 52

Palach, Jan 138
Palm, Wiktor 191
Panjukow, Boris 237
Patiaschwili, Dshumber 136 ff.
Pawlow, Dmitrij 201
Pawlow, Walentin 58, 87, 89, 217 f., 220, 224 f., 227, 229 f., 234 f., 239 f., 256
Perez de Cuellar, Javier 122
Petljura, Semen 205 f.
Pinochet, Augusto 257
Plechanow 228
Poloskow, Ivan 193, 195 ff.
Ponomarjow, Lew 253
Popow, Gawriil 141, 191 f., 221, 248, 273
Primakow, Jewgenij 163
Prochanow, Alexander 106, 226
Prokofjew, Jurij 200
Prunskiene, Kazimiera 160–163, 168
Pugo, Boris 140, 229, 234, 246, 251, 256
Pulatow, Timur 143

Raschidow, Scharaf Raschidowitsch 143 f., 184
Rasputin Walentin 184 f.
Rasumowski 137
Rauch, Georg von 59
Reagan, Ronald 8, 52–55, 64, 66 f., 75 ff., 79 f., 105, 108, 155, 172
Remp, Steve 287 f.
Reza Kahn Pahlevi 49
Rodionow, Igor 132, 136 f., 139
Romanow, Grigorij 13 f., 16, 18 f., 21, 23
Rostropowitsch, Mstislaw 243
Rüütel, Arnold 120, 163, 170
Ruzkoj, Alexander 238, 245 f.
Ryschkow, Nikolaj 32, 80, 84, 89, 96, 121 f., 124 f., 126–129, 152, 155, 163, 165, 174, 186, 198, 200, 202 f., 214, 221

Saburow, Jewgenij 266
Sacharow, Andrej 100, 107, 116, 141 f., 191 f.
Sagdejew, Roald 140
Sagladin, Wladimir 46
Saikow, Lew 179
Salygin, Sergej 185
Samalowa, Madina 40 f.
Savchenko, Oleksander 281, 284
Schachnasarow, Georgij 269
Schaposchnikow, Jewgenij 270
Schatalin, Stanislaw 198
Schatrow, Miachail 20
Schewardnadse, Eduard 53 f., 56, 113, 137, 167, 250
Schmeljov, Nikolaj 96
Schmidt, Helmut 36, 51
Schmidt-Häuer, Christian 102
Schtscherbakow, Wladimir 239
Schtscherbitzkij, Wladimir 8 ff. 17 f., 34, 204, 209
Schtscholokow, Nikolaj 31 f.
Schurawljow, Alexander 201
Schuschkjewitsch, Stanislaw 269
Sedaitis, Judith B. 154
Seljunin, Wassilij 220
Senn, Alfred Erich 153
Sergejew, Alexander 188
Sergejewitsch, Michail 152
Shultz, George 9
Silajew, Iwan 164, 198, 202, 231, 238, 245
Simjanin, Michail 10
Simon, Gerhard 274
Simon, Nadja 274
Sjuganow, Gennadij 45
Slawskij, Jefim 208
Sljunkow, Nicolaj 190

Sobtschak, Anatolij 161, 201, 221, 262
Sokolow, Sergej 16
Solnick, Steven L. 285
Solomenzew, Michail 23, 26, 178, 181
Solschenizyn, Alexander 277
Sonnenfeldt, Helmut 130
Sotschak, Anatolij 137
Stalin, Jossif 11f., 16, 21, 41, 57f., 66, 81, 86, 100, 104, 106, 110, 127, 132, 142, 150–153, 201, 206f., 222
Stankiewitsch, Sergej 141, 200, 243
Starodubzew, Wassilij 234
Stepankow, Walentin 253
Suchanow, Lew 173
Suchow, Leonid 224
Summers, Lawrence A. 156
Suslow, Michail 30f., 51

Talbott, Strobe 265
Talysin, Nikolaj 83, 93
Taraki, Nur Mohammed 47–50
Terleckas, Antanas 168
Ter-Petrosjan, Lew 251, 271
Thatcher, Margaret 15, 28
Thomson 114
Tichonow, Nikolaj 12f., 23, 34, 83, 86
Tischkow, Walerij 275
Tisjakow, Alexander 234, 246, 256
Topol, Jachym 138
Trifonow, Jurij 103
Truman, Harry 73
Tschanturia, Giogri 134f.

Tschasow, Jewgenij 10, 19, 30f., 36, 121
Tschebrikow, Wiktor 20, 23, 26
Tscheidse, Surab 136
Tschernajew, Anatolij 109, 157, 195, 275
Tschernenko, Konstantin Ustinowitsch 7f., 10f., 13ff., 17f., 21f., 24f., 27f., 31f., 34–37
Tschornowil, Wjatscheslaw 210, 266
Tschowelidse, Tamar 135
Tudjman, Franjo 261
Tyminski, Stanislaw 216

Uschchonik, Wladimir 170
Usow, Wladimir 243
Ustinow, Dimitrij 12, 15f., 31, 50f.

Vaculik, Ludvik 182
Vance, Cyrus 49
Vardys, V. Stanley 154
Voigt, Karsten 260

Walesa, Lech 216
Warennikow, Walentin 157f., 168, 226
Wesirow, Abdul-Rachman 147
West, Robinson 289
Wlasow, Alexander 186, 193
Wolkogonow, Dmitrij 18
Wolskij, Arkadij 33, 147
Worotnikow, Sergej 66
Worotnikow, Witalij 96, 107

Zia ul-Haq, Mohammed 49, 52

Die Autorin

Professor Dr. Mária Huber, gebürtige Ungarin, promovierte an der Universität Konstanz mit einer Dissertation über Entwicklungstheorien und -strategien. Von 1973 bis 1983 wissenschaftliche Assistentin an der Fakultät für Sozialwissenschaften der Universität Tübingen. Dort Habilitation im Fach Politikwissenschaft über Planung und Partizipation in sowjetischen Industriebetrieben. In der Vorbereitungsphase mehrere Forschungsaufenthalte in Moskau und Leningrad als Stipendiatin der Deutschen Forschungsgemeinschaft. Von 1988 bis 1994 Wohnsitz in Moskau. Berichte u. a. für ›Die Zeit‹ aus der UdSSR und der GUS mit dem Schwerpunkt Wirtschaft und Regionen.

Seit Oktober 1994 Professorin für Internationale Beziehungen mit dem Schwerpunkt Osteuropa am Institut für Politikwissenschaft der Universität Leipzig.

20 Tage im 20. Jahrhundert

Herausgegeben von Norbert Frei, Klaus-Dietmar Henke und Hans Woller

20 Tagesereignisse aus den letzten hundert Jahren bilden den Ausgangspunkt für eine umfassende Darstellung der historischen, gesellschaftlichen und kulturellen Entwicklung vom Beginn des Jahrhunderts bis zum Ende des Jahrtausends. Als Ergebnis liegt damit eine Bilanz des 20. Jahrhunderts vor.

Volker R. Berghahn
Sarajewo, 28. Juni 1914
Der Untergang des alten Europa
dtv 30601

Dietrich Beyrau
Petersburg, 25. Oktober 1917
Die russische Revolution und der Aufstieg des Kommunismus
dtv 30602

Hans Woller
Rom, 28. Oktober 1922
Die faschistische Herausforderung
dtv 30603

Jürgen Osterhammel
Shanghai, 30. Mai 1925
Die chinesische Revolution
dtv 30604

Hans Mommsen
Auschwitz, 17. Juli 1942
Der Weg zur europäischen »Endlösung der Judenfrage«
dtv 30605

Jost Dülffer
Jalta, 4. Februar 1945
Der Zweite Weltkrieg und die Entstehung der bipolaren Welt
dtv 30606

Detlef Bald
Hiroshima, 6. August 1945
Die nukleare Bedrohung
dtv 30607

Dietmar Rothermund
Delhi, 15. August 1947
Das Ende kolonialer Herrschaft
dtv 30608

Franz Knipping
Rom, 25. März 1957
Die Einigung Europas
dtv 30609

Robert D. Johnson
Washington, 20. Januar 1961
Der amerikanische Traum
dtv 30610

Helmut Mejcher
Sinai, 5. Juni 1967
Krisenherd Naher und Mittlerer Osten
dtv 30611

Norbert Frei
Paris, 13. Mai 1968
Kulturprotest und Gesellschaftsreform
dtv 30612

Brigitte Röthlein
Mare Tranquillitatis, 20. Juli 1969
Die wissenschaftlich-technische
Revolution
dtv 30613

Wilfried Loth
Helsinki, 1. August 1975
Entspannung und Abrüstung
dtv 30614

Harold James
Rambouillet, 15. November 1975
Die Globalisierung der Wirtschaft
dtv 30615

Mária Huber
Moskau, 11. März 1985
Die Auflösung des sowjetischen
Imperiums
dtv 30616

Franz J. Brüggemeier
Tschernobyl, 26. April 1986
Die ökologische Herausforderung
dtv 30617

Klaus-Dietmar Henke
Berlin, 9. November 1989
Die deutsche Frage
dtv 30618

Walther L. Bernecker
Port Harcourt, 10. November 1995
Aufbruch und Elend
in der Dritten Welt
dtv 30619

Michael Jeismann
Boston, 26. Dezember 2000
Schöne neue Welt: Erwartung
und Erfahrung
dtv 30620